협상
게임:
이론과 실행전략

협상게임
이론과 실행전략

윤홍근/박상현 지음

인간사랑

저자 서문

협상은 갈등이나 분쟁 중에 있는 사람들을 화평케 하기 위한 것이다. 강압이나 폭력에 의해서가 아니라 대화와 협력을 통해서 문제를 해결하기 위함이다. 협상을 다룬 책들이 이미 적지 않게 출판되어 있다. 그 상당 부분은 유명한 외국 저자의 책들을 번역 소개한 것들이다. 저자들이 또 하나의 협상학 책을 저술하기로 의기투합한 것은 몇 가지 목적이 있었기 때문이었다. 첫째 동기는 기존의 협상학 저술들이 협상과정의 어느 일부나 특정 이슈를 집중적으로 다루고 있을 뿐이어서 협상의 전모를 이해하기에는 부족하다는 생각 때문이었다. 둘째는 협상전략 문제를 다루고 있는 저술들이 많지만 실제 협상을 준비하는 과정에서 실천적으로 응용할 수 있는 처방적 지식 형태로 전략문제를 다루고 있는 책이 드물다는 생각 때문이었다. 셋째, 기존의 많은 협상학 저술들이 지나치게 이론적이거나 아니면 지나치게 협상의 테크닉만을 소개하는 등 어느 한쪽에 치우쳐 있다는 생각 때문이었다. 본서는 협상의 전 과정을 이익극대화를 목표로 '합리적 선택'을 서두르는 당사자 간 전략적 상호작용의 게임과정으로 보고, 이러한 협상의 전 과정을 체계적으로 이해할 수 있도록 내용을 편성했다. 또한 이론과 전략을 별개의 것으로 다루지 않고, 크고 작은 구체적인 협상사례들을 중심으로 이론과 실행전략을 통합적으로 묶어내기 위한 설명에 주력했다.

협상학의 발전은 미국에서 법학전문대학원(로스쿨)과 경영대학원(MBA) 과정에서 연구되었다. 국내에 소개되고 있는 대부분의 협상학 지식은 미국에 그 기원을 두고 있다. 본서에서 다루고 있는 많은 협상이론과 실행전략들 역시 미국 전문가들의 업적에 빚을 지고 있다는 점을 부인하기 어렵다. 하지만 본서는 미국과는 다른 문화적 배경을 가지고 있는 한국 사회에 실제적으로 통용될 수 있는 협상학 지식을 모색하고자 하였다. 본서는 특히 약자의 입장에서 협상력을 극대화할 수 있는 실행전략 및 전술에 초점을 맞추고 있다.

이 책의 저술을 결정하고 작업에 착수한 지 5년 여의 시간이 지났다. 저자들은 그동안 여러 대학의 학생들을 상대로 협상론을 강의하면서 준비한 강의 노트를 토대로 이를 수정·보완해 나가는 작업을 거쳤다. 막상 책을 세상에 내보내려 하니 여러 가지 부족한 점이 많다는 점을 인정하지 않을 수 없다. 앞으로 계속된 개정과 증보를 통해 협상과 협상력에 대한 종합 지도서를 완성하겠다는 저자들의 의지는 변함이 없다.

　　협상에 관심을 가지고 있는 일반인들, 직무의 필요성에서 협상을 준비하는 예비 협상가들, 협상학을 지도하고 있는 많은 선후배 동료들과 후학들에게 조금이라도 도움이 되기를 간절히 소망한다.

　　지난 30년 동안 우리나라 인문사회과학의 발전을 위해 헌신해 온 인간사랑 여국동 사장님과 무더운 여름 편집을 위해 애써주신 편집부 여러분께 큰 감사의 마음을 전한다.

2010. 6. 저자

목차

12 협상게임 : 이론과 실행전략

1

협상학의 기본 개념

1. 협상이란?

협상이라고 하면 일반적으로 무언가 크고 거창한 작업이라고 생각하는 경향이 있다. 그러나 협상은 국가 간의 종전협정과 같은 매우 중요한 사안뿐만 아니라 부부 사이에, 친구 사이에, 부자 간에, 직장동료들 사이에, 상점 주인과 고객 사이에, 심지어 길가에서 만난 낯선 사람들 사이에서도 일어난다. 선호가 다른 행위자들 사이에 이해 충돌로 갈등이 발생하고, 이 갈등을 평화적으로 해결하려는 모든 곳에서 협상이 일어날 수 있다.

허브 코헨(Herb Cohen)은 그의 저서에서 "모든 것이 협상 가능하다"라고 주장했다. 그러나 모든 것을 협상을 통해 해결하는 것이 효율적인 방법은 아니다. 대로변 가판대에서 조간신문을 사기 위해 판매원과 협상을 하고, 아침 출근길에 전철의 표 값을 흥정하는 것은 합리적인 방법이 아니다. 이와 같이 일상적이고 사소한 사안들은 정해진 사회적 규범이 있고 또 간단히 해결할 수 있는 상호 합의된 해결방식이 있다. 합의방안이 없는 상황이나 혹은 기존의 해결방안에 만족하지 않을 때 협상이 발생한다.

아래의 예는 우리가 일상에서 쉽게 접할 수 있는 갈등상황이다. 이를 통해 협상의 기본 개념을 정립해 보자.

남편의 자동차 vs. 아내의 자동차

결혼 10년 만에 아파트를 장만한 가정이 있다. 자기 집을 장만한 지 2년이 지나면서 이 가정은 승용차를 구입하기로 결정했다. 아파트를 구입할 당시 서울 도심의 아파트 값이 너무 비싸 서울 근교에 아파트를 장만했었다. 남편은 서울 도심에 있는 직장에 다니기 위해 매일 3시간 이상 만원버스와 북새통 전철에서 출퇴근 전쟁을 치르고 있었다. 그러나 경제적 사정이 여의치 않아 승용차를 구입할 엄두도 내지 못하고 있었는데 최근 남편이 승진하면서 승용차를 구입할 경제적 여력이 생겼다.

이 가정이 자동차를 장만하기로 한 결정적인 원인은 하나밖에 없는 아들의 학원수업 때문이다. 초등학교에 다닐 때만 해도 아파트 주변의 학원에서 과외를 받는 것으로 충분했다. 아들이 중학교에 입학하면서 부부는 아들의 장래를 위해서 외국어 고등학교에 보내야겠다고 절실히 느끼게 되었다. 학교 수업만으로는 외고입학이 힘들었기 때문에 부부는 시내에 있는 유명학원에 아들을 보내기로 했다. 부부는 아직 어린 아들이 멀리 떨어져 있는 학원을 버스와 전철을 바꾸어 가면서 다녀야 한다는 것이 안타까웠다. 또 대중교통에 지친 아들이 학원 수업에 충실할 수 없다는 것도 걱정이었다. 승용차는 아들의 학업에 큰 도움이 될 수 있을 것이다.

아들의 학원 수업 이외에도 승용차는 가정생활의 여러 면에서 새로운 활력이 될 수 있다. 남편은 아내가 운전해 주는 승용차로 출근한다면 출근시간을 한 시간 정도 절약할 수 있다. 남편은 더 이상 복잡한 버스와 전철에 시달리지 않아도 되고 직장에서 작업능률도 훨씬 높아질 것이다. 또 주말이면 서울을 벗어나 가족여행도 손쉽게 떠날 수 있다. 승용차가 가져다 줄 즐거운 일로 행복했던 이 가정에 의외의 갈등이 생기기 시작했다.

　　남편은 배기량이 큰 검정색 중형 승용차를 구입하기를 원하고 있고, 부인은 경제적인 흰색 소형 승용차를 구입하기를 원한다. 승용차의 크기와 색깔을 두고 부부의 갈등이 시작되었다. 부부는 매일 왜 자기의 주장이 옳은가를 두고 대화를 나누었다.

　　이 이야기에서 남편과 아내는 "어떤 자동차를 구매할 것인가"를 두고 갈등을 겪고 있다. 갈등이 발생하게 된 원인은 남편과 아내가 구입하고자 하는 승용차의 종류와 색깔이 다르기 때문이다. 즉 승용차의 종류와 색깔을 두고 남편과 아내의 선호가 다르다. 그리고 이 부부는 폭력을 통해 이 갈등을 해결하려 하지 않았다. 또 법정에서 이 문제를 해결하려고도 하지 않았다. 두 사람은 대화를 통해 선호도의 차이를 해결하려고 하고 있다. 만약에 이 부부가 폭력이나 법정에서 이 문제를 해결하려 한다면 더 이상 부부관계를 유지하기 어려운 상황에 처할 수도 있을 것이다. 이 부부에게는 대화를 통해 서로의 선호도를 조정해 나가는 것이 가장 합리적이다.

　　이 부부가 처한 상황은 협상을 통해 갈등을 풀어갈 수 있는 전제조건들을 모두 갖추고 있다. 협상으로 갈등을 해결할 수 있는 전제조건들은 다음의 3가지이다.

협상의 전제조건

첫째, 두 행위자 이상이 상호 의존적인(혼자서 이룰 수 없는) **목표나 목적**

을 둘러싸고 결정을 내려야 하는 상황이어야 한다.

둘째, **상이한 선호도로** 인해 갈등이 발생해야 한다.

셋째, 당사자들이 폭력적인 방법이나 법적인 해결보다는 **평화적인 방법으로**
분쟁을 해결하려는 의지가 있어야 한다.

이러한 전제조건이 갖추어졌을 때 협상의 원리가 작동한다.
다음으로 어떠한 과정을 통해 이 부부가 서로가 동의할 수 있는 합의
점에 이를 수 있는지 살펴보자. 먼저 무엇이 문제인지를 명확해 해야
한다. "어떤 승용차를 사야 하는가"와 같이 추상적인 진술이 아니라
구체적으로 정리해야 한다. 이 부부의 경우 핵심적인 문제는 승용차
의 종류와 색깔이다. 이 문제를 두고 부부의 갈등을 벌어졌다. 당사자
들이 핵심적인 문제가 무엇인가를 명확히 하고 나면, 다음으로 이러
한 갈등이 발생하게 된 배경에 대해 서로의 의견을 교환하는 것이 필
요하다. 즉 남편은 왜 배기량이 큰 검은색 중형 승용차를 원하는지,
그리고 아내는 왜 보다 경제적인 흰색 소형 승용차를 원하는지 서로
의 의견을 교환하는 것이 필요하다.

만약 부부가 협상교육을 받은 사람들이라면 원활한 의사교환
을 통해 서로의 선호도를 조정할 것이다(이 과정은 차후 협상의 전술에서
논의됨). 서로 의견교환을 통해 합의점을 찾는다면 합의된 결과에 맞
게 자동차 대리점에서 승용차를 구입하는 것으로 자동차 구매와 관
련된 부부의 협상은 종결된다.

이 모든 과정이 협상이다. 협상과정을 단순화시켜 보면 다음
과 같다.

협상과정

■ 갈등의 발생 ➡ 대화(정보)의 교환을 통한 선호도 조정 ➡ 합의 ➡ 실행

갈등이 발생하고 협상을 통한 해결의 전제조건들이 충족된다면 서로의 의견교환을 통해 선호도를 조절하여 당사자 모두가 만족할 수 있는 합의를 도출한다. 그리고 이를 바탕으로 최종 행위를 결정할 것이다.

이와 같이 몇 단계의 과정을 거쳐 협상이 발생하고 종결되지만 이 중에서 대화(정보)를 주고 받는 과정은 매우 복잡하게 진행된다. 협상 당사자들은 자신들의 입장(혹은 이해, 관심 등)을 관찰시키기 위한 합리적인 근거와 객관적 정보로 상대를 설득하려 할 것이다. 상대를 설득하여 자신의 입장을 관철하기 위해 협상 당사자들은 각자 자신의 근거를 뒷받침할 수 있는 자료를 수집하고 정리할 것이다. 또 상대가 어떤 근거를 내세울지 예상하고 상대 주장을 반박할 자료도 준비할 것이다. 협상은 단순히 합리적인 근거를 제시하고 서로의 주장을 논박하는 것만으로 끝나지 않는다. 자신의 주장을 상대가 받아들이도록 강제하고 강요하기도 한다. 이 때 협박과 같은 강압적인 방법이 수단으로 활용될 수 있다.

협상 당사자들은 상대를 설득하고 자신의 주장을 관철하기 위한 효율적인 방법을 모색하게 되는데, 이 방법이 협상의 전략과 전술이다. 어느 시점에서 강경한 자세를 견지하며 어떻게 상대를 위협할 것인지, 혹은 상대가 순응할 수 있도록 어느 정도의 유인책을 제시할 것인지를 결정해야 한다. 각자 준비한 전략이 서로 충돌하면서 당사자들의 선호도나 입장의 변화가 일어나고 양보도 일어난다. 이러한

거듭된 소통을 통해 모두가 만족할 수 있는 합의가 이루어진다(협상 과정과 절차에 대해서는 제3장에서 구체적으로 살펴보게 될 것이다).

협상을 통한 합의는 이중적인 성격을 지니고 있다. 당사자들은 합의를 통해 모두가 만족할 수 있는 결과를 도출하지만 당사자 모두가 합의결과에 100% 만족하는 것은 아니다. 모두가 만족하지만 100% 만족하지 않는 결과, 즉 50%의 만족을 이끌어내는 것이 협상이다. 이 과정은 상호 양보를 전제로 하는 것이다.

간혹 협상 합의의 이중적 성격 때문에 협상 책임자들이 곤욕을 치르기도 한다. 예를 들어 노조를 대표해 경영자측과 협상에 참가한 노동조합 간부를 생각해 보자. 협상을 통해 어떤 합의를 이끌어 냈다. 그러나 합의는 노조원 모두를 만족시키기에는 충분하지 못할 때가 많다. 왜냐하면 협상의 결과는 상호 양보의 교환으로 만들어진 50%의 해결책이기 때문이다. 이 때문에 협상 대표로 참가한 노조 간부는 결과에 만족하지 못하는 일부 노조원으로부터 비난을 받게 된다. 노사 간에 합의가 이루어졌지만 노조원들이 이를 승인하지 않아 합의가 파기되기도 하고, 또 협상 참가자들이 불신임을 당해 노조 간부의 지위를 잃기도 한다.

국가 간의 국제협상에서도 합의결과의 이중성으로 인해 협상 담당 외교관들이 곤혹스러워하는 경우가 자주 있다. 이러한 현상은 협상 사안이 중대하면 중대할수록, 또 이해 당사자들이 많으면 많을수록 빈번히 발생하게 된다. 협상이 아닌 다른 방식으로 갈등을 해결할 방법이 있다면 모를까 협상을 통한 평화적인 해결이 유일한 상황에서 50%의 해결책인 협상결과의 이중성으로 협상 대표들을 비난하는 것은 바람직하지 않다(이 부분에 대한 논의는 협상결과에 대한 평가부분에서 보다 구체적으로 논의될 것이다).

앞에서 살펴보았듯이 협상과정은 매우 복잡하다. 이렇게 복잡한 과정 중에서 어떤 과정에 더 많은 중요성을 부여하느냐에 따라 학자들 간의 협상의 정의가 달라진다. 자트만(I. William Zartman)은 협상을 혼자서 결과를 산출할 수 없는 전략적 관계로 정의했고, 와튼과 맥컬시(Walton and McKersie)는 상호 전략의 충돌과정에서 발생하는 심리적 관계에 초점을 맞추어 정리했다. 피셔(Roger Fisher)는 협상결과에 중점을 맞추어 결과 중심이 아닌 관계 중심으로 협상을 정리했다. 그러나 보편적으로 받아들여지는 정의는 아이크(Fred C. Ikle)의 "상호 정보교환을 통해 공동의 이익을 모색해 가는 과정"이다.

협상은 당사자 간 이해관계 조정을 위한 상호작용의 의사결정 과정이다. 따라서 협상은 갈등해소를 위한 문제해결의 대안으로 협상을 선택한 당사자 사이에서 진행된다. 협상은 내가 상대로부터 무엇인가를 원할 때, 그리고 상대방이 나로부터 무엇인가를 원할 때, 그러나 나와 상대방이 서로의 주장에 쉽게 순응하려 들지 않을 때 양자 사이의 갈등해소를 위한 방안으로 등장한다. 협상은 협상을 통해서 갈등을 해소함으로써 더 큰 이득을 볼 수 있다는 기대감이 일치하여 두 당사자가 협상 테이블로 나오게 될 때 가능해진다. 협상 당사자들은 자신들의 목표달성을 위해 서로를 필요로 하는 상황 속에 놓여 있다.

협상의 두 당사자는 서로를 필요로 하며, 서로에 의존해서 문제를 해결함으로써 다른 어떠한 문제해결 방식으로 문제를 해결했을 경우보다 더 나은 결과를 손에 넣을 수 있다고 믿기 때문에 협상 테이블에 마주 앉는다. 협상 당사자는 이러한 의미에서 '상호 의존적' (inter-related) 목표를 가진다. 하지만 상호 의존적 목표를 가지고 있다고 해서 당사자들이 반드시 동일한 것을 원하거나 똑같은 결과를 손에 넣고자 하는 것은 아니다.

서로 다른 것을 원하지만 서로 원하는 것을 얻기 위해 함께 부딪혀야만 하는 상황 속에 놓일 수 있다. 협상 이외 다른 어떠한 대안이 가져다 줄 수 있는 최선의 결과보다도 더 나은 결과를 얻을 수 있다는 기대감이 일치할 때 두 당사자 사이에서 협상이 진행될 수 있다. 협상은 서로 상대의 주장을 그대로 따르기보다는 상대에 영향을 미침으로써 보다 많은 것을 얻을 수 있다는 기대감 때문에 가능하다. 협상은 다른 문제해결의 대안, 예컨대 폭력행사나 투쟁, 일방적 항복, 완전한 결별, 외부의 권위에 전적으로 의존하는 해결책보다는 서로 합의를 통하여 문제를 해결하려는 것이다. 대부분의 협상은 이러한 기대감의 일치 속에서 진행된다는 점에서 자발적 절차(voluntary process)의 성격을 갖는다. 폭력에 의한 문제해결이나 강압에 의한 문제해소가 아닌 것이다.

2. 갈등관리와 협상

인간이 생활하는 곳에는 항상 갈등이 있다. 갈등이 없는 세상은 인간이 꿈꾸는 무릉도원이다. 그러나 무릉도원은 현실적으로 존재하지 않는다. 서양의 이상향으로 정의되는 유토피아의 의미가 "어디에도 존재하지 않는다"라는 의미임을 상기해 본다면 갈등이 없는 세상은 이 세상에는 존재하지 않는다고 단언할 수 있다. 우리는 갈등과 함께 살아가고 있다. 문제는 갈등을 완전히 없애는 것이 아니라 갈등을 효율적으로 해결할 수 있는 방법을 개발하는 것이라 할 수 있다.

① 갈등은 이해의 충돌에서 발생한다

갈등이 발생하는 근본원인은 자원의 희소성 때문이다. 분배 가능한 자원은 제한되어 있고, 이를 두고 서로의 이해관계가 충돌하기 때문에 갈등이 발생한다. 즉 갈등은 당사자들 사이에 이해(interest)가 충돌할 때 발생한다. 먼저 행위자의 이해(interest)란 일방이 관심을 갖고 있거나 필요로 하는 것에 대한 두려움, 염려, 필요, 욕망으로 인해 발생한다.

구체적으로 이해가 충돌해서 갈등으로 발생하는 과정을 살펴보자. 먼저 일방이 두려움, 염려, 필요, 욕망 때문에 상대에게 어떤 요구를 하게 된다. 상대방이 그 요구를 수용한다면 갈등은 발생하지 않는다. 대신 상대가 요구를 거절했을 때는 문제가 발생한다. 또 상대가 거절한 것에 대해서 처음 요구한 측이 수용하고 더 이상의 요구를 하지 않는다면 갈등은 발생하지 않는다. 갈등은 거절당한 쪽에서 사안을 꼭 이루어야겠다는 필요성과 욕구가 강해서 불평하게 되고, 이 사안을 꼭 이루기 위해 노력할 때 발생한다.

자동차 구매를 두고 벌어진 남편과 부인의 갈등을 통해 갈등의 발생과정을 살펴보자. 먼저 아내가 흰색 소형차를 선호한다는 것을 알고 남편이 아내의 주장을 수용했다면 이 가정에서 갈등은 없었을 것이다. 또 검은색 중형 승용차를 구입할 것을 주장한 남편이 아내의 주장을 듣고 자신의 주장을 철회하면 분쟁은 발생하지 않는다. 분쟁의 발생은 자신의 주장이 거부된 남편이 아내에게 불평할 때 발생한다.[1]

② 갈등을 해결하는 3가지 방법

협상은 갈등을 해결하는 방법 중 하나이다. 갈등이 발생했을 때 해결하는 방식은 크게 3가지가 있다.[2]

갈등을 해결하는 3가지 방법

- 이해 중심 해결방법(interest-based solution).
- 권리 중심 해결방법(right-based solution)
- 실력 중심 해결방법(power-based solution)

첫째, 서로의 이해관계를 바탕으로 대화를 통해 서로의 이해를 조정하는 방식이다. 이는 이해 중심 해결(interest-based solution)이다. 일반적으로 이해 중심 해결방법의 대표적인 것이 협상이다. 상호 이

---

1. 이 때 검정색 중형 승용차와 흰색 소형차는 남편과 아내의 이해(interest)가 아니라 입장(position)이다. 이해는 남편이 그 입장을 취하게 된 배경을 밝히는 것에서부터 시작된다. 남편이 검정색 중형 승용차를 원하는 원인은 다음과 같다. 우리 사회에서 자동차는 단순히 교통수단의 의미를 넘어 남자의 사회적 신분을 나타낸다. 이러한 생각에서 남편은 검정색 중형 승용차를 원했던 것이다. 반면 아내는 자동차가 사회적 지위를 나타내는 것은 알고 있었지만 우선 중점을 둔 점은 교통수단으로서의 필요성에 관심을 가졌다. 대형차의 경우 주차장에 주차하기도 힘들 뿐만 아니라 연료비 및 보험료 등을 고려할 때 바람직한 선택이 아니라고 생각했기 때문이다.

2. William Ury, Jeanne M. Brett and Stephen B. Goldberg, "Three Approaches to Resolving Disputes : Interest, Right, and Power," in *Negotiation : Readings, exercises, and cases*, ed., by Roy J. Lewicki, Bruce Barry, David Saunders(McGraw-Hill, 2007).

해를 바탕으로 하여 서로의 이해의 우선순위를 조정하는 과정이 협상이다.

두 번째 방식은 누가 옳은지를 판단해서 분쟁을 해결하는 방식이다. 이를 권리 중심 해결(right-based solution)이라 한다. 이 때 가장 보편적인 방식은 "누구의 권리가 더 정당한가"를 판단하기 위해 법과 규칙 그리고 사회 통념상 받아들여지는 행위규범에 의존하여 해결책을 찾는 방식이다. 사회적으로 수용 가능한 행위규범에는 상호주의, 선례, 평등, 나이 등이 있다. 그런데 문제는 법과 규칙, 그리고 사회적으로 수용 가능한 행위규범들이 서로 충돌을 일으킬 때가 있다는 점이다. 이럴 경우 어떤 행위규범이 우선되어야 하는지 판결이 필요하다. 공적인 판결은 재판이나 행정기관에 의해 이루어지고 사적인 판결은 중재인을 통해 이루어진다.

세 번째 방식은 실력행사로 갈등을 해결하는 방식이다. 이를 실력 중심 해결(power-based solution)이라고 한다. 실력행사란 상대에게 피해를 가하겠다고 협박하거나 실제로 피해를 입히는 행위를 말한다. 먼저 실력행사 방식에는 두 가지가 있다. 첫째는 파업, 공격, 사보타주 등의 도발적인 행동이고, 두 번째는 해고 또는 이혼과 같이 현재 서로가 맺고 있는 관계를 악화시키거나 단절함으로써 더 이상 기존 관계에서 발생할 이익을 누릴 수 없게 만드는 것이다. 실력행사에는 보통 두 단계를 거쳐서 분쟁이 발생한다. 첫째는 협박이나 위협을 교환하는 단계이고, 두 번째 단계는 대결을 통해 누가 더 강한지 결정하는 단계이다.

3가지 해결방법 중에서 어떤 것이 가장 적당한 방법일까? 먼저 이를 판단하기 위해서는 판단의 기준이 되는 네 가지를 살펴볼 필요가 있다. 첫 번째 판단기준은 비용이다. 분쟁해결에서 비용이 적게 소요될수록 적당한 방법이라 할 수 있다. 둘째 기준은 결과에 대한 만족 정도이다. 이 때 만족감은 자신의 주장이 얼마나 반영되었는가와 해결책이 충분히 공정한가에 달려 있다. 세 번째 기준은 이후 관계에 미치는 영향이다. 분쟁이 해결되고 난 다음 당사자들 간에 관계가 이전보다 악화되었다면 이는 효율적인 해결방식이라 할 수 없다. 네 번째 기준은 어느 방식이 재발방지에 효율적인가 하는 것이다. 분쟁이 해결된 이후에도 계속 이 문제로 다른 분쟁이나 갈등이 해결되지 않고 발생한다면 효율적인 방식이 될 수 없을 것이다. 이 네 가지 분쟁해결 방법 중에서 어떤 것이 효율적인지를 판단해야 한다.

다음 〈표 1-1〉의 기준을 놓고 본다면 이해 중심 해결은 비용면에서 가장 낮고, 결과에 대한 만족에서 가장 높게 나타난다. 또한 갈등 이후 당사자들 간의 관계도 악화되지 않을 뿐만 아니라 오히려 더 좋은 관계로 발전할 수 있는 계기가 되기도 한다. 그러나 이해 중심 해결은 같은 이슈에서 갈등이 지속될 수 있다는 약점이 있다. 일단 이해관계의 조정을 통해 갈등이 봉합된다고 하더라도 외부의 영향이나 사태가 진행되면서 언급되었던 문제가 다시 발생할 수 있는 것이다. 이는 협상을 통한 해결이 100%의 해결이 아니라 50%의 해결이라는 점에서 이해될 수 있는 부분이다.

실력 중심 해결방법은 이해 중심 해결방법과 상반된 평가를 지니고 있다. 실력 중심 해결방법의 예는 국가 간의 영토갈등이 무력을 통해 해결되는 것을 가정해 보면 쉽게 이해될 수 있다. 무력충돌은 많은 인명과 재산상의 손실을 야기할 수 있다. 이 때문에 실력 중심 해결은 비용면에서 다른 해결책에 비해 높다. 결과에 대한 만족도에서는 전쟁에서 승리하여 영토를 획득한 측에서는 매우 높은 만족도를 보이겠지만, 영토를 상실한 측에서는 영토 상실로 막대한 손실

〈표 1-1〉 갈등해결 방법과 효율적 해결방안의 판단기준

	비용	결과에 대한 만족	향후 관계에 미치는 영향	재발 가능성
이해 중심 해결	낮음	높음	긍정적	높음
권리 중심 해결	중간	중간	중간	중간
실력 중심 해결	높음	높음 / 낮음	부정적	낮음

을 입었기 때문에 결과에 대한 만족도가 매우 낮을 수밖에 없다. 향후 관계의 측면에서도 영토를 상실한 측에서는 상대에 대한 적개심과 분노를 오랫동안 간직하게 될 것이다. 극단적인 적개심으로 인해 갈등이 해결된 이후에도 당사자들 간의 관계는 이전보다 악화된다. 실력 중심 해결방법이 이상 3가지 기준에서 효율적인 방법은 아니지만 재발 가능성의 면에서는 효율적인 방식이다. 영토분쟁의 경우에서처럼 전쟁을 통해 이미 서로의 국력에 대한 평가가 이루어졌고, 국력의 관계가 변하지 않는 한 문제의 영토를 두고 갈등이 다시 발생할 가능성은 없을 것이다.

　　권리 중심 해결방법은 이해 중심 해결방법과 실력 중심 해결방법의 중간 정도의 효율을 가지는 해결책이다. 비용면에서도 이해 중심 해결보다는 높지만 실력 중심 해결보다는 낮고, 결과에 대한 만족도에서도 이해 중심 해결보다는 낮지만 실력 중심 해결보다는 높다. 이후 관계에 미치는 영향과 재발 가능성 면에서도 중간의 위치를 점하고 있다.

　　〈표 1-1〉은 이상의 논의를 정리한 것이다. 이해 중심 해결이 가장 적당하고, 다음으로 권리 중심의 해결방식, 가장 좋지 않은 방식이 실력행사를 통한 해결방식의 순으로 나타난다. 그러나 이해 중심 해결방법인 협상이 항상 갈등을 해결하는 최선의 방식은 아니다. 다

음의 세 가지 경우를 생각해 보자. 갈등 당사자 일방이 이해중심적인 태도를 보인다고 해도 상대가 협상 자체를 계속 거부하고 피해다닌다면 협상을 통해 갈등을 해결할 수 있는 방법은 없다. 예를 들어 채권자가 채무자와 대화를 통해 합리적인 방법을 찾아보려 하지만 채권자가 만나주지도 않고 피해만 다닌다면 상대가 태도를 바꿀 때까지 무작정 기다릴 수는 없는 일이다.

또한 협상은 선호를 상호 조정하는 과정이다. 즉 어떤 이슈에서 양보를 하고 어떤 이슈에서는 이익을 챙겨야 하는가에 대한 사전 정보나 지식이 있어야 한다. 어떤 사안에서는 양보하고 어떤 사안에서는 강경한 입장을 취해야 하는지에 관한 판단기준이 어떤 이슈에서 누가 더 정당하고 어떤 이슈에서는 누가 더 많은 힘을 가지고 있는가에 대한 지식이다. 누가 더 많은 권리를 가지고 있고 누가 더 강한가에 대한 기존 지식이나 경험이 없는 경우 협상이 공전하거나 성립되지 않을 수도 있다. 이 경우에는 협상이 분쟁을 해결하는 올바른 방안이 될 수 없다.

마지막으로 서로의 이해가 너무 상반되어 해결책을 찾을 수 없는 경우도 있을 수 있다. 이 경우 아무리 정보를 교환하고 지식을 공유한다고 하더라도 선호도를 조정하는 것이 불가능하다. 협상 성립에 필요한 결정적 요소인 '공동이익'(common interests)을 발견하거나 창출하는 것은 불가능하기 때문에 협상은 유용한 갈등해결 수단이 될 수 없다. 공동이익이 창출될 수 없는 곳에서 협상을 통해 공동이익을 극대화하는 것이 불가능하기 때문이다.

이해 중심 해결이 당사자들의 갈등을 해결하는 가장 효율적인 방법이지만 상대가 협상 자체를 기피하거나 누구의 권리가 더 정당하고 또는 누가 더 강한가에 대한 기존 지식이나 경험이 없을 경우, 그리고 서로의 이익이 너무나 상반되어 해결책을 찾기 힘들 경우에는 이해 중심 해결방법은 적합한 방법이 될 수 없다. 오히려 이러한 경우 권리와 실력행사가 유일한 해결책이 될 수밖에 없다. 이 부분에 대한 논의는 차후 협상력에 관련된 항목에서 구체적으로 살펴보기로 하자.

3. 협상의 구성요소

협상의 구성요소를 이해하는 것은 협상을 이해하는 가장 쉬운 방법이다. 이 구성요소로 인해 협상은 다른 갈등해결 방안과 차별성을 지닌다. 협상의 구성요소는 첫째 2명 이상의 상호작용, 둘째 공동이익과 갈등이익의 혼재, 셋째 의사소통이다.

● 협상은 전략적 상호작용이다

협상은 2명 이상의 갈등 당사자가 있어야 한다. 아침에 눈을 뜨면서 지금 일어날 것인가 아니면 좀더 누워 있을 것인가를 고민하는 것은 자신에게만 관련된 상황이다. 혼자서 결정할 수 있고 결정의 결과로 인해 직접적으로 영향을 받을 상대도 없다면 이 현상은 협상의 대상이 아니다. 이러한 협상의 특징 때문에 협상에서 당사자들의 관계는 '전략적 상호작용'(strategic interaction)이 된다.

전략적 상호작용이란 3가지 의미를 지니고 있다. 첫째, 전략적 선택의 상대성, 즉 상대의 선택을 미리 고려하여 선택해야 한다는 것을 의미한다. 둘째, 전략적 선택의 목적성, 즉 전략적 상호작용의 복잡한 과정은 최종 게임(end game)을 위해 진행된다는 점이다. 셋째, 전략적 상호작용의 대표자 이익 우선성, 즉 일군의 집단을 대표하는 대표자들의 이익이 집단의 이익과 상충될 경우 대표자들의 이익이 우선된다는 것을 의미한다.

전략적 상호작용의 3가지 의미

■ 전략적 상호작용의 상대성
■ 전략적 상호작용의 목적성
■ 전략적 상호작용의 대표자 이익 우선성

---

① 전략적 상호작용의 상대성

먼저 전략적 상호작용의 상대에 대해 살펴보자. 전략적 상호작용의 상대성이란 협상결과가 협상 참가자 중 일방의 의지나 결정에 의해서만 결과가 결정될 수 없고 다른 참가자들의 반응에 따라 결정되는 현상이다. 따라서 어떤 참가자도 협상결과를 자신에게만 유리하게 최적화(optimize)할 수 없다. 결과는 참가자들의 상호작용의 결과, 즉 참가자들이 모두 자신의 이익에 따라 결과를 최적화하려는 노력의 결과이다.[3]

아래의 게임은 전략적 상호작용의 상대성을 이해하는 데 도움이 된다.[4]

---

3. I. William Zartman, *The 50% Solution*(New Haven : Yale University Press, 1976), p. 7.
4. 도모노 노리오 지음, 이명희 옮김, 『행동경제학』(서울 : 지형, 2007), p. 56.

게임 : 전략적 상호작용의 상대성 이해

50명이 참가하는 게임이다. 각자는 1에서부터 100까지의 정수 중 아무 숫자나 임의로 선택할 수 있다. 그러나 우승자는 50명 모두가 선택한 숫자를 평균해서 2/3에 가장 가까운 점수를 기록한 사람으로 결정한다.

우승하려면 어떤 숫자를 선택할까? 가장 초보적인 생각은 1부터 100까지의 숫자가 공평하게 나누어진다면 50을 선택하는 것이 평균에 가까운 정답이 될 것이다. 이 경우 정답은 50의 2/3는 33이 된다. 문제는 이런 생각을 나머지 49명의 참가자도 똑같이 한다는 것이다. 이 게임에서 이기기 위해서는 33의 2/3인 22를 선택한다면 우승자가 될 수 있다. 그런데 앞에서와 마찬가지로 다른 참가자들이 모두 같은 생각을 한다고 가정해 보자. 그렇다면 정답은 22의 2/3인 15가 될 것이다. 또 모두가 15라고 답할 것을 예상한다면 15의 2/3인 10을 선택해야 할 것이다. 이후로도 계속 이러한 사고를 하다 보면 결국 1이 정답이 된다. 간단한 게임에서 전략적 선택을 고려한다면 모두가 1을 선택하게 될 것이고, 또 모두가 게임에서 우승자가 될 수 있다.

이와 같이 전략적 상호작용의 상대성이란 최종결과가 참가자 모두의 선택에 따라 결정된다는 점을 염두에 둔 것이다. 상대의 선택을 미리 예상하고 이에 맞추어 자신의 선택을 결정해야 손해를 보지 않는다. 전략적 사고가 요구되는 게임의 참가자가 복잡한 사고를 싫어한다면 그 사람은 영원히 이 게임에서 우승자가 되지 못한다.

전략적 상호작용의 상대성이 적용되는 대표적인 놀이가 체스와 바둑게임이다. 체스와 바둑의 경우 한 수를 둘 때마다 나의 지금 선택에 대한 상대의 차기 대응을 염두에 두고 자신에게 유리한 결과를 가져올 수 있는 선택을 해야 한다. 즉 현재의 나의 선택은 상대의 대응을 염두에 두고 선택되어야 한다는 것이다. 이 과정을 계속하다 보면 바둑 한 수를 두기 위해 너무나 많은 경우의 수를 예측해야 한다. 바둑이나 체스의 경우 이 과정이 매우 복잡하고 어려운 계산과정을 거치기 때문에 얼마나 많은 수를 앞질러 볼 수 있느냐가 실력을 좌우한다.

협상도 마찬가지이다. 나의 제안에 대해 상대가 어떻게 나올 것인가, 혹은 현재 나의 제안에 대해 상대가 어떠한 반응을 보일 것인가를 염두에 두고 전략과 전술을 수립해야 한다. 그리고 이 과정에서 승리하기 위해서는 상대의 개성과 행위의 특징에 대한 지식도 있어야 하지만, 이와 함께 게임 현장에서 주고 받는 감정의 상호 교환까지 포함하는 매우 복잡한 심리전에서도 상대를 압도해야 한다. 아무리 뛰어난 고수라도 상대의 심리전에 밀린다면 자신의 기량을 충분히 발휘하지 못하고 어려운 협상을 진행해야만 한다.

협상도 바둑과 체스 같은 전략적 상호작용으로 복잡한 심리전의 양상을 띠지만 다행스러운 점은 협상과정은 바둑이나 체스게임처럼 수억 만 개 경우의 수를 가진 게임이 아니라는 점이다. 게임이론을 바탕으로 간단히 전략적 선택에 관한 대강의 결론을 얻을 수 있고, 이를 바탕으로 협상의 현재와 미래를 예측하고 자신의 전술을 개발할 수 있다. 게임이론과 협상에 대한 이야기는 다음 장에서 깊이 있게 논의될 것이다.

② 전략적 상호작용의 목적성
전략적 상호작용은 목적성을 지닌 상호작용이다. 전략적 상호작용의 상대성 때문에 상대방의 선택을 고려하여 자신의 선택을 결정해야 하지만 자신의 선택이 상대방의 선택에 좌우되어서는 협상에서 좋은 결과를 얻을 수 없다. 자신이 원하는 것을 상대가 선택할 수 있게 유도하고 게임 자체를 자신이 원하는 방향으로 이끌어 가야 한다. 이를 위해서는 먼저 자신이 원하는 최종 게임(endgame)에 관해 명확한 개념을 가지고 있어야 한다.

앞에서 협상은 매우 복잡한 과정을 거치는 연속적인 상황이라는 점을 살펴보았다. 분쟁이 발생해서 정보를 소통하고 서로의 선호를 조정할 때마다 하나의 게임으로 인식할 수 있다. 정보를 교환하고 서로의 선호도가 조정될 때마다 새로운 게임이라고 할 때 최종 게임이란 협상이 타결될 때의 게임이다. 당사자들이 모두 진지하게 합의안을 만들기 위해 노력할 수 있는 조건이 갖추어진 상황이다.

최종 게임에서 최종 담판이 이루어지고 그 결과로 최종 합의안이 도출된다. 합의가 도출되기 위해서는 당사자들이 향후 게임을 지속하더라도 더 많은 이익을 창출할 수 없거나 더 나쁜 결과를 가져올 수 있다는 인식이 공유되어야 한다. 즉 당사자들의 이익이 극대화될 수 있거나 만족할 만한 결과를 도출할 수 있다고 인식하는 상태이다.[5]

최종 게임의 함의

- ■ 당사자들이 진지하게 합의안을 논의하는 게임
- ■ 당사자들이 만족할 만한 결과를 도출할 수 있다고 인식하는 게임
- ■ 이후 게임을 지속하면 이익이 감소할 수도 있다고 인식하는 게임

전략적 사고를 하는 협상가는 상대의 행위를 예측할 뿐만 아니라 최종 게임을 자신에게 유리하도록 만들어 가야 한다. 유리한 최종 게임의 상황을 만든다는 목적을 가지고 상호작용을 지속해야만 협상에서 좋은 결과를 도출할 수 있다. 이러한 작용이 전략적 상호작용의 목적성이다.

최종 게임을 자신에게 유리한 상황으로 만들기 위해서는 먼저 자신이 협상을 통해 원하는 것이 무엇인지를 분명히 인식해야 한다. 즉 목표가 분명해야 한다. 그리고 자신의 목표를 달성하기 위해서는 어떠한 조건(상황)이 되어야 하는지도 인식하고 있어야 한다. 즉 최종 게임의 상황이 어떠한 모습으로 만들어져야 자신에게 유리한 결과를 얻을 수 있을 것인가를 인식하고 있어야 한다.

한편 자신의 목적을 바탕으로 한 최종 게임의 상황을 인식할 뿐만 아니라, 상대의 목적도 명확히 알고 상대가 목적을 달성하기 위해서는 어떠한 최종 게임의 상황을 만들어 가려 하는지도 인지하고 있어야 할 것이다.

협상과정을 살펴보면 당사자들 간의 합의가 이루어질 것으로 기대되었는데 뜻밖에 무산되는 경우가 자주 있다. 일방에서는 현재의 양보로 상대가 만족할 것으로 생각하지만 그 정도가 상대의 최종 게임의 기대수준에 미치지 못할 때 합의안을 도출하는 것이 불가능해질 때가 자주 있다. 따라서 협상을 진행하면서 상대의 이해와 선호도를 다양하게 분석하여 상대가 원하는 최종 게임이 무엇인지, 그리고 자신이 원하는 최종 게임이 어떤 것인지 명확히 하면서 상호작용

---

5. Raymond Cohen, *Negotiating Across Culture* (Washington D.C. : Institute of Peace Press, 1999), p. 163과 9장을 참조.

을 진행해야 한다.

협상 당사자들의 목적이 다르고 이 때문에 최종 게임에 대한 서로의 인식도 상이할 수밖에 없다. 당사자들이 진지하게 협상에 임하는 최종 게임은 우연히, 혹은 예상치 않은 결과로 만들어질 수도 있다. 그러나 대부분의 경우 최종 게임은 전략과 전술을 통해 만들어 가야 한다. 자신이 원하는 상황을 최종 게임으로 만들어 상대가 진지하게 협력하도록 하기 위해서는 전술과 전략을 활용해야 한다. 앞에서 최종 게임은 이후 게임을 지속하면 이익이 감소하는 상황이라고 정의했다. 자신이 원하는 상황에서 최종 게임을 만들기 위해서는, 즉 상대가 진지하게 협상에 임하게 하기 위해서는 당근과 채찍을 활용하여 상대가 더 이상 게임을 지속하면 이익보다는 손실이 더 클 수 있다는 인식을 갖게 해야 한다. 이 때문에 협상에서도 협박이 난무하고 또 상대를 달랠 수 있는 대가가 자주 언급된다(이 부분에 대한 논의는 제2장의 기대효용이론에서 자세히 설명될 것이다).

북한 핵위기에서 북한의 최종 게임

2008년 9월 현재 여전히 북한 핵문제를 해결하려는 국제협상은 큰 진전을 이루지 못하고 있다.

전문가들은 북한이 핵개발을 활용하여 얻으려는 목표를 4가지로 요약하고 있다. 첫째 미국으로부터의 안전보장, 둘째 남북한의 재래식 군비경쟁에서의 취약성 보완, 셋째 북한 주민으로부터의 정통성 확보, 넷째 경제지원의 확보 등이다.

2006년 10월 북한은 핵실험을 감행하여 핵보유국이 되었다고 주장하고 있다. 북한이 핵실험을 감행하기 전에 대다수의 전문가들은 북한이 핵실험을 하면 얻는 것보다는 잃을 것이 많기 때문에 핵실험을 하지 않을 것이라고 주장했었다.

그러나 최종 게임의 개념을 도입하면 당시 북한은 핵실험을 감행할 수밖에 없었다는 것을 추론할 수 있다. 앞에서 밝힌 북한의 핵개발 목표들을 달성하기 위해서는 어떤 상황이 가장 바람직한 상황인가를 사고해 보면 된다. 최종 게임에서 자신이 원하는 최대의 것을 얻기 위해서는 북한의 입장에서는 핵이 없는 것보다는 핵을 보유하는 것이 유리하다. 또 핵을 하나만 갖고 있는 것보다는 많이 보유하면 할수록 유리한 상황이다. 북한이 상정하고 있는 최종 게임은 이러한 것이었다고 추론할 수 있다. 이러한 최종 게임의 관점에서 당시 북한으로서는 핵실험을 감행하는 것이 당연했다고 할 수 있다.

최종 게임은 당사자들이 합의점 모색을 위해 진지하게 협상에 임하는 상황을 가리킨다. 그러나 이 최종 게임 상황에서도 다양한 협상전략과 전술을 활용하여 공동의 이익을 개발하고 또 자신의 이익도 증진시켜야 한다(전략과 전술부분에서 보다 구체적으로 논의될 것임).

③ 전략적 상호작용의 대표자 이익 우선성

마지막으로 전략적 상호작용에서는 대표자들의 이익이 집단의 이익보다 선호되는 경우가 자주 있다. 즉 협상 대표자들의 이익과 그 협상 대표자들이 소속된 집단의 이익이 상호 충돌할 때 협상 대표자들은 자신의 이익을 앞세우는 경우가 많다는 것이다. 미국과 베트남의 파리평화협정은 약소국인 베트남이 강대국인 미국을 상대로 협상이익을 극대화한 사례이다. 이 협상을 연구한 많은 연구들은 미국이 불리한 협상조건에 있게 된 원인으로 당시 미국 대통령인 존슨의 대통령 재선이라는 문제를 제기한다. 이는 미국의 국가이익과 대통령의 재선이라는 개인적 이익이 충돌한 것이다. 이 때 미국의 국가이익보다는 대통령 개인의 이익이 앞섰기 때문에 미국이 불리한 협상상황에 처하게 된 것이다.

집단의 이익보다는 개인의 이익이 우선되는 상황은 비단 불성실한 협상 대표단이나 부패한 관료, 비도덕적인 지도자에게만 나타나는 현상이 아니다. 이러한 협상 당사자들의 행위는 자신의 이익을 극대화하려는 합리적 인간행위(rational behavior)의 결과물이다.[6] 대부분 집단 대표자들의 이해와 집단의 이해가 일치하지만 이 둘 간의 모순이 발견될 때 대표자들은 자신의 이해, 즉 경제적 이익의 증진이나 명예를 먼저 고려하게 된다는 것이다. 대표적 예가 죄수의 딜레마(prisoner's dilemma)이다. 이러한 모순으로 인해 협상의 다양한 전술들이 개발되기도 한다.

따라서 전략적 사고는 먼저 협상 담당자 혹은 책임자들의 이해가 무엇인지를 연구해야 한다. 이후 담당자 배후에 있는 상관이나 최고정책결정자의 이해가 무엇인지도 사고해야 할 것이다. 이후에 조직과 조직이 만나는 협상에서 조직의 이익을 사고하는 것이 필요하다.

● 협상은 협력과 갈등의 이중적 성격을 가지고 있다

협상의 두 번째 특징은 이익과 갈등이 공존하는 복합동기 상황(mixed motive nature)이다(Ikle, 1964 : 3-4). 이익과 갈등이 공존하기 때문에 극단적인 분쟁으로 발전할 수도 있고 평화적으로도 해결될 수 있다. 즉 협상결과로 발생할 상호 이익이 강조된다면 협상은 쉽게 타결될 수 있어 갈등이 평화적으로 해결될 수도 있다. 그러나 이익이

---

6. Bueno de Mesquita, *Principles of International Politics*(Washington D.C. : CQ Press, 2006).

충돌하는 갈등요소가 강조된다면 갈등의 격화로 진행될 수도 있다. 즉 복합동기 상황은 불안정한 상태이고, 따라서 협상이 진행되는 상황도 불안정성을 띠게 된다. 협상이 성공하기 위해서는 갈등요인을 최소로 줄이고 대신 상호 이익이 되는 공동의 이익을 최대화하는 것이 필요하다.

이를 위해 먼저 갈등과 이익에 대한 부분을 살펴보자. 갈등이 문제가 되는 것은 제한된 시간과 제한된 해결책(대안) 때문이다.[7] 이해의 충돌이 발생해도 무한한 시간이 주어져 있다면 문제가 되지 않는다. 또한 이익의 충돌을 해결할 수 있는 다양한 수단이 있다면 갈등이 큰 문제가 되지는 않는다. 따라서 갈등이 문제가 되는 것은 제한된 시간 내에, 그리고 제한된 해결책 안에서 해결해야 하기 때문이다.

갈등의 이러한 특징은 협상력을 높이는 가장 확실한 방법이 무엇인가를 보여주고 있다. 협상에서 자신에게 유리한 결과를 얻어내는 쪽은 시간의 압박에서 보다 자유롭고 문제 해결책에서 많은 선택을 가진 쪽이다. 즉 시간과 대안에서 유리한 쪽이 협상에서 유리하다고 할 수 있다.

① 시간은 힘이다

협상에서 시간은 매우 중요한 의미를 지닌다. 서로의 이익이 충돌하더라도 급히 해결해야 할 필요가 없다면 갈등이 아니다. 갈등이 발생하는 것은 제한된 시간 안에 문제를 해결해야만 하기 때문일

---

7. William Ury and R. Smoke, "Anatomy of a Crises," *Negotiation Journal*, Vol. 1, No. 1.

것이다. 따라서 협상에서 자신이 원하는 유리한 결과를 얻기 위해서
는 무엇보다도 시간적으로 유리한 입장에 있어야 한다.

　　미국과 북베트남(월맹)의 강화조약은 시간의 중요성을 가장
잘 보여주는 사례로 인용되고 있다. 미국과 월맹은 1968년 5월부터
1973년 1월까지 4년 8개월 동안 정전협상을 벌였다. 이하는 1973년
정전협상에서 벌어진 상황이다.

미국과 베트남의 파리평화협상

　　월맹은 "우리는 지금까지 627년 동안 전쟁을 치러왔다. 그런 우리가 앞
으로 128년을 더 전쟁을 한다고 해서 무슨 문제가 되겠는가? 32년간의 서구와
의 전쟁은 우리에겐 짧은 시간이다"라는 입장이었다. 이에 반해 미국은 1960년
대부터 국내 반전운동의 압력을 받아왔고, 대통령 선거를 앞두고 가시적인 협상
결과가 필요했다. 그리고 월맹은 1973년 미국 대통령 선거를 앞두고서야 협상
장소에 나타났다. 파리에서 협상이 진행되기 전에 월맹 대표단은 파리 외곽에
빌라를 2년 반의 계약기간으로 임대를 얻어놓고 있었고, 미국 대표단은 파리 중
심부의 고급 호텔에 일주일 단위로 방을 계약해 두고 있었다.

　　이런 상황을 두고 판단해 보면 어느 쪽이 협상에서 더 많은 이
익을 챙겼는지 짐작할 수 있다. 이 협상에서 느긋했던 월맹은 시간에
쫓기던 미국에게 압도적인 승리를 거두었다.

　　재래시장이나 백화점 식품코너에 가면 폐장 1시간 전에 항상
할인 세일이 있다. 특히 야채코너와 생선코너 등에서 세일이 있기 마
련이다. 또 계절성 전자제품(에어컨, 난방기 등)의 경우 구매욕구가 높
은 계절의 막판에 가격이 가장 싸다. 그 이유는 조만간 그 상품에 대
한 계절적 수요가 격감할 것이 분명하기 때문이다. 시즌 안에 물건을

팔지 못하면 판매자는 다음 시즌이 올 때까지 상품을 보관해야 하고, 또 다음 시즌에는 성능이 향상된 새로운 제품이 등장하기 때문에 금년도만큼의 값을 받을 수 없다는 부담이 있기 때문이다. 따라서 시간을 자신에게 유리하게 만드는 것은 협상력을 극대화할 수 있는 방법이 된다.

② 대안이 있으면 유리하다

협상에서 자주 쓰이는 개념이 BATNA이다. BATNA는 피셔 (Roger Fisher), 유리(Bill Ury), 패턴(Bruce Patton)이 공동으로 저술한 『YES를 이끌어내는 협상법』(Getting to Yes)에서 처음 등장한 개념이다. BATNA는 Best Alternative to a Negotiated Agreement의 약자로 통상적으로 '협상안에 대한 최선의 대안'이라고 정의된다.

협상 당사자들은 상호 합의한 협상안 이외에도 다른 다양한 대안을 가지고 있을 수 있다. 예를 들어 아파트를 구입하는 구매협상에서 판매자와 구매자가 일정가격으로 합의점에 이르렀다고 가정해 보자. 구매자는 구입협상을 하고 있는 이 아파트 이외에도 시장에 다양한 물건이 있다는 것을 알고 있다. 이미 매물로 시장에 나와 있는 아파트들의 다양한 가격이 구매자에게는 협상한 아파트의 대안(alternatives to a negotiated agreement)이 될 수 있다. 이 중에서 구매자에게 BATNA는 시장에 나와 있는 아파트 중에서 최저가의 아파트이다. 구매자의 입장에서 협상한 가격이 BATNA보다 높다면 구매자는 이 협상에 최종 합의하지 않을 것이다. 다른 곳에서 같은 질의 아파트를 더 싸게 구입할 수 있는 상황에서 더 비싼 비용을 지불하며 아파트를 구입할 구매자는 없을 것이다. 따라서 아파트가 팔리기 위해서는 구매자의 BATNA보다도 낮은 가격이어야 한다. 합의가 이루어지려면 BATNA

보다 좋은 결과여야 한다. 따라서 BATNA가 있다면 합의를 자신에게 유리하게 이끌어 올 수 있다. BATNA를 가지고 있다는 것이 협상가에는 유리한 결과를 도출할 수 있는 조건이 되는 것이 이 때문이다.

다음의 자동차 구입상황을 비교해 보자.

자동차 구매협상

자동차 매장에 들어선 손님을 세일즈맨이 반갑게 맞이한다. 그리고 세일즈맨은 음료수를 마시며 고객에게 "저희 매장을 방문해 주셔서 감사합니다. 어떻게 저희 매장을 찾아주셨습니까?"라며 가벼운 분위기에서 질문한다. 고객은 다음과 같이 대답했다.

사례 1) 저는 이 차 디자인이 마음에 듭니다. 실내도 다른 차종보다는 넓어보이고요. 특히 저희들은 쌍둥이를 키우기 때문에 큰 유모차가 들어갈 수 있는 트렁크가 넓은 차가 좋습니다. 가족끼리 한번 외출이라도 하려면 유모차며 각종 장비들이 많아서 트렁크가 넓어야 하겠더군요.

사례 2) 사실 저는 이 회사 차보다는 다른 회사의 ○○ 기종이 좋습니다. 제가 여기를 찾아온 이유는 차 가격이 동종의 다른 차보다 싸다는 이야기를 들었기 때문입니다.

■ 어떤 대답을 한 고객이 보다 유리한 조건으로 차를 구입할 수 있었을까?

위의 사례 1)에서 고객은 자신의 BATNA가 없음을 세일즈맨에서 알려주었고, 사례 2)에서는 강력한 BATNA가 있음을 주지시켰다. 대부분의 경우 사례 2)의 고객이 더 좋은 가격에 자동차를 구입할 수 있었을 것이다.

BATNA에는 다른 잠재적인 상품만이 있는 것은 아니다. 협상을 결렬하는 것, 혹은 협상을 타결하지 않고 버티는 것도 강력한 BATNA일 수 있다(Sebenius, 2001 : 15-16). 협상은 공동이익을 찾으려는 노력이다. 그 과정에서 교섭(bargaining)과정은 필수적인 과정에 포함된다. 그러나 협상이 꼭 무언가를 주고 받아야만 하는 것은 아니다. 협상결과를 받아들이는 것보다 거절하거나 동결시켜 놓는 것이 합의를 도출하는 것보다 더 유리할 수 있다.

프랑스와 문화재 반환 협상

우리 나라와 프랑스 사이에서 진행된 문화재 반환 협상에서 우리는 지나친 협상타결에 대한 집착이 더 나쁜 결과를 야기할 수도 있다는 교훈을 찾을 수도 있다.

프랑스는 조선 말기 우리 나라의 강화도에서 문화재를 약탈한 적이 있다. 우리 나라는 국보급 문화재를 반환받기 위해 노력했지만 프랑스는 요지부동이었다. 그러다 우리 나라에서 고속전철(지금의 KTX) 사업이 설정되면서 프랑스의 태도가 바뀌게 되었다.

고속전철 기술을 가지고 있던 나라는 당시에 일본, 프랑스, 독일이었다. 엄청난 이권이 걸린 고속전철 사업에 세 나라가 경쟁하면서 우리 나라와 우호적인 관계를 수립할 필요성을 느낀 프랑스가 우리가 요구해 온 문화재 반환 협상에 적극적인 자세로 나왔다. 프랑스가 한국과의 문화재 반환 협상에 진지한 태도로 나오게 된 것이다. 목적하지 않는 어떤 사건(고속전철 사업)으로 인해 최종 게임의 상황이 발생한 것이다.

협상결과는 프랑스가 우리 나라 문화재를 우리 나라의 박물관에 장기 임대해 준다는 것이었다. 이후 한국 언론에서 협상결과에 대한 비판이 시작되었다. 임대는 주인이 타인에게 빌려주는 것인데, 협상결과는 우리 문화재를 프랑스 소유로 인정하는 법적 근거를 마련해 주었다는 것이다. 이후 재협상이 시작되었지만 당시 우리측 협상 대표로 참가한 분의 언급이 흥미롭다. 협상은 주고 받는 것인데 프랑스에서 일정 부분 양보했으니 우리도 양보를 하는 수밖에 없었다는 것이다. 당시 우리측 협상 대표는 우리가 가질 수 있는 BATNA에 협상 결렬이나 협상지연이 포함될 수도 있었다는 점을 간과했는지도 모른다.

제도적으로 BATNA를 제외하고 있기 때문에 막대한 경제적 손실을 야기한 사례도 있다. 우리 나라 외환위기시에 많은 우리 나라의 기업체가 외국회사에 판매되었다. 당시 우리 나라 법에 따르면 '우선협상 대상자' 규정이 있었다. 우리 나라 기업을 구입하려는 외국 경쟁사들이 매각협상을 본격적으로 하기 전에 희망 구입가격을 제시하는 입찰과정이 있다. 입찰에서 가장 높은 가격을 제시한 업체에게 '우선협상 대상자'의 지위를 부과했다. 우선협상 대상자로 선정된 기업은 매각대상 기업을 독점적으로 실사할 수 있는 권한을 가지게 되고, 실사를 바탕으로 구입 여부를 최종 결정하는 것이다.

대우자동차 매각협상

지금의 대우자동차는 미국 GM사의 영향에 있다. 대우자동차 매각협상에서 당시 우선협상 대상자로 선정된 기업은 미국의 포드(Ford)사였다. 포드는 실사과정에서 우리 나라 자동차산업 정책과 기술력 등을 모두 파악한 뒤 대우자동차를 매입하지 않겠다는 결정을 내렸다. 이후 대안이 없어진 우리 정부로서는 GM에 목을 매는 길밖에 없었고, 초기 입찰에 GM이 제시한 가격의 절반에 대우자동차를 매각하게 되었다.

'우선협상 대상자'라는 규정은 당시에 우리 나라의 BATNA를 스스로 제거한 조항이다. 협상에는 다양한 목적이 있겠지만 더 많은 이익을 보장받을 수 있는 상황에서 구태여 적은 이익을 택할 필요는 없을 것이다.

● 이익의 공유

협상과정은 상호 선호도의 교환을 통해 갈등원인을 최소화하고 공동의 이익을 최대화하는 과정이다. 즉 공동이익의 극대화를 통해 모두가 이익이 되는 해결책을 찾는 방법이라 할 수 있다. 따라서 협상이 성사되기 위해서는 먼저 공동이익이 있어야 한다. 공동이익을 쉽게 발견할 수 있는 경우도 있지만 공동이익을 발견하기 어려운 경우도 많이 있다. 훌륭한 협상가가 되기 위해서는 먼저 공동이익을 찾아내는 훈련을 받아야 한다. 우리가 알고 있는 뛰어난 협상가는 갈등이익으로 가득 차 있는 듯한 상황에서 공동의 이익을 발견해낸 사람이라고 할 수 있다.

제갈공명의 공동이익의 창출

중국의 위·촉·오나라가 다투던 삼국 시대에 촉나라 재상으로 제갈공명이 있었다. 그는 뛰어난 전략가이기도 하지만 뛰어난 협상가의 모습을 보여주고 있다.

당시 세력관계를 보면 조조의 위나라가 가장 강대했고, 다음으로 오, 촉의 순서였다. 위가 강했지만 오와 촉이 동맹한다면 위나라의 침공을 억제할 수 있었다. 이를 수식으로 나타내면 다음과 같다.

■ 당시 3국의 세력관계
위나라(4) 〉오나라(3) 〉촉나라(2)
위나라(4) 〈 오나라 + 촉나라(5)

어느 날 위나라의 조조가 군사를 일으켜 가장 약한 촉나라를 공격하려

하고 있었다. 제갈공명은 오나라 왕에게 동맹을 청했다. 그러나 오나라는 촉나라와의 동맹에 관심을 보이지 않았고, 오히려 이 기회를 이용해 촉나라를 분할할 생각도 가지고 있었다.

이 상황은 오나라와 촉나라 간의 공동이익이 존재하지 않았기 때문에 협상이 불가능한 상황이었다. 당시 제갈공명은 조조의 간악함을 이용하여 오나라의 왕을 설득했다고 한다.

"조조는 사악하고 영악한 인물이다. 그의 군사력으로 우리 촉나라를 충분히 병합할 수 있을 것이다. 그는 촉나라를 병합한 것만으로 만족하지 않는다. 우리를 병합하여 힘이 더욱 강해진

조조는 당신의 오나라를 공격할 것이고, 그렇게 되면 오나라도 병합되고 말 것이다. 조조는 사악한 인물이다. 당신 오나라 왕의 목은 성문에 걸릴 것이고, 새들과 개들이 당신의 시체를 뜯어먹을 것이다. 그리고 당신의 아내와 자식들은 노예로 평생을 고생해야 할 것이다. 두 가지 선택이 있다. 우리 촉과 동맹하면 함께 살 수 있다. 혼자 욕심을 부린다면 다 함께 망한다."

제갈공명은 공동이익을 인식하지 못해 공전하고 있던 협상을 공동생존이라는 공동이익을 발견하여 오나라 왕을 설득시킴으로써 조조의 공격을 막아낼 수 있었다.

4. 협상 당사자 관계의 특징

협상 당사자는 '이익의 상충'(conflict of interest)과 '상호 의존'(mutual dependence)을 특징으로 하는 관계 속에 놓이게 된다. 상충하는 이해관계를 가진 상호 의존관계 속의 두 당사자는 협동적 경쟁자(co-operative antagonist) 관계에 놓여 있다고 할 수 있다. 경쟁적이며 심지어 적대적 입장을 견지하고 있는 갈등 당사자이지만 어느 국면에서는

상호 협조적이며 보완적 관계를 형성하고 있는 것이다. 협동적 경쟁자로서 협상 당사자들 사이는 상반된 이해관계를 가지며, 협상타결을 통해 각자 최선의 이익을 확보하고자 노력한다. 성공적인 협상타결을 위해서는 협상 당사자들이 경쟁하는 가운데에서도 얼마나 협동적 관계가 잘 유지될 수 있는가 하는 데 달려 있다.

협상전략은 군사전략과는 다르다. 군사전략은 상대를 파괴(destroy)하는 데 목표가 있지만 협상전략은 상대를 능가(outwit)하거나 추월(outdo)하는 데 목표가 있다. 그리고 이러한 협동적 경쟁은 서로의 입장에 대한 충분한 소통과정, 즉 서로에 대한 정보와 의견교환과정 속에서 이루어질 수 있다. 협상이 본래의 목표와 취지에 부합되도록 하기 위해서는 협상 당사자 사이에 공존을 위한 경쟁관계, 그리고 경쟁 속의 협동관계가 형성되어야 한다. 이러한 공존과 협동은 일회적 관계가 아니라 앞으로도 서로 지속적으로 접촉해야 한다고 믿을 때 더욱 잘 이루어질 수 있다.

a) 협상 당사자들이 서로 적대적으로 경쟁하기만 하면 '죄수의 딜레마' 같은 상황에 빠지게 된다. 철저한 상호 불신 속의 일방적인 이기적 행동은 서로에게 최악의 결과를 가져다 준다.

b) 당사자들 사이에 상호 신뢰감의 형성과 의사소통이 가능하고 선택과 행동대안의 결과를 합리적으로 예측할 수 있다면 이러한 '죄수의 딜레마' 상황으로부터 빠져나올 수 있다.

c) 협상 당사자들이 협동적 전략을 선택할 것인가의 여부는 문제의 협상을 단발로 그치고 마는 일회적 게임(one-shot game)으로 인식하는가, 아니면 계속적으로 반복되는 반복게임(repeated game)으로 인식하는가에 따라 달라질 수 있다.

> d) 또한 당사자들 사이의 협조적 관계의 유지 여부는 협상의제의 성격 및 걸려 있는 이해관계의 성격이 무엇인가에 따라 달라지기도 하지만 양 당사자 사이의 상호 신뢰감 형성과 활발한 의사소통이 있는지의 여부에 따라 달라지기도 한다.

① 협동적 경쟁자로서 협상 당사자

일반적으로 협상 당사자는 완전한 협조자(fully cooperative partner)가 아니며, 이타주의자도 아니다. 협상 당사자들은 기본적으로 상호 경쟁관계에 놓여 있다. 협상 당사자는 자기 이익을 극대화할 수 있는 합리적 선택을 행한다. 또한 협상 당사자는 상대방의 선택에 대응하여 최선의 이익을 확보하기 위한 전략적 선택을 행한다. 그러나 여기까지가 아니다. 성공적인 협상타결을 위해서 협상 당사자는 일정수준의 사리분별력(reasonableness)을 가져야 한다. 협상 당사자는 완강한 적대자(strident antagonist)가 아니다. 나름대로 이치에 맞는 주장을 내세우며, 자신의 입장과 이익을 논리를 앞세워 설득력 있게 제시하고자 하는 태도를 가질 수 있어야 한다. 협상학에서 말하는 협상 당사자는 비행기 납치범이나 어린이 유괴범이 그 전형이 될 수 없다. 그럴듯한 말로 사람을 현혹시키는 사기꾼이 아니며, 협박이나 물리적 강제력 행사로 사람을 움직이는 강도나 깡패도 아니다. 협상 당사자는 적정한 수준의 사리분별력을 갖는 존재로 전제된다.

협상 당사자의 사리분별력

a) 타협지향적 태도 : 협상 당사자는 일방적 주장의 관철이 아니라 타협을 통해 협상절차가 타결된다고 믿는다.

b) 호혜적 반응과 신뢰감 조성의 태도 : 상대방을 완전히 믿지는 않지만 상대방

의 선의가 확인되면 자신도 선의를 보이며 신뢰를 쌓으려는 노력을 한다.

c) 평판의 존중 : 진정한 협상 당사자는 이익의 극대화를 추구하면서도 다음 차
례의 협상을 염두에 두고, 믿을 만하고 진지한 협상가였다는 평판을 듣고자
노력한다.

d) 언약과 규칙준수의 태도 : 협동적 경쟁자로서 협상 당사자는 자신의 말에 책
임을 질 줄 알며, 협상규칙을 준수하고 합의한 사항에 대해서는 이를 존중하
는 태도를 갖는다.

② 협력적 경쟁관계의 특징

협동적 경쟁관계 속의 협상은 다음과 같은 특징을 갖는다. 첫
째, 협상 당사자는 완강한 적대자와 완전한 협조자(fully cooperative part-
ner)의 중간지점에 위치한다. 당사자들은 상반된 이해관계를 가지고
있다는 점을 인식하고 있고, 자신의 이익극대화가 일차적 목적이지
만 서로 타협점을 찾으려는 노력을 게을리하지 않는 존재이다. 두 당
사자는 상반된 이해관계를 가지고 있으면서도 공동이익이나 결합이
익의 가능성이 적지 않은 관계에 놓여 있기 때문에 경쟁적이거나 적
대적일 수만은 없다. 협상은 당사자들이 부딪히면서도 공동이익과
결합이익의 극대화를 위해 머리를 맞대고 앉을 때 성공적으로 타결
될 수 있다.

공동이익과 결합이익

a) 공동이익(common interest) : 각 당사자들이 이미 잠재적으로 공유하고 있
는 이익으로 협상타결로 실현되는 이익

b) 결합이익(joint interest) : 당사자들 사이에 협상타결이 있어야만 새롭게 창
출될 수 있는 이익

　　서로 내 주장만을 고집하며 완강하게 대립하는 자세를 견지하는 한 협상이 타결되기는 어렵다. 경쟁하는 당사자로서는 이익의 극대화를 위해 상대를 이길 수 있는 전략을 구사하는 존재이지만, 협동하는 당사자로서는 상대방에 대해서 선의를 보이고 신뢰감을 얻기 위해 노력하는 태도를 가져야 한다. 또 협동하는 당사자로서는 수단과 방법을 가리지 않고 상대를 이기기 위한 전략구사에 골몰하기만 해서는 안 된다. 협상 당사자 상호 간은 원만한 협상타결을 위해 지켜져야 할 최소한의 협상규범과 협상규칙을 준수해야 한다.

　　둘째, 협상은 상호작용의 의사결정 과정이다. 협상은 다수의 이해 당사자들에 제시된 가능한 복수의 대안들 가운데에서 당사자들 모두가 수용할 수 있는 특정 대안을 선택해 나가는 과정이다. 이러한 의미에서 협상 및 협상타결은 집합적 의사결정 과정—공동운명체적 성격을 갖는다. 집합적 의사결정 과정으로서 협상은 당사자들이 상호 의존관계에 놓여 있음을 의미한다. 집합적 의사결정 속의 당사자들은 결과의존과 정보의존 관계에 놓인다. 서로 손에 쥐게 되는 결과가 상대방의 선택과 행동에 의존되어 있어 있다. 상대방의 양보가 있어야 하고, 상호 양보의 교환이 있어야 한다. 그리고 이러한 양보의 교환과정은 정보의 교환과정을 통해 비로소 가능해 질 수 있다.

---

　a) 결과의존(outcome dependence) : 협상에서 당사자들이 각각 가지게 되는 결과는 상대방이나 복수의 다른 당사자들의 선택과 결정에 의존되어 있다.

　b) 정보의존(information dependence) : 협상과정은 불완전하고 불충분한 정보 속에서 협상상대의 입장을 동시적으로나 순차적으로 탐색해 가는 과정이다.

셋째, 협상은 양보 교환의 호혜적 입장조율(mutual adjustment) 과정이다. 협상은 시간을 거쳐 가며 당사자들이 서로 달라져 가는 변모의 과정을 거치게 된다. 협상은 정보의 교환과정 속에서 양보의 교환이 이루어져 가는 과정이며, 또한 자신과 관련된 정보의 누출을 적절히 통제해 가면서 상대방의 협상목표나 의도, 전략, 최대 양보선에 대한 정보를 탐색해 가는 과정이다. 이러한 정보탐색 과정에서 협상 당사자들은 자신들의 원래의 입장으로부터 타결점을 향해 나가는 입장의 변화를 보이며 상호 조율을 모색해 나가게 된다.

협상은 정보의 교환 및 양보의 상호 교환과정을 통해서 갈등 해소를 위한 최적의 해법을 모색해 나가는 과정인 것이다. 협상은 상호 입장의 이해를 통해서 기대치를 조정해 가는 과정이며, 최저선 혹은 저항선을 근접시켜 가는 과정이다. 이러한 입장의 상호 조율과정은 상호 신뢰감 조성을 통해 가능해진다. 협상타결은 당사자들이 상대방으로부터 공정하게, 그리고 진지하게 대우받고 있다는 믿음과 신뢰감에 바탕을 두고 이루어진다. 상대를 이기기 위한 거짓과 술수가 난무하는 한 당사자 모두가 만족하는 성공적인 협상타결은 기대할 수 없다.

하지만 정보와 양보의 교환과정에서 당사자들 사이의 신뢰관계에는 한계가 있을 수밖에 없다는 점도 인정해야 한다. 정보와 양보 교환과정에서 곧잘 협상 당사자들은 서로를 완전히 믿을 수 없는 딜레마에 빠진다. 왜냐하면 당사자들 사이의 기본 구도는 전략적 선택을 행하는 상호 경쟁관계이기 때문이다.

정보 및 양보 교환과정 속의 딜레마

a) 정직의 딜레마(dilemma of honesty) : 상대에게 얼마나 진실을 말해주어야 하는가? 자신이 무엇을 원하는가? 목표치가 무엇인가를 말하지 않으면 협상은 교착상태에 빠지게 된다. 그러나 있는 그대로 정직하게 다 말해버리면 상대는 당신의 솔직함을 역이용하려 든다.

b) 신뢰의 딜레마(dilemma of trust) : 상대가 말한 것을 얼마나 믿어야 하는가? 상대가 말한 것을 있는 그대로 다 믿으면 상대는 당신의 순진함을 이용하려 든다. 그러나 하나도 믿지 않으면 결코 합의에 도달하기가 어려워진다.

넷째, 당사자들 사이에는 협상력(negotiation power)의 차이가 있다. 협상력은 의도된 협상결과를 만들어낼 수 있는 능력이다. 어떤 상황에서 어떤 자원과 수단을 어떠한 방식으로 적절하게 사용해서 상대방이 맨 처음 설정한 위치로부터 점점 자신이 의도한 위치로 옮겨오게 하느냐 하는 협상력의 차이가 존재한다.

협상 당사자들이 어떠한 결과를 최종적으로 가져가게 되는지의 여부를 결정하는 것은 당사자들의 협상력에 달려 있다. 협상 테이블에 마주 앉은 당사자 사이에는 협상력에 차이가 있기 때문에 서로 다른 결과를 손에 쥐게 된다. 당사자들이 견지하고 있는 협상목표가 얼마나 달성될 수 있느냐 하는 것을 결정하는 것 역시 그 당사자의 협상력에 달려 있다. 협상력은 상대를 움직일 수 있는 힘을 의미하는 것이기 때문에 상대적인 것이다.

상대방에 작용하는 힘이나 능력은 양자의 교호작용 과정 속에서 발휘된다. 하지만 협상력은 협상 테이블에서만 작용하는 것이 아니다. 만일 협상력이 협상 테이블에서만 발휘되는 것이라면 협상력은 상대를 움직일 수 있는 설득 능력을 뜻하는 것일 것이다. 하지만 협상 테이블에 마주 앉은 당사자 간의 힘의 관계는 설득력 경쟁이 전부일 수는 없다.

일반적으로 협상력을 결정하는 변수는 크게 협상자의 지위, 협상자가 보유하고 있는 자원과 역량, 상황적 여건 등 몇 가지 변수로 분류할 수 있다(협상력은 제9장에서 다루어진다).

5. 협상에 대한 오해

대화를 통한 갈등해결 방식은 모든 면에서 가장 효율적인 방식이다. 개인 간의 갈등과 이익집단 간의 갈등, 그리고 국가 간의 갈등이 대화를 통해서 해결된다면 세상은 무릉도원이나 유토피아에 가까운 살만한 세상이 될 것이다. 그러나 불행하게도 인간은 본질적으로 대화를 통해 협상으로 갈등을 해결하는 데 익숙하지 않다. 이것은 인간이 선천적으로 악하게 태어났다는 것을 의미하지는 않는다. 협상을 통해 갈등을 해결하기 위해서는 '교육과 훈련'이 필요하다는 것이다. 교육받은 인간이 협상하는 방식을 알고, 협상을 통해 갈등을 해결하는 방식에 익숙한 사람만이 평화로운 해결방식으로 갈등을 순조롭게 해결할 수 있다.

우리 나라 사람들은 협상에 대해 잘못된 개념을 가지고 있는 경우가 많이 있다. 또한 협상에 대한 태도에서 극단적인 모습을 보이기도 한다. 일부는 협상을 특별한 교육이나 훈련 없이도 누구나 할 수 있는 것으로 생각하는 반면, 일부에서는 협상이 어렵고 복잡한 과정이기 때문에 협상 자체를 회피하려는 경향도 나타난다. 먼저 협상에 대한 일반적인 오해를 소개하고자 한다.

① 양보와 타협은 약자의 선택이다?

협상은 어쩔 수 없는 상황, 특히 자신의 힘이 약할 때 선택하게 되는 최후의 수단으로 인식하는 오해가 있다. 자신에게 가장 유리한 것은 일체의 양보도 없이 힘으로 밀어붙여 자신이 원하는 결과를 얻는 것이라고 여기는 것이다. 가장 좋은 선택은 나의 주장을 굽히지 않고 끝까지 관철시키는 것이라고 믿는 것은 잘못된 것이다. 다양한 갈등상황에서 자신의 의지를 굽히지 말아야 할 협상도 있다. 그러나 대부분의 경우 공생과 상생의 길을 모색하기 위해 양보하는 태도가 필요하다. 100% 자신의 주장을 관철시키는 것만이 유일한 해결책이라는 생각은 협상가의 태도가 아니다. 자신의 주장을 모두 관철시킬 수 있다면 그것이 최선의 선택일 것이다. 그러나 협상을 통해 해결을 모색한다는 것은 앞에서 언급했듯이 100%가 아닌 50%의 만족을 얻는 과정이고, 따라서 최선이 아닌 차선의 선택이다. 또 어떤 경우 최악의 선택을 회피하기 위한 차악의 선택이 협상의 결과가 될 수도 있다.

상대와 대화를 통해 타협을 모색하는 것을 자신의 원칙과 가치를 손상시키는 행위이고 부끄러운 것으로 인식하는 것은 잘못된 생각이다. 협상하려는 태도 그 자체가 자신의 약함을 표현하는 것은 아니다. 협상은 전투가 아니다. 전투는 승자가 있고 패자가 있는 극단적인 상황이다. 전투에서는 내가 살기 위해 '임전무퇴', '사즉생'의 정신으로 임해야 한다. 그러나 협상은 전쟁이 아니다. 협상과 전투를 동일한 것으로 간주해서는 안 된다. 전쟁에서는 상대를 파괴하여 재기불능의 상태로 만드는 것이 목적이지만 협상은 상대를 파괴하는 것이 아니라 상대를 정보와 지식, 협상전술에서 압도하여 유리한 결과를 도출하는 것이다.

협상에서의 양보는 자신의 힘이 부족해서 어쩔 수 없이 해야 하는 것이 아니라, 공동의 이익을 창출하여 상생의 길을 마련하는 과정의 일부로 간주되어야 한다. 자신보다 약자와의 갈등에서는 힘이나 법률을 통해 끝까지 자신의 의지를 관철시키고, 자신보다 강한 자와는 충돌을 회피하고 협상을 해야 한다는 것은 잘못된 것이다. 협상가는 투사나 전사가 되어서는 안 된다.

협상의 결과를 자신에게 유리하게 이끌기 위해서는 약할 때 협상하는 것보다는 자신이 강할 때 하는 것이 유리하다. 유리할 때 장기적인 관점에서 상대와의 관계를 설정하고 이를 제도화시켜 놓는 것이 합리적이다. 협상은 약자만이 선택하는 굴욕적인 선택도 아니고, 양보와 타협을 한다는 자체가 자신의 원칙과 소신을 굽히는 비굴한 행위도 아니다. 협상은 갈등을 가장 효율적인 방법으로 해결하는 수단이다.

② 협상은 담합이다?

협상을 담합과 혼동하는 경우도 자주 있다. 이 때문에 협상한다는 것이 '막후접촉', '물밑작업'과 동일한 것으로 간주되기도 한다. 타협을 위해서는 서로의 입장을 교환하는 과정이 필요하다. '막후접촉', '물밑작업' 등은 협상자 간의 정보교환 과정을 부정적으로 표현하는 것이다.

어떤 경우에는 협상의 효율성을 높이기 위해서 정보교환을 비공개적으로 진행하는 것이 필요하다. 협상의 진행과정을 원활하게 하기 위해 비공개의 원칙을 택한다고 해서 부정적으로 바라볼 필요는 없다. 또 어떤 경우에는 비공개 접촉이 꼭 필요한 경우가 있다. 2007년 발생한 아프가니스탄 인질협상은 비밀접촉이 필요한 협상이었다. 우리 정부의 협상노력이 국내외 언론에 지나치게 노출되어 국제사회로부터 '테러분자들과 협상하는 정부'라는 오명을 뒤집어 쓴 것은 안타까운 일이 아닐 수 없다.

테러분자와의 협상과 같은 몇몇 특수한 경우를 제외하면 비공개 정보교환이 협상 전체 과정을 원활하게 하는 것은 아니다. 협상은 의사교환뿐만 아니라 대표자들이 합의한 협상결과가 내부 구성원들에게 승인을 받아야만 완결되었다고 할 수 있다. 지도자들 간의 비공개 협상은 타결의 효율은 높일 수 있을지 모르지만 이후 승인과정에서 어려움을 겪을 수 있다.

예를 들어 노사협상을 보자. 노조간부와 경영자측의 대표가 비공개협상을 통해 타협안을 마련했다고 해도 그 결과가 효력을 발생하기 위해서는 사주나 노조원들에게 동의를 얻어야 한다. 공개적인 활동은 노조원이나 사주의 의견이 개입하기 쉽고 따라서 오랜 시간과 노력이 필요할지 모르지만, 이런 과정을 거쳐 만들어진 협상은 최종 승인과정에서 부결될 가능성이 낮기 때문에 재협상을 할 필요는 줄어든다.

공개협상을 할 것인가 아니면 비공개로 진행할 것인가는 협상의 상황에 따라 융통성 있게 결정되어야 한다. 과거 권위주의 시대에 많은 정치적 협상들이 내부 구성원들의 동의를 무시하고 지도자의 의지에 따라 결과를 도출하는 비정상적인 관행 때문에 협상에 대한 부정적인 이미지가 보편화되었지만 협상을 담합으로 간주해서는 안 된다.

③ 인간관계와 이익갈등의 혼용

협상을 한다는 것은 이익의 충돌이 발생했기 때문이다. 이익의 충돌이 발생하는 것은 다양한 인간이 살아가는 사회에서 자연스러운 현상이다. 이익의 충돌로 상대로부터 어떤 요구를 받게 될 때 이를 인간관계에 대한 도전 혹은 권위에 대한 도전으로 생각해서는 안된다. 이성적인 판단으로 해결점을 찾아가야 하는 상황에서 감정적인 갈등으로 발전시키는 것은 합의를 이끌어내는 데 큰 장애가 된다.

노동자들의 임금인상 요구는 자연스러운 것인데, 사용자들이 지금까지 자신이 어려운 경영환경에서도 노동자들에게 베풀어 준 수고에 감사하는 마음도 없이 배은망덕하게 더 많은 돈을 달라고 요구하고 있다는 것으로 감정적으로 받아들인다면 임금협상은 어려울 수밖에 없을 것이다. 또한 노동자들도 고용주를 '악덕고용주'로 매도하거나, 심한 경우 고용주의 주거지에 비난하는 프랭카드를 걸고서 격한 감정을 선동하는 것은 협상을 이성적으로 해결하려는 것이 아니다. 감정적 대응은 서로에 대한 불신만을 조성하여 협상을 어렵게 할 수 있다.

6. 협상을 두려워하는 이유

협상의 문제가 보통 사람들의 생활 속에서 일상적으로 제기되고 있다. 그리고 많은 사람들이 문제해결과 갈등해소를 위한 의사결정의 수단으로 협상의 중요성을 인정하고 있다. 그러나 일부 사람들은 협상에 대해 두려움을 가지고 있다. 그 배경은 다음과 같이 설명될 수 있다.

첫째, 대부분의 협상의 근거에는 갈등상황을 전제되어 있다. 선호(preference)와 우선순위(priorities), 관점(perspectives)의 갈등이 전제되어 있는 것이다. 그러나 일반적으로 사람들은 갈등상황을 불편하고 불안하게 여긴다. 일부에는 갈등상황에 대해 두려움을 가지고 대하기도 하고, 두려움 때문에 갈등을 회피하려는 경향도 있다. 또 일부에서는 협상과정이 갈등관계를 다루기 때문에 관련된 사람들과의 관계가 훼손될 수 있다는 두려움도 가지고 있다. 특히 갈등의 당사자가 직장의 상사나 배우자, 친한 친구인 경우에 이러한 경향은 더욱 강하게 나타난다. 문제를 적극적으로 해결하기보다는 관계가 훼손되는 것을 두려워하여 차라리 덮어두는 것이 현명하다고 생각하는 경우도 있다.

하지만 우리는 현실적으로 다른 사람들과 상호 의존적 관계에 있다. 희소한 자원을 공유하면서 서로의 행동을 조율할 필요성이 있고, 거래를 통해 물품을 주고 받는다. 혼자서 무인도에 살거나 사회와 격리되어 살아가지 않는다면 다른 사람들과의 상호 의존적 관계에서 벗어날 수 없고, 따라서 갈등도 벗어날 수 없다. 그러므로 갈등을 회피하는 것이 능사가 아니고 오히려 갈등을 적극적으로 해결하려는 자세가 필요하다.

일상적으로 우리는 우리의 선호 및 우선순위가 다른 사람들과 접촉하지 않을 수 없으며, 따라서 우리와는 다른 사람들과 함께 살아가며 일하는 법을 배워야 하고, 그 차이점을 해소하는 법을 터득할 필요가 있다. 또한 협상이라고 해서 항상 적대적이고 피비린내 나는 투쟁을 내포하고 있거나 이기기 위해서 반드시 엄청난 심리적 압박을 경험해야 하는 것만도 아니다. 오히려 협상과정이 당사자 간의 처절한 투쟁을 의미한다면 이러한 협상은 실패로 끝날 가능성이 매우 높다.

둘째, 많은 사람들은 협상에서 유리하거나 승리하기 위해서는 언변이 화려하고 유창해야 하며, 때로는 다른 사람을 능란하게 속여먹을 수 있어야 한다고 생각한다. 하지만 사람들은 대개 자신에게는 이러한 능력이 결여되어 있어서 결코 좋은 협상가가 되지 못한다고 생각하기 때문에 협상을 기피한다. 이러한 생각이 전혀 근거가 없는 것은 아니나 전부는 될 수 없다. 이러한 이유 때문에 갖게 되는 협상에 대한 두려움은 과장된 것이다. 물론 언변이 화려한 협상가가 있을 수 있다. 하지만 협상능력을 웅변술이나 수사학의 능력으로 보는 관점은 한쪽으로 치우친 것이다. 많은 경우 사람들이 진정으로 두려워하는 것은 효과적 협상을 위한 새로운 기술을 학습하는 것에 대한 두려움이다. 새로운 기술을 배우고 개발하는 것은 생각만큼 두려워할 필요가 없고, 그렇게 힘든 과정도 아니다. 효과적인 협상이 능란한 재치나 유창한 속사포 언변, 교활한 속임수, 기만 등을 필요로 하는 것은 아니다.

협상은 복합적인 인간활동이다. 협상은 당사자 간의 역동적 상호작용의 과정을 포함한다. 협상에는 당사자로 참여하는 사람의 일정한 능력과 기술을 필요로 한다. 협상은 서로 다른 협상상황의 성격을 결정하고, 협상상황을 조성하는 데 영향을 미치는 핵심적 요인들을 이해할 수 있는 지적 능력을 필요로 한다. 또한 협상은 문제를 진단하고 올바른 전략과 접근법을 선별해낼 수 있는 분석기술 및 행동요령을 필요로 한다. 협상 당사자가 상황을 인식하고 적절한 전략을 선택하는 과정에서는 당사자의 성격형이나 가치관이 영향을 미

치게 된다. 따라서 협상 당사자는 스스로의 성격이나 가치관, 윤리의
식에 대한 이해를 필요로 한다.

협상은 학습과정(learnable process)이다. 어느 누구도 협상 수완
가로서 태어나지 않는다. 우리는 누구나 협상에 관한 지식과 기술을
배워나감으로써 효과적인 협상가로서의 능력을 개발해 나갈 수 있
다.

2

협상게임의 논리

1. 전략적 사고와 협상게임

    협상과정은 선택의 연속이다. 협상을 시작할 것인가에서부터 상대의 제안을 받아들일 것인가를 고민하는 것도 결국은 선택이다. 이와 같이 수많은 선택이 진행되는 협상에서 선택은 전략적 상호작용을 고려해야 한다. 또한 전략적 상호작용의 상대성, 목적성, 대표자 이익의 우선성을 고려하여 자신이 의도한 결과를 도출할 수 있게 노력해야 한다. 즉 자신이 무엇을 선택해야 하는가를 고민할 때 상대의 선택, 즉 상대가 주어진 상황에서 무엇을 선택할 것인가를 함께 고려해서 선택해야 한다. 또한 상대의 선택에 따라 자신의 선택을 결정할 것이 아니라 최종 게임(end game)의 상황을 염두에 두고 상황을 창출해 가야 한다. 또한 협상 상대의 목적이 무엇인지, 상대 집단의 목표와 차별성은 없는지도 살펴야 할 것이다. 그러므로 협상의 선택과정은 매우 복잡한 결정과정을 거쳐야 한다.

선택을 위한 의사결정 과정(decision making process)은 매우 복잡한 과정이고, 이 과정에서는 다양한 요인들이 영향을 미친다. 사회과학은 그동안 인간의 선택과정을 연구해서 게임이론(game theory), 기대효용이론(expected utility theory), 전망이론(prospect theory)을 전략적 선택의 기준으로 제시하고 있다. 상기 이론들은 매우 복잡한 선택의 과정을 단순화하여 전략적 선택이 작용하는 협상상황을 이해하는 데 첩경이 된다.

먼저 몇 가지 사례를 통해 협상게임에서의 전략적 사고에 대해 살펴보자. 아래의 인간의 딸을 사랑한 호랑이 우화와 오사카 성의 겨울 전투는 전략적 상호작용을 설명하는 예로 자주 인용되고 있다.[1]

농부의 딸을 사랑한 호랑이

맹수로 유명한 호랑이가 어느 날 우연히 자신의 영토 가까이에서 농사를 짓고 있던 농부의 딸을 보고 한눈에 사랑에 빠졌다. 며칠을 고민하던 호랑이는 맹수의 체면을 무릅쓰고 농부의 집을 찾아가 딸과 결혼을 허락해 달라며 농부에게 간청했다.

농부는 맹수인 호랑이가 자기 딸을 아내로 맞이하겠다며 마당에서 버티고 있는 모습을 보면서 한 가지 꾀를 생각해냈다. 농부는 호랑이에게 다음과 같이 제안했다.

"당신을 보아하니 건강하고 생활력도 있어서 우리 딸을 경제적으로 어렵게 할 것 같지는 않습니다. 그래서 난 내 딸과 당신의 결혼을 허락하겠습니다."

---

1. 아래의 사례는 다음을 참조하고 있다 : 박찬희 · 한순구, 『인생을 바꾸는 게임의 법칙』(서울 : 경문사, 2007), pp. 38-44.

이 말을 들은 호랑이는 너무나 기뻐서 어쩔 줄 몰랐다. 호랑이는 자기가 사모하던 농부의 딸과 결혼할 수 있다는 생각으로 마냥 행복했다. 그런데 다음에 이어진 농부의 결혼조건이 호랑이에게 고민이 되었다. 농부의 결혼조건은 단순했다.

"당신은 맹수 중에서도 왕으로 군림하는 호랑이입니다. 지금은 사랑해서 결혼하지만 결혼생활을 하다 보면 서로 갈등이 생길 것입니다. 그렇게 되면 부부싸움도 하게 되겠지요. 사소한 부부싸움을 할 때도 당신의 무서운 이빨과 날카로운 발톱은 우리 딸의 생명을 위협할 수도 있습니다. 내 사랑하는 딸의 안전을 위해서 당신이 이빨과 발톱을 모두 뽑아버린다면 내 딸과 당신의 결혼을 기쁘게 허락할 수 있을 것 같습니다."

■ 당신이 만약 호랑이라면 어떤 선택을 하시겠습니까? 이빨과 발톱을 모두 뽑으시겠습니까?

오사카 성의 해자

임진왜란의 장본인이었던 도요토미 히데요시에게는 히데요리라는 아들이 있었다. 자신이 죽은 이후 도쿠가와 이에야스가 군사를 일으켜 자신의 아들을 죽이고 쇼군이 될 것을 예상한 도요토미 히데요시는 죽기 전에 아들을 위해 오사카 성을 마련해 두었다. 그곳에 군량미와 군사를 배치하고 도쿠가와가 반란을 일으킬 경우 오사카 성에서 버틸 수 있도록 마련해 둔 것이다.

오사카 성은 일본 전국 시대의 혼란에서도 한번도 함락된 적이 없는 난공불락의 성이었다. 오사카 성이 난공불락의 성이 될 수 있었던 것은 성 주변에 인공 물길인 해자가 있었기 때문이다.

도요토미 사후 도쿠가와는 예상대로 반란을 일으켰고, 도요토미 히데요리는 추종하는 세력과 함께 오사카 성에 칩거하며 저항했다. 도쿠가와는 수차례 공격을 시도했지만 오사카 성을 함락시킬 수 없었다. 승산이 없다고 판단한 도쿠가와는 휴전을 제안하면서 한 가지 조건을 내세웠다. 성 밖의 해자를 메우면 휴전을 하겠다는 것이다.

> ■ 당신이 만약 도요토미 히데요리였다면 어떻게 하겠습니까?

위의 두 예는 전략적 선택의 중요성을 잘 보여주는 예이다. 당신이 이런 제안을 받았다면 어떤 선택을 했을까? 물론 앞의 우화와 오사카 성의 겨울 전투는 너무나 유명한 이야기라서 대부분 그 결과를 알고 있다. 호랑이는 이빨과 발톱을 제거하고 농부의 딸과 결혼하려고 했지만 농부는 딸을 호랑이에게 시집보내는 대신 발톱 빠지고 이빨이 없는 호랑이를 몽둥이로 쫓아버렸다. 또 오사카 성의 도요토미 히데요리는 해자를 메우고 휴전을 받아들이려 했지만 도쿠가와 이에야스는 방어선이 약해진 오사카 성을 공격하여 성을 점령했다. 이 두 이야기는 전략적인 사고를 하지 않는 것이 얼마나 불행한 결과를 가져오는가를 보여주는 사례이다. 이 과정을 전략적 선택이라는 관점에서 게임이론, 기대효용이론, 전망이론의 관점을 활용하여 살펴보자(전망이론은 제10장에서 따로 다루어진다).

2. 게임이론과 협상

게임이론은 복잡한 상호작용을 단순화시킨 것으로 주어진 상황에서 무엇을 선택하는 것이 가장 합리적인가를 보여주는 이론이다. 2명이 상호작용하는 상황을 협력(Cooperation : C)과 비협력(Defection : D)으로 단순화하여 어떤 선택이 가장 합리적인 선택인가를 보여주고 있다. 행위자가 2명이고 협력과 비협력만이 있다고 가정할 때 2×2의 4가지 결과를 예측할 수 있다. CC, CD, DC, 그리고 DD가 그것이다.

게임구조를 알기 위해서는 먼저 위의 4가지 ① "결과"에 대한 각 행위자들의 선호도를 알아야 한다. 결과에 대한 행위자들의 선호도에 따라서 ② 게임의 구조가 결정되고, 게임의 구조에 따라서 ③ 지배전략(dominant strategy), 즉 가장 합리적인 선택이 결정되는 것이다. "결과의 선호도 분석 → 게임구조 결정 → 지배전략 결정"이 게임이론이 제시하는 전략적 선택의 순서이다.

게임이론의 전략적 선택의 순서

■ 결과에 대한 선호도 분석 → 게임구조 결정 → 지배전략 결정

게임구조를 밝히기 위해 게임이론이 제시하는 순서에 따라 4가지 결과에 대한 호랑이와 농부의 선호도를 먼저 살펴보자. 먼저 호랑이가 농부의 딸을 사랑하게 되어서 농부에게 딸과의 결혼을 요청했다. 그러자 농부는 호랑이가 먼저 이빨과 발톱을 모두 뽑을 것을 요구하고, 그런 이후에야 자신이 딸을 줄 것이라고 약속했다. 이 이야기의 구조에 따르면 먼저 선택을 해야 하는 쪽은 호랑이이고, 이후에 농부가 선택을 하게 된다.

4가지 결과 중에서 최선의 결과와 최악의 결과는 쉽게 이해할 수 있다. 먼저 호랑이의 입장에서 가장 선호하는 것(최선의 결과)은

사랑에 빠진 호랑이의 게임트리(호랑이)

호랑이 선택	이빨뽑음 C		이빨유지 D	
	↙↘		↙↘	
농부의 선택	결혼허락 C	결혼반대 D	결혼허락 C	결혼반대 D
	↓	↓	↓	↓
결과	**CC** 이빨뽑기– 결혼허락	**CD** 이빨뽑기– 결혼무산	**DC** 이빨유지– 결혼허락	**DD** 이빨유지– 결혼무산
호랑이 입장에서 결과에 대한 해석	이빨을 빼고 결혼하는 상황	이빨을 뽑았지만 결혼할 수 없는 상황	이빨을 보존하면서 결혼하는 상황	이빨을 유지한 채 결혼하지 못하는 상황
호랑이의 선호도	2nd(차선)	4th(최악)	1st(최선)	3rd(차악)

※ 여기서 C는 협력(Cooperation)을 의미하는 것이고 D는 비협력(Defection)을 의미하는 것이다. 협력과 비협력은 상대의 관점에서 정의하는 것이 편리하다. 즉 호랑이의 두 선택 협력과 비협력은 상대, 즉 농부의 관점에서 정의하면 다음과 같다. 호랑이가 농부에게 협력하는 것은 이빨을 뽑는 것이고, 호랑이가 농부에게 협력하지 않는 것은 이빨과 발톱을 그대로 유지하는 것이다. 한편 농부가 호랑이에게 협력한다는 것은 결혼을 허락하는 것이고, 허락하지 않는 것은 비협력이 된다.

DC로서 자신의 이빨과 발톱을 뽑지 않고 농부의 딸과 결혼하는 것이다. 이 경우 호랑이로서의 위엄을 그대로 유지한 채 사랑하는 농부의 딸과 결혼할 수 있다. 최악의 결과는 CD로 자신의 이빨과 발톱을 뽑았지만 농부의 딸과 결혼하지 못하는 결과이다. 호랑이로서의 위엄도 잃어버리고 농부의 딸과도 결혼할 수 없는 상황이다.

차선과 차악의 선택, 즉 이빨을 뽑고 결혼하는 것과 이빨을 뽑지 않고 결혼하지 않는 것 사이의 우선순위 결정은 두 가지 이슈가 중복되어 있어 좀더 깊은 사고가 필요하다. 먼저 호랑이의 입장에서 이빨을 뽑는 여부가 중요한지, 아니면 농부 딸과의 결혼 여부가 중요한지를 판단함으로써 차선과 차악을 결정할 수 있다. 상기 상황에서 보면 호랑이는 이빨보다는 결혼 여부가 더욱 중요하다. 호랑이가 이

사랑에 빠진 호랑이의 게임트리(농부)

농부의 선택	결혼허락 C		결혼무산 D	
	╱ ╲		╱ ╲	
호랑이의 선택	이빨뽑음 C	이빨유지 D	이빨뽑음 C	이빨유지 D
	↓	↓	↓	↓
결과	**CC** 결혼허락- 이빨뽑기	**CD** 결혼허락- 이빨유지	**DC** 결혼무산- 이빨뽑기	**DD** 결혼무산- 이빨유지
농부의 입장에서 결과에 대한 해석	이빨이 없는 호랑이에게 시집보내는 상황	이빨을 가진 호랑이에게 시집보내는 상황	호랑이 이빨을 뽑고 결혼시키지 않아도 되는 상황	이빨을 가진 호랑이에게 시집보내지 않아도 되는 상황
농부의 선호도	3rd(차악)	4th(최악)	1st(최선)	2nd(차선)

※ 농부의 선호도에 대한 이해를 돕기 위해 농부가 먼저 선택하는 게임의 게임트리를 제시하였다.

러한 어려운 선택에 봉착하게 된 근본적인 원인은 자신이 농부의 딸을 사랑했기 때문이었다. 사랑에 눈이 먼 호랑이에게는 자신의 이빨과 농부의 딸 중에서 농부의 딸이 더욱 중요하다고 결론내릴 수 있다. 따라서 차선은 CC(이빨을 뽑고 농부의 딸과 결혼하는 것)가 되고 차악은 DD(이빨을 뽑지 않고 농부의 딸과 결혼하지 않는 것)가 된다.

호랑이의 결과에 대한 선호도

■ DC 〉 CC 〉 DD 〉 CD

한편 농부의 입장에서 최선의 결과는 DC이다. 자신의 딸을 호랑이에게 시집보내지 않아도 되고 호랑이가 이빨과 발톱을 모두

상실한 상황이다. 이 경우 호랑이는 더 이상 인간에게 위협이 되지 못하기 때문에 호랑이의 위협으로부터 안전을 확보할 수 있을 뿐만 아니라 딸을 맹수에게 시집보내지 않아도 되기 때문이다. 농부의 입장에서 최악의 선택은 CD로서 딸을 호랑이에게 시집보냈지만 호랑이는 이빨과 발톱을 그대로 보존하는 경우이다. 이빨을 뽑지 않은 호랑이에게 딸을 시집보내는 것은 딸의 안전은 물론 호랑이가 계속 마을에 내려와 행패를 부리는 것도 막지 못하게 될 것이다.

다음으로 농부의 입장에서 차선과 차악의 선택을 살펴보자. 농부의 입장에서 보면 이빨을 뽑으라는 조건을 내세운 것은 딸을 호랑이와 결혼시키고 싶지 않다는 것을 전제로 하고 있다. 따라서 농부는 CC(호랑이가 이빨을 뽑고 결혼하는 것)와 DD(이빨을 뽑지 않고 결혼시키지 않는 것) 중에서 결혼하지 않는 DD를 CC보다는 선호하게 된다.

농부의 결과에 대한 선호도

■ DC 〉 DD 〉 CC 〉 CD

농부와 호랑이가 원하는 결과는 매우 상이하다. 호랑이가 가장 원하는 것은 이빨을 뽑지 않고 농부의 딸과 결혼하는 것인 반면, 농부의 경우에는 자신의 딸을 호랑이에게 시집보내지 않고 호랑이의 이빨과 발톱을 모두 뽑아버리는 것을 가장 선호한다. 일방에게 최선의 결과가 상대에게는 최악의 결과가 된다. 그러나 농부와 호랑이의 선호도를 통해서 이 둘의 선호도가 동일하게 나타난다. 그 이유는 호랑이와 농부의 입장에서 자신의 선택을 중심으로 상대의 선택을 정의했기 때문이다. 그러나 선호도로 동일하게 표현되더라도 그 의

미는 매우 상이함에 유념해야 한다.

호랑이와 농부의 선호도를 바탕으로 게임의 구조를 살펴보자.

		농부	
		결혼허락 C	결혼반대 D
호랑이	이빨뽑음 C	CC / CC	CD / DC
	이빨보존 D	DC / CD	DD / DD

※ (x, y) / (y, x) = (호랑이의 선택, 농부의 선택) / (농부의 선택, 호랑이의 선택)

선호도를 각 셀에 삽입

↓

		농부	
		결혼허락 C	결혼반대 D
호랑이	이빨뽑음 C	2nd, 3rd	4th, 1st
	이빨보존 D	1st, 4th	3rd, 2nd

※ (호랑이 선호도, 농부의 선호도)

먼저 2명의 행위자가 있고 2개의 선택이 있을 때 4가지 결과가 도출될 수 있다는 것을 살펴보았다. 이를 2×2 도표(matrix)에 나타내면 다음과 같다.

이 방법에 따라 게임의 구조를 알게 되었다. 이제 게임의 구조를 바탕으로 지배전략을 살펴보자. 지배전략이란 주어진 상황에서 가장 합리적인 선택을 지칭한다.

여기서 먼저 결과에 대한 선호도와 지배전략의 차이점에 대해 살펴보자. 이 둘의 개념을 혼동해서는 안 된다. 우리는 지금까지 호랑

각 셀에 가치(효용) 입력

↓

		농부	
		결혼허락 C	결혼반대 D
호랑이	이빨뽑음 C	3, 2	1, 4
	이빨보존 D	4, 1	2, 3

※ (x, y) = (호랑이의 효용, 농부의 효용)
   각 숫자는 호랑이와 농부의 결과에 대한 효용 혹은 가치를 가리킴.

이와 농부의 결과에 대한 선호도를 살펴보았다. 호랑이가 가장 선호하는 결과는 이빨을 뽑지 않고 농부의 딸과 결혼하는 것(DC)이고, 농부의 경우는 딸을 호랑이에게 시집보내지 않고 호랑이의 이빨과 발톱을 모두 뽑아버리는 것(DC)이다. 그러나 그 결과는 혼자의 선택으로 결정되는 것이 아니라 상대의 선택과 상호작용을 통해 결정된다. 그것은 전략적 상호작용의 상대성의 원칙에서 이미 상술하였지만, 자신이 원하는 최선의 결과는 혼자 원한다고 되는 것이 아니라 상대의 선택에 따라 달라진다는 것이다.

호랑이의 경우 최선의 결과를 얻기 위해서는 자신이 이빨을 뽑지 않는 것(D)뿐만 아니라 상대가 결혼을 허락하는 것(C)이 동시에 일어나야 한다. 그러나 호랑이는 자신의 선택에 대해서는 결정권이 있지만 상대인 농부의 선택에 대해서는 결정권을 가지고 있지 못하다. 즉 호랑이는 결과에 대한 선호도를 가지고 있지만 협력(C)과 비협력(D) 중에서만 선택할 수 있을 뿐이다. 결과는 자신과 농부의 선택의 상호작용을 거쳐서 결정되는 것이다. 이와 같이 게임 참가자들은 자신에게 가장 효과적인 결과가 아니라 협력을 선택할 것인가 아니면 비협력을 선택할 것인가 하는 두 가지 전략 중에서 하나만을 선택할 수 있을 뿐이다. 즉 호랑이나 농부는 결과를 선택하는 것이 아니라 오직 협력과 비협력이라는 전략만을 선택할 수 있을 뿐이다.

게임이론에서 결과와 전략

게임 참가자는 결과를 선택하는 것이 아니라 오직 협력(C)과 비협력(D)이라는 '전략'만을 선택할 수 있다.

게임이론은 주어진 결과에 대한 선호도에 따라 결정된 게임구조에서 협력(C)과 비협력(D) 중에서 무엇을 선택해야 합리적인 선택인지를 알려준다. 주어진 게임구조에서 가장 합리적인 선택을 지배전략이라고 한다.

상기 게임구조에서 호랑이게 가장 효율적인 전략(선택)은 이빨을 뽑지 않는 비협력전략이다. 호랑이의 선호도인 "DC 〉 CC 〉 DD 〉 CD"는 죄수의 딜레마(Prisoner's Dilemma) 선호도이다. 이런 선호도를 갖는 호랑이는 농부가 협력(결혼허락)을 선택하든 혹은 비협력(결혼반대)을 선택하는 것과는 무관하게 비협력을 택하는 것이 지배전략이 된다.

호랑이가 이빨을 뽑지 않는 비협력전략을 선택한다면 농부의 선택에 따라 운이 좋아서 4를, 농부가 협력하지 않더라도 2라는 효용을 보존할 수 있기 때문이다. 반면 이빨을 뽑는 협력전략을 선택한다면 농부가 협력했을 때 3 혹은 협력하지 않았을 때 1의 효용밖에는 얻지 못한다. 따라서 주어진 게임구조에서 호랑이는 농부가 협력하든지 협력하지 않든지와 상관 없이 자신의 가장 합리적인 전략은 비협력전략인 이빨을 뽑지 않는 것이다. 이것은 또한 자신의 효용을 극대화할 수 있는 방안이다.

다음으로 농부의 지배전략을 살펴보자. 농부는 호랑이의 선택과 무관하게 자신이 협력한다면 2 또는 1의 효용을 얻을 수 있지만, 자신이 협력하고 호랑이도 협력했을 때 되는 가장 큰 효용인 2는 자신이 비협력을 선택했을 때의 낮은 효용인 3보다도 작다. 따라서 농부의 입장에서는 결혼을 허락하지 않는 비협력을 선택하는 것이 가장 합리적이다.

농부와 호랑이의 지배전략을 같은 도표에 나타내면 다음과 같다.

호랑이의 지배전략 분석

		농부	
		결혼허락 C	결혼반대 D
호랑이	이빨뽑음 C	3	1
	지배전략 이빨보존 D	4	2

농부의 지배전략 분석

		농부	
			지배전략
		결혼허락 C	결혼반대 D
호랑이	이빨뽑음 C	2	4
	이빨보존 D	1	3

호랑이의 지배전략 분석

		농부	
			지배전략
		결혼허락 C	결혼반대 D
호랑이	이빨뽑음 C	3, 2	1, 4
지배전략	이빨보존 D	4, 1	2, 3

※ (x, y) = (호랑이의 효용, 농부의 효용)

상기에 주어진 게임구조에서 호랑이와 농부 모두 비협력을 선택하는 것이 자신의 효용을 극대화할 수 있는 지배전략이 된다. 즉 호랑이는 이빨과 발톱을 보존하는 것이 합리적인 전략이고, 농부의 경우 결혼을 허락하지 않는 것이 합리적인 전략이다.

우화에서 호랑이는 게임이론이 제시하는 지배전략인 이빨을 보존하라는 지혜를 무시했다. 농부의 딸과 결혼하고 싶은 마음에 차선의 선택(CC)을 기대하고 이빨을 뽑아버리는 바보스러운 행동을 선택하고 말았다. 자신이 희망하던 결과를 얻기 위해 상대인 농부의 선의에 의지했던 것이다. 그 결과 호랑이는 농부의 딸과 결혼도 하지 못하고 맹수로서의 위엄마저 잃어버리는 처지가 되었다. 이는 게임이론이 제시하는 전략에 위배될 때 자신이 원하지 않는 결과가 도래할 수 있다는 것을 보여주고 있다.

합리적인 호랑이였다면 주어진 게임구조에서 가장 합리적인 선택이 무엇인가를 분석해서 불행한 결과가 발생하지 않는 선택을 해야 했다. 이 우화는 전략적 상호작용을 고려하지 않고 오직 상대의 선처에만 의지하는 것이 어떠한 결과를 가져오는가를 보여주는 예다.

우화는 우리에게 교훈을 주기 위해 만들어진 이야기다. 그러

히데요리의 게임트리

도요토미 히데요리의 선택	해자메움 C		해자보존 D	
	╱ ╲		╱ ╲	
도쿠가와 이에야스의 선택	화친 C	공격 D	화친 C	공격 D
	↓	↓	↓	↓
결과	**CC** 해자메움- 화친	**CD** 해자메움- 공격	**DC** 해자보존- 화친	**DD** 해자보존- 공격
도요토미 히데요리의 결과에 대한 해석 1	해자를 메우고 도쿠가와 이에야스와 화친하여 평화를 얻는 것	해자를 메웠지 만 도쿠가와 이에야스의 공격을 받아 성이 함락되는 것	해자를 그대로 둔 상태에서 도쿠가와 이에 야스와 화친을 맺어 평화를 얻는 것	해자를 그대로 둔 상태에서 도쿠가와 이에 야스와 전쟁을 계속하는 것
도요토미 히데요리의 결과에 대한 해석 2	생명의 보존, 평화, 미래의 사태에 대한 대비책 상실	생명의 상실	생명의 보존, 평화, 미래의 사 태에 대한 대비	전쟁의 계속, 생명의 보존
도요토미 히데요리의 선호도	2nd (차선)	4th (최악)	1st (최선)	3rd (차악)
도쿠가와 이에야스의 결과	**CC**	**DC**	**CD**	**DD**
도쿠가와 이에야스의 결과에 대한 해석	승패가 불분명한 상태로 종결	완전한 승리	공성전 실패	전쟁의 계속
도쿠가와 이에야스의 선호도	3rd (차악)	1st (최선)	4th (최악)	2nd (차선)

※ 히데요리의 관점에서 도쿠가와 이에야스와 협력하는 것은 해자를 메우는 것이고, 도쿠
가와 이에야스의 관점에서 협력하는 것은 화친한다는 것을 의미한다.

나 오사카 성의 겨울 전투는 생과 사를 두고 벌였던 치열한 전쟁에서

도 전략적 상호작용을 무시하는 일이 어떠한 결과를 초래하는지 보여주는 예다. 오사카 성의 겨울 전투에서는 오랜 전투가 진행된 이후, 도쿠가와 이에야스가 도요토미 히데요리에게 해자를 메우면 화친을 하겠다는 제안을 하였다. 이 구조에 따르면 먼저 도요토미 히데요리가 오사카 성의 해자를 메우고, 이후 도쿠가와 이에야스가 화친을 받아들인다는 구조이다. 이를 게임구조로 나타내면 앞의 표와 같다.

오사카 성의 겨울 전투를 게임구조로 살펴보자. 도요토미 히데요리와 도쿠가와 이에야스의 최선과 최악의 결과는 분명하다. 도요토미에게는 해자를 메우지 않고서 화친을 하는 것이 최선이고, 최악은 해자를 메우고 나서 화친을 얻지 못하고 공격을 당하는 것이다. 그렇게 된다면 해자가 없는 오사카 성은 함락될 위험성이 더욱 높아진다. 최선과 최악의 결과가 도쿠가와 이에야스에게는 반대로 적용된다. 해자를 메우게 하고 공격해서 오사카 성을 점령하는 것이 최선의 선택이고, 해자를 메우지 않는 상태에서 도요토미 히데요리와 화친하는 것이 최악의 선택이다. 왜냐하면 이는 전투에서 패배를 의미하기 때문이다.

여기에서 차선과 차악의 선택은 좀더 심도 있는 분석이 필요하다. 도요토미 히데요리와 도쿠가와 이에야스의 당시 궁극적인 목적이 무엇이었나를 살펴봄으로써 그들의 구체적인 선호도를 알 수 있다. 당시를 묘사한 역사서를 살펴보면 도요토미 히데요리는 살아남는 것이 가장 중요한 목적이었다는 것을 알 수 있다. 그는 오사카 성이 아무리 강하다 하더라도 계속된 공격은 성안의 인적·물적 자원을 고갈시킬 것이고, 그렇다면 언젠가는 점령될 수밖에 없을 것이라는 두려움을 가지고 있었던 것으로 보인다. 한편 도쿠가와 이에야스의 궁극적인 목적은 전국 시대를 통일하는 것이었다. 권력을 분립하는 것이 아니라 독점하여 자신의 막부를 세우기를 원하고 있었다. 이 관점에서 보면 도요토미 히데요리는 CC(해자를 메우고 화친하는 것)와 DD(해자를 메우지 않고 전쟁을 계속하는 것)의 선택에서 살아남을 수 있는 선택을 선호한다고 볼 수 있다. 해자를 메우고 화친하는 것은 살아남을 수 있는 방법이고, 해자를 메우지 않고 전쟁을 계속하는 것은 언젠가는 전쟁에 패배하여 목숨을 잃을 수 있는 선택이 된다. 따라서 도요토미 히데요리의 선호도는 'DC〉CC〉DD〉CD'이 된다.

한편 도쿠가와 이에야스에게는 CC(해자를 메우고 화친하는 것)와 DD(해자를 메우지 않고 전쟁을 계속하는 것)의 선택은 화친하여 권력을 분할하는 것과 권력을 독점하는 것의 선택이 된다. 따라서 도쿠가와 이에야스는 권력을 독점할 수 있는 것을 선호한다고 할 수 있다. 따라서 도쿠가와 이에야스의 선호도는 'CD〉DD〉CC〉DC'를 갖게 된다. 이 둘의 결과에 대한 선호도를 바탕으로 게임구조를 만들어 보면 다음과 같다.

		도쿠가와 이에야스	
		화친 C	공격 D
도요토미 히데요리	해자메움 C	3, 2	1, 4
	해자보존 D	4, 1	2, 3

※ 각 숫자는 도요토미 히데요리와 도쿠가와 이에야스의 결과에 대한 효용 혹은 가치를 가리킴.
※ (x, y) = (도요토미 히데요리의 효용, 도쿠가와 이에야스의 효용)

이 경우 지배전략은 모두 비협력이 된다. 도요토미 히데요리의 입장에서 보면 해자를 보존하는 것이 상대가 어떤 선택을 하더라도 자신의 효용을 극대화할 수 있는 방법이다. 또한 도쿠가와 이에야

도쿠가와 이에야스

		화친 C	지배전략 공격 D
도요토미 히데요리	해자메움 C	3, 2	1, 4
지배전략	해자보존 D	4, 1	2, 3

※ 각 숫자는 도요토미 히데요리와 도쿠가와 이에야스의 결과에 대한 효용 혹은 가치를 가리킴.

※ (x, y) = (도요토미 히데요리의 효용, 도쿠가와 이에야스의 효용)

스의 입장에서 보면 공격을 하는 것이 상대가 어떤 선택을 하더라도 자신에게 가장 유리한 결과가 된다.

　　오사카 성의 겨울 전투에 대해 게임이론은 비협력이 모두에게 지배전략임을 제시하고 있다. 그러나 도요토미 히데요리는 협력전략을 선택하여 해자를 메웠고, 이후 도쿠가와 이에야스의 공격을 받아 성은 함락되고 말았다.[2]

　　게임이론은 결과에 대한 선호도를 바탕으로 게임구조를 밝히고 이를 통해 지배전략이 무엇인지를 보여준다. 이는 전략적 상호작용의 상대성 원칙을 보여주는 것으로 매우 복잡하게 진행되는 게임에서 지배전략을 통해 참가자들에게 무엇이 가장 합리적인 전술인가를 보여주는 것이다.

2.　여기서 두 사람의 궁극적인 목적이 상기에서 제시한 것과 달랐을 경우를 한 번 살펴보자. 도요토미 히데요리가 'DC 〉DD 〉CC 〉CD'의 선호도를 가지게 된다면 죄수의 딜레마 구조를 갖게 되고, 이 경우에도 지배전략은 비협력이 되어 해자를 메우지 않는 것이 된다.

3. 기대효용이론과 협상게임

    합리적 선택이론(rational choice theory)이라고 불리는 일군의 이론들 중에서 기대효용이론(expected utility theory)은 합리적 선택의 정수를 보여주는 이론이다. 기대효용이론은 각 선택이 갖는 기대효용(expected utility) 값을 계산하고 이 중에서 효용이 가장 큰 선택, 즉 효용을 극대화(maximize)할 수 있는 것을 선택할 수 있게 해준다.

    기대효용의 값은 기대이익과 기대손실의 차로 얻을 수 있다. 이 때 기대이익은 어떤 선택이 성공할 확률과 성공했을 때의 이익값의 곱으로 나타나고, 기대손실은 어떤 선택이 실패할 확률과 실패했을 때에 발생하게 될 손실값의 곱으로 얻을 수 있다.

기대효용이론의 이해

효용 = 이익 – 손실

기대효용 = 기대이익 – 기대손실

기대효용 = (성공할 확률 x 이익값) – (실패할 확률 x 손실값)

※ (성공할 확률 + 실패할 확률) = 1

기대효용 = {성공할 확률 x 이익값} – {(1 – 성공할 확률) x 손실값}

    앞에서 예로 들었던 호랑이와 농부의 경우를 두고 기대효용이론으로 분석해 보자. 호랑이의 입장에서 보면 두 가지 선택이 있다. 하나는 이빨과 발톱을 뽑는 것이고, 다른 하나는 뽑지 않는 것이다.

첫 번째 선택을 a, 두 번째 선택을 b로 정하고 이 둘의 기대효용을 계산해 보자.

기대효용 = {성공할 확률 x 이익값} - {(1 - 성공할 확률) x 손실값}

A의 기대효용 = {이빨을 뽑았을 때 결혼할 확률 x 이빨을 뽑고 결혼했을 때의 이익값} - {(1 - 이빨을 뽑았을 때 결혼할 확률) x 이빨을 뽑고 결혼하지 못했을 때 손실값}

B의 기대효용 = {이빨을 뽑지 않았을 때 결혼할 확률 x 이빨을 뽑지 않고 결혼했을 때의 이익값} - {(1 - 이빨을 뽑지 않았을 때 결혼할 확률) x 이빨을 뽑지 않고 결혼하지 못했을 때 손실값}

먼저 호랑이는 자신이 이빨을 뽑았을 때 결혼에 성공할 확률을 알고 있어야 한다. 정확한 확률을 구하는 것은 쉽지 않다. 동전의 앞면과 뒷면이 나올 확률은 각 경우에 50%라는 것은 쉽게 알 수 있다. 또 주사위를 던져 1의 값이 나올 확률도 1/6이라는 것도 쉽게 알 수 있다. 그러나 호랑이가 이빨을 뽑고 결혼에 성공한 예를 구하는 것은 쉽지 않다. 정확한 확률을 구하기 어렵다는 것이지 불가능한 것은 아니다. 예를 들어 주사위를 던져 1의 값을 얻을 확률이 1/6이라는 것은 수많은 실험을 거쳐 얻어진 통계적 자료이다. 이와 같은 방식으로 객관적인 확률을 구할 수 있다.

우화적으로 설명하자면 호랑이는 객관적인 확률을 얻기 위해서 먼저 지금까지 자기와 똑같은 경우를 모두 조사해야 하고, 그리고 이 중에서 이빨을 뽑고 결혼에 성공한 경우를 골라내 전체 경우에서 이빨을 뽑고 결혼에 성공한 확률을 계산해내야 한다. 여기서는 **가정**

해서 40%라고 하자. 상기 게임이론의 매트릭스에서 다음과 같은 값을 얻었다.

		농부	
		결혼허락 C	결혼반대 D
호랑이	이빨뽑음 C	50, -10	-30, 70
	이빨보존 D	70, -30	-10, 50

※ (x, y) = (호랑이의 실제효용, 농부의 실제효용)
※ 음수는 부정적인 효용을 가리킴.

　　이 값은 기존 매트릭스를 바탕으로 실제 효용값을 입력한 것이다. 이 매트릭스에서는 호랑이와 농부의 선호도는 바뀌지 않았기 때문에 동일한 게임구조를 유지하고 있다. 이를 바탕으로 호랑이의 기대효용을 구해보자.

기대효용이론의 적용 1

기대효용 = {성공할 확률 x 이익값} – {(1 – 성공할 확률) x 손실값}

이빨을 뽑았을 때의　　= {이빨을 뽑았을 때 결혼할 확률 x 이빨을 뽑고 결혼했을
기대효용　　　　　　　　 때의 이익값} – {(1 – 이빨을 뽑았을 때 결혼할 확률)
　　　　　　　　　　　　 x 이빨을 뽑고 결혼하지 못했을 때 손실의 **절대값**}

이빨을 뽑았을　　= (0.4 x 50) – (0.6 x 30)
때의 기대효용　　= 20 – 18
　　　　　　　　= 2

　　이빨을 뽑지 않았을 때의 기대효용을 계산해 보자. 먼저 호랑이는 앞에서와 동일한 방식으로 통계를 구하고, 이를 바탕으로 이빨을 뽑지 않았을 때 결혼할 확률이 가정해서 10%였다는 것을 알았다. 이를 바탕으로 이빨을 뽑지 않았을 때의 기대효용을 계산해 보면 다음과 같다.

기대효용이론의 적용 2

이빨을 뽑지 않았을 = {이빨을 뽑지 않았을 때 결혼할 확률 x 이빨을 뽑지 않
때의 기대효용　　　　고 결혼했을 때의 이익값} - {(1 - 이빨을 뽑지 않았을
　　　　　　　　　　때 결혼할 확률) x 이빨을 뽑지 않고 결혼하지 못했을
　　　　　　　　　　때 손실값의 절대값}

이빨을 뽑지 않았을 = (0.1 x 70) - (0.9 x 10)
때의 기대효용　　　 = 7 - 9
　　　　　　　　　 = -2

　　위의 계산방식에 따르면 이빨을 뽑았을 때의 기대효용은 4.4이고 이빨을 뽑지 않았을 때의 기대효용은 -5이다. 이 경우 합리적 행위자는 기대효용을 극대화할 수 있는 값인 '이빨을 뽑는 것'을 선택하게 된다. 이 예는 기대효용을 계산하는 방식과 이후 선택과정을 보여주기 위한 것이다.

기대효용이론의 공식과 함의

기대효용 = {성공할 확률 x 이익값} - {(1 - 성공할 확률) x 손실값}

> ■ 성공할 확률의 변화는 기대효용의 변화를 야기한다
> ■ 이익의 값의 변화는 기대효용의 변화를 야기한다
> ■ 손실의 값의 변화는 기대효용의 변화를 야기한다

기대효용의 공식을 살펴보면 기대효용은 3가지 변수에 따라 변화한다는 것을 알 수 있다. 즉 성공할 확률, 이익의 값, 손실의 값을 변화시킴으로써 나와 상대의 기대효용을 변화시킬 수 있다. 그리고 이 3가지 변수는 객관적인 값이 존재하는 것이 아니라 참여자들이 이 3가지 값을 어떻게 평가하는가에 따라 달라진다. 즉 이는 객관적인 값이 아니라 참여자들이 각자의 자료와 근거로 평가하는 주관적인 값이다. 이를 달리 표현하면 참여자들이 인식하는 값이다.

주사위를 던져서 6의 값이 나올 확률은 1/6이다. 그러나 주사위를 던지는 사람이 그 주사위가 자신에게 행운을 가져다 주는 주사위로 인식하고 있다면 그 행위자는 객관적 확률인 1/6보다 더 높은 확률을 가지고 있다고 생각할 것이다. 이와 같이 모든 값이 주관적인 인지적 값이기 때문에 조작과 조절이 가능하다.

객관적 값과 주관적 값(인지적 값)

게임 참여자들이 실질적으로 활용하는 값은 객관적 값이 아닌 주관적인 값이다.

기대효용이 제시하는 것은 행위자는 자신의 효용을 극대화할 수 있는 것을 선택한다는 것이다. 이를 활용해 보면 상대가 내가 원하는 선택을 하게 하기 위해서는 내가 원하는 선택의 기대효용을 다른 선택들

에 비교해서 높게 만들어야 한다. 특정 선택의 기대효용은 3가지 변수, 즉 성공할 확률, 성공했을 때의 이익, 실패했을 때의 손실에 따라 결정된다. 앞의 도표에서 알 수 있듯이 기대효용은 성공할 확률과 이익의 값과는 정(正)의 관계(positive relationship)를 가지고 있고 손실의 값과는 부(負)의 관계(negative relationship)를 가지고 있다. 따라서 성공할 확률이 높으면 높을수록, 이익의 값이 그면 클수록 기대효용 값이 높아져서 특정 선택을 취할 확률이 높아진다. 또한 손실의 절대값이 적으면 적을수록 기대효용의 값이 높아지고 특정 선택을 취할 확률이 높아진다.

이를 활용한 다양한 방식이 협상에서 적용되고 있다. 대표적인 것이 '당근과 채찍'이라고 표현되는 강압과 유인정책이다. 강압정책의 대표적인 것이 협박이나 위협이다. 협박이나 위협을 통한 전략은 상대의 손실값을 높이는 전략이다. 이를 통해 특정 선택의 기대효용을 낮추어서 특정 선택을 하지 못하게 할 수 있다. 또한 유인정책으로 특정 선택에 대한 인센티브를 제공하는 것을 들 수 있다. 이는 특정 선택에 대한 기대효용을 높이는 정책이다.

기대효용이론이 협상, 특히 전략적 선택상황에 대해 제시하는 것은 특정 선택에 대한 기대효용을 조정함으로써 협상을 원활하게 진행할 수도 있고 그 반대로도 활용할 수 있다는 것이다.

기대효용의 함의를 농부의 딸을 사랑한 호랑이의 경우에서 보다 구체적으로 살펴보자. 농부와 호랑이의 상호작용으로 나타난 게임구조에서는 호랑이는 협력하지 않는 것이 가장 좋은 선택이다. 이러한 게임구조에 직면한 호랑이는 더 이상의 협상을 하지 않고 협상장을 박차고 나가야 했다. 왜냐하면 이 게임구조는 자신이 원하는 최종 게임(end game)이 아니었다. 호랑이는 기대효용의 함의를 활용하여 농부와의 상호작용 게임을 자신이 원하는 최종 게임으로 만들어 가야 한다. 이 과정은 전략적 상호작용의 목적성에 해당하는 과정이기도 하다. 게임에서 자신이 원하는 상황을 만들기 위해서는 농부가 협력을 선택해야 한다. 즉 자신은 이빨과 발톱을 유지한 채 농부가 딸을 자신에게 시집보낼 수 있는 구조로 만들어 가야 할 것이다. 농부가 협력을 선택할 수 있게 하기 위해서 호랑이는 전술을 바꾸어 나갔다.

그날 이후 호랑이는 농부가 협력을 선택할 때 얻을 수 있는 기대효용의 값을 높이고 비협력이 가져다 줄 손실을 증가시키기로 했다. 우선 호랑이는 일주일에 한번 자신의 사냥 솜씨를 발휘하여 사슴 한 마리를 농부의 집 앞마당에 두고 갔다. 또 발톱과 이빨을 뽑지 않은 호랑이와 인간이 결혼해서 행복하게 살고 있는 예를 찾아 농부와 동네 사람들에게 알려주기 시작했다. 이는 농부의 확률에 대한 인식을 변화시키기 위한 정보전 혹은 심리전의 일환이었다.

또한 호랑이는 만약 그가 농부의 딸과 결혼하지 못할 경우 농부의 가족 전체와 마을 사람들까지도 죽이겠다고 협박했다. 이는 농부의 비협력의 손실을 높이는 수단이다. 호랑이는 이뿐만 아니라 주변의 멧돼지나 늑대와 같은 짐승들이 마을의 농작물과 사람들을 해치지 못하도록 지켜주기로 했다. 이후 이 사실이 알려지면서 마을 사람들은 호랑이에게 감사하게 되었다. 그리고 호랑이는 농부가 결혼을 허락하지 않으면 마을을 지켜주는 일은 더 이상 없을 것이라는 것도 공공연하게 소문내기 시작했다. 이는 주변사람들을 통해 협력에 대한 이익을 높이고 비협력의 손실을 늘이는 전략이다.

호랑이의 이러한 전술이 성공한다면 다음과 같은 변화가 일어날 수 있다.

새로운 상황에서 사랑에 빠진 호랑이의 게임트리(농부)

농부의 선택	결혼허락 C		결혼반대 D	
	∠↘		∠↘	
호랑이의 선택	이빨뽑음 C	이빨유지 D	이빨뽑음 C	이빨유지 D
	↓	↓	↓	↓
결과	**CC** 결혼허락- 이빨뽑기	**CD** 결혼허락- 이빨유지	**DC** 결혼무산- 이빨뽑기	**DD** 결혼무산- 이빨유지
과거 농부의 결과에 대한 해석	이빨이 없는 호랑이에게 시집보내는 상황	이빨을 가진 호랑이에게 시집보내는 상황	호랑이 이빨을 뽑고 결혼시키지 않아도 되는 상황	이빨을 가진 호랑이에게 시집보내지 않아도 되는 상황
과거 농부의 선호도	3rd(차악)	4th(최악)	1st(최선)	2nd(차선)
현재 농부의 결과에 대한 해석	딸을 시집보냈지만 경제적·치안적 혜택을 더 이상 받을 수 없는 상황	경제적 혜택, 치안의 혜택을 누리는 상황	딸을 시집보내지 않지만 경제적·치안적 혜택도 누리지 못하는 상황	딸을 시집보내지 않자 호랑이가 가족과 주민들을 죽이는 상황
현재 농부의 선호도	3rd(차악)	1st(최선)	2nd(차선)	4th(최악)

　새로운 상황에서 결과에 대한 선호도는 'CD 〉DC 〉CC 〉
DD'로 나타난다. 새로운 상황이 과거와 다른 것은 호랑이의 이빨과
발톱이 딸을 해칠 수 있는 무기가 아니라 농부의 가족에게 경제적 부
와 치안을 가져다 주는 좋은 것으로 인식되고 있다는 것이다. 이를
바탕으로 농부의 새로운 게임의 지배전략을 살펴보자.
　새로운 상황에서 농부의 지배전략은 결혼을 허락하는 협력이
지배전략이 된다. 왜냐하면 협력은 2 또는 4의 값을 가져다 주지만
비협력은 1 또는 3의 효용을 가져다 주기 때문이다. 이제 새로운 상

새로운 상황에서 농부의 지배전략 분석

		농부	
		지배전략	
		결혼허락 C	결혼반대 D
호랑이	이빨뽑음 C	3rd (2)	2nd (3)
	이빨보존 D	1st (4)	4th (1)

※ 서수는 농부의 결과에 대한 선호도, 기수는 농부의 효용을 나타냄.

새로운 상황에서의 게임구조

		농부	
		지배전략	
		결혼허락 C	결혼반대 D
호랑이	이빨뽑음 C	3, 2	1, 3
지배전략	이빨보존 D	4, 4	2, 1

황에서 호랑이와 농부의 게임구조를 살펴보자.

호랑이의 전술이 적용된 이후 생겨난 새로운 게임구조는 호랑이에게 그리고 농부에게 최종 게임이다. 합의가 이루어질 수 있는 상황이고, 또 자신이 원하는 최선의 선택을 가져올 수 있는 상황이다. 호랑이는 농부의 딸과 결혼하기를 원하고, 이제 농부도 자기의 딸과 호랑이가 결혼하기를 원한다. 이제 진치한 협상이 시작될 수 있는 조건이 마련되었다. 이제 남은 것은 혼수와 신혼 집의 위치 같은 사소한 사안들뿐이다. 아마 이들은 아주 우호적인 분위기에서 남아 있는 사안들에 대해 합의하게 될 것이다.

합리적인 호랑이라면 초기 게임구조에서 농부에게 협력하는 전략을 취하지는 않을 것이다. 즉 이빨과 발톱을 뽑지 않을 것이다. 전략적 상호작용의 목적성을 염두에 두고 당근과 채찍을 통해 자신이 원하는 최종 게임구조를 만들어 갈 것이다. 호랑이는 최종 게임구조가 만들어질 때까지 협박과 인센티브 제공의 심리전을 진행해 나갈 것이다. 그리고 농부도 협력하기를 원하는 상황, 즉 자신이 원하는 최종 게임이 되었을 때가 되면 적극적인 자세로 협상을 추진해 나갔을 것이다.

이 과정에서 농부의 딸과 농부의 선호도는 일치했는가? 전략적 상호작용의 대표자 이익의 우선성은 농부는 딸의 선호보다는 자신의 이익을 우선한다는 것을 가르치고 있다. 만약 협상 당사자가 농부가 아닌 농부의 딸이었다면 게임구조는 완전히 새로운 것이 되었을 것이다. 농부의 이익이 딸의 이익에 우선했기 때문에 호랑이가 원하는 최종 게임구조가 완성될 수 있었다.

4. 게임구조의 변화 : 서희의 강동6주 협상사례

고려 성종 12년, 서기 993년에 거란의 소손녕이 80만 대군을 이끌고 고려를 침공했다. 당시에는 송과 거란이 대륙의 패권을 다투고 고려는 송과는 친교를 맺고 있었던 반면, 거란이 발해를 멸하고 건국된 나라였기 때문에 거란과는 국교수립을 거부하고 있었다. 당시 대부분 기병으로 구성된 거란의 80만 대병은 거란의 모든 역량을 동원한 대규모 원정군이었다. 이 시기 고려 중기 인구가 200만 명이었고 전국의 군대를 다 모아도 30만이 되지 않는 상황이었다.

거란의 80만 대군은 청천강 이북지역에서 1차 승리를 거두고 승승장구하며 고려의 수도로 접근하고 있었다. 고려 조정은 투항론과 평양 이북의 땅을 거란에 떼어주자는 할지론이 논의되고 있었다. 고려 성종은 몇 차례 화친을 청했으나 소손녕은 이를 거부했다.

안융진 전투는 이 전쟁의 틀을 바꾸어 놓은 결정적 사건(critical event)이었다. 안융진은 발해 유민들이 거주하던 곳이었고, 이들은 자국을 멸망시킨 거란에 강한 적개심을 가지고 있었다. 계속 승전을 거듭하던 거란군은 안융진 전투에서 패하고 말았다. 그것도 산성을 지키는 고려군에게 패한 것이 아니라, 성 밖의 평지에서 벌어진 전투에서 기병으로 구성된 거란군이 보병 위주의 고려군에게 패배를 당한 것이다. 당시 발해 유민들은 수레의 앞부분에 창을 매단 검차라는 무기로 거란의 기병을 무력화시킬 수 있었다.

안융진 전투가 벌어진 이후 서희가 담판자로 나서 소손녕과 협상하여 강동6주를 얻고 우리 민족이 압록강까지 진출할 수 있는 기회를 다시 회복하게 되었다.

당시 서희는 거란군의 궁극적인 목적이 중원을 제패하는 것이라는 것에 확신을 가졌고, 거란의 입장에서 산성이 많은 고려와 전쟁으로 큰 피해를 입게 된다면 이후 송과의 대전에서 군사력이 약화될 수밖에 없다는 것을 인식하고 있었다. 거란이 고려를 침범한 것도 송과의 대전투가 벌어질 때 배후에 고려라는 적을 두지 않기 위해서라는 것을 간파한 것이다. 서희의 지혜로 인해 고려는 여진족이 점령하고 있던 강동6주를 회복했고, 거란은 고려와 친교를 맺음으로써 송과의 전투에서 배후를 든든하게 할 수 있었다.

이를 게임구조로 살펴보면 다음과 같다. 먼저 거란이 파병한 관점인 초기 게임구조를 살펴보자. 초기의 게임구조를 보면 거란은 비협력 전쟁이 가장 높은 효용을 제공하는 것임을 알 수 있다. 이러한 상태에서 고려가 아무리 좋은 제안을 하더라도 결코 거란은 수용하지 않을 것이다.

서희의 강동6주 협상의 게임트리

소손녕의 선택	화친 C		전쟁 D	
	↙ ↘		↙ ↘	
고려의 선택	화친(할지) C	전투 D	화친(할지) C	전투 D
	↓	↓	↓	↓
결과	**CC** 평화- 영토의 상실	**CD** 평화- 전쟁	**DC** 전쟁- 영토의 상실	**DD** 전쟁- 전쟁
소손녕의 결과에 대한 해석	고려의 일부 영토를 점령하고 고려와 평화하는 전략	고려와 화친하려고 하나 고려가 지속적으로 전쟁을 원하는 상태. 거란의 협상력 부족상태	전의를 상실한 고려를 완전히 석권할 수 있는 상태	전쟁을 수행하여 고려를 점령. 그러나 군사적 손실 예상
소손녕의 선호도	3rd(차악)	4th(최악)	1st(최선)	2nd(차선)
안융진 전투 이후 소손녕의 결과에 대한 해석	상동	상동	상동	전쟁을 수행하여 고려를 점령. 그러나 막대한 군사적 손실 예상
안융진 전투 이후 소손녕의 선호도	2nd(차선)	4th(최악)	1st(최선)	3rd(차악)

그러나 안융진 전투 이후 소손녕의 인식이 바뀌었다. 검차로 인해 거란이 자신하던 평지 전투에서 패배했다는 것은 산성이 많은 고려와의 전투에서 막대한 피해를 입을 수도 있다는 것을 의미했다.

즉 비협력의 손실이 상당히 커질 수 있다는 가능성에 대해 염려하게 된 것이다. 거란이 만약 고려와의 전투에서 패하거나 혹은 막대한 피해를 입는다면 향후 중원의 패권을 놓고 송과 벌일 일전에서 불리할 수밖에 없다.

안융진 전투 이후의 상황도 협상이 유용한 상황은 아니다. 안융진 전투 이후의 거란의 선호도는 죄수의 딜레마 구조를 가지고 있고, 죄수의 딜레마 구조에서 지배전략은 비협력, 즉 전쟁이지만 분명히 CC라는 공동이익이 존재하는 협상 가능한 상태이다. 특히 안융진 전투의 피해 정도에 따라 최악과 차악의 선호도가 역전될 수도 있었다. 즉 DC > CC > CD > DD의 겁쟁이 게임구조를 가질 수도 있다. 분명한 것은 안융진 전투 이후 전투는 한달 여 동안 교착상태에 빠졌다는 것으로 볼 때 소손녕에게 안융진 전투의 결과는 매우 충격적이었던 것만은 분명한 것 같다.

서희의 뛰어난 점은 우선 안융진 전투 이후 협상 가능한 상황이 발생했다는 것을 간파한 것에 있다. 초기의 게임구조에서는 협상은 불가능했다. 그러나 안융진 전투 이후 협상이 가능한 상황, 즉 최종 게임이 될 수 있다는 점을 발견한 것이다. 초기와는 달리 거란이 협상에 성실하게 나설 조건이 마련되었다는 것을 인식한 것은 협상가로서의 탁월한 점이라 할 수 있다. 게임이론은 이와 같이 전략적 상황이 발생한 상황에서 무엇이 가장 합리적인 선택인지 알려줄 뿐만 아니라, 최종 게임상황에 대한 정보를 제공해 주는 협상을 공부하는 이들에게 꼭 필요한 이론이다.

> ### 결정적 사건(critical events)
>
> ■ 협상구조를 바꾸어 놓을 수 있는 사건
> ■ 전략에 의해 발생할 수도 있음
> ■ 우연히 발생하는 경우도 있음
> ■ 협상과정 분석에 가장 중요한 항목

　　이와 같이 진행되고 있는 협상이나 과거 협상에 대한 분석에서 중요한 항목은 결정적 사건의 발생과 이후 전략적 상호작용의 변화, 즉 게임구조의 변화를 추적해 가는 것이다. 결정적인 사건은 농부의 딸을 사랑한 호랑이와 같이 자신이 구사한 전략과 전술의 결과로 발생한 사건이 될 수 있다. 또한 서희의 강동6주 협상에서처럼 기대하지 않았던 곳에서 외적인 요인에 의해 우연히 발생할 수 있다. 결정적 사건은 상대의 기대손실에 큰 영향을 미침으로써 게임의 구조를 변화시킨다. 뛰어난 협상가가 되기 위해서는 결정적 사건의 발생과 이후 영향에 대해서 민감할 필요가 있다.

3

협상게임을 위한 준비활동

1. 협상과정의 개관

일반적으로 협상 하면 협상 테이블에서의 협상을 의미한다. 협상 당사자들이 협상 테이블에 마주 앉아 제의와 역제의의 공방이 이어지고, 자신의 입장을 관철시키기 위한 여러 전략과 협상기법들이 동원되는 과정을 협상이라고 부른다. 협상 테이블에서 이루어지는 이러한 협상은 통상 본협상이라 부른다. 그러나 협상은 '협상 테이블에서 시작해서 협상 테이블에서 끝나는 것'이 아니다. 협상 테이블 앞뒤로 여러 단계와 절차를 거치면서 협상은 진행된다.

협상은 갈등을 해결하는 수단으로서 갈등의 발생에서 합의내용의 실행에 이르는 복잡한 과정을 포함하고 있다. 먼저 갈등이 발생하면 갈등을 인지하는 분쟁진단 단계를 거쳐 발생한 갈등을 협상을 통해 해결될 수 있는지를 분석해야 한다. 즉 당면 갈등이 협상을 통해 해결하는 것이 바람직한지 아니면 권리 중심 해결방식이나 실력 중심 해결방식을 통해 해결해야 하는지를 분석해야 한다.

이후 갈등이 협상을 통해 해결될 수 있는 조건을 갖추었다면 협상 준비단계에 들어간다. 협상 준비단계는 협상 테이블에 마주 앉기까지 쌍방이 서로를 탐색하면서 본협상을 준비하는 단계이다. 준비단계 이후 본협상에서 다루어질 의제들을 사전 조율하는 예비협상이 있다. 그런가 하면 본협상에서 합의안이 도출되고 협상타결이 이루어진 후에는 쌍방이 합의사항을 이행하고, 또 그 이행 여부를 서로 감독하는 단계까지를 협상의 범주에 포함시키기도 한다. 또한 협상 테이블 밖의 협상과정에는 협상 대표가 배후의 모집단 구성원들에게 합의안을 추인받는 절차가 진행될 수 있고, 쌍방이 합의안 이행 결과를 평가하고 후속 협상을 준비하는 단계가 포함될 수도 있다.

협상의 단계

분쟁진단 → 준비단계 → 정보교환 단계(예비협상) → 본협상(거래단계/Bargaining) → 추인(Ratification) → 실행(협정이행)

다음 도표는 협상의 복잡한 과정을 나타낸 것이다. 협상의 전 과정은 단선적인 것이 아니라 반복과 수정을 거치는 복합적인 과정이다. 모든 과정이 순조롭게 진행될 경우를 제외하면 각 과정에서 복잡한 반복과 수정과정을 거치게 된다. 협상의 준비단계에서 상호 정보교환을 통해 전략과 전술이 반복적으로 수정되고, 이후 본협상을 하게 된다. 본협상에서 합의안이 도출되지 못할 경우 다시 예비협상 혹은 준비단계로 회귀하여 협상을 진행하게 된다. 본협상에서 합의

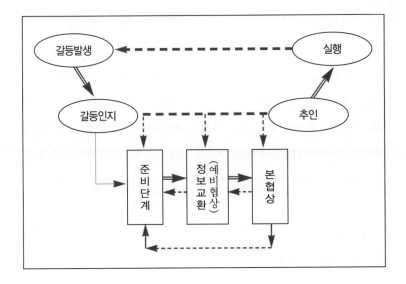

가 이루어졌지만 구성원들의 추인을 얻지 못하면 협상안이 무효가 되거나 재협상을 하게 된다. 재협상은 본협상만으로 다시 합의안을 도출할 수 있는 경우도 있지만 준비단계부터 다시 출발하는 경우도 있다.

　　대부분의 경우 협상 당사자들이 테이블에 마주 앉아 서로의 제안을 제시하고 또 상대의 주장을 반박하며 의견을 교환하는 본협상을 협상의 가장 중요한 부분 혹은 전부라고 생각하는 경향이 있다. 본협상은 좁은 의미의 협상이라고 간주되기도 한다. 일부 매우 간단한 사안일 경우 본협상이 협상의 중요한 부분 혹은 전부인 경우도 있다. 시장에서 저녁 식단에 오를 생선의 가격을 흥정하는 것과 같이 일상적이고 큰 영향력이 없는 사안에서는 가격을 흥정하는 단순한 단계만으로도 협상이 종결될 수 있다. 그러나 사안이 중대하고 관련된 비용과 효용이 높은 경우 신중한 접근을 해야 한다. 이 때 준비 없이 본협상인 거래에 참가해서 좋은 협상결과를 얻을 수는 없다.

　　대부분의 협상 전문가들은 본협상보다는 준비단계가 좋은 협
상결과를 만들어내는 것이 더욱 중요하다고 주장해 왔다. 특히 톰슨
(Leigh L. Tompson)은 협상 전체에 투여하는 에너지를 100이라고 가정
했을 때 준비과정에 80의 에너지를 투여해야 한다고 주장하기도 한
다.[1] 톰슨의 준비과정에 대한 강조는 협상에서 원하는 결과를 얻기
위해서는 무엇보다도 준비과정이 중요하다는 의미일 것이다. 다음으
로 협상 준비과정에서 알아야 할 여러 가지 사안에 대해 살펴보자.

2. 협상 준비단계

1) 협상 준비단계의 주요 활동

　　갈등을 인지한 이후 갈등해결을 위한 유력한 대안으로 협상
이 적합한 것인지 판단해야 한다. 제1장에서 언급된 협상의 전제조
건 3가지를 모두 갖추고 있는지를 확인하는 것이 필요하다. 갈등이
협상으로 해결될 수 있는 사안임이 확인되면 준비과정에 들어가게
된다. 협상 준비단계에서는 먼저 갈등상황에 대한 정보를 수집하는
것이 중요하다. 갈등이 발생하게 된 배경, 관련 당사자들과 이들의 이
해관계, 주요 쟁점사안에 대한 개괄적인 자료를 수집한다.

1.　Tompson, 2007 : 36.

> ### 준비단계의 주요 활동
>
> ■ 갈등상황 분석(갈등진단 모델의 활용)
> ■ 이해관계 분석 및 목표 정립
> ■ 목표점과 양보수준 결정
> ■ 협상팀의 구성
> ■ 협상전략과 행동계획 수립

(1) 갈등상황 분석

협상 준비단계에서 가장 중요한 활동은 문제의 갈등상황에 관한 데이터를 수집하여 이를 분석하는 작업이다. 여기서의 데이터에는 갈등이 생성되고 확대되게 된 배경요인과 갈등상황의 구조, 상대방의 기본 입장 및 이해관계, 상대방의 상황인식 및 행태, 갈등상황과 관련된 상대측의 입장표명 등에 관한 자료를 의미한다.

● 갈등진단 모델

개괄적인 자료를 바탕으로 갈등진단 모델(Conflict Diagnostic Model)을 통해 당면협상의 특징을 개괄적으로 살펴보는 것이 필요하다. 갈등진단 모델은 관련된 갈등이 해결되기 쉬운 갈등인지 아니면 어려운 갈등인지를 알 수 있는 척도이다.

① 사안의 성격

관련된 이슈의 성격은 갈등해결의 어려움과 용의함을 구분할 수 있는 첫번째 요소이다. 관련된 사안에 원칙의 문제가 개입되어 있

갈등진단 모델

차원	해결하기 어려운 갈등	해결하기 쉬운 갈등
사안의 성격	원칙의 문제	가분적 이슈
관련된 이해관계의 크기	큰 경우	작은 경우
당사자 간 상호관계의 성격	영합적(zero-sum)	정합적(positive-sum)
상호관계의 지속성	일회적	장기적·연속적
당사자의 내적 구조 (리더십의 성격)	무정형, 분파성, 약한 리더십	강한 리더십
중립적이고 강하며 양측으로부터 신뢰받는 3자의 개입가능성	부재	존재
갈등 진행과정에 대한 인지	불균형, 한쪽이 더 많은 손실	균형, 모두에게 균등한 손실

출처 : Leonard Greenhalg, "Managing Conflict," *Sloam Management Review*(Summer, 1986), pp. 45-51.

다면 갈등의 해결은 매우 어렵다. 갈등해결이 가장 어려운 사안 중에 대표적인 것이 종교 갈등과 인종 갈등 그리고 이데올로기 갈등이다. 종교 갈등은 아군과 적군이 분명히 구분되는 특징이 있다. 자신이 속한 종교는 선이고 다른 종교는 악이라는 근본인식에서 출발한다. 또한 종교에 따라 삶과 행동에 매우 상이한 행동원칙을 제시한다. 대부분의 종교에서 이교도들과의 평화적 공존 자체를 죄악시하는 경향도 있다. 인종적인 문제도 마찬가지이다. 상이한 인종과 민족은 상이한 문화적 행동규범을 가지고 있다. 일부 규범은 다른 인종과 민족에게는 받아들일 수 없는 것도 있다. 냉전 시대 자본주의 진영과 사회주의 진영의 갈등은 이데올로기에 기초한 투쟁의 대표적 예이다. 대결적인 이데올로기로 인해 두 진영은 상호 불신하고 공존이 아닌 상대의 파멸을 목적으로 하는 정책을 추진해 왔다. 이와 같이 종교, 인종, 이데올로기와 관련된 사안은 원칙의 고수냐 아니면 굴복이냐를 결정하는 갈등으로 인식되곤 했다.

> ### 가장 해결하기 어려운 협상
>
> ■ 종교 갈등
>
> ■ 인종 – 민족 갈등
>
> ■ 이데올로기 갈등

이와 같이 삶과 철학의 근본원칙이 다른 집단 간의 문제는 양보를 주고 받기 매우 어려운 것들이다. 나는 옳고 상대는 틀렸다는 식의 선악 및 정사의 판단과 관련된 것이므로 비생산적인 논쟁만이 계속되는 경향이 있다. 이런 경우 해결을 찾을 수 없는 지루한 논쟁으로 시간과 에너지만 소모시킨다.

원칙의 문제를 협상전략의 차원에서 활용하는 경우도 있다. 원칙을 내세우며 더 이상 양보할 것이 없다는 것을 상대에게 보이는 방식의 협상전술을 말한다. 이러한 전술은 상대와의 협상에서 더 큰 이익을 얻으려는 분배협상에서 자주 등장한다. 그러나 이러한 전술은 협상을 교착상태에 빠뜨리기도 하고 자신의 전술적 유연성을 약화시키기 때문에 당사자에게 불리하게 작용할 수도 있다(이 부분에 대한 논의는 분배협상의 전략과 전술에서 구체적으로 논의될 것이다).

원칙과 관련된 사안이라 하더라도 당사자들이 상대방의 원칙을 존중한다면 협상이 불가능한 것만은 아니다. 서양에서 황금률로 간주되는 "내가 대우받고 싶은 대로 상대를 대우하라"라는 격언이나 "다른 것은 틀린 것이 아니다"라는 기본 인식을 바탕으로 협상에 임한다면 원칙과 관련된 사안들도 협상을 통해 어느 정도 해결될 수 있을 것이다.

한편 분립 가능한 가분적 이슈(divisible issue)란 어느 한쪽이 완전하게 굴복하거나 양보해야 하는 사안이 아닌 경우이다. 도덕적 판단의 문제가 아니라 주로 경제적 이해관계가 걸린 문제가 가분적 이슈의 전형이다. 대부분의 상거래 과정에서 이루어지는 협상에서는 사안별로 양보를 주고 받을 수 있는 가분적 이슈가 다루어진다.

② 걸려 있는 이해관계의 크기

당사자들이 협상을 통해 잃게 될 것으로 예상하는 가치의 크기가 크면 클수록 당사자 간의 갈등을 원만히 해결해 나가기가 어렵다. 당사자는 손실에 매우 민감하게 반응하여 실제 손실보다 주관적으로 느끼는 가치는 항상 부풀려진다. 실제의 크기 이상으로 이해관계를 과대평가하는 것이다. 과대평가된 손실에 대한 두려움 때문에 갈등해결 자체를 회피하거나 아니면 손실을 입지 않기 위해 매우 공격적인 태도를 보이기도 한다. 이는 인간본성에서 기인하는 인지상정의 문제이다.

당사자들이 인식하고 있는 과장된 손실위험은 논리적인 설득에 의해 감소될 수 있다. 뒤에서 배우게 될 협상의 기본 프레임을 변화시킴으로써 상대의 태도를 변화시킬 수도 있다. 예를 들어 물통에 반 병 남아 있는 물을 보고 두 가지 태도를 보일 수 있다. 하나의 경우는 "아직 반 병이나 남아 있다"는 긍정적인 인식이고, 다른 하나는 "벌써 반 병밖에 남지 않았다"는 부정적인 태도이다. 부정적인 태도를 가진 행위자는 문제를 회피하거나 반밖에 남아 있지 않은 물을 지키기 위해 공격적일 수 있다. 부정적인 프레임을 가진 공격적인 상대를 만났을 경우, 먼저 논리적 설득을 통해 상대의 부정적인 프레임을 긍정적으로 바꿈으로써 갈등해결의 실마리를 마련할 수 있다.

다른 방법은 당사자들이 좀 덜 감정적이 될 때까지 문제의 해결을 미루는 것이다. 이러한 냉각기 동안에 당사자들은 문제의 사안을 재평가함으로써 걸려 있는 이해관계를 평가하는 데 객관성을 회복할 수 있게 된다. 만일 냉각기를 가질 만큼 시간적 여유가 없는 경우라면 상대방의 요구를 재평가하고 상대방의 기대수준을 낮추려는 시도가 행해질 수도 있다. 예컨대 "우리는 당신이 원하는 것을 100% 들어줄 수 없다. 따라서 당신이 갖고자 하는 몫에 대하여 좀더 실제적이 될 필요가 있다"는 식으로 상대의 태도변화에 기대를 걸고 노력해 보는 것이다.

③ 당사자 상호관계의 성격

영합적(zero-sum) 관계는 한 당사자가 상호작용을 통해 이득을 보면 다른 당사자가 그만큼의 대가를 치르는 것으로 인식하는 것이다. 이 경우 두 당사자의 이익과 손실을 종합하면 제로가 된다는 것이 영합적 관계이다. 영합적 관계는 당사자들의 협력관계나 문제해결을 통해 얻을 수 있는 공동의 이익보다는 오로지 개인적 이익에만 집착하도록 함으로써 갈등해결을 어렵게 만든다. 희소자원을 둘러싼 이전투구 과정에서는 호혜적인 공동이득의 잠재적 가능성이 종종 무시되고 만다. 영합적인 상호관계는 한정된 자원을 둘러싼 이전투구 과정에서 주로 발생하며, 이러한 영합적 상호관계 속에서는 당사자들이 무조건 서로 많이 차지하기 위해 대결하고 투쟁하는 양상으로 빠져든다.

반면 정합관계(positive sum)의 경우는 양 당사자가 협력을 통해 모두 이득이 되는 관계이다. 즉 혼자서 무엇을 하는 것보다 둘이 협력한다면 전체적으로 더 많은 이익을 창출하는 상황이다. 정합관계 상황은 참가자 개인의 이익이 아니라 참가한 모두의 공동이익의 크기를 확대하려 할 때 얻어질 수 있다. 양 당사자들이 이러한 갈등상황에서 어떻게 모두에게 이득이 될 수 있는지 재고해 보도록 설득된다면 당사자들 간의 희소자원을 둘러싼 갈등관계는 보다 협력적 관점에서 사고될 수 있을 것이다. 이 경우 초점은 어느 한 당사자가 가용자원 중 얼마를 차지하느냐 하는 것이 아니라, 장기적으로 볼 때 공동이익을 극대화할 수 있는 최적의 조건이 무엇이냐 하는 데로 옮겨간다(이 부분은 이후 통합협상의 전략을 논의하면서 보다 구체적으로 논의될 것이다).

요약하면 영합적 사고와 정합적 사고의 근본적인 차이는 자신의 이익을 최우선으로 하느냐 아니면 공동의 이익을 우선으로 하느냐의 차이에서 발생한다.

영합적 사고 vs. 정합적 사고

한 회사에서 새로운 생산라인이 도입되는 경우 판매부서와 생산부서 사이의 한정된 자원의 할당을 둘러싼 갈등을 생각해 볼 수 있다.

(가) 영합적 인식

판매부서는 신제품의 시장점유율을 높이기 위해 제품의 판촉에 보다 큰 재원의 할당이 있어야 한다고 주장한다. 반면 생산부서는 고품질 제품의 대량생산체제를 갖추기 위해서는 생산시설과 설비를 확충하는 데 보다 큰 재원의 할당이 있어야 한다고 주장한다. 재원의 크기는 이미 제한되어 있기 때문에 판매부서의 승리는 생산부서의 패배를 의미하는 것이고, 그 역도 마찬가지이다. 영합적 관계의 관점에서 보자면 타협책에 합의하는 것보다 한 푼이라도 더 얻기 위해 투쟁하는 것이 보다 의미 있는 활동이 되는 것이다.

(나) 정합적 인식

동일한 상황이 정합관계의 맥락에서는 달라진다. 정합적 관점은 최초에 얼마나 큰 전리품을 획득하느냐 하는 데에 초점을 맞추기보다는 한 당사자에게 할당된 몫이 다른 당사자에게 얼마나 도움이 될 수 있느냐에 좀더 초점을 맞추게 한다. 판매량 증진을 위해 처음에 할당된 재원은 그것이 성공적으로 운용된다면 생산설비 확충을 위한 재원의 증대를 가져옴으로써 생산량 증대에 도움이 될 수 있는 것이다.

④ 상호관계의 지속성 여부

상호작용의 연속성 차원의 문제는 당사자들이 서로를 대하는 데 있어서 가지게 되는 시간적 지평에 관한 것이다. 당사자들이 지속적 관계(continuous relationship, repeated game), 즉 장기적 상호작용을 의식한다면, 지금 이루어지는 거래에서 상대에게 극심한 손실을 미칠 만큼 자신의 이익을 극대화하려고는 하지 않을 것이다. 반면 일시적 관계(episodic relationship, one-shot game), 즉 지금의 거래를 일회적인 것으로 본다면, 다시 만날 일이 없는 당사자에게 큰 손해를 입히더라도 자신의 이익을 극대화하려 할 것이다. 가게를 경영하는 사람이 뜨내기 손님과 단골 손님에게 대하는 태도가 다른 것도 관계의 지속성 여부가 중요한 변수가 된다는 것을 보여주고 있다.

익명성과 협상

익명성이란 '어떤 행위를 한 사람이 누구인지 드러나지 않는 특성'을 일컫는다. 뜨내기 손님과 단골 손님의 차이, 혹은 동네 사람들과 타지 사람들의 차이로 생각하면 쉽게 이해가 된다. 처음 방문한 여행지에서 만난 사람들이나 다시 만날 기회가 거의 없는 사람들이 협상할 때 익명성이 강하게 나타난다. 다시 만날 기회가 거의 없는 상황에서는 서로에 대한 배려보다는 자신의 이익을 최대한 확보하는 것이 최우선 목적이 되는 경우가 많다. 이러한 경우 협상은 공동이익의 극대화보다는 자기 이익을 극대화하려는 경향으로 치달아 협상타결 자체가 아예 어려울 수 있다.

이러한 시각의 차이는 변호사와 경영자가 계약을 둘러싼 분쟁을 다루어 나가는 방식에서 대조적으로 나타난다. 변호사는 상황을 일회적인 것으로 지각하도록 훈련된다. 법정에서 변호사는 앞으로 소송 의뢰인과 법정 상대방과의 관계가 재판이 끝난 이후 어떻게 되는가는 고려하지 않고 담당한 소송건만을 염두에 두고 자기 고객에게 최선의 결과가 돌아갈 수 있도록 변론한다. 이는 흔히 '제어력 부재의 교호작용'(no-holds-barred interaction)으로 불리어지는데, 소송 당사자들 간의 과거 및 미래의 상호작용은 본 건과 전혀 무관한 것으로 다루어진다.

반면 경영자들은 계약을 과거 또는 미래와 연결되어 있다는 장기적 관계 속에서 고려하도록 훈련받는다. 따라서 당장의 이익에 집착하는 근시안적인 입장보다는 장기적인 관점에서 절충적인 입장을 취하는 경향이 있다. 경영자는 장차 언젠가는 또 다시 지금의 상대방과 마주칠 것을 염두에 둔다. 이 때문에 좀처럼 '무제어 전술'(no-holds-barred tactics)을 취하려 들지 않을 것이다. 경영자들은 어떠한 거래도 일회적인 것으로 그치지 않으며, 일단 계약이 체결된 이후에도 당사자들 사이에서 지속적으로 협의하고 행동을 조정해 나가야 할 일이 많다는 것을 알게 된다. 지속적인 만남을 유지해야 하는 상황에서 단기적 이득에만 집착하는 태도는 상대방에게 좋지 않은 이미지만을 심어주는 것이고, 결국 이후의 거래에서는 불리하게 작용할 수 있다. 장기적 관계 속에서 당사자 간의 신뢰와 선의가 형성되는 것이며, 이러한 신뢰감과 선의가 호혜적 이득을 추구하는 협상을 보다 원활하게 만들어 줄 수 있는 것이다.

⑤ 당사자 집단의 내부 구조

갈등은 당사자 집단 내부에 강력한 리더십이 형성되어 있을수록 용이하게 해소될 수 있다. 왜냐하면 강한 리더십을 가진 지도자는 내부 구성원들로 하여금 합의안을 수용하고 이행해 나가도록 단속해 나갈 수 있기 때문이다. 리더십이 취약한 경우 합의안을 따르려 하지 않는 반발집단이 생겨날 가능성이 크다. 이 때문에 합의안이 만들어지더라도 구성원들이 승인해 줄 가능성이 높지 않은 상황이다. 이럴 경우 협상 참가자들이 양보해서 합의안을 만든다 하더라도 내부의 반발로 인해 재협상의 가능성이 높다는 것을 모두가 인지하게 될 것이다. 재협상의 가능성이 높은 상황이라면 이번 협상안을 만들 때 최대한 이익을 확보해 두는 것이 재협상에 유리하다고 생각하게 될 것이다. 리더십이 약한 상대와 협상이 어려운 것은 이 때문이다.

이는 노사분규 과정에서 전형적으로 잘 나타나는 문제이다. 노조 지도부가 강력한 영향력을 행사할 수 있을 때 지도부는 협상을 유리한 입장에서 이끌어 갈 수 있을 뿐만 아니라, 일단 타결안이 만들어지면 조합원들이 이를 존중하도록 만들 수 있기 때문이다.

⑥ 제3자의 개입 여부

갈등관계에는 심리적·감정적 요소가 크게 작용하기 마련이다. 상황을 왜곡된 형태로 인식한다든지 비합리적 사고와 논쟁이 있을 수 있으며, 전혀 합당하지 않은 완고한 입장의 고집, 심지어는 감정적 차원의 인신공격까지 난무할 수 있고, 이러한 요소들은 협상을 더욱 어렵게 만들 수 있다.

제3자의 존재는 적극적으로 개입하지 않는 경우라 하더라도 존재 자체만으로도 당사자들 간의 심리적·감정적 요소의 작용을 어느 정도 제어할 수 있으므로 필요하다. 사람들은 협상 상대방이 자신을 어떻게 평가하고 있느냐 하는 것보다도 만일 중립적인 제3자가 있다면 자신을 어떻게 평가할 것인가 하는 문제에 보다 신경을 쓰게 마련이다. 좀더 권위 있고 신뢰할 만하며 강력하면서도 중립적인 제3자가 있는 경우 당사자들은 감정적 요소를 배제하려는 보다 강력한 동기를 가지게 된다.

이러한 제3자의 역할은 흔히 조정자(mediator)의 역할로 설명되는데, 조정은 당사자들 간의 커뮤니케이션을 지켜보는 일로부터 대면접촉이 어려운 당사자들 사이의 메신저 역할에 이르기까지 광범위하게 이루어질 수 있다. 조정과정은 필수적으로 당사자들이 보다 합리적이고 건설적인 방식으로 상호작용하도록 조정해 나가는 과정을 포함한다.

반면 중재자(arbiter)는 양 당사자의 입장을 청취한 이후 갈등해소를 위한 독자적 판결을 내놓는 역할을 한다. 일반적으로 기업의 경영자들은 중재자보다는 조정자를 통한 문제해결을 더 선호하는 경향이 있다. 이는 조정과정은 양 당사자들이 서로 합의할 수 있는 타협안을 도출해 나가도록 분위기를 만들어 가는 과정이지만, 중재과정에서는 쌍방 간의 절충과 타협의 과정이 생략된 채 오로지 자신의 입장만을 최선으로 주장하는 일에 그치고 마는 일종의 사법적 절차(judicial process)로 진행되기 때문이다.

중재자의 조건

■ 모든 당사자로부터 신뢰를 받아야 한다

■ 능력을 갖추어야 한다

■ 의지를 보유하고 있어야 한다

⑦ 갈등상황 지속결과에 대한 인식

갈등은 당사자들이 화해할 만하다고 생각할 때 해결될 수 있다. 쌍방이 갈등지속으로 서로 손실을 보고 있다는 인식을 공유하고 있을 때, 그리고 갈등지속으로 어느 한쪽이 불균등하게 더 유리해지거나 불리해지지 않고 같은 정도로 손실을 겪고 있다는 인식을 공유할 때 그 갈등관계가 보다 쉽게 해결될 수 있다. 왜냐하면 같은 정도로 손실을 보고 있고 갈등해소로 같은 정도의 이득을 취할 수 있다고 기대될 때 문제해결을 위한 적극적 자세를 갖게 될 것이기 때문이다. 그러나 이익과 손실을 보는 것이 단계적이기 때문에 일정 시점에서 항상 더 많이 손해보고 있다고 생각하는 쪽이 존재하기 마련이고, 그런가 하면 갈등지속으로 내 쪽이 더 불리해질 것 없다고 생각하는 쪽이 생기기도 한다. 갈등상황이 지속되었을 때 어느 쪽이 더 큰 손실을 입게 될 것인가에 대한 인식의 부조화가 갈등해소를 더욱 어렵게 만들며, 문제해결을 위해 머리를 맞대기보다는 서로 책임공방만 일삼을 가능성이 커진다.

어떤 회사의 R&D 부서 책임자와 디자인 부서의 책임자가 회의석상에서 최근 판매부진의 책임에 대해 논쟁을 벌이고 있다고 생각해 보자. 먼저 R&D 부서의 책임자가 디자인 부서의 책임자에게 책임을 떠넘기고, 이후 디자인 책임자는 다음 회의에서 다른 근거로

R&D 책임자를 비난한다. 이러한 공박이 계속된다면 매번 모임이 있을 때마다 자신이 더 많이 비난당했다고 생각하는 측이 있기 마련이다.

이와 같은 방식으로 갈등이 지속되는 상황 혹은 갈등이 더욱 증폭되어 가는 상황에서 협상은 매우 어렵게 진행될 수밖에 없다. 아마도 협상이 진지하게 진행될 수 있는 시점은 쌍방 모두가 갈등지속으로 인해 크나큰 손실을 당하고 있으면서 그 손실의 정도가 서로 비슷한 수준이라고 느끼는 시점이 될 것이다.

(2) 이해관계 분석 및 목표정립

분쟁진단이 끝나면 당면협상이 쉽게 해결될 수 있는 것인지 아니면 오랜 시간과 노력이 필요한 사안인지를 개괄적으로 알 수 있게 될 것이다. 분쟁진단에 따라 다음 단계에서 당면협상의 이해관계 분석을 시행한다. 이해관계 분석은 분쟁의 원인, 주요 쟁점들, 관련된 사안의 종류, 관련된 이익집단 및 연관 이해관계자, 연관된 이슈와 파급효과에 대한 조사를 포함한다. 이 과정에서 조사는 매우 개괄적인 조사일 때가 많다.

이후 이를 토대로 협상에 임하는 기본 입장을 정리하고 협상의 진행을 뒷받침해 줄 수 있는 대안책 마련이 있어야 한다. 입장정립은 자료분석을 통하여 자신의 이해관계를 명료히 한 후 문제해결을 위한 대안들을 검토하여 협상과정에서 얻어내야 할 목표를 수립하는 것이다. 검토되는 다양한 대안들 가운데 어느 한 대안을 협상과정에 관철시킬 것인가를 결정하는 것이다. 이해관계 분석의 주요 목적은 당면협상을 주도할 협상팀을 구성하는 것이기 때문에 각 요인에 대한 개괄적인 정보만을 수집하는 것으로 충분하다. 이후 구체적이고 상세한 조사와 연구는 협상팀에 의해 주도되는 것이 바람직하다.

(3) 목표점과 양보수준 결정

본 협상과정에 반영될 행동대안을 수립하는 과정에서 이루어져야 하는 주요한 작업 가운데 하나는 협상 대표가 관철시켜야 할 이익과 이를 위해 양보할 수도 있는 이익이 무엇인지를 판단하는 일이다. 이 과정은 우선 내 쪽의 이해관계를 명료히 한 후 상대방에 대한 보다 객관적 분석작업을 통해 이루어져야 한다. 여기에 막연한 염원이나 포부가 지나치게 영향을 미쳐서도 안 되고, 상대방에 대한 지나친 주관적 판단이나 선입견이 크게 작용해서도 안 된다. 지킬 것과 양보할 수 있는 것에 대한 판단은 협상팀 내부의 판단과 지혜를 결집하는 집합적 의사결정 과정을 통해 이루어지는 것이 바람직하다. 이 과정에서 집합적 의사결정 과정을 통해 대안이 마련되어야 하는 것들로는 최상의 대안, 목표지점(target point), 최대 양보수준, 합의가능 영역(ZOPA), 협상 외 최선의 대안(BATNA) 등이 있다(이에 대해서는 제4장에서 구체적으로 다룬다).

(4) 협상전략과 행동계획 수립

전략을 결정하고 구체적 행동계획을 수립하는 과정은 예상되는 상황전개에 따라 여기에 대응할 수 있는 구체적인 방안을 모색해 나가는 과정이다. 구체적 행동방안을 철저하게 계획해 나가는 과정에서 협상자는 자신의 상대적 강점과 약점에 대하여 이해할 수 있게 되며, 상대방의 주장이나 논리를 예상하여 여기에 내포된 취약점이 무엇인지에 대한 이해력을 제고할 수도 있다. 또한 철저한 행동방안의 수립으로써 자신의 입장을 뒷받침하거나 상대 주장을 논박할 수 있는 설득력 있는 논변을 준비해 둘 수 있게 된다.

이 단계는 또한 상대방의 동원할 수 있는 다양한 전략과 전술에 대비하여 이에 대응할 수 있는 세세한 행동계획을 수립하는 단계이다. 설득력 있는 논변이나 논거, 자료준비 등을 준비해 두는 일도 중요하지만, 예컨대 상대방의 지연전술이나 초기 입장의 완강한 고수전략에는 어떻게 대응할 것인지 하는 것과 같은 상대방의 가용전략 및 전술에 대한 대비책을 강구하는 일도 중요하다.

3. 협상팀의 구성

이슈분석을 바탕으로 협상팀을 구성한다. 협상팀의 주요 업무는 협상목표를 설정하고 목표를 달성하기 위한 전략과 전술을 개발하는 것이다. 협상팀은 먼저 협상목표를 설정하기 위한 주요 자료를 수집하고 이를 바탕으로 협상 당사자들의 이해(interests)를 찾아낸다. 이후 수집한 자료와 이해를 바탕으로 협상 어젠다를 분석한다. 이후 협상목표의 설정과 전략 및 전술의 개발을 수행하게 된다(전략과 전술의 개발에 대해서는 제4장에서 다루어진다).

협상팀의 구성은 일반적으로 관련된 이슈의 전문가집단, 협상실무집단, 행정지원집단, 정보수집팀 및 조정자로 구성되는 경우가 많다.

협상팀의 구성

- ■ 조정자(총괄 책임자)
- ■ 협상실무팀
- ■ 전문자문팀
- ■ 정보수집팀
- ■ 행정지원팀

다양한 문제를 다루는 다양한 협상이 있고, 각 협상마다 다양한 전문적인 지식이 필요하다. 아무리 협상에 능한 사람이라고 하더라도 모든 분야의 협상에 대해서 전문적인 지식을 가지고 있을 수는 없다. 또한 한 협상에 다양한 분야의 전문지식이 요구되기도 한다. 따라서 사안에 따라 필요한 전문가집단을 구성하여 그들의 전문적인 지식을 충분히 활용하는 것이 필요하다. 예를 들어 한미자동차 협상의 경우를 보더라도 기계적인 부문에 전문적인 지식을 전달해 줄 수 있는 전문가가 필요하다. 또 배기량이 문제될 경우 대기환경과 관련된 전문가도 필요하다. 또한 국제법이 관련되는 사안이 등장하므로 과거 비슷한 사례가 어떻게 해결되었는지, 또 주요 이슈가 무엇인지를 자문해 줄 법률자문단도 필요하다. 이외에도 자동차 판매와 관련된 금융문제가 야기될 수 있으므로 금융전문가들의 자문도 필요하다. 자문집단의 주요 임무는 협상에 참가하는 협상실무자들을 교육하고 보조하는 역할이다.

협상실무자들은 관련 전문가들의 조언뿐만 아니라 기존 학술

문헌을 수집하거나 공청회, 워크숍 등을 통해 필요한 전문지식과 관련 이해집단들의 입장을 정리하고 학습하기도 한다. 또한 관련 당사자들과 면담을 통해 정보를 수집하기도 한다. 여기에 현장방문의 직접관찰을 통해 살아 있는 정보를 수집하는 것도 중요하다.

한일어업협정

1999년 2월에 있었던 한일어업협정에서는 한국의 협상 대표팀이었던 해양수산부와 일본의 수산 공무원의 정보수집 태도의 차이로 인해 한국이 막대한 피해를 입게 되었다.

당시 한국의 해양수산부는 우리 어민들의 조업실태를 조사하는 과정에서 현장실사 없이 수협과 국세청에 올라온 자료를 바탕으로 협상자료를 준비했다. 그런데 당시 대형기선저인망 업종인 쌍끌이 선단의 250여 척이 대상업종에서 누락되는 사태가 발생한 것이 문제였다.

한편 일본의 정보수집팀은 시모노세키 현장에서 어민과 동거동락하며 철저하게 자료를 수집하였다.

정보의 수집뿐만 아니라 그 정보의 신빙성과 가치를 판단하는 것은 협상을 총괄하는 조정자와 협상실무팀이다. 또한 이 정보를 어떻게 활용할 것인가를 판단하는 것도 중요한 협상전략의 한 부분이다. 따라서 정보를 수집하고 정리하여 협상실무팀이 활용할 수 있도록 지원하는 팀이 별도로 있는 것이 중요하다. 관련된 사안이 많으면 많을수록, 관련된 사안이 복잡하면 복잡할수록 정보를 수집하고 정리하며 관리하는 팀은 절실히 필요하다. 정보와 전문지식은 협상력을 좌우하는 중요한 요소이기 때문에 이에 대한 신중한 접근이 요구된다.

한편 행정팀은 협상실무팀이 원활한 활동을 할 수 있도록 보조하는 역할을 한다. 각종 전문가 모임과 공청회, 워크숍을 조직하고 실무팀들의 일정이 원활히 진행될 수 있도록 행정적인 작업을 수행 한다.

협상팀의 최고 의사결정자는 조정자로서 협상팀의 모든 조직 이 원활히 운영될 수 있도록 내부의 단합과 정체성을 유지해 나가는 일에 초점을 맞추어야 한다. 또한 내부의 의사결정이 집단사고(group think)의 오류에 빠지지 않도록 개방적인 의사결정 구조를 갖는 것도 중요하다.

4. 협상팀의 주요 활동

협상 프레임 설정 ➡ 목표설정 ➡ 전략수립 ➡ 기획(전략 실행을 위한 구체적 행동방안 개발)

1) 협상 프레임 설정

협상을 위한 첫 번째 준비단계는 협상을 어떻게 이끌고 나가 겠다는 전체적인 윤곽을 잡는 일로부터 시작된다. 이는 이른바 '큰 밑그림'을 그리는 단계로 협상의 '기본 구도'를 설정하는 작업이 이 루어지는 단계이며, 흔히 협상의 '기본 프레임'이 만들어지는 과정 이라고 불리어지기도 한다. 협상 프레임을 정하는 일은 무엇이 주요하게 다루어져야 하는가에 대하여 그 전체적인 방향을 설정하는 것을 뜻한다. 이런 의미에서 협상 프레임은 문제영역의 선별적 규정(the chosen definition of the problem)을 의미하는 것이기도 하다.

사람들은 동일한 상황에 놓여 있다고 하더라도 이를 서로 다르게 인식한다. 협상이 필요한 갈등상황에 대한 당사자들의 인식이나 상황규정 방식이 사람마다 다르다. 따라서 협상자마다 설정하고 나온 협상의 기본 구도, 즉 협상 프레임이 다 다를 수 있다. 협상 프레임이 사람마다 다르게 결정되는 것은 사람들의 생각이나 행동방식, 경험, 혹은 그 사람이 가지고 있는 목표나 비전이 다르기 때문이다. 예컨대 중고자동차를 사려 할 때 어떤 사람은 경제성을 중요하게 생각하고, 어떤 사람은 안전성을 우선적으로 염두에 둔다. 또 어떤 사람은 평소에 그러하는 것처럼 맵시나 스타일을 따진다. 경제성을 가장 염두에 두는 '실속파'라면 중고차 가격이나 마일리지, 연비, 재판매 가격 등을 먼저 따질 것이고, 안전성을 먼저 생각하는 사람이라면 사고 유무나 자동차의 고장 유무, 에어백이나 에이비에스 등 안전성을 보강해 주는 선택사양의 장착 여부를 중요한 이슈로 등장시킬 것이다. 평소 스타일리트라면 맵시 있는 특정 모델을 우선적으로 찾을 것이며, 선루프가 되어 있는지 색상은 무엇인지 등을 중요하게 생각할 것이다.

협상 프레임은 평소 생각의 반영물일 수 있다. 무엇이 문제이고 무엇이 중요하냐 하는 것은 그 사람의 평소 사고경향 혹은 사고의 습관을 반영하는 것일 수 있기 때문이다. 사람들은 무엇을 어떻게 하겠다는 뚜렷한 자각이나 의도가 없는 상태에서 평소에 생각하는 방식대로 무엇이 중요하고 무엇이 문제인지를 정한다. 학자들 가운데 일부는 협상 프레임이 짜여지는 과정에서는 그 사람의 평소의 인지정향(cognitive heuristics)이 그대로 반영된다고 본다. 협상 프레임워크가 그 사람의 평소의 인지정향의 반영으로 본다는 것은 사람이 가지고 있는 평소의 편견이나 선입견이 협상 프레임에 그대로 반영된다는 것을 의미한다. 중고차 협상사례에서 보면 '실속파'냐 '안전파'냐 '스타일리스트'냐 하는 것은 그 사람의 평소의 관심사나 가치관을 반영하는 것이고, 이것이 협상 프레임 설정과정에 나타난다는 것이다.

그런가 하면 협상 프레임은 협상을 준비하는 사람들의 과거의 경험범주를 나타내는 것일 수 있다. 동일한 상황이나 문제를 앞에 두고 이에 대한 해석이 사람마다 다른 것은 과거의 경험이나 배경이 사람마다 다르기 때문이기도 하다. 과거의 경험이나 이에 기초한 경험적 지식이 다르기 때문에 사람들은 현재의 상황을 규정하는 방식이 다르고, 무엇을 중요하게 여기는지도 다르다. 따라서 협상의 기본 프레임은 그 사람의 축적된 경험을 반영하는 것일 수 있다. 자동차 사고를 당해본 경험이 있는 사람이라면 중고차를 구매하려 할 때 무엇보다도 안전성을 강화해 줄 수 있는 선택사양을 염두에 두고 구매 협상에 임할 것이라는 논리이다. 이러한 논리는 협상 프레임이 당사자가 보유하고 있는 지식이나 정보에 의해 형성되는 것이므로 보다 의식적인 노력을 통해 만들어지는 것으로 설명한다. 즉 협상 프레임 형성은 당사자들이 보다 통제할 수 있는 과정이라는 것이다.

협상 당사자는 협상을 준비하는 단계에서 각기 설정한 협상의 기본 구도가 같거나 유사할 수 있고 완전히 다를 수도 있다. 두 당사자의 협상 프레임이 같은 것이 협상타결에 유리한가 아니면 다른 것이 유리한가? 이 점에 대해서는 논란이 있을 수 있다. 두 당사자의 협상 프레임이 유사할수록 협상이 원활하게 진행되어 협상타결이용이해질 것이라는 논리는 서로 제시하는 협상이슈가 많이 겹칠수록 협상이 쉬워질 것이라고 보기 때문이다. 두 당사자의 협상 프레임이 같으면 오히려 타결이 어려워질 수 있다는 논리는 협상과정에서 사안별로 주고 받는 양보의 여지를 두지 않고 사사건건 더욱 첨예하게 맞부딪칠 것이라는 생각 때문이다. 하지만 한 가지 분명한 것은 두 당사자의 협상 프레임이 완전히 다른 경우에는 처음부터 협상이 교착상태에 빠질 가능성이 크다는 것이다. 협상 프레임이 잘 부합되면 당사자들은 공통의 이슈, 공동의 상황규정을 가지고 출발하는 것이기 때문에 협상을 원활하게 잘 진척시켜 갈 수 있지만, 이것이 전혀 틀릴 경우에는 처음부터 당사자 간 의사소통이 여의치 않게 된다.

협상과정에서 두 당사자 사이의 서로 다른 관점의 차이는 차츰 그 폭이 좁혀지면서 하나의 대안으로 수렴되어 간다. 일괄타결의 승리공유(win-win)의 협상방법을 제시한 폴렛(Mary Parker Follett)은 이러한 합의과정을 상호 양보의 과정이라기보다는 서로 다른 각자의 욕구가 하나의 비전의 장(one field of vision) 속에 수렴되는 과정으로 설명하고 있다. 협상 프레임은 어느 한 당사자에 의해 미리 결정되어 있는 것이라기보다는 협상이 전개되어 가며 그때그때 변모되어 가는 것으로 보아야 한다. 협상 당사자들은 서로 차이의 인식을 좁혀가기 위해 토론해 가며 공통의 문제영역을 설정하고 다루어질 이슈를 공동으로 개발해 나간다. 따라서 협상의 프레임은 끊임없는 변모과정을 거치는 것으로 설명될 수 있다. 협상 프레임은 경직성을 갖는 것이 아니라, 협상과정에서 정보와 의사소통의 함수로서 형성 및 재형성의 지속적인 변모과정을 갖는다는 것이다.

당사자들이 무엇을 핵심적 이슈로 규정할 것인가, 또 이를 어떻게 제시할 것인가 하는 것이 협상 프레임으로 정해진다. 협상 프레임은 협상에서 다루어지는 이슈, 협상을 통해 성취되는 결과물, 협상이 이루어지는 절차 등에 대한 선호의 정도가 반영되는 것인 만큼 협상 당사자들은 자신이 선호하는 협상 프레임을 상대방이 수긍하여 이것이 채택될 수 있도록 노력한다.

선정된 문제영역으로서 협상 프레임은 당사자들이 협상을 통해 달성하고자 하는 목표나 협상을 통해 얻게 되는 결과물에 대한 기대치, 협상전략이나 추구하는 정보, 협상절차와 방식에 두루 영향을 미친다. 협상자들 간의 토의과정에서 협상 프레임은 수정되거나 변모할 수 있다. 협상 프레임은 얼마간 의식적으로 통제할 수 있는 것이다. 만일 협상자가 자신의 협상 프레임이 무엇인지 알고 또한 상대방의 협상 프레임이 무엇인지 안다면 양자의 차이를 극복해 나갈 수 있는 방향으로—주로 상대의 협상 프레임에 영향을 주는 방향으로—토론의 틀을 의식적으로 옮겨나갈 수 있다. 협상 프레임이 어떻게 수정되거나 변모될 것인가 하는 것은 예측이 어려울 수 있다. 협상 당사자들이 쟁점을 토론하며 서로의 주장과 설득자료를 교환하고 비전과 목표를 조정하다 보면 협상의 프레임이 같아질 수도 있을 것이다. 협상자들에게 중요한 것은 협상 프레임이 얼마든지 이렇게 변모될 수 있다는 것을 상호 이해하는 일이다.

2) 목표의 수립

협상전략의 개발 및 집행과정에서 협상 프레임 설정에 이어지는 주요한 두 번째 단계는 협상의 목표를 정하는 일이다. 협상자는 그들이 협상을 통해 무엇을 얻고자 하는 것인가를 미리 내다보고 여기에 대비할 수 있어야 한다. 협상에 대한 대비는 과거의 협상사례를 참고하거나 의제를 설정하는 등의 절차적인 관심뿐 아니라 최종 목표의 결정, 목표의 우선순위 결정, 복합목표 패키지(multi-goal package) 결정 등과 같은 실질적 차원의 문제에도 주의를 기울여야 한다. 협상의 최종 목표는 요율이나 가격, 타결조건, 계약용어 등과 같은 유형의 요소뿐만 아니라 특정 선례의 유지, 원칙 고수, 평판 유지, 이미지 제고 등과 같은 무형의 요소들을 포함한다.

(1) 협상 프레임과 협상목표, 협상전략

협상목표는 협상의 기본 프레임워크가 짜여지는 단계에서 동시에 결정된다. 협상의 기본 프레임 선정은 목표의 선택과 긴밀히 연계되어 있다. 또한 협상목표가 어떠한가 하는 것에 따라 협상전략이 달리 결정된다. 목표가 협상과정과 결과에 어떻게 영향을 미치는지를 이해하기 위해서는 다음의 요소들이 고려되어야 할 필요가 있다.[2]

● 여기서 말하는 협상목표는 단순히 염원(wishes)이나 포부를 의미하는 것은 아니다. 협상 당사자들이 가지고 있는 염원은 그것이 목표수립 과정에 반영된다는 점에서 긴밀한 관련성을 가지나 그 자체가 목표는 아니다. 염원이 무엇이 일어나기를 바라는 막연한 희망을 뜻하는 것이라면, 목표는 이를 성취하겠다는 구체적 계획에 의해 뒷받침되는 목적으로서 특정적(specific)이고—뚜렷이 겨냥된(focused)

---

2. Roy J. Lewicki, David M. Saunders, and John W. Minton, *Essentials of Negotiation*, 2nd ed., McGraw-Hill, 2001, pp. 32-34.

것―현실적인 성격을 갖는다.

    ● 한 협상 당사자의 목표는 다른 당사자의 목표와 연계되어 있기 마련이다. 두 당사자 간의 목표의 연계성이 협상을 통해 타결되어야 하는 이슈(협상쟁점)를 규정한다. 중고차 거래협상에서 위에서와 같은 나의 목표는 될 수 있는 대로 '레몬'을 고가에 떠넘기고자 하는 딜러의 목표와 연계되어 있다. 나의 목표와 딜러의 목표 사이에 존재하고 있는 여러 쟁점과 조건들이 거래협상의 이슈를 구성하게 된다.

    ● 두 당사자 사이의 목표의 연계성은 곧 한 당사자가 설정할 수 있는 목표에는 한계가 있고 그 범위가 제한될 수밖에 없음을 의미하는 것이다. 협상타결은 두 당사자의 기대목표의 성취를 뜻한다. 그러나 당사자의 목표성취는 상대방의 양보에 의존되어 있는 것이므로 협상타결을 위해서는 애초의 목표수준은 협상을 해가며 달라져 가게 된다. 처음 설정한 목표를 끝까지 고집할 수는 없는 것이며, 협상이 결렬되지 않도록 하기 위해서는 목표수준을 조정해 나가야 한다.

    ● 목표 가운데에는 단 한 번의 협상으로 성취될 수 있는 목표가 있는가 하면(예를 들어 중고차 거래) 그렇지 않은 목표도 있다. 전자 유형의 목표를 달성하기 위한 협상은 당사자와의 관계나 앞으로의 경우를 염두에 두지 않는 일회적 에피소드(single episode)로서의 성격을 갖는다. 협상이 일회적 에피소드일 때 목표와 전략은 그렇지 않은 협상의 경우와는 매우 달라진다. 이러한 협상에서 당사자들은 상대방과의 앞으로의 관계를 전혀 의식하지 않은 채 오로지 손에 쥐게 되는 실질적 결과물을 최대화하는 데에만 신경을 쓴다. 일회적·실질적 결과물에의 집착은 당사자로 하여금 대결전략(competitive strategy)을

선택하도록 만든다. 반면 지금 눈앞에 두고 있는 협상의 결말뿐 아니라 앞으로의 거래나 관계 유지를 염두에 둔다면 협상의 목표나 전략이 전혀 달라진다. 관계정향형 목표(relationship-oriented goals)는 상대방의 입장이나 상대방의 몫에도 신경을 쓰는 협동전략(collaborative strategy) 혹은 통합전략(integrative strategy)을 채택하도록 만든다(협상전략을 다루고 있는 다음 장에서 자세히 다루어짐).

    ● 효과적인 목표는 구체적(concrete)이고 특정적(specific)이어야 하며, 가능하면 계량화 가능한 것(measurable)이 좋다. 구체적이지 않고 계량화가 어려울수록 내가 무엇을 원하는지 스스로 이해하기가 쉽지 않고 상대방에게 내가 무엇을 원하는지 제시하기도, 또한 나중에 어떤 결과물이 내가 추구하는 목표를 충족시키는지의 여부를 결정하기도 어려워진다. 중고차를 구매하고자 할 때 막연히 '싸고 좋은 차'를 목표로 삼는 것보다는 모델은 무엇 아니면 무엇 우선, 가격은 얼마에서 얼마까지, 연식은 몇 년에서 몇 년 된 것 등으로 특정화하는 것이 바람직한 것이다. '구체적이고 특정화된 목표'는 흔히 '목표지점'(target point)이라는 개념으로 불리어진다. 목표지점을 설정하는 과정에서는 다음과 같은 보다 구체적인 지점들이 사전에 선정될 필요가 있다.

목표지점의 주요 고려사안

- **최선의 협상목표**(the best goal) : 최선의 협상타결 목표
- **타깃 포인트**(the likely target point) : 내심 협상을 타결하고 싶은 지점
- **저항점**(resistance point) : 추가 양보가 어렵고 더 이상의 협상이 무의미해지는 지점

- 개시점(initial offer) : 상대에게 처음 제의하는 나의 최선의 목표수준
- BATNA(Best Alternative To a Negotiated Agreement) : 협상타결 외 최선의 다른 대안(그 기대편익의 값)

3) 협상전략 수립

(1) 협상전략과 목표

기업 경영과정에서 목표수립 이후 그 목표 성취를 위한 전략이 수립되어야 하는 것처럼 협상목표가 수립되었으면 이를 성취해 나가기 위한 전략이 수립되어야 한다. 협상전략은 협상목표 성취를 위한 전반적인 계획(strategy as the overall plan to achieve one's goals)을 뜻한다. 따라서 전략은 목표와 긴밀히 연계되어 있다. 전략과 목표의 연계성과 관련해서는 다음 몇 가지 측면이 고려될 필요가 있다.

첫째, 협상전략은 협상목표와 부합할 수 있어야 한다. 전략 따로 목표 따로일 수는 없다. 협상전략은 협상목표의 성격 및 내용, 그 수준에 전적으로 부합할 수 있어야 한다. 예컨대 상대와의 원만한 관계지속이 협상의 목표라면 협상과정에서 상대방으로부터 내가 신뢰할 만한 파트너라는 인상을 심어줄 수 있는 전략이 필요하다.

둘째, 협상전략의 실행과정에서 목표수준은 조정될 수 있지만 목표 그 자체의 성격이 근본적으로 달라질 수는 없다. 전략은 목표를 성취하기 위한 수단으로서의 성격을 가지므로 수단이 목표를 대체해서는 안 된다. 목표의 큰 방향은 그대로 유지되면서 가장 효과적으로 이 목표를 성취할 수 있는 전략이 강구되어야 한다.

셋째, 효과적인 목표성취를 위해서는 전략의 일관성이 유지되는 것이 바람직하다. 협상전략을 실행에 옮기기 위한 구체적 실행수단은 상황이나 국면에 따라 탄력적이고 신축적일 필요가 있지만, 기본 전략은 될 수 있는 대로 사전에 준비해 가지고 나간 큰 골격을 유지하는 것이 좋다. 협상은 상대가 있는 법이고, 상대로부터 협조를 얻어가며 자신의 목표를 성취하는 것이다. 사전에 철저한 분석과 계획 없이 순간적인 판단에 따라 전략의 큰 방향을 바꾸는 것은 그만큼 리스크를 떠안는 것일 뿐만 아니라, 상대로부터 '종잡을 수 없는' 상대라는 인상을 줌으로써 오히려 신뢰감을 떨어뜨리는 결과를 가져오게 된다.

(2) 협상전략 수립시 고려사항

협상 당사자는 협상전략을 준비하는 단계에서 갈등상황과 상대측에 대한 종합적 분석을 통해 협상전략을 수립한다. 협상전략은 협상자에게 열려져 있는 다양한 전략적 대안 가운데 어느 하나를 선택하는 것이다. 물론 갈등상황의 성격에 따라 협상자가 선택할 수 있는 전략적 대안의 폭이 크게 줄어들 수 있고, 경우에 따라서는 특정의 갈등상황이 어느 하나의 전략만을 불가피하게 선택하도록 만드는 수도 있다. 예컨대 상대방과의 관계 유지가 긴요하며, 향후에도 상대측과 지속적인 교류협력이 필요한 상황이라면 협상전략의 선택폭은 그만큼 줄어들 수밖에 없다. 마찬가지로 상대방과 향후 지속적으로 교류할 가능성이 없고, 갈등을 야기한 사안이 중대하고 긴요한 경제적 가치의 분배를 둘러싼 것이라면 협상전략의 선택폭은 또한 그만큼 줄어들게 된다.

일반적으로 대부분의 협상에서 협상전략은 불확실성 하에서 수립된다. 협상전략이 불확실성 속에서 이루어진다는 점에는 두 가지 의미가 담겨 있다.

첫째, 전략은 그 수립의 기초가 되는 자료가 근본적으로 완전하지 않을 수 있다는 것이다. 갈등상황과 선택대안, 상대방 등에 대해서 완전하고 충분한 지식을 확보한 상태에서 전략이 수립되는 것은 아니다. 전략수립은 불충분하고 불확실성을 갖는 정보에 의존하여 수립된다. 아무리 철저하게 자료를 모아 갈등상황을 분석하고 협상상대를 분석한다고 하더라도 협상 준비과정은 불확실성 상황 속에서 진행되기 마련이다. 협상전략 수립은 수학문제처럼 하나의 정답을 찾아가는 과정일 수는 없다. 따라서 협상전략 수립은 많은 가능한 경우들을 대비하여 복수의 해법을 모색하는 과정이어야 한다.

둘째, 전략은 상대성을 갖는다. 나의 전략은 상대의 전략에 의해 맞대응된다. 전략은 협상 상대방에 대해서 구사되는 것인데, 상대방 역시 전략을 구사하기 때문에 내가 생각한 만큼 잘 먹혀들어 가지 않을 수 있다. 협상과정은 전략과 전략의 경합과정이다. 전략과 전략이 맞부딪히면서 여러 상황과 국면이 전개된다. 협상이 '생물'인 것은 이 때문이다. 따라서 협상전략을 수립하는 과정에서는 상대방의 입장과 생각을 고려해야 하고, 상대방에게 가용한 전략적 대안에 대한 분석도 행해져야 한다.

전략은 전술, 행동계획과는 구분된다. 행동계획은 전략에 통합되어 있는 행동적 요소를 의미한다. 협상에서 행동계획 작성은 전반적 전략추구 과정에서 전술, 자원이용, 임기응변적 대응(contingent response) 등에 관한 구체적 행

동방안을 수립하는 것이다.

전략과 전술의 차이는 명쾌하게 나누어진다고는 볼 수 없지만 규모(scale)나 안목(perspective), 상황적응성(immediacy) 측면에서 차이가 있다. 전략이 목표달성을 위한 장기적 안목의 큰 행동방향의 설정을 의미한다면, 전술은 보다 광범위하고 고차원적 차원의 전략을 실천에 옮기기 위해 고안된 단기적이고 신축적인 응수(moves)를 의미한다. 따라서 전술은 그때그때 협상이 진행되는 단계나 상황에 따라 달라질 수 있는 즉시성과 상황적응성을 갖는다.

전략이 목표에 조응해야 하는 것 이상으로 전술은 전략예속성을 띠어야 한다. 전술은 전략을 실천하기 위한 구체적인 행동계획들이다. 전략을 실행에 옮기기 위한 다양한 행동방안들이 있을 수 있지만 이러한 다양한 행동방안들이 동일하게 효과적일 수는 없다. 전술은 그때그때의 상황에 따라 그 효과성이 달라질 수 있다. 또한 특정 전략을 가장 효과적으로 구사할 수 있는 행동대안들은 일정 범주의 행동들로 제한되어 있기 마련이다.

예컨대 상대측과 공동의 문제해결 접근법을 취하여 상대와의 생산적 관계를 정립하기 위한 협상전략을 선택했다고 한다면, 이러한 전략을 실천해 나가기 위한 구체적 전술은 상대방으로부터 신뢰감을 확보하는 데 초점이 맞추어져야 한다. 상대가 쉽게 예측 가능할 수 있도록 하는 일관된 선호체계를 유지한다든지 상대방의 발언에 대한 진지한 경청 태도, 상대와의 원활한 커뮤니케이션을 위한 다양한 의사소통 기법 활용 등의 전술적 행동이 채택될 수 있다.

반대로 일회적 게임상황 속에서 상대방보다 더 많은 결과물을 획득하는 것이 목표라면 상대와의 차별성을 부각시키는 대결전략이 선택될 수 있을 것이고, 이러한 대결전략을 실행에 옮기기 위한 전술로서는 정보의 은닉, 강력한 주장, 위협과 과장 등 나는 옳고 상대는 틀렸다는 것을 강조하는 여러 형태의 전술적 행동이 동원될 수 있을 것이다

5. 예비협상과 본협상

협상과정은 일반적으로 협상을 준비하는 단계 → 사전협상 단계 → 본협상 단계의 순서로 진행된다. 각 단계를 개괄적으로 기술한 후 절을 바꾸어 각 단계별로 밟아야 할 구체적인 내용을 살펴보기로 한다.

1) 예비협상 단계

예비협상 혹은 사전협상이란 협상 상대측과 접촉하여 협상의제의 범위를 정하고 협상방식과 절차 등에 관하여 합의하는 과정을 의미한다. 이를테면 정상회담을 성사시키기 위하여 의제와 장소 등을 결정하는 예비회담이 이 범주의 협상에 속한다. 국가 간의 갈등관계가 심화되는 경우 비공식적으로 특별임무를 부여받은 대표(밀사)를 파견하여 문제해결을 위한 공식적 대안을 협의하는 것도 사전협상이라고 할 수 있다.

사전협상은 본협상에 앞서 협상 상대측과 협상의제나 프로토콜(protocol), 협상규칙 등을 논의하는 절차를 의미한다. 국가와 국가 간의 협상처럼 공식성의 수준이 높은 협상일수록 사전협상은 중요하며 필수적이다. 사전협상은 이를테면 '어떻게 협상할 것인지에 대해 협상하는'(negotiate about how to negotiate) 것이다.

사전협상 단계에서는 협상 상대방측과 협상이슈나 의전사항,

협상규칙 등을 놓고 사전 조율과정을 거친다. 특히 사전협상에서 중요하게 다루어져야 하는 것은 본협상의 협상 테이블에 올려질 협상의제들에 관한 것이다. 아무런 사전 조율과정 없이 본협상 단계에서 처음 만나 불쑥 일방적으로 작성된 협상이슈 목록이 제시되는 경우, 쌍방의 이슈목록이 유사하지 않는 한 협상 자체가 큰 혼란에 빠질 수 있다. 전혀 준비되지 않은 협상이슈에 직면하게 되어 협상 초기부터 토의가 아무런 진전을 보지 못하게 될 것이기 때문이다. 따라서 전문적 협상가일수록 사전에 이슈목록을 교환하는 과정을 갖고자 하며, 실질적 내용에 대한 토의에 앞서서 무슨 이슈에 대해서 토의할 것인지에 대해 우선 사전에 합의하는 과정을 거치고자 한다.

사전협상 단계에서는 협상의제를 정하는 문제뿐 아니라, 협상과정과 절차에 미묘한 영향을 미치는 의전적 요소(negotiation protocol)에 대해서도 협의하는 것이 일반적이다. 이러한 의전적 요소에는 다음의 사항이 포함될 수 있다.

● **협상장소** : 일반적으로 협상자는 자신의 텃밭(home turf)에서 보다 더 잘하는 경향이 있다. 장소나 공간, 주위 환경에 친숙할수록 편안한 느낌과 여유를 가질 수 있으며, 이동에 따르는 불이익을 감수하지 않아도 되기 때문이다. 그러나 무엇보다도 텃밭의 이점은 가까이에 포진해 있는 정보원천이나 전문가집단에 곧바로 직접 접근할 수 있다는 데에서 찾을 수 있다. 텃밭의 이점을 최소화하기 위해 어느 쪽에서도 장소의 이점을 누리지 못하도록 제3의 중립적 협상장소를 선정해 둘 필요가 있다. 구체적 협상장소와 관련해서는 협상장소의 공식성 수준이 먼저 결정되어야 한다. 예컨대 공식성을 갖는 협상일수록 전문적인 회의공간(conference room)이 필요하겠지만

그렇지 않은 경우에는 별장이나 레스토랑, 심지어 칵테일 라운지도 협상장소로 이용될 수 있다. 협상장소를 정하는 과정에서는 심지어 회의장 배치나 협상 테이블의 형태 등이 논의되기도 한다.

● **협상시한** : 협상은 대개의 경우 시한을 정해놓고 진행한다. 대부분의 협상사례에서 볼 수 있듯이 협상타결은 정해진 시한이 임박했을 무렵부터 실질적인 진전이 있음을 알 수 있다. 협상 초반에는 서로 자신의 최선의 입장만을 고수하며 좀처럼 양보안을 내놓지 않다가 데드라인이 가까워 왔을 때부터 비로소 양보의 교환이 이루어지기 때문이다. 시한을 정하지 않는 협상은 협상절차가 매끄럽고 신속하게 진행되기 어렵다.

● **협상단 구성** : 협상은 두 당사자 사이에 2인 단독협상(dyad negotiation)으로 이루어질 수 있지만, 대개의 경우는 복수의 당사자들이 참여하는 협상단에 의해 진행되는 경우가 많다. 또한 6자 회담처럼 많은 당사국에서 여러 집단이 참여하는 다자협상(multilateral negotiation)의 형태가 있을 수 있다. 한미 FTA 협상처럼 국내적으로 여러 부처가 참여하고 이해 당사자가 많은 국제협상의 경우에는 특히 협상을 준비하는 팀과 협상 테이블에 직접 참여하는 협상단이 다를 수 있다. 내부적으로 협상을 준비하는 것은 각기 재량적으로 이루어질 수 있지만, 협상 테이블에 누구누구 또는 어떤 조직이나 기관의 대표가 나올 것인지에 대해서는 사전 조율작업을 거치게 된다. 협상단에 포함될 협상 대표의 지위나 직책, 권한 등이 사전 협의되는 것이다.

● **협상 진행절차** : 협상을 원만하고 신속하게 진행시키기 위해서 협상 당사자들은 협상규범과 에티켓을 준수할 필요가 있으며, 타협을 촉진하기 위한 기본적인 협상규칙을 따라야 한다. 그러나 이러한 일반적인 협상규범이나 규칙과는 별도로 사전협상 단계에서는

협상의 순조로운 진행을 위해서 협상 진행절차를 협의하기도 한다. 예컨대 대표의 모두 발언시간이나 순서를 정한다든지, 드물게는 발언의 횟수를 제한하는 등의 세부규칙이 논의될 수 있는 것이다.

● **협상실패에 대비한 조치들** : 사전협상 단계에서는 본협상이 타결되지 못한 채 불발로 그쳤을 때 향후 어떻게 후속조치를 취해 나갈 것인가에 대한 협의가 진행되기도 한다. 첫 협상만으로 협상이 성공적으로 타결되는 경우는 드물다. 협상실패에 대비하여 어떻게 다시 접촉할 것인가 등 추후 재협상의 여지를 열어놓는 것이 필요하다.

협의의 협상과정은 본협상과정, 즉 협상 대표가 테이블에 마주 앉아 제의를 교환하고 합의를 도출해 나가는 과정을 뜻한다. 합의 도출은 상호 합의할 수 있는 협상타결의 내용과 조건을 협상의 산출물로 만들어내는 것을 의미한다.

2) 본협상 단계

(1) 제안(offer)과 대응제안(counter offer)

협상 당사자는 협상과정에서 다루어지기 바라는 쟁점의 내용과 타결조건을 서로 제시하는 것으로부터 시작되는데, 대개의 경우 사전준비 단계에서 마련된 자기 편의 최선의 대안을 제안하게 된다. 협상 테이블에 마주 앉은 협상 당사자들 사이에서는 어느 일방의 제의가 있으면 상대방은 대응제의를 통하여 자신의 요구와 기대수준을 표출하게 된다. 제의의 교환은 통상적으로 명백한 언명의 교환을 통해 이루어지는 것이지만 암묵적인 방식으로 이루어지기도 한다. 암묵적 제의는 의도나 앞으로의 가능한 행동계획을 내포한 메시지의 고의적 누출, 혹은 상대방에 대한 명백한 의사표시 없이 특정의 조치를 실행에 옮기는 방식으로 행해지기도 한다.

처음 이루어지는 제의의 교환은 서로 진정한 의도를 숨긴 채 상대방으로부터 얻어내고자 하는 최상의 기대수준을 담고 있는 '전략적 오도'(strategic misrepresentation)를 반영하고 있다고 할 수 있다. 따라서 상대방의 제의 및 협상 진행과정에서의 언행을 면밀하게 분석하여 상대방의 진정한 의도에 대한 정보를 얻어내는 것이 필요하다. 제의의 첫 교환과정은 의도와 기대 목표수준을 상호 교환하는 과정으로서, 서로 상대방의 입장변화를 유도하기 위하여 왜곡된 정보가 교환될 가능성이 크지만 제의에 담겨 있는 메시지에 대한 분석을 통해 협상 당사자들은 상대방에 관한 정보를 획득할 수 있다.

제의 및 대응제의에 대한 검토과정에서 각 의제에 대한 상대방의 기본 입장, 긴장도나 선호의 강도, 양보가능성 등에 대해 검토한 다음 각 의제들에 대한 합의점을 모색해 들어간다. 협상의제를 다루는 방법은 크게 두 가지가 있을 수 있다. 이슈별 접근법(issue by issue approach)과 일괄타결식 접근법(package deal approach)이다. 전자는 협상 이슈 하나씩에 대하여 단계적으로 합의점을 모색해 나가는 접근법이고, 후자는 제안된 이슈들을 다 묶어서 한 번에 전체 합의를 모색하는 접근법이다.

(2) 협상규범 및 타협의 규칙

협상장에서는 당사자 간 협상의 진행을 순조롭게 하고 협상타결을 촉진하기 위한 기본적인 규범이나 규칙이 있다. 실제 협상장에서는 고함이 오가기도 하고, 상대방 발언을 무단 제지하며 발언 도중에 끼어드는 등의 행태가 곧잘 연출되기도 하지만 협상의 순항을 위해서는 쌍방이 지켜야 할 기본 규범이 있는 것이다.

① 협상 대표의 신분 보장과 존중

협상 당사자는 협상 대표로서의 서로의 신분을 인정하고 존중해야 한다. 보다 기본적으로는 협상 대표로서의 신분적 안전성을 보장해야 한다. 여기서의 신분 보장은 신체적 보장뿐만 아니라 정신적 측면에서의 안전보장을 포함한다. 남북 간 협상의 경우처럼 쌍방 간 정치적·군사적 긴장이 팽팽한 가운데 진행되는 협상이나 테러집단과의 인질협상에서 볼 수 있듯이 협상 대표의 신변안전성이 우려될 수 있는 협상에서는 이러한 신분 보장이 무엇보다도 중요한 기본 규범이 된다. 따라서 이러한 경우에는 사전협상 단계에서 신분 보장 각서가 교환되기도 한다.

노사 대표 간 협상처럼 지위나 직책의 차이가 있는 협상에서는 협상 당사자 간 신분을 둘러싼 논란이 일어날 수도 한다. 그러나 서로 협상 대표로 인정하고 협상 테이블에 마주 앉아 협상을 진행하는 한 대등한 신분적 위치에서 공평하게 협상을 진행해 나가야 한다.

② 합의의 존중

협상은 협상타결의 조건을 만들어내기 위해 쌍방이 노력해 나가는 과정이어야 한다. 협상타결은 이슈 하나하나에 대해 순차적으로 합의를 보아 나가는 방식이 있을 수 있고, 모든 사안들을 묶어서 일괄적으로 타결짓는 방식이 있을 수 있다. 협상 당사자는 서로 합의를 위해 노력해야 하고, 합의한 내용에 대해서는 이를 존중할 수 있어야 한다.

실제 협상이 진행되는 과정에서는 단계별로 부분적인 합의들이 축적되어 가기 마련이다. 이는 일괄타결 방식의 협상에서도 마찬가지이다. 단계별로 부분적으로 이루어지는 합의는 명시적으로 이루어질 수도 있고, 공식화되지는 않지만 쌍방 간 양보의 교환을 전제로 한 암묵적인 합의가 있을 수 있다. 어떤 유형의 합의이든 당사자 간 합의가 이루어진 내용에 대해서는 두 당사자가 기존 합의사항들을 무효화하기로 새롭게 합의하지 않는 한 이를 존중하려는 자세를 유지하는 것이 바람직하다.

③ 호혜성의 원칙과 유연성

협상타결은 정보 및 양보의 교환을 통해 이루어진다. 협상타결을 촉진하는 것은 쌍방이 '선의에 대해서 선의로 화답'하는 호혜성의 원칙(rule of reciprocity)에 기꺼이 충실을 기하려는 자세이다. 상대방으로부터의 최대한의 양보만을 기대하면서 자신은 애초의 입장을 완강하게 고수하려는 자세가 협상타결의 가장 큰 걸림돌이다. 실제 협상과정을 보면 초기 단계에서는 완강히 자신의 입장만을 고집하는 버티기 전략이 구사되는 경우가 많은데, 이러한 버티기 전략이 끝까지 지속되는 한 협상타결은 기대할 수 없다. 상대의 진정성에 대해서는 동일한 진정성으로 화답하고 상대방의 양보에 대해서는 같은 수준의 양보로 반응을 나타내는 것이 바람직하다. 그러기 위해서는 미리 정해가지고 나온 자신의 입장과 전략에 충실하기보다는 상황변화에 따라 입장을 바꾸고 전략을 수정해 나가는 유연성이 필요하다.

④ 성실성 원칙(rule of sincerity)

협상 당사자는 최대한의 노력을 기울여 협상을 타결로 이끌겠다는 태도를 가져야 한다. 협상은 두 당사자가 마주 앉아 머리를 맞댐으로써 보다 나은 결과를 손에 쥘 수 있다는 기대감이 일치할 때 가능한 것이다. 이러한 기대감이 구체적인 성과로 나타나도록 하기 위해서는 진정성을 가지고 성실한 자세로 협상에 임해야 한다. 물론 협상과정은 당사자 간 경쟁과정이기 때문에 상대를 이기기 위해서 경우에 따라서는 거짓이나 과장, 위협, 기만 등이 협상전술이나 협상기법으로 활용될 수 있다. 하지만 이러한 전술이나 기법들이 협상을 타결로 이끌겠다는 태도를 무너뜨려서는 안 되며, 감정적 대응과 무례함은 최대한 자제되어야 한다.

⑤ 적실성 유지

서로를 이기기 위해 경쟁적으로 상호작용하는 협상과정은 곧잘 감정적이 될 수 있다. 협상 당사자는 순리와 합리성을 잃고 쉽게 편협되고 비합리적인 자세를 가질 수 있다. 뜨거운 논쟁과정에서는 감정이 격해져 고성이 오가기도 하고 억지와 적대적 표현의 감정적 대응이 반복되기도 한다. 이러한 상황에서 협상 당사자는 의제와 상관 없는 다른 이슈를 끄집어내어 공연한 트집을 잡는다든지, 사소한 것을 필요 이상으로 침소봉대하여 협상을 공전시킬 수도 있다. 협상과정에서 협상 당사자는 냉정함을 잃지 않아야 하며, 협상의 진전을 가로 막는 적실성 없는 발언을 자제해야 한다.

4

협상과정 및 절차
행동계획 및 협상전술의 수립

> "
> 협상의 성패는 수사학적 설득력이나 웅변술, 교활한 책략 등과 같은
> 전술적 요소보다는 사전의 행동계획이 얼마나 체계적으로 치밀하게
> 준비되느냐 하는 것에 달려 있다. "

● 왜 철저한 행동계획의 수립이 중요한가?

협상은 끊임없이 제안이 오가고 양보를 교환해 나가는 과정
이다. 협상 진행과정에서는 제의와 역제의, 행마의 선택과 응수, 응수
에 대한 대응수가 교환되면서 끊임없는 상황변화가 이루어진다. 실
제 협상이 진전되는 과정은 당사자 간 수의 선택이 교차하면서 반전
에 반전을 거듭해 나가는 과정이기도 하다. 상황반전의 복잡한 변모
과정에서 협상자는 미리 준비해 가지고 나온 행동방안이 없으면 자
칫 방향을 잃고 갈팡질팡하기 쉽다.

협상을 위한 구체적 행동계획의 수립은 협상전개에 따라 그

때그때 새롭게 나타나는 상황—상대의 새로운 제안과 양보, 나의 추가적 제안과 양보 등—에 대비하기 위한 일종의 복합적 시나리오의 작성을 의미한다. 구체적 행동계획이 수립되어 있지 않은 경우 협상당사자는 주고 받는 제안과 양보의 보따리를 평가할 수 있는 기준을 갖지 못하여 우왕좌왕하게 되며, 경우에 따라서는 자신에게 득이 될 것이 없는 대안에 동의해 버리고 마는 결과를 초래하기도 한다.

● **구체적 행동계획에 포함되어야 하는 요소들**

협상을 준비하는 단계에서 구체적인 행동계획을 효과적으로 수립하기 위해서는 이 계획안에 다음과 같은 요소들이 빠지지 않고 포함되었는지의 여부를 지속적으로 체크해야 한다.

구체적 행동계획에 포함되어야 하는 요소들

■ 이해관계의 명확한 규정
■ 협상이슈 재구성
■ 목표지점 설정
■ 협상 상대방 분석
■ 설득력 있는 논변 개발
■ 협상전술 개발 및 협상기법 숙지

1. 이해관계 분석기법과 협상이슈 선정

협상은 이익과 가치를 맞교환(tradeoff)하는 과정이다. 따라서 협상을 준비하는 행동계획 수립과정에서 가장 중요하게 다루어져야 하는 사안은 이익과 가치의 맞교환 과정에 어떻게 대비할 것인가 하는 행동계획을 수립하는 것이다. 협상자는 상대방으로부터 얻고자 하는 무엇인가를 위해 자신이 가지고 있는 혹은 가치 있는 것으로 생각하는 무엇인가를 포기하고 이를 상대방에게 양보해야 한다. 상대방에게 양보하는 이익과 가치는 그 당사자 입장에서 보면 우선순위가 떨어지는 것이 된다. 즉 협상 당사자는 협상을 준비하는 단계에서 가치의 우선순위(priorities)를 정해서 끝까지 지킬 것과 기꺼이 포기할 수 있는 것을 결정해야 한다.

내가 지킬 것과 포기할 수 있는 것을 결정한 다음 단계에서 특히 중요한 것은 양 당사자가 양보하기로 한 가치들 사이의 맞교환 문제이다. 이 단계에서는 속성과 비중이 다른 가치들을 어떻게 평가하고 맞교환할 것인가 하는 문제가 제기된다. 속성과 비중이 다른 이익 및 가치의 교환문제를 두고 이를 어떻게 구체적 행동계획안에 포함시킬 것인가, 무엇을 기준으로 어떠한 비율로 이를 교환할 수 있을 것인가 하는 것은 실제 협상과정에서 당사자들 사이에서 끊임없이 밀고 당기는 줄다리기의 가장 중요한 문제영역이 된다. 가치의 맞교환 문제는 실제 협상과정에서 벌어지는 가장 힘들고 끔찍한 일이 아닐 수 없다. 특히 비금전적·비물질적 속성을 지니는 무형의 가치(intangible value), 예컨대 원칙, 신념, 평판, 체면 유지, 정신적 부담, 관계

유지에 대한 배려, 절차적인 문제 등이 이 범주의 가치에 속한다.

1) 무형의 가치들 사이의 맞교환 문제를
해결하는 하나의 방법

정확한 계측이 어려운 비금전적·비물질적 가치들 사이의 맞교환 문제는 각 가치들 사이의 상대적 비중(중요성)에 대한 주관적 판단에 의해 결정될 수 있다. 비물질적 가치의 절대값을 정확하게 측정—기수적 측정—하는 것은 어려운 일이므로 상대적 중요성에 대한 판단은 일반적으로 소중하게 여기는 정도에 대한 임의적 스케일링과 그 결과의 서수적 판단에 의해 결정된다.

〈사례 1〉 가치의 맞교환 문제

자동차 사고를 당한 후 보험회사로부터의 보험금 지급에 불만을 가진 어느 고객이 소송을 제기했다. 소송을 제기한 고객은 보험회사측이 협상을 제시해 온다면 소송 외의 방법으로 본 건을 타결(out-of-court settlement)짓고도 싶은 생각이 있다. 물론 협상을 통해 목표로 하는 만큼의 보상을 받을 수 있을 것으로 기대할 수는 없을 것이다. 따라서 고객은 협상과정에서 얼마만큼 양보할 것인지 생각하지 않을 수 없다.

우선 고객은 변호사 비용과 소송결과의 불확실성을 계산에 넣어 최소한 4,000만 원 수준에서 협상을 타결짓겠다고 생각했다고 하자. 협상타결 기준이 4,000만 원 수준으로 정해진 만큼 실제 협상과정에서는 다른 여러 가지 점이 고려되어 이 금액이 조정될 수 있다. 예컨대 이 고객은 소송과정에서 겪어야 할 근심과 스트레스를 계산에 넣은 것은 아니었다. 소송기간 내내 이 고객이 겪게 될 정신적 부담의 비용은 얼마로 계산될 수 있을 것인가? 이 비용만큼 협상과정에서 고객이 기대하고 있는 최소한의 보상액 수준은 낮추어질 수 있다.

한편 보험회사의 담당 간부는 소송 건이 초래할 회사의 평판훼손을 염려하기 때문에 얼마간의 금액을 지급하는 대가로 소송을 취하하도록 소송을 제기한 그 고객과 협상할 것인가, 아니면 사법부의 판결에 의해 문제를 매듭짓는 것이 유리한가 하는 문제를 결정해야 한다. 이 보험회사의 간부는 속성이 다른 두 개의 이익(가치), 즉 돈과 평판을 놓고 저울질해야 한다. 이 간부에게는 우선 평판훼손의 금전적 가치를 측정할 필요가 있다. 즉 사법적 결정에 의해 회사의 이미지가 타격을 입음으로써 현재의 고객과 앞으로의 잠재적 고객이 얼마나 줄어들게 될 것이고, 이러한 고객 상실이 초래할 금전적 가치는 얼마에 이를 것인지를 계산에 넣어야 한다. 대개의 경우 이런 문제는 정확한 계측이 어렵기 때문에 다른 방식의 대체이익 계산법(proxy interest)으로 그 비용을 산정할 수도 있을 것이다. 예컨대 소송으로 실추된 회사의 평판을 원상으로 되살려놓기 위해 외부의 홍보회사에 용역을 주는 경우 소요되는 비용을 기준으로 평판실추의 비용을 계산할 수 있다. 예컨대 이 용역비용이 1,500만 원 정도로 예상된다면 회사측은 이 금액 이하의 범위 내에서 소송고객에게 더 양보할 수도 있는 것으로 계산할 것이다.

상거래 협상의 경우처럼 금액이나 수량, 기일, 재고, 할인율 등 모든 협상 사안들이 계측 가능한 물량적 속성을 갖는 것이라면 이해관계를 따지는 셈법이 단순 명료할 수 있다. 하지만 실제 다루어지는 협상 사안 가운데에는 걸려 있는 이해관계의 계산이 명료하게 수치로 환산되지 않는 비물질적 속성을 갖는 것이 많다. 특히 국가와 국가 간의 협상의 경우처럼 대통령이 견지하고 있는 신념이나 원칙, 정치인들의 위신과 평판, 재선에 미치는 영향 등과 같은 정치적 고려와 절차적 정당성의 문제, 관계 개선의 필요성 등 걸려 있는 이해관계의 크기를 수치로 계산해내기가 쉽지 않은 사안이 많이 포함되어 있을 수 있다. 이처럼 '명료하지도 않고 구체적으로 손에 잡히지도 않는' 사안이라 하더라도 플러스 측면과 마이너스 측면을 단순 대조하는 방식 이상의 접근법이 필요하다. 왜냐하면 실제 협상과정에서는 사안별로 양보할 것은 양보하고 끝까지 지킬 것은 상대로부터 양보받는 식의 협상 사안을 둘러싼 거래가 이루어지기 때문이다.

협상이슈에 걸려 있는 이해관계의 다양한 유형들

- 협상을 통해 실제 손에 넣고자 하는 실질적 이익(substantive interest)
- 협상자들이 분쟁을 타결해 가는 절차적 방식과 관련된 절차적 이해(process-based interests)
- 협상 당사자들 간의 현재의 혹은 앞으로의 관계의 질을 따지는 관계유지에 대한 이해(relationship-based interests)
- 협상자가 고수하고자 하는 원칙이나 기준, 규범, 선례정립 등과 같은 무형적 요소에 대한 관심사항

많은 협상과정에서 사안별로 걸려 있는 이해관계의 크기에 대한 평가는 객관적·산술적 계측과정만으로 이루어질 수 없다. 많은 경우 양적 계산이 아닌 주관적 고려와 질적 판단을 필요로 한다. 문제는 협상 사안을 정리하는 과정에서 이러한 주관적 판단영역에 속하는 문제들을 가능하면 얼마나 객관화시켜 볼 수 있느냐 하는 것이다. 일반적으로 속성이 다른 이익에 대한 평가는 이해관계가 걸려 있는 이슈의 상대적 중요성에 대한 서수적 판단, 그리고 해당 이슈에 대한 선호의 강도를 고려하는 가중치 부여 및 임의적 척도 적용 등의 절차를 거쳐 이루어지게 된다.

위 보험사례에서 볼 수 있듯이 고객 입장에서의 소송결과의 불확실성이나 소송에 따른 스트레스와 소요시간들, 회사 입장에서의 이미지나 평판손상 가능성, 고객이탈의 가능성 등과 같이 명료하게 곧바로 수치로 계측되기 어려운 이해관계들도 가능한 한 좀더 객관화된 지표로 환산할 수 있다면 이를 기수적으로 측정할 수 있을 것이다.

〈사례 2〉 협상이익의 평가

미국에서는 일반적으로 사람을 채용하고 인사조치를 내리는 과정에서 협상방식이 이용되고 있다. 요즈음 우리 나라에서도 임용과 승진, 배치과정에서 회사와 해당 당사자 간의 협상형식을 빌린 합의절차가 이용되고 있다.

외국계 회사에 다니는 40대의 김부장은 회사 내에 곧 신설될 부서의 책임자로 옮기겠냐는 제의를 받았다. 김부장은 지금의 부서에 그냥 남을 것인가, 아니면 신설 부서로 옮길 것인가 결정해야 한다. 김부장은 상사인 제이슨(Jason)과 협상을 통해 이 문제를 결정하기로 했다. 김부장은 제이슨과의 협상을 앞두고 입장을 결정하기 위해 여러 가지 생각을 정리해 나갔다. 김부장은 제이슨에게 무엇을 요구할 것인가를 생각하는 한편 제이슨이 어떠한 조건을 제시할 것인가를 따져보기로 했다.

김부장은 평소 외국계 회사에 다니고 있어서 비슷한 경력의 다른 친구들보다 상대적으로 보수가 좋다는 점을 만족스럽게 생각하고 있었다. 그렇지만 아이들이 커감에 따라 학자금의 부담이 만만치 않게 늘어가고 있다는 점을 생각하고 있기도 했다. 특별한 연줄이나 배경이 없는 김부장으로서는 열심히 일한 결과에 따라 대우가 달라질 수 있고 또 더 승진할 수 있을 것이라는 점도 고려할 수밖에 없었다. 40대 후반으로 접어들고 있는 김부장으로서는 가족들과 함께 보낼 수 있는 시간을 확보할 수 있어야 한다는 점과 건강문제 또한 염두에 두지 않을 수 없었다.

추구하는 이익		협상이슈		입장
평소 핵심적 관심사항		선정된 이슈		협상범위
물질적 풍요	→	연봉	→	얼마
삶의 질		휴가일수		몇 주
승진(경력관리)		부하직원의 수		몇 명

김부장은 평소 관심사항을 정리하여 이를 협상이슈로 제기해야 한다. 김부장의 평소의 주관심사는 연봉 액수나 보너스일 수 있고, 회사 내에서 능력과 업적을 인정받아 다른 사람들보다 빨리 승진하는 것일 수도 있다. 그런가 하면 김부장은 요즈음처럼 정리해고니 구조조정이니 하면서 경제침체가 계속된다면 새로운 것에 도전하기보다는 지금의 안정된 일자리를 잘 지키는 것이 상책 아닌가 하는 생각도 할 수 있을 것이다. 김부장은 운동이나 취미활동을 할 수 있는 시간적 여유를 갖고 싶어하기도 한다. 대부분의 직장인이 그렇듯이 김부장이 입장을 정리하는 데 고려하는 관심사항은 보수와 대우, 업적, 인정, 승진, 직업적 안정성, 회사 밖의 개인생활, 휴가 등이 될 것이다.

김부장의 평소의 관심사항은 곧 김부장이 가지고 있는 이해관계이고, 김부장이 추구하는 이익(interest)들이다. 김부장이 제이슨과의 협상에서 제기할 이슈는 곧 김부장이 가지고 있는 주된 관심사항, 즉 김부장이 추구하는 핵심적 이익을 반영하는 것이다. 김부장은 평소의 생각과 경험을 바탕으로 협상이슈를 세 가지로 축약하였다. 연봉액수와 신설될 부서의 부하직원 수, 그리고 휴가기간 등이 그것이다. 이를테면 금전적 혜택, 업적과 승진전망, 즐길 수 있는 시간적 여유 등이 김부장이 생각하고 있는 협상 사안이 된다. 금전적 혜택은 연봉인상 가능성으로, 승진전망은 함께 일할 유능한 부하직원의 숫자로, 즐기는 인생은 휴가일수로 계산되고 있음을 알 수 있다.

2) 이슈에 대한 가중치 부여

김부장은 평소의 관심사항을 연봉인상액, 부하직원의 수, 휴가일수 등 협상 사안을 수치로 계산 가능한 형태로 바꿀 수 있었다. 하지만 각 이슈가 수치로 환산 가능한 형태가 되었다고 해서 곧바로 있는 그대로를 산술적으로 비교할 수는 없을 것이다. 그것은 두 가지 이유에서이다. 하나는 각각의 이슈에 대한 김부장의 선호의 강도가 다르기 때문이고, 다른 하나는 돈, 승진, 라이프스타일 추구 등 각각의 이슈의 속성이 다르기 때문이다.

이제 각각의 이슈에 대한 상대적 중요성을 평가해야 한다. 돈과 승진, 라이프스타일 추구 등에 대한 김부장의 선호의 강도가 다르기 때문에 무엇을 얼마만큼 더 좋아하는지 비교할 수 있어야 한다. 김부장 개인의 가치관이나 주관적 선호를 반영하는 문제라지만 단지 주관적인 느낌으로서가 아니고, 가능하면 객관화하고 수치화할 수 있으면 더욱 바람직할 것이다.

각기 다른 협상 사안에 대한 김부장의 상대적 중요성에 대한 평가는 100포인트(예를 들자면)를 연봉, 휴가, 직원 수에 각각 어떠한 비중으로 배분하느냐에 의해 결정될 수 있을 것이다. 이 문제는 100포인트를 임의로 배분하는 방식보다는 연봉인상 가능성과 휴가일수의 증가 가능성, 직원 숫자의 증가 가능성에 대한 비교평가를 병행함으로써 해결될 수 있다. 무엇이 얼마나 증대되는 것에 대해 어느 정도의 가치를 부여하느냐 하는 것을 상대적으로 비교함으로써 그

것을 얼마나 중요하게 생각하는지를 평가하는 간접적인 평가방식이다.

김부장은 상사인 제이슨, 회사의 다른 관계자 등과의 일차 협의를 통해 연봉인상은 현 부서에서 받고 있는 연봉액수인 60,000달러에서부터 최고 92,000달러까지 인상될 가능성이 있고 휴가는 현재의 4주에서 2주까지, 부서 직원의 숫자는 현재의 10명에서 20명 선 사이에서 결정될 수 있는 것으로 내다보았다.

〈표 4-1〉 김부장의 협상 : 이슈와 협상영역(Issues and Ranges)

이슈	협상영역
연봉	60,000 – 92,000 ($)
휴가일수	2 – 4주
직원숫자	10 – 20명

따라서 최악의 시나리오는 연봉 60,000달러에 휴가 2주, 부서 직원 10명의 조합이 된다. 이제 김부장이 평가해야 할 것은 각각의 가치에 대한 상대적 선호도이다. 즉 김부장이 부서를 옮김으로써 개선되는 것 가운데 무엇을 보다 소중하게 여기느냐 하는 것이다. 이 문제는 a) 92,000달러 연봉 증가에 2주 휴가, 10명의 부하직원, b) 4주 휴가에 60,000달러의 연봉, 10명의 부하직원, c) 20명의 부하직원에 60,000달러 연봉, 2주의 휴가일수 등 세 개의 대안 가운데 어떤 대안을 가장 높게 평가하느냐 하는 것을 기준으로 결정될 수 있을 것이다. 김부장은 연봉증대, 즉 경제적 보상의 증가가 생활의 여유나 긴 휴가기간, 생활과 직무에 대한 만족감에 미치는 영향을 평가할 것이다. 또한 유능한 부하직원들과 함께 했을 경우 직무의 효과적 수행이

가져다 줄 경력관리상의 이점도 고려하게 될 것이다.

김부장은 고민 끝에 자신이 우선 연봉의 증액을 가장 선호하고 다음으로 부하직원 숫자 증가를, 마지막으로 휴가일수의 증가를 선호한다는 점을 알았다. 이것은 어디까지나 주관적 선호(subjective feeling)를 반영하는 것이기 때문에 선호의 우선순위를 정하는 것은 상대적으로 손쉬운 일이다. 이제 다음 단계에서 좀더 어려운 평가문제가 등장한다. 김부장은 100포인트의 중요도 가중치(importance weights)를 할당해야 한다. 만일 김부장이 연봉 최고 증액, 최소 휴가, 최소 직원 수 묶음을 연봉 최소, 최대의 직원 수, 최대의 휴가일수의 묶음보다도 더 선호한다면 김부장은 연봉증액에 50포인트 이상의 가중치를 부여해야 한다. 두 묶음을 똑같이 생각한다면 연봉증액에 대해서는 정확히 50포인트만을 부여해야 할 것이다. 김부장은 연봉증액을 다른 대안보다 조금 더 선호했기 때문에 연봉증액에 60포인트의 가중치를 부과한 것으로 평가할 수 있을 것이다.

다음으로 김부장이 평가해야 할 것은 연봉의 증액수준에 대해 평가하거나 혹은 직원 수의 증가와 휴가일수의 증가수준을 평가해서 가중치를 부여하는 일이다. 김부장은 예컨대 연봉이 60,000달러에서 72,000달러로 증액되는 것과 72,000달러에서 92,000달러로 증액되는 것에 대하여 가중치를 달리 부여할 수 있기 때문이다. 첫 번째 수준의 증액으로 김부장은 좀더 나은 주택으로 옮길 수 있고, 삶의 질을 개선할 수 있다. 두 번째 수준의 증액으로 김부장은 명품 의상을 사 입고 휴가철 해외여행에다가 고급 레스토랑에 친구를 초대하는 등 사치스러운 생활을 영위할 수 있다.

김부장은 기본적으로 검소한 사람이었다. 연봉이 오르는 것은 좋지만 사치스러운 생활이 가능한 수준의 연봉 인상에 대해서는 그

〈표 4-2〉 김부장의 연봉증액에 대한 평가

연봉증액분($)	할당된 중요도 평점(Importance Point Assigned)
60,000	0
64,000	10
68,000	20
72,000	**30**
76,000	36
80,000	42
84,000	48
88,000	54
92,000	**60**

렇게 큰 가치를 부여하지는 않는 사람임을 알 수 있다. 사치를 모르는 김부장이라면 두 수준의 증액을 무관(indifferent)하게 생각할 것이기 때문에 60,000달러에서 72,000달러까지의 증액에 30포인트를 부여하고, 72,000달러에서 92,000달러로의 증액에 똑같은 30포인트의 가중치를 부여할 것이다. 이렇게 하여 연봉증액 수준에 대한 김부장의 가중치 부여는 위의 〈표 4-2〉와 같이 나타낼 수 있다.

김부장은 이상과 같은 방식으로 부하직원 수 증가와 휴가일 수 증가를 평가할 수 있다. 혹은 이들 다른 이슈의 중요성에 대한 평가는 연봉증액에 대한 평가와 비교하는 방식으로도 이루어질 수 있다. 예컨대 연봉증액 32,000달러로부터 35,000까지의 증액과 직원 수 10으로부터 20명까지의 증가를 비교해서 직원 수의 증가에 대한 평가가 이루어질 수 있는 것이다. 만일 김부장이 양자의 대안을 똑같이 생각한다면 김부장은 직원 수 10에서 20에로의 증가에 대해 30포

<표 4-3> 김부장의 이익평가 종합

연봉 Salary ($000)	중요도 평점 Importance Point	휴가기간 Weeks of Vacation	중요도 평점 Importance Point	직원 수 Staff Size	중요도 평점 Importance Point
60	0	2	0	10	0
64	10	3	8	15	20
68	20	4	10	20	30
72	30				
76	36				
80	42				
84	48				
88	54				
92	60				

인트의 가중치를 부여할 것이다. 이 경우 나머지 10(40-30 = 10)포인트는 휴가일수의 증가에 부여될 것이다. 직원 수의 증가수준에 대한 평가도 연봉증액 수준에 대한 평가와 마찬가지 방식으로 이루어질 수 있을 것이다.

직원 수 증가에 부여된 30포인트는 증가수준별로 다시 재할당된다. 김부장은 직원 수 증가가 10명에서 15명으로 늘어나는 것에 대해서는 20포인트를 할당한다면, 15명으로부터 20명 수준으로 증가되는 것에 대해서는 나머지 10포인트를 할당하게 된다. 같은 방식으로 휴가일수 증가에 대한 주관적 선호도가 결정되는데, 예컨대 휴가가 2주에서 3주로 늘어나는 것에 대한 가중치를 8포인트 할당한다면 3주에서 4주로 늘어나는 것에는 나머지 2포인트가 할당된다.

이렇게 해서 연봉증액, 직원 수 증가, 휴가일수 증가 등 각각의 이슈에 대해 김부장이 소중하게 여기는 정도에 대한 가중치는 위의

〈표 4-3〉으로 정리될 수 있다. 〈표 4-3〉에서 나타나고 있는 바와 같이 64,000달러 연봉에 3주 휴가, 15명의 부하직원 묶음에 대해 김부장은 38포인트(10 + 8 + 20)만큼의 가치를 부여하고, 82,000달러 연봉에 2주 휴가, 17명의 직원 수에 대해서는 69포인트(45 + 0 + 24)만큼의 가치를 부여하고 있음을 알 수 있다. 여기서 한 가지 염두에 두어야 할 것은 각각의 경우에 대한 가중치는 가장 나쁜 경우를 영(zero)으로 두고 이것에 대한 상대적인 중요도를 평가하여 가중치를 부여한 것이다. 김부장의 각각의 이슈에 걸려 있는 이익에 대한 평가는 이와 같은 방식으로 좀더 객관화된 형태로 계산될 수 있는 것이다.

3) 협상 상대방의 이익에 대한 평가

협상은 협상 상대자들과의 집합적 의사결정 과정이다. 협상과정에서는 협상 당사자의 이익을 평가하는 것 못지않게 협상 상대의 이익과 선호를 평가할 수 있어야 한다. 따라서 김부장은 자기의 이익만을 셈해서는 안 되고 협상 파트너인 제이슨의 이익도 평가할 필요가 있다. 김부장은 자신이 소중하게 여기는 이슈 각각에 대하여 협상 상대인 제이슨이 얼마만큼의 상대적 중요성을 부여할 것인지에 대하여 평가해야 하며, 또한 김부장이 염두에 두고 있는 세 가지 이슈 외에 제이슨이 진정으로 소중하게 여기고 있는 요소는 무엇인지에 대해서도 알아야 한다.

협상 상대의 이익과 선호에 대한 평가를 위해서는 상대방의 이야기를 귀담아 듣고 협상과정에서 명료하게 의사소통함으로써 이에 대한 정보를 획득할 수 있어야 한다. 상대방의 이익과 선호를 잘 판단하기 위해서는 입장을 바꾸어 놓고 생각하고, 상대방의 입장이 되어 보는 역지사지의 역할연기(role-playing)가 필요하다.

각 이슈에 대한 제이슨의 선호의 강도는 제이슨과의 예비적 협상을 통해 미루어 짐작할 수 있을 것이다. 비용절감에도 신경을 써야 하는 관리자로서 제이슨은 될 수 있는 대로 적은 연봉, 짧은 휴가기간, 적은 수의 직원 수를 선호할 것이다. 제이슨은 새로운 보직을 제안하면서 명확하게 조건을 말하지 않고, 예컨대 60,000달러 이상의 연봉, 몇 주간의 휴가, 필요로 하는 수만큼의 직원배치라는 식으로 대체적인 윤곽만을 언급했을 것이다. 이제 김부장은 제이슨의 선호를 다각도로 미루어 짐작해 볼 필요가 있다.

연봉수준에 대하여 예컨대 김부장은 비교가 되는 다른 부서장의 최고 연봉이 82,000달러라는 점을 감안하여 제이슨이 82,000달러 이상의 연봉수준에 대해서는 거북해할 수도 있다는 점을 짐작할 수 있다. 또한 제이슨이 일 년에 고작 길어야 일주일 정도의 휴가를 쓰는 일벌레인 점을 감안하여 휴가기간도 아무리 길어야 2주 정도가 될 것으로 짐작할 수 있을 것이다. 또 김부장은 부하직원의 수에 관해서는 부서이전을 제안하던 날 제이슨이 언급한 말을 기억하여 제이슨의 선호를 짐작할 수 있을 것이다. 김부장은 제이슨이 효율적 업무수행에 대해 관심이 많지만, 처음부터 충분한 인력을 쓰기보다는 경기 하강기에 대비하여 꼭 필요한 인력만을 유지할 필요가 있다는 견해를 밝혔던 점을 떠올렸던 것이다. 김부장은 이 점을 고려하여 신설부서로 옮겨가면 최대 15명까지의 직원을 둘 수 있을 것으로 계산할 수 있다.

제이슨의 상대적 선호에 대하여 김부장은 이제 보다 자세한 스케일링을 통해 가중치를 부과해야 한다. 이 문제에 대해서 김부장은 자신의 선호에 대해 가중치를 부여한 것과 동일한 방식으로 접근해 들어갈 수 있다. 다만 김부장과 제이슨의 이슈의 중요도에 대한 평가가 다르다는 점이 감안되어야 한다. 김부장에게는 연봉이 가장 우선시되었지만 제이슨에게는 '돈'의 비중은 떨어진다. 김부장은 2주 이상의 휴가에 대해서 큰 비중을 두지 않는다. 15명 정도의 직원을 데리고 리더십을 발휘하여 큰 성과를 내는 것이 상사들로부터 인정받고 앞으로의 경력관리에 보다 유리해질 수 있다고 생각한다. 예컨대 김부장이 생각하는 제이슨의 선호도는 직원 수 〉휴가기간 〉연봉 순이거나 혹은 직원 수 〉연봉 〉휴가기간의 순으로 정할 수 있고, 각각의 이슈에 대하여 단계별 증가수준에 대한 제이슨의 가중치도 마찬가지 방식으로 평가될 수 있을 것이다.

4) 이해관계의 평가에 기초한 이슈 선정

많은 협상과정에서 이해관계에 대한 평가는 객관적인 산술적 계측과정만으로 이루어지지 않으며, 질적 판단을 필요로 한다. 위의 김부장의 사례를 통해 알 수 있듯이 속성이 다른 이익에 대한 평가는 이익을 반영하는 이슈의 상대적 중요도에 대한 서수적 판단, 그리고 선호의 강도를 감안한 가중치 부여에 의해 이루어질 수 있다.

문제는 협상주체의 이해관계가 얼마만큼 협상이슈에 잘 반영될 수 있느냐 하는 것이다. 예컨대 김부장이 관심을 갖는 것—김부장의 이해관계(이익)—은 돈, 생활방식(lifestyle), 마음의 평정, 경력 전망(career prospect), 조직에서 차지하는 지위 등이다. 김부장이 생각하는 이러한 이해관계가 연봉, 휴가기간, 직원 수라는 이슈와 얼마나 잘 부합되는지의 여부가 문제가 되는 것이다. 협상자는 자신이 추구하는 이익이 협상이슈(협상의제)에 그대로 반영될 수 있도록 협상이슈를 잘 선정할 필요가 있다. 이 과정에서는 다음과 같은 점이 고려될 필요가 있다.

첫째, 걸려 있는 이해관계를 정확히 식별해낸다.

둘째, 각 이익의 중요성의 정도는 그 이익의 증가(increment)에 대한 상대적 중요성(relative importance)의 정도에 따라 평가한다. 이 때 다른 이익의 증가분에 부여하는 중요도와 비교된다.

셋째, 이익평가를 바탕으로 여기에 최선으로 부합되는 가능한 이슈 꾸러미를 선정한다.

넷째, 이해관계의 평가에 기초하여 각 이슈에 대한 협상자의 입장(position)을 결정한다.

다섯째, 협상결과는 해당 이슈 저변에 깔려 있는 이익(underlying interest)이 얼마나 증진되는가에 의해 평가된다.

이익평가와 협상이슈의 선정

- 핵심적 관심사항 목록작성
- 이해관계의 상대적 중요성 ➡ 선호의 우선순위(서수적 평가)
- 가중치 부여 ➡ 중요도 평가(기수적 평가)
- 임의 척도(scaling) 부여 ➡ 증가분에 대한 평점(기수적 평가)
- 이익 종합평가
- 협상이슈 선정

2. 협상이슈 재구성

1) 협상이슈의 구분

이해관계를 명확히 하는 일은 협상 테이블에서 다루어질 협상
이슈를 선별하는 일과 직결되어 있다. 이해관계 규정과 이슈 선정은
동전의 양면과 같은 관계에 있다. 실제 협상을 준비하는 과정에서는
협상이슈를 선별하는 작업과 이해관계를 명확히 규정해내는 작업이
동시에 진행되는 경우가 많다. 이해관계의 명확한 규정은 주로 협상
에 걸려 있는 당사자 자신측의 이익을 분명하게 식별해내는 것이므
로 내편의 이해관계와 입장을 주로 반영하는 작업이 이루어진다. 하
지만 협상 테이블에 올려질 협상이슈들을 골라내는 작업은 상대측
을 염두에 두지 않을 수 없으므로 상대방의 입장과 상대방에게 걸려
있는 이해관계에 대한 분석이 필요하다.

일반적으로 협상이슈는 몇 가지 핵심적인 주요 이슈와 그 밖
의 부가적인 이슈들로 구성된다. 기업의 인수합병을 둘러싼 협상에
서는 인수가격과 인수일자, 인수방식, M&A에 포함될 시설, 대금 지
불방법 등이 주요한 이슈가 될 것이며, 종업원 고용보장이나 처우 승
계, 협력업체나 대리점 문제 등이 추가적인 쟁점으로 다루어질 것이
다. 주택거래를 위한 협상에는 가격과 거래일자 등이 주요한 이슈가
되며, 남겨질 가구나 가전제품, 남아 있는 연료 등등이 부가적으로 고
려되어야 할 이슈가 된다. 중고자동차 매매를 위한 협상이라면 가격
이나 주행거리, 연식 등이 주요 이슈가 될 것이며, 사고의 유무나 선

택사양, 성능검사 등등이 추가로 고려될 수 있는 이슈로 등장할 수 있을 것이다.

이슈의 선별작업은 이슈를 명확히 규정하고 실제 협상에서 다루어질 쟁점의 구체적 목록을 만드는 일이 된다. 협상이슈의 총괄 목록(a comprehensive list)을 작성하는 작업은 협상에서 다루어질 쟁점들을 식별하는 것이기 때문에 우선 갈등상황에 대한 면밀한 분석작업에 의해 뒷받침되어야 한다. 이 과정에서는 다른 유사한 협상사례에 대한 분석을 통해 유용한 정보를 획득할 수도 있고, 관련 이슈에 대한 전문가집단으로부터 자문을 받을 수도 있을 것이다. 실제 협상을 준비하는 과정에서는 '과거의 경험'에 대한 탐색이 매우 중요하다. 자신이나 내가 속한 조직의 과거 경험이든지 혹은 유사한 일을 겪었던 다른 사람이나 조직의 경험을 폭넓게 활용하는 것이 바람직하다. 자신의 한정된 경험만을 가지고 협상이슈의 목록을 작성하는 일은 매우 위험하다.

협상을 위한 이슈목록이나 여기에 걸려 있는 이해관계를 식별하고 명확히 규정하는 작업은 외부의 전문가집단으로부터 조언을 듣는 일 못지않게 조직 내 다른 이해관계자들과 협의를 거치는 일도 중요하다. 특히 협상자가 모집단(constituent group)이나 조직의 이익을 대변하는 입장이라면 이 과정은 꼭 필요하다. 협상자에게 전적인 재량권이 주어지지 않은 '제한된 권한'(limited authority)만을 가지고 있는 경우 이러한 협의절차는 필수적이다. 경험이 많은 협상자일수록 자신이 대표하는 모집단 혹은 고객집단과의 협의절차를 중시한다. 모집단(회사, 조합, 부서, 정부기관 등)과의 협의과정에서는 무엇보다도 이제까지 작성된 협상이슈 목록에 모집단측이 추구하는 목표와 이익, 관심사항, 그리고 그 우선순위가 제대로 반영되었는지가 함께 검토되어야 한다.

그러나 모집단측의 요구나 기대가 반드시 협상이슈 목록에 무조건 그대로 포함되어야 하는 것은 아니다. 모집단측과의 협의과정에서는 모집단이 요구하는 터무니없는 높은 수준의 목표나 염원이 왜 비현실적이고 도달되기 어려운지를 설명하고, 성공적 협상을 위해 협상이슈가 어떻게 합리적으로 조정되어야 하는지를 설명할 수 있어야 한다.

2) 쟁점의 재배열 및 이슈조합 구성

구체적 행동방안 수립을 위한 다음 단계는 앞서 마련된 이슈의 총괄 목록에 담겨 있는 쟁점들을 재구성하는 일이다. 사전 협상과정을 통해 협상 쌍방이 제시하는 각각의 이슈의 총괄 목록이 절충되면서 공식적인 협상이슈 목록이 결정되는데, 일반적으로 쌍방의 이슈의 총괄 목록이 길면 길수록 협상이 성공적으로 타결될 가능성이 그만큼 커지는 것으로 알려지고 있다. 왜냐하면 긴 목록일수록 쌍방의 욕구를 충족시킬 수 있는 다양한 이슈조합이 만들어질 수 있어서 타결안 작성을 용이하게 하기 때문이다.

협상의제로 올린 이슈의 목록을 재구성하는 작업은 무엇보다도 이슈의 중요성 정도를 평가하여 그 우선순위를 규정하는 일로서 이루어진다. 어떤 이슈가 가장 중요하고 무엇이 덜 중요한 것인가를 결정하여 중요도에 따라 서열을 결정하는 것이다. 협상은 정보의 교환, 주장과 공박, 제의와 역제의(counteroffer), 양보의 맞교환(trade-off) 등이 역동적으로 진행되는 과정이다. 이러한 역동적 과정 속에서 협상자는 무엇이 자기편에게 중요한지를 명확하게 인지하고 있어야 역동적으로 전개되는 상황에 빠져 허둥대지 않고 중심을 지키며 협상에 임할 수 있다. 일반적으로는 이슈의 중요도에 대한 평가는 높음, 중간, 낮음(high, medium, low importance)이라는 단순분류법이 활용될 수 있다.

이슈의 중요성에 대한 평가가 끝난 다음 단계에서는 이슈의 성격을 분석하여 각각의 이슈들이 어떻게 연계되어 있는지를 분석하는 작업이 이루어져야 한다. 이는 이슈들 상호 간의 연계성을 평가하여 어떤 이슈들이 서로 연계되어 있으며 어떤 이슈들은 별개의 것인지를 재분류하는 작업이다. 별개의 이슈들에 대해서는 넣거나 빼는 것이 쉽게 행해질 수 있고, 협상과정에서 그 자체만을 단독으로 처리할 수 있다. 하지만 상호 연계성이 큰 이슈들은 동반효과를 고려하여 협상과정에서 한 묶음으로 처리하는 것이 보다 바람직하다.

3. 목표지점 획정

1) 목표지점 획정을 위한 고려요소들

테이블에 들고 나갈 이슈의 조합이 구성된 다음 단계에서 해야 할 일은 이슈조합에 포함되어 있는 핵심적 이슈 각각에 대하여 구체적 목표지점(target point)을 설정하는 것이다. 이 단계에서의 목표설정은 매우 구체적으로 도달해야 하는 지점을 획정하는 것이다. 목표지점은 협상타결을 통해 내심으로 성취하려는 목표이다. 목표지점은 출발점으로부터 양보하여 협상타결이 이루어진 후 도달하고자 하는 지점이다. 통상적으로 협상과정에서 협상자들은 출발점으로부터 목표지점까지의 차이를 양보하게 된다. 협상 당사자는 협상 테이블에 마주 앉은 상태에서 서로의 입장과 논변을 주고 받는 상호 커뮤니케이션 과정을 통해 양보 가능한 분량을 짐작하게 된다.

서로의 타깃 포인트는 협상과정에서 상대에게 알려지거나 추측될 수 있다. 목표지점은 양보의 교환을 전제로 협상 당사자가 협상타결을 위해서 이 정도의 선에서 합의할 수 있다고 생각하는 지점이지만, 여전히 양보의 분량을 최소화하고 있는 지점이라는 측면에서 낙관적인 기대치가 반영된 협상타결 수준임을 알 수 있다. 목표지점 확정단계에서는 다음과 같은 여러 수준의 목표들이 고려되어야 할 필요가 있다.

(1) 최상의 대안

협상자로서 최상의 대안(Best Alternative)은 협상 당사자가 이번 협상을 통해 얻기를 희망하는 최대한의 성과를 뜻한다. 이는 협상 당사자가 협상에서 목표로 하고 있는 가장 낙관적인 기대치로서 대개의 경우 '개시 발언'(opening statement)이나 '초기 제의'(initial offer)를 통해 상대방에게 전달된다. 이런 의미에서 최상의 대안은 협상 당사자의 '출발점'(starting point)이기도 하다.

(2) 최대 양보수준

'최대 양보수준'(maximum reservation price 혹은 minimum disposition)은 협상타결을 위해 양보를 해나가되 더 이상 양보할 수 없다고 생각하는 지점이다. 이러한 측면에서 이 지점은 저항점(resistance point)이라고도 불리어진다. 저항점은 협상 당사자가 결코 넘지 않으려는 선으로 차라리 협상자리를 박차고 일어나려고 생각하는 점이다. 이러한 의미에서 최대 양보수준은 더 이상 결코 양보할 수 없는 마지노선을 의미하는데, 이 수준이 보장되지 않을 때에는 협상노력 자체가 무의미해지는 절박한 한계수준으로서 '안전수준'(security level)이라고도 불리어진다.

저항점은 상대에게 알려져서는 안 되며, 끝까지 비밀에 부쳐져야 한다. 협상이 성공적으로 타결되었다 하더라도 상대의 저항점에 대해서는 알지 못하는 경우가 많고, 협상이 결렬되었을 경우 결렬 직전에 이루어진 마지막 제의와 가까운 어느 점이 상대의 저항점이었다는 점을 짐작할 수 있을 뿐이다. 일반적인 상거래 과정에서 알 수 있듯이 최대한 양보할 수 있는 선은 끝까지 상대에게 드러내지 않으며, 상대방이 눈치채지 못하게 깊숙이 감추어 둔다. 끝내 마음 속에 담아두고 있다는 뜻에서 '유보가격'(reservation price)이라고도 불리어진다.

협상 초기에 최대 양보수준을 정하여 확고한 입장을 견지하는 경우, 비현실적 기대수준을 고집하게 됨으로써 이후의 상황분석에서 새롭게 제시되는 자료와 정보를 과소평가하거나 이를 협상과정에 제대로 반영하지 못하는 경직성을 낳기 쉽다. 즉 유연성이 없는 최대 양보선, 그리고 자신의 일방적 입장에 대한 집착은 문제해결을 위한 창조적 대안을 모색하고 합의를 이루어 나가는 데 장애가 된다.

(3) 합의 가능 영역

협상 두 당사자의 출발점과 저항점은 역순으로 배열될 수 있다. 즉 내가 처음 부르는 가격은 상대의 저항점에 가까울 것이고, 상대가 처음 부르는 가격은 나의 저항선에 근접한 것일 것이다. 협상 당사자가 견지하고 있는 두 저항점 사이를 협상영역(bargaining range), 혹은 잠재적인 합의 가능 영역(zone of potential agreement : ZOPA)이라 부른다. 두 저항점 밖의 점은 상대에 의해 거부되기 때문에 협상은 이러한 합의 가능 영역 내에서 이루어진다. 두 저항점이 겹치지 않는 마이너스(－)의 협상영역(negative bargaining range)을 가진 협상은 곧바로 교착상태에 빠져들게 된다.

(4) 협상 외 최선의 대안

'협상 외 최선의 대안'(the best alternative to a negotiated agreement : BATNA)은 도저히 협상을 계속하는 것이 무의미해지고 협상타결이 수포로 돌아가는 경우, 다른 대안을 통해 문제를 해결하고자 했을 때 최선의 결과를 가져다 줄 것으로 기대되는 대안을 의미한다. '협상 외 최선의 대안'은 더 이상 양보할 것이 없고 더 이상 기대할 것이 없는 상황에서 지금의 협상 상대와 더 이상 협상할 필요를 느끼지 못하는 지점까지 이르렀다는 점에서 최대 양보수준이나 안전수준과 근접한 지점에 위치한다. 이는 협상 당사자가 자리를 박차고 일어나서 협상장 밖으로 걸어나가는 것을 의미하는 이른바 '협상장 이탈'(Walk Away) 전략과 맞물려 있는 대안이다.

2) 목표지점 획정과정에서는 균형감각이 중요하다

대부분의 협상자의 협상동기는 이익극대화에 있다. 이익극대 추구자(interest maximizer)로서 협상자는 목표를 설정하는 과정에서 자칫 균형감을 잃기 쉽다. 여기서의 목표지점 획정은 염원이나 기대수준을 반영하여 최상의 목표를 설정하는 작업을 의미하는 것이 아니다. 일반적인 목표는 협상자 자신이나 배후집단의 여망을 최대한 반영해야 하는 것이기 때문에 다소 높은 수준으로 제시될 수 있지만, 구체적인 목표지점을 획정하는 단계에서는 좀더 합리적이고 현실적인 생각을 해야 한다.

협상은 상대가 있는 것이기 때문에 목표지점 설정과정에서는 상대방의 요구, 기대, 목표, 그리고 상대의 행태 등을 감안할 필요가 있다. 타깃이 되는 목표지점 획정은 특정의 지점을 정하는 것이지만 이는 어디까지나 목표의 기준점을 의미하는 것이다. 여기서 말하는 목표지점 획정은 특정의 어느 한 지점을 정하는 것이라기보다는 목표의 범위를 획정하는 것을 의미한다. 협상타결은 양보를 주고 받으면서 두 당사자의 입장이 수렴되어 가는 과정을 의미한다. 목표지점 획정과정에서는 쌍방의 이슈 및 목표의 중요도, 우선성을 감안하여 서로 주고 받을 수 있는 협상목록의 꾸러미를 만들어 두고 이를 토대로 이루어지는 양보의 맞교환이 전제되어야 한다. 협상을 준비하는 사람에게는 미리 양보의 분량을 염두에 두고 자신의 목표범위를 폭넓게 정해두는 신축적이고 적극적인 사고가 요청된다.

4. 협상 상대방 분석

협상은 일종의 게임이다. 상대방과의 게임에서 승리를 원한다면 상대를 잘 알아야 한다. 그러나 협상 상대는 자신에 대해 있는 그대로 다 말해줄 리가 없다. 협상 가운데에는 있는 그대로를 서로 다 털어놓고 머리를 맞대가며 문제해결을 위한 대안을 공동으로 모색하는 협상도 있다. 하지만 이러한 이상적인 협상과정에서조차도 결정적으로 불리해질 수 있는 정보는 끝까지 쥐고 있는 경우가 다반사이다.

일반적으로 대부분의 협상은 내가 상대에 대해 많이 알면 알수록 유리해지는 그러한 게임이다. 반면 상대방이 나에 대해서 잘 알지 못할수록 나는 유리해질 수 있다. 상대방은 나를 잘 모르지만 나는 상대를 훤히 알고 있는 상황이 내가 협상에서 상대를 이길 수 있는 가장 유리한 상황인 것이다. 따라서 대부분의 협상은 나는 감추면서 상대에 대해서는 될 수 있는 대로 많은 것을 알아내고자 하는 정보게임을 수반한다.

정보게임으로서 협상에서 가장 중요한 것은 상대방을 알아내는 일이다. 협상을 준비하는 단계에서 협상자는 협상 상대에 대한 광범위한 정보수집을 통해서 상대방을 철저히 분석할 수 있어야 한다. 여기서 말하는 상대는 협상 테이블에 나올 상대측의 협상 대표만을 이야기하는 것은 아니다. 협상 테이블에 마주 앉을 당사자뿐 아니라 그 협상 당사자가 대표하고 있는 조직—협상 사안에 따라 회사가 될 수도 있고 특정 단체나 집단, 기관, 정부 부처나 국가기관이 될 수도 있을 것이다—이나 그 주변의 이해관계집단에 대한 정보수집과 분석이 필요하다. 이러한 철저한 사전 분석을 통해서 협상 상대측의 이해관계나 재정적 상황, 최근의 정책 등을 파악할 수 있고, 무엇을 필요로 하고 어떤 것을 목표로 하고 있는지 등에 대한 정보를 파악할 수 있어야 한다. 또한 협상 테이블에 나올 상대측 협상 대표에 관한 정보수집을 통해서 그 사람의 스타일이나 행태 등에 관한 정보를 획득할 수 있어야 한다.

정보게임에 대비하기 위한 협상 준비단계는 크게 세 단계에 걸쳐 진행된다. 첫째 단계는 상대에 대한 정보수집 단계이고, 다음 단계는 수집된 정보를 분석하는 단계, 그리고 분석을 바탕으로 대책을 수립하는 단계이다.

1) 상대에 대한 정보수집

협상 상대에 대한 정보수집은 다양한 정보의 원천을 활용할 수 있다.

첫째, 가장 일반적으로 활용될 수 있는 정보의 원천은 미디어 기관이나 전문연구기관 등이 확보하고 있는 자료들이다. 예컨대 상대측에 관한 신문이나 방송의 보도자료라든지 언론사나 신용평가기관, 전문연구소 등이 보유하고 있는 정보나 데이터, 보고서, 책자 등의 분석자료가 활용될 수 있다. 민간기업들 사이의 협상에서는 정부기관이 보유하고 있는 국세정보 등이 주요한 기초자료로 활용되기도 한다.

둘째, 상대측이 민간기업이나 협회, 단체 등이라면 그 조직이 발간하는 연간보고서나 IR자료, 회계자료, 백서, 언론기관 배포자료 등을 수집해서 그 조직의 현재 입장이나 과거의 역사, 최근의 정책방향 등을 알 수 있다.

셋째, 상대측의 협상 대표에 관한 인물정보는 언론사 등이 보유하고 있는 인물정보 시스템을 이용하거나 공개된 인명록(Who's Who Directories) 등을 활용하면 그에 관한 가장 기본적인 정보를 얻을 수 있다. 명사나 특정 개인에 관한 신상자료나 인물동정, 발언 및 연설문, 기고문 등의 자료를 수집하여 정보를 제공하는 전문기관의 서비스를 이용할 수도 있다. 예컨대 미국의 경우에는 무디스(Moody's), 스탠다드 앤 푸어스(Standard & Poor's), 던 앤 브랫스트리트(Dun & Brad-street) 등이 대표적인 인물정보 서비스 기관으로 역할해 오고 있음을 알 수 있다. 우리 한국의 경우도 최근 몇몇 유력 신문사들이 공직자나 정치인, 기업인 등 주요 인물들에 대한 정보를 수집해서 이를 유료로 판매하는 서비스를 제공하고 있다.

넷째, 상대 조직이나 협상 대표에 관한 보다 정교한 정보는 아무래도 그 회사나 협상 대표를 직접 상대해 본 경험이 있는 사람들과의 접촉을 통해서 얻을 수 있다. 예컨대 그 회사나 협상 대표와 소송 관계에 있었거나 직접적인 협상경험이 있는 인사를 통해서 공개된 자료에 드러나 있지 않은 내밀한 정보를 얻을 수 있다. 특히 그 회사나 협상 대표를 상대로 한 소송이나 협상에서 실패의 경험이 있는 당사자를 통해서 보다 유용한 정보를 얻을 수 있다는 것이 많은 협상 전문가들의 공통된 의견이다.

다섯째, 협상 대표로 나올 특정 인물에 대해서는 동창이나 친구, 전현직 직장동료, 클럽 멤버 등의 지인을 통해서 그 사람의 평소 사고방식이나 가치관, 습관, 취미활동, 기호 등 인간적 면모에 관한 정보를 얻을 수도 있다. 실제 협상과정에서는 이러한 내밀한 정보가 보다 유효하게 활용될 수도 있을 것이다.

여섯째, 상대에 대한 직접적인 정보는 아니라 하더라도 상대측이 들고 나올 목표나 상대방이 선택할 수 있는 협상전략 및 협상기법 등에 대한 대비책을 수립하는 데 필요한 추가 지식은 협상준비팀 내부의 모의 협상과정을 통해서도 획득 가능하다. 이미 준비된 자료와 정보를 토대로 마련된 대비책이 얼마나 상대측에 통할 수 있느냐 하는 것은 역할연기(role playing)의 리허설을 통해 점검할 수 있다. 실제 협상을 준비하는 과정에서는 역할연기 리허설이 빈번하게 활용되고 있으며, 경험이 많은 협상가들은 이러한 모의실험을 통해 협상전략을 다듬을 수 있는 많은 유용한 지식을 확보하고 있음을 알 수 있다. 역할연기 리허설을 통해 미처 예견하지 못한 취약점이 식별될 수 있으며, 간과하거나 무시된 문제점들을 찾아내어 보완책을 강구할 수 있기 때문이다.

2) 상대에 대한 분석

협상 상대측에 대한 정보 및 자료가 수집되었으면 다음 단계는 이러한 정보 및 자료들을 기초로 상대측을 분석해야 한다. 준비된 자료나 정보는 실제 협상장에서의 활용 가능한 지식으로 전환되어야 한다. 수집된 정보나 자료는 협상 테이블에서 실제 활용될 수 있는 지식이나 논변, 나의 협상전략 및 기법 등의 형태로 가공될 필요가 있는 것이다. 상대를 아는 것과 상대를 움직이는 것은 다른 차원의 것이다. 여기서 말하는 상대에 대한 분석작업은 곧 내가 수집한 정보를 내가 상대를 움직일 수 있는 실천지의 형태로 바꾸는 작업을 의미한다. 협상장에서 실제 상대를 움직일 수 있는 나의 지식들에는 다음과 같은 것들이 필수적 요소들로 포함되어야 한다.

(1) 협상 상대의 목표

상대방에 관한 지식 가운데 가장 중요한 것은 상대방이 가지고 있는 협상목표에 관한 지식이다. 좀더 엄밀히 말하자면 상대방이 설정하고 있는 목표지점 혹은 목표범위가 어느 수준이냐 하는 것이 상대에 관한 긴요한 지식이 된다. 상대방이 설정해 놓고 있음직한 목표수준에 대한 분석은 일차적으로 상대의 최근 재정상황이나 보유자산 및 가용자원, 다른 대안의 존재 여부 등에 대한 면밀한 분석을 통해 이루어질 수 있다. 또한 상대의 거래내역이나 상대방이 추구해 온 이익의 현황, 외부에 걸려 있는 이해관계 및 수요, 최근의 방침이나 정책에 대한 파악을 통해 짐작할 수 있다.

상대방의 목표수준 분석은 내편의 이해관계 정립 및 목표획정 절차와 거의 같은 수준의 분석이 행해져야 한다. 상대방의 목표도 가능하면 계량적 분석에 의해 뒷받침되는 것이 바람직하다. 내편의 이해관계 및 목표수준 획정은 여러 가지 객관적 자료에 기초하여 이루어질 수 있는 것이기 때문에 객관적인 계측작업이 상대적으로 용이하게 이루어질 수 있다. 상대방에 대해서는 정확한 객관적 자료를 확보하는 것이 어렵기 때문에 많은 경우 주먹구구식으로 추정되기도 한다. 그러나 상대방에 대해서도 나의 목표수준 정립과정과 마찬가지로 수량화된 지표를 활용하여 객관적으로 추정작업이 이루어지는 것이 바람직하다.

또한 이 과정에서는 상대가 처음 제시할 최선의 목표, 상대가 내심 정해놓고 있을 법한 타결목표, 최대 양보 가능 분량 등에 관한 추정이 이루어져야 한다. 상대의 목표수준에 관한 분석작업 가운데에서도 가장 긴요한 것은 상대방의 최대 양보수준에 관한 것이다. 일반적으로 모든 협상에서 최대 양보수준에 관한 정보는 극비 사항에 속한다. 최대 양보수준이 노출되면 실제 협상과정에서 상대방에 의해 끌려다니기 쉽기 때문이며, 상대가 그 수준만큼 협상결렬을 염두에 두지 않고서도 상대를 압박할 수 있기 때문이다.

(2) 협상 상대의 가용 대안

상대방의 최대 양보 가능 분량 못지않게 중요한 정보가 상대방의 다른 가용한 대안들이다. 상대측의 가용 대안에 대한 분석은 상대의 보유자원과 동원 가능한 인적·물적 네트워크, 상대가 기대하고 있을 법한 기회 및 가능성 등에 대한 분석을 통해 이루어질 수 있다. 상대측이 실현가능성이 큰 강력한 대안을 가질수록 상대는 우월한 협상력을 보유하고 있는 것이 된다. 상대측에게 열려 있는 대안은 여러 가지가 있을 수 있다. 그 가운데 특히 주목의 대상이 되는 것은 협상을 통하지 않고 다른 방식으로 문제를 해결하고자 했을 때 상대가 얻을 수 있는 최선의 결과가 무엇인가 하는 것이다. 이른바 상대측의 '협상 외 최선의 대안'(Best Alternative To a Negotiated Agreement)에 대한 추정이 필요하다.

상대의 가용 대안에 대한 분석은 상대방이 설정해 놓고 있을 목표수준과 상대방의 협상전략을 예상하는 데 도움이 될 수 있다. 상대측에게 유력한 대안이 가용할수록 상대는 높은 수준의 목표를 설정하고 있을 것이고, 협상과정에서도 좀처럼 양보를 주고 받지 않으려고 하는 '터프'한 입장을 취할 가능성이 크다. 반면 상대에게 가용한 대안이 별로 없고 특히 상대측의 '협상 외의 최선의 대안'이 협상타결의 기대이익보다 작은 것으로 추정되면 상대는 협상타결을 위해 유연한 입장을 취할 것이며, 많은 것을 양보할 것으로 내다볼 수 있다.

(3) 상대의 협상전략 및 협상전술

상대에 대한 지식이나 정보 가운데 실제 협상과정에서 가장 유용하게 활용될 수 있는 것은 상대방이 의도하고 있는 협상전략 및 전술에 관한 것이 될 것이다. 그러나 협상전략 및 전술에 대한 분석은 목표수준에 대한 분석과 별개의 것으로 따로 행해질 수는 없으며, 상대의 목표수준을 추정하는 작업과 긴밀한 관련을 갖는다.

상대방이 처음 어떠한 입장을 취할 것이며 상대의 첫 제의는 어떤 수준의 것이 될 것인가? 상대가 처음부터 터무니없는 높은 수준의 가격을 제시하면 이를 어떻게 받아들일 것인가? 상대방이 좀처럼 양보 카드를 제시하지 않고 버티기로 일관한다면 어떻게 응수할 것인가? 상대의 입장변화를 어떻게 촉구할 것인가? 협상계획 수립은 이상과 같이 상대방이 들고 나올 것으로 예상되는 협상전략 및 전술에 대해서 어떻게 응수할 것인가에 관한 일종의 시나리오를 작성하는 일이다. 따라서 상대의 가능한 협상전략 및 전술에 대한 분석은 협상계획의 중심부분을 차지하게 된다.

일반적으로 상대의 협상전략은 협상 사안 그 자체의 성격에 따라 달리 결정되기도 하고 상대의 협상 스타일에 따라 다르게 나타나기도 한다. 협상 사안 자체가 고정된 '파이'의 배분에 관한 것인지, 혹은 파이를 키워 서로 윈-윈할 수 있는 해법을 모색하기 위한 협상인지에 따라 상대의 협상전략 선택은 달라질 수 있다.

협상전략은 그 사람의 평소 행동거지나 스타일에 의해 크게 영향을 받기도 한다. 예컨대 GE의 노사관계 담당 부사장이었던 바울웨어는 맺고 끊는 것이 분명한 그의 평소 스타일대로 독특한 협상전략을 구사한 것으로 유명해진 사람이었다. 일반적으로 협상자는 양보의 분량을 염두에 두고 첫 제의를 내놓지만 바울웨어는 첫 제의에 줄 수 있는 양보안을 다 담아놓고 그 다음부터는 전혀 뒤로 물러서지 않는 완강함을 고집했다.

이처럼 상대방이 들고 나올 협상전략에는 그 사람의 평소 스타일을 반영하는 부분이 있기 마련이다. 따라서 상대방이 선택할 수 있는 협상전략 및 전술에 관한 분석은 갈등 사안 자체에 대한 객관적 분석과 함께 상대의 협상 스타일에 대한 분석이 병행되어야 한다. 그 사람의 스타일에 따라 달라질 수 있는 협상전략에 대한 분석은 그 사람의 성품이나 행동거지 등 인간적 면모에 대한 분석을 통해 이루어질 수 있으며, 이는 그 사람에 대한 평판이나 접촉경험이 있는 사람들로부터 제공되는 정보에 기초해서 이루어질 수 있다.

(4) 상대 협상 대표의 조직 내 지위와 권한

상대측 협상 대표에 관한 분석 가운데 무시할 수 없는 중요한 내용 가운데 하나는 그 사람의 지위와 재량권의 범위에 관한 것이다. 협상이 진행되는 과정은 반전이 거듭되는 과정이다. 내편이 선택한 수들과 상대측의 대응수가 얽히면서 예상치 못한 국면과 상황이 전개될 수도 있다. 아무리 쌍방이 협상 시나리오를 정교하게 만들어 가지고 나온다고 하더라도 실제 협상과정에서 벌어질 수 있는 모든 상황에 대비할 수도 있는 각본을 미리 다 짜온다는 것은 거의 불가능하다.

문제는 쌍방의 협상 대표들이 예상치 못한 상황전개에 대하여 어떻게 대처해 나갈 수 있는가 하는 것이다. 협상 테이블에 마주 앉은 협상 대표가 예상치 못한 상황전개에 대하여 그때그때 재량적으로 대처해 나갈 수 있는 권한을 가지고 있다면 협상은 순조롭게 타결을 향해 나아갈 수 있다. 하지만 협상 대표에게 그러한 권한이 주어지지 않았을 때 협상은 자주 중단되지 않을 수 없게 된다. 재량적 권한이 부여되지 않은 협상 대표는 그때그때 자신이 대표하고 있는 모집단측과 협의해 가며 협상을 진행해 나가야 하기 때문이다.

실제 협상이 진행되는 과정에서 협상 쌍방이 자주 부딪히며 논란을 벌이게 되는 절차적 사안 가운데 하나가 상대의 협상권한에 관한 내용이다. 협상 대표의 권한수준이 협상의 진행속도에 직접적으로 영향을 미치며, 협상의 타결전망에도 적지 않은 영향을 줄 수 있다. 협상 대표의 재량적 권한의 제한 때문에 협상이 빈번하게 중단되는 상황이 발생하는 경우 상대로부터 면박당하기 쉽다. '당신에게 협상권한이 정말 있기는 한 것이냐? 당신과 합의하면 무슨 소용이 있느냐? 실질적 권한이 있는 당사자하고 협상하고 싶다' 등등은 협상장에서 자주 목격되는 공박이다.

조직을 대표하고 나선 협상 당사자는 곧잘 전권을 부여받은 것처럼 행동하기도 하며, 경우에 따라서는 아무런 권한이 없는 것처럼 행동하기도 한다. 각각의 전략이 경우에 따라 유효하게 효과적으로 작동할 수 있기 때문이다. 전권을 부여받은 것처럼 행동하는 경우 상대와의 신뢰감 조성에 유리할 수 있다. '제한된 권한'만을 가지고 있는 것처럼 행동하는 경우에는 협상을 잠깐 중단시키고 협상장 밖에서 사안을 재검토할 수 있는 시간적 여유를 벌 수 있다.

5. 협상 논변 및 전술 개발

1) 설득력 있는 논변 개발

협상은 폭력을 대체하는 갈등해소의 수단으로 협상의 승패는 상대를 얼마나 잘 설득할 수 있느냐에 따라 달라진다. 협상을 준비하는 과정에서는 설득력 있는 논변이 미리 마련될 수 있어야 한다. 또한 내측의 주장을 뒷받침할 수 있는 근거자료와 합당한 논리가 제시될 수 있어야 한다. 협상 테이블에서의 재치와 순발력만으로는 협상을 성공으로 이끌어 갈 수 없으며, 청산유수만으로 협상에서 유리해지는 것은 결코 아니다. 협상은 웅변술과 수사학의 경쟁이 아니며, 논리와 논거의 경합과정이다.

엄정한 사실관계의 진술과 짜임새 있는 자료 제시는 사전 체계적인 준비과정을 거치지 않고서는 가능할 수 없다. 복합적 성격을 지닌 사안일수록 철저하게 이러한 체계적인 준비과정을 거쳐 논리와 주장이 확립되고 그 논거가 마련되어야 한다. 전략협상에 있어서 상대를 설득하기 위해 제시되는 논변은 협상 준비단계에서 수집된 사실관계 및 근거자료에 대한 객관적 분석에 기초해야 한다. 나의 주장 및 이를 뒷받침할 수 있는 논리 및 논거는 갈등상황 및 협상 사안,

협상 상대에 대한 심도 있는 분석과정에서 찾아질 수 있다.

이러한 탐색과정에서는 될 수 있는 대로 광범위한 자료와 사실관계에 대한 검토가 있어야 한다. 동일 사안이나 상대방에 대한 정보가 축적되어 있는 각종 전문기관 및 유관단체, 협회, 전문용역 회사 등의 관련 자료를 분석하고, 때로는 전문가 그룹의 자문을 받을 필요도 있다. 대부분의 협상 준비과정에서 마련되는 논변은 통찰력의 산물이라기보다는 인내를 요구하는 광범위한 자료탐색의 산물이다. 사실관계와 근거자료에 대한 분석에 철저할수록 상대 주장의 오류나 논리적 취약성을 쉽게 지적해 낼 수 있고, 그만큼 협상과정에서 유리해질 수 있다.

협상 테이블에서 상대를 설득하기 위한 나의 주장은 임기응변이 아니라, 사전에 준비된 각본에 포함되어 있는 내용 중의 일부일 수 있어야 한다. 성공적인 협상가, 능숙한 협상가는 협상 테이블에서 말을 잘하는 협상가가 아니라 협상 시나리오를 정교하게 준비할 수 있는 능력을 갖춘 협상가라는 것이 협상학의 오랜 정설이다.

2) 협상전술 개발 및 협상기법 숙지

협상 테이블에서 펼쳐나갈 나의 입장과 주장이 확립된 이후에는 이를 어떻게 상대방에게 전달할 것이며 상대방이 어떠한 방식으로 이를 받아들이도록 영향을 미칠 것인가 하는 문제에 대해서도 사전준비 단계에서 충분히 검토될 필요가 있다. 이른바 협상전술이나 협상기법의 문제도 협상준비팀 내부에서 사전에 충분히 다루어져야 한다.

협상전술이나 협상기법은 협상전략과는 다른 차원의 문제이다. 협상전략이 기본적인 행동계획으로서 협상을 이끌어 나갈 큰 방향을 의미하는 것이라면, 협상전술은 협상이 진행되는 그때그때의 상황이나 국면에 직면하여 협상 상대에 대해 즉각적으로 영향을 미칠 수 있는 행동기법을 의미한다. 따라서 협상전술이나 협상기법은 협상이 테이블 위에서 실제 어떻게 전개되어 나갈 것인가에 대한 예상을 바탕으로 탐색된다. 협상기법을 탐색하고 이를 숙지하는 준비과정에서는 다음과 같은 몇 가지 점에 유의하여야 한다.

첫째, 협상전술은 상대방의 협상태도나 상대방이 시도하는 협상전술에 대한 대응수로서의 성격을 갖는다. 따라서 나의 협상전술은 상대방이 들고 나올 것으로 예상되는 협상전술에 대한 예측에 기초하여 그 대비책을 강구하는 차원에서 탐색되어야 한다.

둘째, 협상전술은 상대방을 그때그때 내가 원하는 방향으로 효과적으로 움직이기 위해서 활용되는 영향력 행사기법을 의미한다. 협상 테이블에 마주 앉은 상대로부터 더 많은 정보를 얻어내기 위한 것이라든지 혹은 더 큰 양보를 얻어내기 위한 것, 상대로부터 특정의 태도변화를 유도한 것, 상대로부터 협력이나 공동노력의 다짐을 확보하기 위한 것 등 다양한 목적의 영향력 행사기법이 있을 수 있다. 이런 목적의 협상기법은 모든 협상에 광범위하게 활용될 수 있는 일반적 성격을 갖는 것들이 있을 수 있다.

셋째, 협상전술은 상황 즉응적으로 협상을 유리하게 이끌어 나가기 위한 전술적 행동기법이다. 따라서 협상전술은 협상이 진행되어 가면서 어떤 상황이 조성되었고 어떤 단계에 이르게 되었는지에 따라 달라진다. 협상의 초기 단계인지, 타결을 앞두고 합의안을 모색하는 단계인지에 따라 협상전술은 달라질 수 있다. 협상전략은 원칙적으로 일관성을 유지하는 것이 바람직하지만 전술적 차원의 협상기법은 가변적이고 기민성을 띠는 것이 효과적일 수 있다.

5

협상게임을 위한 전략 개발

협상은 전문적인 지식을 가진 전문가들이 수행하는 게임이다. 전문가들이 활동하는 게임에서 누가 더 많은 준비를 하느냐가 협상의 결과를 좌우한다. 협상가에게는 순간적인 재치나 임기응변도 중요한 요인이기는 하지만 전적으로 협상가 개인의 자질에만 의존해서는 좋은 결과를 얻기 어렵다. 협상 준비단계에서 가장 중요한 작업은 협상전략을 수립하는 것이다. 전략은 목표를 획득하기 위한 수단이라는 점을 염두에 둘 때, 협상전략의 수립은 협상을 통해 성취하고자 하는 목표를 정조준하여 여기에 부합되는 요소들로 구성되는 것이 바람직하다. 이 장에서는 협상전략을 수립하는 과정에서 고려해야 할 구체적인 사안들에 대해서 알아본다.

1. 협상목표와 협상전략

협상목표는 협상을 통해 당사자들이 얻으려 하는 특정 결과를 의미한다. 목표는 근본적으로 협상 당사자들의 이해관계(interests)로부터 도출된다. 그런가 하면 협상목표는 협상 참가자의 입장(position)을 반영하는 것이기도 하다. 협상목표는 물건의 가격이나 요율, 할인율과 같이 구체적이고 수치로 나타낼 수 있는 것일 수도 있고, 또 명성의 유지, 관계의 유지 등과 같은 무정형의 것일 수도 있다. 협상에 임하는 당사자들은 먼저 주어진 상황과 조건에 맞는 명확한 협상목표를 수립하는 것이 필요하다.

협상 참가자들의 목표는 협상이슈와 연관되어 있다. 협상 당사자들은 서로 화합할 수 없는 상이한 목표를 가지고 있기 때문에 서로의 이해관계가 충돌한다. 구매자와 판매자를 통해 목표와 이슈의 연관성을 살펴보자. 구매자는 낮은 구매가격을 목표로 한다. 반면 판매자는 높은 판매가격을 목표로 한다. 이 둘의 충돌로 인해 갈등이 지속되고, 이러한 갈등을 협상을 통해 해결하고자 할 때 갈등영역에 걸쳐 있는 요소들이 협상이슈로 다루어진다. 협상 참가자들의 이해관계나 입장, 목표가 상충할 때 그것은 협상이슈로 전환되는 것이다. 구매자와 판매자 사이에서 서로 기대하는 가격이 달라 충돌이 있다면 협상이슈가 가격이 되는 것이다.

앞서 말한 바와 같이 목표는 구체적이고, 특정적이며, 측정 가능한 것일수록 좋다. 구체적이지 못하고 현실적이지 않은 단순한 희망이나 염원을 협상목표를 설정해서는 안 된다. 협상목표가 추상적이고 특정적이지 않으면서 측정 불가능한 것이라면 상대와의 소통(communication)에 문제가 발생하기 쉽다. 자신의 추상적인 요구를 상대가 이해하기 어렵고, 쉽게 받아들여질 수도 없을 것이다. 결국 불분명한 목표는 협상이 소모적으로 공전하게 만든다. 따라서 자동차를 구입할 때 목표는 '적당한 가격'의 승용차를 구매하겠다는 것이 목표가 되어서는 안 된다. 자신의 수입이나 재정형편에 따라 '적당한 가격'의 의미가 다르게 해석될 수 있기 때문이다. 판매자에게 '적당한 가격'이 구매자에게는 '적당하지 못한 가격'이 될 수도 있는 것이다. 보다 구체적인 목표는 승용차를 특정 가격으로 구입하겠다는 것이다.

협상목표를 물질적이지 않은 것, 즉 명예회복, 관계 유지, 협상 자체를 즐기는 것 등으로 삼을 경우 협상목표 자체가 추상적이어서 수치화하기에 적당하지 않다. 그러나 이러한 경우에도 구체적인 목표를 설정하는 것이 필요하다. 즉 명예의 회복이나 유지를 위해서는 얼마만큼을 양보하거나 혹은 얼마만큼을 획득해야 한다라는 목표가 정해져야 한다. 또 훌륭한 협상가라는 평판을 유지하고 싶다는 경우에도 이슈에 대한 양보 정도와 획득 정도를 분명히 정해야 한다. 관계의 회복을 위해 양보를 하는 경우에도 구체적인 양보선을 정해야 한다. 또한 협상 자체를 즐기는 것을 목표로 하는 경우에도 이러한 수치로 표현될 수 있는 목표를 가지고 있는 것이 필요하다. 수치로 표현된 목표가 없을 경우 긴박하게 진행되는 본협상에서 무엇을 양보하고 무엇을 주장할지 혼선을 겪는 경우가 많이 있다.

협상전략의 일환으로 협상목표 자체를 모호하게 하는 경우도 있다. '전략적 모호성'이라고 표현되는 이 전략은 협상목표를 모호하게 하여 상대의 혼란을 야기하고 이를 통해 자신의 이익을 극대화하는 것을 목표로 할 때 활용된다. 특히 상대와 협상을 하는 것이 자신에게 손해라고 생각되는 협상에서는 목표 자체를 모호하게 하여 협상을 지연시킬 수도 있다.

협상전략의 일환으로 목표 자체를 어느 하나로 고정시키지 않고 유동적으로 조정해 나갈 수도 있다. '전략적 유연성'이라고 표현되는 이 전략은 협상을 진행하는 과정에서 상대의 태도에 따라 협상목표를 상향 혹은 하향 조정하여 자신의 이익을 극대화하려는 전략으로 이용된다.

'전략적 모호성'과 '전략적 유연성'이 적용되는 협상에서 구체적인 목표값을 갖는 것은 어려울 수도 있다. 그러나 이 경우에도 잠정적인 목표값은 있어야 한다. 그 수치가 계속 변화하고 조정되더라도 협상 당시에는 구체적인 목표값을 가지고 있는 것이 자신의 전략적 혼선을 예방할 수 있는 길이다.

2. 협상전략 선택을 위한 이원관심 모델

협상가들이 준비하는 협상전략은 참으로 다양하기 마련이다. 협상전략은 협상이슈에 따라서 달라질 수밖에 없는 것이고, 또한 협상상황에 따라서 그때그때 달라지는 것이기 때문이다. 어느 의미에서 협상전략은 협상 사안별로 고유성을 갖는다. 모든 협상에 일반적으로 적용될 수 있고 모든 협상에 공통적으로 활용될 수 있는 협상전략이란 있을 수 없다. 다만 협상학에서는 모든 협상전략을 일정한 범주로 분류하여 설명하고자 하는 시도가 있어왔을 뿐이다.

어떤 것을 비교하기 위한 설명모델은 단순하면 단순할수록 그 적용가능성이 높아진다. 2×2의 설명모델이 많이 이용되는 것도 이 때문이다. 협상전략의 경우도 마찬가지이다. 협상학에서 개발된 협상전략 설명모델도 단순 이원모델이 대부분이고, 그 대표적인 것이 새비지와 블레어, 소렌슨 등에 의해 제시되고 있는 '관계-결과 이원관심 모델' (relationship-substance dual concern model)이다.[1]

기업인이든지 혹은 정치인이든지, 노조의 대표이든지 누구나 협상을 통해 갈등을 해소하고 문제를 풀고자 하는 사람은 협상을 준비하면서 어떤 전략을 들고 나갈 것인지를 생각하게 된다. 가장 바람직한 협상전략은 협상타결로 얻게 되는 협상성과를 최대화할 수 있는 것이 될 것이다. 그러나 협상성과를 평가하는 척도는 여러 가지가 있을 수 있다. 가장 쉽게 생각할 수 있는 협상성과는 협상타결 후 손에 쥐게 되는 가시적인 결과물이 될 것이다. 예컨대 구매가격이나 임금인상폭이 얼마나 낮게 혹은 높게 책정되었느냐 하는 것이다. 협상타결의 이러한 가시적인 결과물이 목표치에 근접한 것일수록 협상성과가 긍정적으로 평가될 수 있고, 그 결과물이 최대화되면 최대화될수록 그 협상은 성공적인 것이 된다. 따라서 이 경우 바람직한 협상전략은 이러한 결과물의 최대화에 초점을 맞추는 전략이 될 것이다.

하지만 수치로 계산되는 결과물이 얼마나 최대화되었느냐 하는 것만을 기준으로 하여 협상성과가 평가될 수 있는 것은 아니다. 어떤 협상은 손에 쥐게 되는 가시적 결과물을 최대화하는 것보다는

---

1. Grant T. Savage, John D. Blair, Ritch L. Sorenson, "Consider Both Relationship and Substance When Negotiation Strategically," *The Academy of Managenet Executive*, vol. 3, no. 1, 1989, pp. 37-47.

상대방과의 '지속적인 관계 유지'나 '관계 개선'의 목표에 초점이 맞추어질 수 있다. 이 경우 협상전략 역시 계측 가능한 결과물의 최대화가 아니라 상대방과의 신뢰감 증대나 파트너십 유지 등과 같은 '관계의 질'에 초점이 맞추어져야 한다. 새비지 등은 결과물의 최대화냐 혹은 관계의 질 보존이냐를 기준으로 하는 협상전략의 단순 이원모델을 제시하고 있다. 새비지 등의 이원모델은 협상자의 '동기'(motivation)가 어디에 있느냐를 기준으로 하고 있음을 알 수 있다. 즉 가격이나 임금수준의 목표치를 결정할 때 상대와의 관계의 질을 얼마나 염두에 두고 결정하느냐를 기준으로 하고 있느냐는 것이다.

새비지 등은 협상자의 협상전략 결정에 영향을 미치는 동기는 다시 크게 두 가지 요소에 의해 영향을 받는 것으로 설명하고 있다. 첫째 요소는 상대적 힘의 관계(relative power)에 대한 인식이다. 협상자는 상대방을 자신이 원하는 방향으로 얼마나 옮겨오게 할 수 있느냐를 생각하며 전략을 결정한다. 상대방과의 힘의 관계 인식에 영향을 미치는 것은 자신이 보유하고 있는 자원과 역량의 상대적 수준이다. 상대에 대한 힘의 우위를 자각할수록 관계보다는 실질적 결과물에 초점을 맞추게 된다는 설명이다. 두 번째 요소는 갈등수준(level of conflict)에 대한 인식이다. 상대방과의 이해상충 정도, 사안별 입장 차이 및 합의 가능성 수준에 대한 인식에 의해 동기가 달라질 수 있다는 것이다. 상대방과의 차이를 자각할수록, 상대방에 대한 대립의 인식이 강할수록 관계보다는 실질적 결과물에 초점을 맞추게 된다는 것이다.

협상자는 단기적 손실을 감수하면서 장기적인 관계의 질 보존에 초점을 맞추는 협상전략을 구사할 수도 있고, 관계의 질은 고려하지 않고 '파이'를 최대화하는 데 초점을 맞추는 전략을 구사할 수도 있다. 어디에 초점이 맞추어지느냐에 따라 신뢰협동(trusting collaboration), 단호한 대결(firm competition), 공공연한 순응(open subordination), 적극적인 회피(active avoidance)의 기본 전략이 채택될 수 있다. 새비지 등이 제시하고 있는 이러한 네 가지 기본 전략은 각각 협동전략(collaborative strategy) 혹은 통합전략(integrative strategy), 대결전략(competitive strategy) 혹은 배분전략(distributive strategy), 수용전략(accommodative strategy), 회피전략(avoidance strategy) 등으로 분류될 수 있다. 협상자들의 이러한 동기와 협상전략 배합에 의해 협상상황은 '승리 아니면 패배'(win-lose), '양자 모두의 승리'(win-win situation), '적당한 타협' 등으로 나누어질 수 있을 것이다.

　　이원관심 모델은 협상전략을 수립하는 데 도움이 되는 이론이다. 이원관심 모델에서는 협상전략을 선택할 때 고려해야 할 두 가지 사안을 제시한다. 첫 번째 사안은 상대와의 관계에 대한 중요도이고, 두 번째 사안은 협상결과의 중요도이다. 상대와의 관계에 대한 중요도는 상대가 협상에서 얻을 이익에 대한 관심도로 대치될 수 있고, 협상결과에 대한 중요도는 자신이 협상에서 얻을 수 있는 이익에 대한 관심도로 대치될 수 있다. 이원관심 모델은 상대와의 관계를 중시하느냐 혹은 하지 않느냐에 따라, 그리고 협상결과에 대한 관심 정도에 따라 전략이 선택됨을 보여주고 있다.[2]

2.　Dean Pruitt and Jeffrey Z. Rubin, *Social Conflict*(N.Y. : McGraw-Hill, Inc., 1986).

1) 결과에 대한 관심 정도

이중관심 모델에서 협상전략을 선택할 때 첫 번째로 고려되어야 할 사항은 협상결과에 대한 중요도이다. 협상에서 좋은 결과를 만들어내는 것이 얼마나 중요한가? 협상에서 명확한 승리를 얻는 것이 필요한가? 혹은 적당한 수준에서 이익만 확보된다면 충분한가? 아니면 결과가 불리하게 나오더라도 큰 영향이 없는가? 등등의 질문을 통해 결과에 대한 중요도를 평가해야 한다.

일반적으로 협상할 때 상대보다 더 많은 이익을 확보하면 잘된 협상으로 간주하는 경향이 있다. 이는 또한 협상에 대한 일반적인 생각이기도 하다. 그러나 협상결과의 성공 여부는 결과에서 더 많은 이익을 얻은 것만으로 판단할 수 없다. 손에 쥐게 되는 결과 못지않게 중요하게 고려되어야 할 것은 협상 상대와의 관계이다.

2) 상대와의 관계

협상 상대와의 관계를 고려한다는 것은 협상 상대와의 지금까지 관계와 장래의 관계를 고려해야 한다는 것이다. 즉 협상 상대와 지금까지 우호적인 관계를 유지해 왔는가 아니면 적대적인 관계를 유지해 왔는가 하는 것과 더불어 앞으로 협상 상대와 적대적인 관계를 감수할 것인가 아니면 우호적인 관계를 유지할 것인가 하는 점을 고려해야 한다.

관계설정을 명확히 하기 위해서 관계설정에 대해 단계적으로

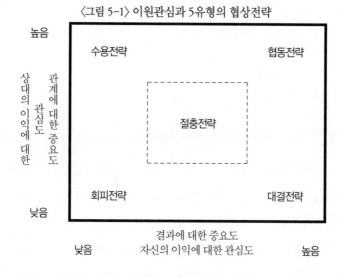

〈그림 5-1〉 이원관심과 5유형의 협상전략

살펴보자. 첫 단계는 먼저 협상 상대와 지금까지 관계가 있었는가 없었는가를 살펴봐야 한다. 협상 상대와 아무런 관계가 없었다가 위기가 발생함으로써 처음 관계를 맺는 경우도 많이 있다. 대표적인 것이 인질범과의 협상이다. 이런 경우 과거에 협상 당사자 간에 기존 관계가 전혀 없는 경우가 대부분일 것이다.

두 번째 단계로 고려해야 할 사항은 협상 당사자들 간의 관계 성향이다. 만약 협상 당사자 간에 지금까지 관계가 형성되어 왔다면 그 관계가 긍정적이었는가 아니면 부정적인 관계였는가를 살펴봐야 한다. 세 번째 단계로 고려해야 할 사항은 협상 당사자들 간의 상호 의존 정도이다. 상호 의존도가 높을수록 손에 쥐는 몫보다는 관계의 유지에 초점을 맞추는 전략이 선택될 것이다.

네 번째로 장래 상대와 어떤 관계를 형성하는 것이 바람직한가를 판단해야 한다. 상대와의 장기적인 관계지속이나 협력적 사업의 필요성을 인지할수록 결과물의 극대화를 지향하는 전략을 회피하게 될 것이다.

3. 5가지 협상전략

　　결과에 대한 관심과 관계에 대한 관심을 바탕으로 한 5가지 협상전략이 있다. 5가지 협상전략은 정형화된 형태이고 이상형이다. 협상 참가자들은 실제 협상에서 어느 하나의 협상전략에 의존하기보다는 상황에 따라 다양한 전략을 복합적으로 활용하는 경우가 많다.

　　관계의 중요성과 결과의 중요성을 양 축으로 하는 좌표를 통해 5가지 전략을 구체적으로 살펴보자. 앞의 〈그림 5-1〉은 5가지 협상전략을 좌표에 나타낸 것이다. 상기 전략은 단지 협상이슈가 하나일 때 적용될 수 있는 이상형이다. 그러나 현실적으로 협상에서는 보다 복잡하여 다양한 이슈들이 쌓여 있고, 따라서 다양한 전략들이 사용된다. 또한 협상은 전략적 상호작용이라는 점을 고려해야 한다. 상대도 똑같은 과정을 거쳐서 전략을 마련할 것이고, 자신의 이익을 극대화하기 위해 상대방의 전략을 예측하면서 자신의 전략을 수립할 것이다. 따라서 협상 참가자들이 같은 전략으로 협상에 임하는 경우는 거의 없다고 해야 할 것이다. 그리고 협상전략은 협상이 진행되면서 변할 수 있다는 점도 인식하고 있어야 한다. 협상을 위한 준비 모임이나 예비접촉을 통해 상대의 전략이 무엇인가를 파악할 수 있게 될 것이고, 본 협상에서 나의 전략에 따라 상대의 전략도 바뀔 수 있다는 점을 명심해야 한다.[3]

1) 회피전략(avoiding)

회피전략

실질적 결과물 측면에서나 관계의 질 측면에서 상대방과 협상을 통해 기대할 수 있는 성과가 크지 않다고 생각할 때 채택하는 일종의 '불관여전략'(non-engagement strategy)이다. 회피전략은 상대에게 협상하지 않겠다는 의사를 전달하거나 혹은 협상을 고의로 지연시키는 전략을 구사하는 것이기 때문에 상대방과의 관계의 질을 훼손하는 결과를 초래하기도 한다. 다른 일방이 강력하게 협상을 원하는데도 협상 자체를 회피한다면 그 관계는 더욱 악화될 수밖에 없다. 그럼에도 불구하고 회피전략이 선택되는 것은 첫째 상대와의 관계가 무엇인가를 요청할 정도가 되지 않을 만큼 요원할 때, 둘째 협상 없이도 스스로 원하는 결과를 만들어낼 수 있다고 믿을 때, 셋째 시간과 노력을 들여 협상할 가치가 없다고 느끼는 사안일 경우, 넷째 협상보다는 이외의 다른 대안을 통해 더욱 많은 것을 얻을 수 있다고 믿을 때, 다섯째 협상을 앞두고 협상 상대를 길들이기 위한 목적 등이다. 이 가운데 두 번째의 경우, 즉 다른 문제해결의 대안이 있다고 믿어 협상을 회피하는 경우 그 당사자는 실제 협상이 진행되는 과정에서 상대방에 대해서 더 우월한 지위를 차지할 수 있게 된다. 협상 외의 다른 가용대안의 존재는 협상과정에서 협상력의 원천이 된다. 왜냐하면 보다 강력한 대안을 가진 협상자는 상대의 요청이 있다 해도 협상 자체를 회피하려는 전략을 선택하려 할 것이고, 협상이 진행된다고 하더라도 협상타결에 연연하지 않을 수

---

3. 학자에 따라 협상전략을 다양하게 분류하고 있다. 본책에서 기술한 5가지 협상전략 이외에도 피셔(Roger Fisher), 유리(Willian Ury), 그리고 패튼(Bruce Patton)은 *Getting to Yes*(N.Y. : Penguin Press, 1991)에서 강성입장 전략(hard positional negotiation), 연성입장 전략(soft positional negotiation), 그리고 원칙협상 전략(principled negotiation game)으로 구분하고 있다. 강성입장 전략은 대결전략으로, 연성입장 전략은 수용전략으로, 원칙협상 전략은 협동전략 혹은 문제해결 전략과 유사하다.

있기 때문에 데드라인의 압박으로부터 자유롭고 쉽게 양보하지 않아도 되는 유리한 입장에 서게 되기 때문이다. 상대가 협상 외 다른 가용대안이 없는 경우에는 그만큼 불리한 위치에서 협상에 임하게 된다.

먼저 결과에 관해 큰 관심을 가지지 않고 관계에 대해서도 크게 중요하지 않게 여긴다면 회피전략을 선택하게 된다. 회피전략은 무시전략으로 협상 자체를 지연시키거나 협상을 거부하는 전략이다. 관계와 결과에서 모두 얻는 것이 없다고 기대될 때 선택될 수 있는 협상 회피전략이다. 협상을 회피하는 것이 상대와의 관계를 극도로 악화시킬 가능성도 있기 때문에 협상을 거부하지는 않지만 좀더 부드러운 방식, 즉 협상에 참가하기는 하지만 어떤 반대나 찬성 의견도 제시하지 않거나 불참해 버리는 방식도 회피전략에 속한다.

● 회피전략을 채택해야 하는 상황

이러한 전략이 채택되는 상황은 협상을 한다는 것 자체가 시간이나 경비나 관계면에서 볼 때 비용이 너무 많이 드는 경우이다. 따라서 협상가들이 협상을 하지 않는 것이 오히려 이익이 되는 상황에서 발생한다. 회피전략은 협상 참가자가 문제가 되는 이슈를 상대와의 협상을 통하지 않고서도 해결할 수 있는 상황에서 채택된다. 예컨대 대화가 아닌 무력이나 법정투쟁을 통해 보다 많은 이익을 얻을 수 있는 상황이 있을 수 있다. 또한 협상에서 얻어질 결과에 크게 가치 부여가 되지 않는 상황이거나 협상을 통해 형성될 상대와의 관계가 큰 의미가 없는 상황에 적용된다. 즉 협상을 통해 얻을 수 있는 이익에 비해 협상에 참가하는 것이 더 많은 비용이 소요되는 경우이다. 또한 관계면에서도 상대와의 관개 악화나 개선이 큰 의미가 없는 경우라고 할 수 있다. 마지막으로 상대와의 협상결과로 얻을 이익보다 더 큰 이익을 다른 곳에서 얻을 수 있을 때 본 협상을 회피하게 된다. 즉 협상결과의 대안인 BATNA(Best Alternative to a Negotiated Agreement)가 협상결과와 큰 차이가 없거나 오히려 좋을 때에 회피전략이 적용된다.

회피전략을 채택하는 상황

- 협상 이외의 대안이 있을 때
- 협상이익과 상대와의 관계가 큰 의미가 없을 때
- BATNA가 더 좋은 결과를 가져올 수 있을 때

무시전략 혹은 회피전략을 수용하는 상대에게는 '당근과 채찍'의 제공을 통해 비용과 이익에 대한 상대의 선호도를 변화시키는 것이 필요하다. 협상을 회피하는 것보다 협상에 나오는 것이 유리하다는 것을 인식시키는 노력이 필요하다.

2) 수용전략(accommodating)

수용전략

수용전략은 손에 쥐게 되는 실질적인 성과물보다 상대방의 관계의 질을 유지하거나 개선하는 것이 보다 중요하다고 생각할 때 채택할 수 있는 전략이다. 상대를 몰아붙여 보다 나은 결과물을 얻었을 경우 상대방과의 관계가 악화되는 것을 우려하여 가시적 결과물의 상당부분에 대한 희생을 감수하는 전략이기도 하다. 수용전략은 상대로 하여금 가능한 한 많은 실질적 결과물을 가져 갈 수 있도록 배려하는 전략이다. 단기적 안목에서는 실질적 결과물이 줄어들기 때문에 손해일 수 있으나 장기적으로 상대방의 관계 지속을 통해 이러한 단기 적 손실을 만회할 수 있다는 기대감이 이러한 수용전략의 선택을 유인한다. 수 용전략은 반드시 상대방보다 힘의 열위에 있는 당사자가 선택할 수 있는 전략 은 아니다. 힘의 우위를 확보하고 있는 상태에서 장기적 안목에서 또는 다른 사 안과 연계하여 특정 협상 사안에 대해서 수용전략을 선택할 수도 있다.

수용전략은 결과에 대한 중요성은 낮게 평가하지만 관계에 대 해서는 중요하게 생각하는 경우의 협상전략이다. 이는 결과에 대한 관심은 뒤로 한 채 오로지 협상 상대와의 관계만을 개선시키려는 전 략이다. 상대와의 좋은 관계를 위해 협상결과에서 져주는(lose to win) 전략이라는 의미에서 양보전략이라고도 불린다. 주요 협상을 다룬 저작에서 수용전략은 전략으로 인정받지 못하는 경우가 많다. 그러 나 아래와 같은 상황에서 수용전략은 적절한 협상전략이 될 수 있다.

수용전략을 채택하는 상황

- 단기 손실이 있더라도 장기 이익이 기대될 때
- 협상 상대와 더 깊은 상호 의존관계가 필요할 때(왜냐하면 더 깊은 상호 의 존관계를 통해 다른 부분에서 협력과 지원을 받을 수 있기 때문이다.)
- 적대적이었던 관계를 개선할 필요가 있을 때
- 협상결과에서 이익을 취하는 것이 관계를 심각하게 악화시킬 때
- 협상목표가 관계 개선에 초점을 맞추고 있을 때

수용전략을 채택하여 상대에게 양보할 때는 자신이 양보했다는 것을 상대에게 명확하게 밝히는 것이 필요하다. 즉 "… 때문에 양보합니다"라는 것을 명확히 해야 한다. 자신이 의도적으로 양보했다는 것을 밝히지 않을 경우, 상대는 상대방의 능력 부족이나 자신의 우월한 전략으로 인해 상대방의 양보를 획득했다고 생각할 수도 있기 때문이다. 협상에서 유리한 결과가 상대방의 양보가 아닌 자신의 능력으로 획득했다고 생각한다면 양보를 한 궁극적인 목적, 즉 관계 개선, 장기적 이익의 추구라는 목표를 획득하는 것이 어렵게 된다. 따라서 양보전략을 활용할 때는 상대에게 의도적으로 양보했다는 것을 명시적으로 밝혀야 한다.

수용전략을 활용할 때는 양보하는 것이 자신과 상대에게 얼마나 가치가 있는 것인가를 밝히는 것도 필요하다. 금액으로 환산할 수 있는 것은 금액으로 환산하여 밝히는 것이 필요하다. 양보의 대가를 수치로 밝히지 않으면 상대가 양보한 것의 가치를 낮게 평가하는 경우가 있다. 양보의 목적을 달성하기 위해서는 얼마만큼의 가치를 양보했는지 상대에게 분명히 전달할 필요가 있다.

공짜일수록 더욱 포장하라

소비자들은 물품을 구입하면서 보너스 상품을 받았을 때 보너스 상품의 실제 가치와는 상관 없이 보너스 상품의 가치와 매력은 급격히 떨어진다. 보너스 상품의 가치를 회복하기 위해서는 "… 을 무료로 드립니다"보다는 "○○가치의 상품을 보너스로 드립니다"로 표현해야 한다.

출처 : 로버트 치알디니, 『설득의 심리학 2』(서울 : 21세기북스, 2007), pp. 51-53.

양보의 묘미를 극대화하기 위해서는 상대의 '필요' 혹은 이해

관계(interests)를 분석해서 상대에게 큰 효용이 있으면서도 자신에게는 비용이 적게 들어가는 것을 찾아내는 것이 필요하다. 비용은 적게 들이면서 상대에게 높은 효용의 것을 양보하기 위해서는 작은 양보라도 어렵고 힘들게 했다는 것을 보여주는 것이 필요하다. 작은 양보라도 망설임 없이 양보하는 것보다는 "이것은 저의 권한 밖의 일입니다. 저의 상사에게 문의해서 회사의 정책을 알아보겠습니다"라고 언급한 뒤에 양보하는 것이 양보의 가치를 높이는 방편이 된다.[4]

3) 대결전략(competitive)

대결전략

협상 당사자가 실질적 결과물을 극대화하는 것이 중요하고 상대방과의 관계는 별로 고려할 필요가 없다고 생각할 때 채택할 수 있는 전략이다. 과거의 누적된 접촉경험의 결과로서 상대와의 관계가 썩 좋지 않은 상태에 있거나 상대방을 신뢰하지 못할 때 흔히 채택되는 전략이다. 적대관계 하에 있는 믿을 수 없는 상대방에 대해서는 자신이 동원할 수 있는 자원과 영향력을 최대한 동원하여 상대방을 굴복시키려는 전략을 채택하기 마련이다. 단호한 대결전략을 채택하는 경우 협상자는 상대방과의 활발한 의사소통 대신 상대방을 압박하고 일방적으로 몰아붙이는 공격적 자세를 취한다

대결전략은 결과에 대한 관심은 높지만 관계에 대해서는 중

---

4. Tom Gosselin, *Practical Negotiating : Tools, Tactics and Technicques*, 고빛샘 옮김, 『협상불변의 법칙』(서울 : 미디어윌, 2008), pp. 85-87.

요하지 않게 생각하는 전략이다. 어떠한 대가를 치르더라도 협상에서 많은 이익을 챙기려는 전략이다. 이 때 장래 협상 상대와의 관계가 악화되는 것은 별로 고려하지 않는다. 협상전략을 말할 때 가장 많이 인용되는 전략이 이 대결전략이다. 이 전략은 일시적 승리(win-to-lose) 전략이라고 말해지기도 하는데, 그 이유는 경쟁을 통해 협상 결과에서는 이익을 보지만 관계에서는 악화되어 긴장이 고조되는 경향이 강하기 때문이다. 장기적인 관점에서 보면 관계의 악화로 더 큰 손실이 초래될 수도 있다. 대결전략 채택시에는 협상 당사자들 간의 유사성보다는 차별성이 부각되고, 우리와 그들(we/they)이라는 태도가 지배한다. 이 전략은 상호 신뢰가 부족하거나 분쟁경험이 있는 당사자들 간에 많이 나타난다. 어느 일방에 의해 채택된 대결전략은 상대로 하여금 대결전략을 선택하도록 만든다. 대결전략은 대결전략으로 맞서게 된다는 의미에서 경합전략으로도 불린다. 대결전략 또는 경합전략이 채택되는 경우는 다음과 같은 상황 하에서이다.

대결전략을 선택하는 상황

- 장래에 다시 협상할 가능성이 없는 일회적인 협상일 때
- 장래의 관계가 크게 중요하지 않을 때
- 기존 관계를 맺어오기는 했지만 그 관계가 큰 의미가 없을 때
- 상대가 기존에 대결전략을 사용해 왔을 때
- 상대가 협상에 진정성을 갖고 임하지 않을 때

이 전략은 매우 보수적이고 안전한 전략이다. 안전한 전략이라고 말하는 이유는 상대가 어떠한 전략을 구사하더라도 내가 대결

전략을 선택한다면 협상결과에서 손해볼 가능성이 줄어들기 때문이다. 따라서 기존에 적대적인 관계를 유지했거나 일회적인 협상 혹은 처음 협상하는 상대와의 협상에서는 대결전략을 구사하는 것이 안전하다.

이 전략은 안정적인 전략이면서 자기 충족적인 예언성을 갖고 있다는 점을 염두에 두어야 한다. 자기 충족적인 예언성으로 인해 협상 참가자 중 누구 하나가 이 전략을 구사하게 되면 협상이 쉽게 배분협상이 되어 협상에 많은 시간이 소요되고 관계가 악화되기 쉽다는 것이 이 전략의 최대 약점이다. 따라서 대결전략의 자기 예언성을 무시한 채 대결전략을 활용하는 것에는 신중을 기해야 한다.

대결전략의 자기 예언성(self-fulfilling prophecy)

자기 충족적인 예언성이란 너무 강한 신념을 갖고 있어서 실제로 실현되는 것을 말하는 것이다.

불확실한 상황에서 협상가는 안전한 선택인 경쟁적 전략을 선택할 가능성이 높다. 이 때 협상가는 자신이 선택한 대결전략을 합리화하기 위해 상대가 대결전략으로 나올 가능성이 높다고 주장할 수 있다. 경쟁적 전략으로 협상에 참가해 보면 상대가 준비단계에서 문제해결 전략이나 수용전략을 채택했더라도 협상 파트너가 경쟁적 전략으로 나오기 때문에 자신의 전략을 대결전략으로 바꿀 가능성이 높아진다.

이 경우 협상이 상호 대결전략으로 진행되는 것은 준비과정에서 상대가 경쟁적 협상전략을 택할 것이라고 적절히 분석했기 때문이 아니다. 협상이 대결전략으로 진행되는 것은 일방이 대결전략을 택했기 때문이다. 즉 일방이 경쟁적 전략을 채택한 상황에서 손해를 최소화하려면 다른 참가자들도 대결전략을 사용할 수밖에 없다. 이 때문에 협상은 대결전략이 맞붙은 배분협상의 형태를 띠게 된다.

4) 협동전략(collaborative)

협동전략

실질적 결과물과 관계보존 모두 중요하다고 생각할 때 채택할 수 있는 협상전략이다. 어느 한쪽 당사자가 이 협상전략을 채택했다고 해서 그 성과가 그대로 나타나는 것은 아니다. 이 협상전략의 핵심은 당사자 간 활발한 의사소통과 공동 노력이다. 두 당사자 간 상호 의존성이 크고 양쪽 모두 협상을 통해 더 나은 결과를 얻을 수 있다는 공동의 인식을 가지고 있을 때 이러한 협동전략이 쉽게 채택될 수 있고, 또 전략채택의 성과가 효과적으로 획득될 수 있다.

협동전략은 결과에 대한 중요도와 관계에 대한 중요도가 같은 수준으로 높을 때 채택하는 전략이다. 협상에서 자신의 이익을 극대화하면서도 상대와의 관계를 손상시키지 않으려는 전략으로 서로가 상대의 필요를 충족시키면서 해결책을 찾으려 할 때 채택한다. 이런 의미에서 협동전략은 문제해결(problem solving) 전략으로도 불린다. 이 점에서 결과에서나 관계에서도 모두 좋은 결과를 얻으려는 승리공유(win-win) 전략이라 할 수 있다. 이 점에서 대결전략과 매우 상반되는 전략이다.

이 전략은 협상 참가자들이 모두 관계와 결과에서 단기적인 이익보다는 장기적인 이익의 관점에서 접근할 때 가능하다. 서로가 협동전략으로 협상에 임할 수 있는 상황이라면 협상 당사자들이 공동의 배경(common ground), 즉 공동의 필요와 목적을 가지고 있어야 한다. 또한 대결전략이 채택되는 상황과는 달리 상호 높은 수준의 신뢰와 열린 대화가 가능해야 하고, 과거 협력의 경험이 있다면 좀더 쉽게 협력적인 전략이 등장할 수 있다.

　이 전략이 목적을 이루기 위해서는 상대방도 같이 협동전략으로 반응해 나와야만 가능해지는 일이다. 상대가 대결전략이나 무시전략 등을 활용한다면 협동전략을 채택한 쪽이 불리할 수 있다. 이럴 경우 협동전략을 추구하는 것은 적절하지 않다.

　서로가 협동전략을 택한다고 해서 협상이 무조건 쉽게 되는 것은 아니다. 쌍방이 머리를 맞대고 창의적인 방안을 모색함으로써 상생의 길을 찾아야 한다. 협동전략은 많은 노력이 요구되지만 대가도 큰 전략으로 양쪽 모두가 만족하고 장래 관계에서도 좋은 영향을 미칠 수 있다.

성공적인 협력을 위한 요소

　협동전략의 가장 중요한 요소는 헌신(commitment)이다. 상대의 필요와 목적을 이해하려는 헌신, 자유로운 정보를 제공하려는 헌신, 상대의 필요를 모두 충족시켜 줄 수 있는 최고의 해결책을 찾으려는 헌신 등이 필요하다. 상대의 필요와 목적은 대결전략과는 달리 상대를 이용해서 자신의 이익을 극대화하기 위한 목적이 아니라, 모두가 만족할 수 있는 해결책을 찾는 것을 목적으로 해야 한다. 따라서 자신의 이익을 최우선하는 영합적(zero-sum) 개념보다는 모두의 공동이익을 앞세우는 정합적(positive-sum) 개념이 필요하다. 또한 정보를 공유할 때도 이슈와 문제점, 우선순위와 목적에 대해서 정확한 정보를 교환해야 한다. 성공적인 해결책을 찾기 위해서는 서로의 차이를 최소화하고 유사점을 최대화하는 노력을 계속해야 한다. 또한 협상 초기부터 상대에게 협상을 통해 상호 신뢰를 구축하려는 의도가 있음을 보여줄 필요가 있다.

5) 절충전략(compromising)

관계와 결과에 대한 관심에서 모두 중간에 위치하는 상황일 때 채택하는 전략으로 적절한 수준에서의 만족을 추구하는 전략이라 할 수 있다. 다양한 상황에서 이 전략이 채택된다. 협상가들이 협동전략을 채택하지는 못한 상황이지만 반드시 얼마간의 결과를 얻으려 하거나 혹은 관계를 보존하려 할 때 사용된다. 또한 협동전략을 채택하기 어려울 때, 특정 결과와 관계가 중요하지 않거나 혹은 결과와 관계가 모두 중요할 때 채택된다. 특히 협상가들이 시간에 쫓겨 해결책을 빠른 시간 내에 모색하지 못할 때 종종 활용된다.

절충전략은 협상과정에서 결과와 관계에 대한 선호가 바뀌게 되면 다른 전략으로 변화하기 쉬운 특징이 있다. 또한 이 전략은 대결전략이나 협동전략이 가능한 상황에서는 선택되지 않는 전략이므로 '차선의 전략'(second choice) 혹은 타협전략이라고 불리기도 한다.

절충전략을 선택하는 상황

■ 협동전략이 불가능할 때 활용된다. 당사자들 간의 관계가 너무 복잡하고 어려울 때, 협력관계가 곤란하거나 상대와의 관계가 지나치게 긴장상태여서 협력관계가 쉽지 않을 때 채택된다.
■ 협동전략을 채택하기에는 시간에 쫓기고 필요한 자원도 부족할 때 채택된다. 이 때 절충전략이 신속한 해결책이 될 수 있고 또 효율적인 방도가 될 수 있다.
■ 협상 당사자가 관계와 결과 모두에서 전부가 아니더라도 조금이라도 이익을 확보하려 할 때 사용된다.

6) 최적의 전략

모든 전략은 장점과 단점을 가지고 있다. 효율적인 전략을 선택하기 위해서는 다음의 다양한 사항을 고려하여 결정하는 것이 필요하다. 먼저 상황을 정확히 인식해야 한다. 그 첫 번째 작업이 위의 이중관심 모델에서 제시하는 분류에 근거해 판단하는 것이 필요하다. 두 번째로 자신의 전략에 대한 선호도(preference)를 고려해야 한다. 자신에게 익숙한 전략을 구사하는 것이 협상 성공에 도움이 되기 때문이다. 전략에 대한 협상가의 선호도는 과거의 경험과 가치, 그리고 원칙들에 의해 크게 영향을 받게 된다. 또한 선호도에 밀접한 영향을 미치는 경험도 고려해야 한다. 많이 경험해 본 전략일수록 쉽게 활용될 수 있기 때문이다. 세 번째로 자신의 전략과 상대방의 전략 스타일을 고려하는 것이 필요하다. 상대가 경쟁적 전략 스타일일 때 협력적 전략이나 절충적 전략을 구사하는 것은 협상결과에서 큰 손해를 볼 수 있고 관계도 악화될 수 있다. 마지막으로 협상에 자발적으로 참여했는가 아니면 다른 외부적인 압력에 의해 강제로 참여했는가를 고려해야 한다. 또한 협상상황과 관련된 규칙이나 법률 등이 있어서 협상상황이 구조화되어 있는가를 살펴봐야 한다.

7) 전략에서의 유연성 확보 :
특정 전략을 선택하지 않는 것도 전략이다

특정 전략을 선택하지 않는 것이 최고의 전략일 경우도 있다.

이는 협상전략에서 '유연성'을 확보하기 위한 것이다. '전략에서 유연성'이란 협상을 진행하면서 상대의 태도에 따라 나의 전략을 효율적으로 변동시키는 것을 말한다. 협상상황의 변화와 협상 당사자들의 입장이 협상결과에 심대한 영향을 미친다. 따라서 효율적인 협상이 되기 위해서는 상황에 능수능란하게 대응할 수 있는 능력을 갖추어야 한다. 따라서 시작부터 고정된 전략을 고수하면 역동적으로 변하는 협상상황에 능동적으로 대응하지 못하는 결과를 야기할 수 있다.

특히 약자가 강자와 경쟁을 할 때 전략의 유연성을 극대화하여 변화하는 협상상황에 능동적으로 대응할 필요가 있다. 약자는 '전략에서의 유연성'을 통해 협상력을 강화하여 물리적으로 강한 상대로부터 원하는 것을 얻을 수 있기 때문이다. '전략에서의 유연성'을 확보하여 상대의 전략을 먼저 파악할 수도 있고, 또 상대가 원하는 것이 무엇인지 파악한 뒤 효율적으로 대응할 수 있다.

그러나 '전략에서의 유연성'은 무전략을 의미하는 것은 아니다. 즉 전략을 준비하지 않는 게으른 협상가가 되라는 말과는 전혀 다른 개념이다. 협상에서 가장 중요한 것은 사전준비 작업이라 할 수 있다. '전략에서의 유연성'을 확보한다는 것이 전략을 수립할 사전준비 작업을 생략해도 된다는 의미는 아니다. 오히려 상대의 대응에 여러 가지 경우의 수를 계산하여 준비해야 하기 때문에 더 많은 사전준비가 필요하다. 대해를 항해하는 배에 비유하자면 '전략에서 유연성'은 바다에서 일어날 수 있는 모든 기상변화에 대응할 수 있는 준비를 갖춘다는 것이다. 방향을 잃어버린 배처럼 목적 없이 헤매는 항해가 되어서는 결코 안 된다.

4. 협상전략 수립에 고려해야 할 사안들

협상전략은 협상목표를 달성하기 위한 수단으로 협상전략의 수립은 협상력과 직접적인 관계가 있는 사안이다. 따라서 협상전략은 협상력과 관계가 있는 여러 사안들을 고려하여 선택되어야 한다. 나와 상대의 장점과 약점을 알고 이를 바탕으로 효율적인 전략을 수립하는 것이 필요하다. "나를 알고 적을 알면 패하지 않는다"는 손자병법의 말을 명심하여 전략과 전술의 채택에 활용해야 한다.

협상력에 영향을 미치는 요인은 구조적 요인과 상황적 요인으로 구분하여 고려할 수 있다. 구조적 요인은 상호 관계의 성격이나 기존의 관계에 영향을 받은 것으로 변경이 불가능한 것은 아니지만 변경이 어려운 구조화된 요인들이다. 구조적 요인에 포함되는 변수들로는 상대적 가용자원, 상대적 능력, 시간, 대안, 이슈의 종류와 수, 이슈 관련 힘(issue-specific power), 상호 관계 성격 등을 들 수 있다. 한편 협상의 상황적 요인으로는 프레임, 지식과 정보의 수집과 분석능력, 관계설정 능력, 해결의지 등이다.

대부분의 협상에서 구조적 요인에서 강점을 보이는 참가자가 협상력에서도 강자로 나타난다. 그러나 구조적 요인에서 강점을 보이는 쪽이 협상에서 항상 원하는 결과를 얻는 것은 아니다. 구조적 요인의 제한성을 극복하고 상황적 요인을 적극 활용하는 전략과 전술을 개발한다면 구조적 제한을 극복하고 협상에서 좋은 결과를 얻을 수도 있다.

물리적 능력과 협상력

물리적 능력에서 월등한 상대가 협상력에서도 강한 경우가 많다. 대기업과 중소기업 간의 협상은 구조적으로 물리적 능력에서 우월한 대기업에게 유리할 수밖에 없다. 또한 강대국과 약소국의 관계에서는 강대국이 약소국에 비해 월등한 협상력을 가지는 것이 일반적이다. 그러나 특정 사안, 특정 분야에서 물리적으로 월등한 상대가 협상력에서도 항상 뛰어난 것은 아니다.

협상전략을 수립할 때는 나와 상대의 협상에서 구조적 요인과 상황적 요인을 분석하여 가장 적당한 전략을 선택해야 한다. 이 과정은 자신의 장단점과 상대의 장단점을 분석하는 과정이기도 한다.

1) 구조적 요인

협상은 2인 이상이 혼자서는 이룰 수 없는 상호 연관된 사안을 놓고 대화하는 전략적 상호작용이다. 2장에서 상세히 논술하였지만 상대의 선택을 변화시키기 위해서는 3가지 변수, 즉 (성공)확률, 이익, 손실을 변화시켜 자신에게 유리한 방향으로 협상의 게임구조를 유도해야 한다. 이 경우 물리적 능력에서 유리한 쪽이 확률, 이익, 손실을 변화시킬 수 있는 능력을 보유하고 있는 경우가 많다. 이 때문에 물리적 능력은 협상결과를 좌우할 수 있는 구조적 요인이 된다. 물리적 능력이 있다 하더라도 이를 활용할 수 있는 능력이 없으면 뛰어난 물리적 능력도 무용지물이다. 물리적 자원을 효율적으로 활용할 수 있는 지식과 조직이 있어야 물리적 능력이 협상에서 현실적인 힘으로 발휘된다.

물리적 능력 이외에 협상과 관련된 구조적 힘의 대표적인 것은 시간과 대안이다. 시간에서 유리한 쪽은 협상을 지연시킨다고 해서 손실이 크게 증가하는 것은 아니다. 지연 혹은 회피전술을 활용함으로써 상대의 손실을 극대화하고 이를 통해 상대의 양보를 유도할 수 있다. 가용자금이 넉넉하지 않는 구매자라고 하더라도 여름이 끝나가는 시점에서 에어컨을 구매한다면 매장의 주인보다는 유리한 협상을 진행할 수 있다. 또 큰 자산가라 할지라도 당장 필요한 자금을 마련하기 위해서는 집을 싼값에 처분할 수밖에 없다. 이렇게 시간에서 유리하다면 협상 참가자의 잠재능력 혹은 현재의 물리적 능력과 상관 없이 협상에서 유리한 결과를 얻을 수 있다.

또한 BATNA를 확보한 쪽이 협상에서 유리하다. 대안을 확보한 쪽은 상대와의 협상에서 강한 입장을 취할 수 있다. 협상이 결렬된다고 하더라도 확보한 대안이 있기 때문에 본 협상에 집착할 필요가 없다. 이러한 요인들이 협상력을 규정하는 구조적인 변수들이다. 따라서 협상전략을 수립할 때는 자신의 구조적 요인, 즉 물리적 자원, 능력 및 시간과 대안 등을 고려해야 한다. 구조적 능력에서 우월한 위치를 점하고 있다면 이를 충분히 활용할 수 있는 전략을 개발해야 한다. 한편 구조적 능력에서 불리한 위치에 있다면 이를 극복할 수 있는 상황적 요인을 활용할 수 있는 전략을 개발해야 할 것이다.

① 상호 의존관계(interdependency)의 성격

상호 의존의 정도는 민감성(sensitivity)과 취약성(vulnerability)으로 나누어진다. 민감도는 상호 관계의 길이, 양, 수준에 따라 결정된다. 상호 의존의 길이는 지금까지 관계의 길이, 즉 지금까지 상대와 얼마나 오래 관계를 지속해 왔는가이다. 상호 의존의 양이란 상대와 얼마나 자주 접촉해 왔는가에 대한 것이다. 마지막으로 상호 의존의 수준은 두 가지 요소를 고려해야 한다. 먼저 지금까지의 관계에서 협상 상대와 얼마나 자유롭고 열린 대화가 가능했는가를 고려해야 한다. 다음으로 서로 간에 약속한 것이 얼마나 이행되어 왔는가를 고려해야 한다. 위의 사항을 바탕으로 상호 의존의 민감도를 결정한다. 즉 오래 관계를 지속해 올수록, 접촉의 양이 많을수록, 그리고 자유로운 의사타진이 가능하고 약속한 것이 충실히 이행되어 올수록 민감도가 높다.

상호 의존의 정도를 결정하는 두 번째 요소는 취약도이다. 취약도는 만약 상대와의 관계를 단절했을 때 발생하는 비용에 따라 결정된다. 비용이 높으면 높을수록 취약도가 높고 비용이 낮으면 낮을수록 취약도는 낮다. 한편 취약성은 필수불가결성(essentiality)과 대체성(substitutability)에 의해 결정된다. 필수불가결성이란 "없이 살 수 있는가?"와 관련이 있고, 대체성은 "…을 대체할 것을 얻을 수 있는가?"와 관련이 있다. 필수불가결성이 높으면 취약도는 높아지고 대체성이 높으면 취약도는 낮아진다.[5]

민감도와 취약도는 절대값보다는 상대값에 의해 규정된다. 미국과 한국이 특정 물품 A를 두고 관세협상을 벌이는 상황을 생각해 보자. 미국이 수입국이고 한국이 수출국인 특정 물품 A에서 미국의 한국에 대한 민감도는 미국에서 (생산되거나 수입되어) 소비되는 상품 A 전체 양에 한국이 차지하는 비율이고, 한국의 상품 A에 대한 민감도는 한국에서 생산되는 전체 상품 A에서 미국에 수출되는 양의 비

5. Albert O. Hirschman, *National Power and the Structure of Foreign Trade*(Univ. of California Press, 1945).

율이 된다. 이 경우 미국은 다른 나라에서 수입하거나 혹은 자체 생산하기 때문에 미국의 민감도는 낮고, 미국에 대한 수출 의존도가 높은 한국은 민감도가 높게 나타날 것이다. 한편 미국의 취약도는 협상이 결렬되어 한국으로부터 상품 A를 수입할 수 없게 될 때 감수해야 하는 비용이고, 한국의 취약도는 미국과의 협상이 결렬되어 상품 A를 수출할 수 없을 때 발생하는 비용이다.

민감도는 해당 협상의 중요도를 나타내는 변수가 될 수 있다. 상기 상품 A에서 미국보다 한국이 민감도에서 높다고 가정할 때, 한국은 미국에 비해 협상에 대해 더 많은 중요도를 부여하게 될 것이며, 중요도가 높기 때문에 많은 관심과 열정이 투자될 것이다. 그러나 중요도가 높다는 것이 본 협상에서 한국이 미국과 경쟁적인 관계에서 협상을 진행한다는 의미는 아니다. 단지 매우 중요한 이슈로서 규정하고 미국에 비해 더 많은 에너지와 관심이 투자된다는 것이다.

취약도는 협상력과 직접적으로 관계된다. 취약도가 높으면 높을수록 협상력은 떨어진다. 협상결렬로 인해 참가자 모두가 추가비용을 지불해야 하지만 상대적으로 높은 비용을 지불하는 쪽에서 협상결렬을 두려워하게 된다. 이 때문에 민감도가 높은 쪽이 협상력에서는 뒤지게 된다. 민감도가 높다고 하더라도 결렬의 비용을 감수할 강력한 의지와 동기가 있다면 협상력을 제한적으로 만회할 수도 있다.

민감도, 취약도, 협상력

- 민감도는 관련 협상의 중요도를 나타낸다.
- 취약도는 협상력과 반비례한다.

② 이슈 관련 협상력(issue-specific power)

총합적 힘(aggregate structural power)에서는 뒤지는 협상가가 특정 이슈에서는 유리한 위치에서 협상을 진행하는 경우도 있다. 총합적 협상력이란 협상 당사자가 보유하고 있는 가용자원의 양, 잠재적 능력, 지위 등을 종합한 개념이다. 대기업과 중소기업을 비교해 보면 대기업은 활용 가능한 인력, 가용자금, 수집 가능한 정보(이상 가용자원)와 가용자원을 효율적으로 활용할 수 있는 조직과 능력(잠재적 능력)을 보유하고 있을 뿐만 아니라, 경제적으로도 중소기업보다는 높은 지위를 보유하고 있다. 이러한 측면에서 보면 대기업은 총합적 협상력에서 중소기업보다 강하다.

총합적 협상력과 더불어 구조적 힘을 구성하는 요소가 이슈 관련 협상력이다. 예를 들어 대기업이 중소협력업체와 협상을 진행할 때 대기업보다 자금력과 조직력에서 약한 중소기업이지만 대기업이 필요한 특별한 기술력을 보유하고 있거나 이 하청업체가 관련 업계에서 막강한 영향력을 행사하고 있다면 대기업보다는 높은 협상력을 가질 수 있다. 또한 이 하청기업의 피해가 대기업의 다른 하청업체들에게 막대한 피해를 줄 수 있을 때 이 중소협력업체는 대기업에 대해 높은 협상력을 가질 수 있다. 물리적인 관점에서는 약세이지만 특정 이슈와 관련된 분야에서 높은 협상력을 보유하는 것을 이슈 관련 협상력이라 한다. 이슈 관련 협상력의 구체적인 양태는 중소협력업체가 협상의 어젠다, 협상의 규칙 등을 규정하는 것으로 나타난다.

이슈 관련 협상력이 극대화되는 경우는 약한 상대에게 매우 중요한 거래조건과 상대에게 매우 가치 있다고 느끼는 자원을 보유하고 있을 때, 목표를 달성하기 위한 충분한 동기부여가 될 때, 목표 달성을 위해 다른 이슈들을 희생시킬 의지가 높을 때, 이슈 관련 취약도가 높지 않을 때, 지정학적으로 전략적 요충지 혹은 특정 이슈와 관련된 네트워크 상에서 전략으로 중요한 고리(critical node)를 장악하고 있을 때 등이다.

이슈 관련 협상력

- 상대에게 소중한 거래조건을 확보하고 있을 때
- 취약도가 낮을 때
- 높은 동기부여와 높은 희생 수용성
- 전략적 위치의 선점

이슈 관련 협상력은 특정 이슈에서 지배적인 행위자가 될 때 보유하는 경우가 많다. 북한의 대미 핵협상을 연구한 사무엘 김(Samuel Kim)은 북한의 대미협상력은 이슈 관련 힘의 우위에서 나타난다고 평가하고 있다. 첫째 북한은 자신의 영토에 핵개발과 관련된 모든 시설을 보유하고 있다는 점, 둘째 협상이 파국으로 몰릴 경우 미국의 동맹국인 한국과 일본을 상대로 재래식 군사위협을 감행할 수 있는 최소한의 능력을 보유한 점, 셋째 지리적 특성으로 인해 북한의 붕괴나 위기상황을 주변국들이 결코 바라지 않는다는 점을 활용하고 있다. 이러한 이슈 관련 힘을 활용하여 협상의 규칙과 어젠다를 선점하고 있다는 것이다. 이에 비해 미국은 군사력에서는 앞서지만 군사력을 사용할 수 없는 상황으로 인해 약한 협상력을 가질 수밖에 없다고 보고 있다.[6]

2) 이슈 관련 당사자

협상에 참가하는 관련 행위자들은 크게 나와 상대의 협상팀, 최종 승인권자, 관심 있는 청중(interested observers)들로 구분할 수 있다. 협상목표와 전략은 다양한 참가자들의 이해관계와 필요를 고려하여 결정되어야 한다. 협상전략을 선택할 때 최종 승인권자와 관심 있는 청중의 이해관계를 구분하여 활용하는 것이 필요하다. 자신과 상대의 청중들 중에서 자신의 협상목표와 부합하는 청중들을 활성화하고 부정적인 청중들의 영향력을 최소화할 수 있는 방법도 강구되어야 한다. 협상에서 협상의 목표와 부합하는 행위자들이란 자신의 규범과 동기 및 기준에 동조하는 청중을 지칭한다(셸, 2006 : 89).

1등석 열차를 탄 마하트마 간디

간디는 변호사 초기에 남아프리카에서 활동했다. 당시 인도인들은 열차의 3등 칸을 타야 한다는 인종차별적인 법이 있었다. 간디는 역장을 설득하여 어렵게 1등석 표를 구할 수 있었다. 그러나 문제는 기차 안에서 검표를 하는 차장이었다.

간디는 1등석을 여러 번 왕복하면서 "정장을 입은 변호사는 1등석을 탈 수 있다"라는 자신의 주장에 동의해 줄 것 같은 영국 백인 신사 앞에 자리를 잡았다. 이윽고 차장이 나타나고 그는 인도인인 간디에게는 3등칸으로 가야 한다고 주장하면서부터 간디와 차장 간에 논쟁이 벌어졌다.

이 때 백인 영국 신사는 "왜 이 신사를 괴롭히는 겁니까? 그가 1등석

---

6.   Samuel S. Kim, *North Korean Foreign Relations in the Post-Cold War World* (Washington D.C. : Strategic Studies Institute, 2007), pp. 81-88.

표를 갖고 있지 않습니까? 나는 그와 자리를 함께하는 것이 전혀 문제되지 않습니다"라고 말했다.

이후 간디는 영국의 인도인에 대한 인종차별을 세상에 폭로하기 위해 세계 여론을 청중으로 이용했고, 이후 인도의 독립도 얻을 수 있었다.

출처 : 셀, 2006 : 89-92.

또한 협상에는 직접 참여하지 않으면서 본 협상에 높은 관심을 가지고 있고 능력을 활용할 의지와 능력을 가진 후견인을 배후에 두고 있을 때 이슈 관련 협상력이 증가할 수 있다. 이 때 후견인은 문제가 되는 이슈에 대해 관심을 가지고 있지만 직접적인 이해관계를 가지고 있지 않아야 한다. 후견인이 직접적인 이해관계를 가지고 있다면 자신의 영향력을 최대로 활용하여 협상결과를 자신에게 유리하게 진행하려 할 것이다. 이 경우 약자의 목표보다는 후견인의 목표가 협상의 주요 이슈가 되어 협상이 공전될 가능성이 있다. 만약 협상이 성공적으로 마무리된다고 하더라도 결과는 약자의 입장을 대변하기는 어렵다. 둘째 약자에게 도움이 될 수 있는 후견인이 되기 위해서는 관련 이슈에 관한 충분한 능력을 보유하고 있어야 한다. 즉 군사적 분쟁에 관한 협상이라면 군사력에서 충분한 능력을 보유하고 있어야 한다. 셋째, 협상이 난항을 겪을 때 약자를 위해 능력을 활용할 의지와 동기를 가지고 있어야 한다. 아무리 능력이 있다고 하더라도 약자를 위해 이를 활용할 의지와 동기가 없다면 약자의 입장에서는 협상력 향상에 아무런 도움도 되지 않기 때문이다. 또한 최종 승인권자들의 필요와 이해관계를 발견하여 이를 활용하는 것도 필요하다.

5. 협상단계별 협상전술

일반적으로 협상 테이블 위에서 이루어지는 본 협상은 크게 세 단계를 거치면서 진행되어 나가는 것으로 생각할 수 있다.[7]

● **정보탐색 단계**(information phase) : 상대방으로부터 직접적으로 그의 기본 입장이나 목표, 상대의 의도, 상대의 협상전략 및 전술, 상대방이 가지고 있는 나에 대한 정보, 상대의 여건 등에 대하여 될 수 있는 대로 많은 정보를 획득하기 위해 노력하는 단계이다.

● **경쟁단계**(competitive phase) : 협상 상대로부터 보다 나은 조건과 결과를 얻어내기 위한 목적에서 서로 영향력을 행사하기 위해 경쟁적으로 노력하는 단계이다.

● **협력단계**(cooperative phase) : 협상 의제들을 놓고서 서로 양보를 교환하면서 결합이익(joint interests)을 증진할 수 있도록 협력해 가는 단계이다. 협상을 갈등해소를 위한 문제해결의 대안으로 선택한 만큼 협상 외의 다른 대안보다도 더 나은 결과물을 얻기 위해서는 합의를 모색하는 이 단계에서의 공동노력이 중요하다.

효과적인 협상을 위해서 동원할 수 있는 기법은 협상이 어느

---

7. Charles B. Craver, "Negotiation Techniques," *Negotiation : Readings, Exercises, and cases*, Roy J. Lewicki, eds., Irwin, pp. 89-98. 여기서 다루어진 내용과 다음 장의 협상기법에 관한 많은 내용들은 클래버의 이 저작을 참고하였음.

단계에 와 있느냐 하는 것에 따라 달라진다.

1) 정보탐색 국면에서의 협상기법

(1) 정보전술

정보탐색 국면에서 주로 활용되는 협상기법은 정보전술(infor-tactic)적 차원의 것들이다. 협상과정에서의 정보전술은 크게 두 가지 형태로 나누어진다. 첫째는 상대에 대해서 더 많은 것을 알아내기 위한 것들이고, 둘째는 상대방이 나에 대한 정확한 정보가 전달되지 않도록 하는 것이다. 정보탐색 단계에서는 상대방을 읽되 나는 읽히지 않기 위해 서로 경쟁하는 단계이다. 상대방을 움직이는 것 못지않게 중요한 것은 상대방을 아는 것이다. 협상 테이블에서의 나의 모든 선택은 상대방에 대한 지식에 기초해서 이루어지기 때문이다.

정보탐색 국면에서 협상 당사자는 상대방이 바라고 원하는 것은 무엇인가? 상대방이 무엇을 얼마나 알고 있는가? 등을 알아내는 데 주력해야 한다. 특히 이 단계에서는 상대가 협상장에 나오면서 가지고 있는 '당초(當初)의 입장'(opening position)이 무엇인지 식별해낼 수 있어야 한다. 상대가 협상을 개시하면서 견지하고 있는 기본 입장은 상대의 모두 발언(open statement)을 통해서 공식적으로 드러난다. 그러나 상대가 공식적 언명을 통해 밝히는 기본 입장이 상대가 진정으로 의도하고 있는 것일 수는 없다. 상대방 역시 나와 마찬가지로 자신의 진정한 선호가 읽히지 않기 위해 노력하고 있을 것이기 때문이다. 상대 역시 협상을 준비하면서 쉽게 공개할 내용과 감출 내용,

처음부터 공개할 내용과 나중에 공개할 내용, 끝까지 은닉할 내용을 선별적으로 분류해 가지고 나왔을 것이라는 점을 인식해야 한다.

(2) 정보탐색형 질문

양편의 개시발언이 종료되면 곧바로 여러 가지 질문이 교환되는데, 이 과정이 상대의 본의를 탐색할 수 있는 좋은 기회가 된다. 이 단계에서는 상대방에 대한 정보를 얻어낼 수 있는 정보탐색형 질문(information-seeking question)기법을 많이 활용해야 한다. 이 단계에서는 가부간의 의사를 묻는 질문이나 선택지를 부여하는 질문은 바람직하지 않다. 상대로 하여금 자유롭게 진술하고 답변을 길게 유도할 수 있는 질문(open-ended question)이 효과적이다. 될 수 있는 대로 상대방으로 하여금 말을 많이 하도록 광범위하게 질문공세를 펴나갈 필요가 있다. 일반적으로 상대방이 말을 많이 할수록 그는 자신을 더 많이 드러내게 되기 때문이다. 하지만 너무 구체적인 문제까지 묻는 것은 상대방의 경계의식을 부추겨 오히려 말을 아끼도록 만들 수도 있다. 따라서 상대방의 제의 속에 제시된 목표나 기대수준에 작용하고 있는 상대방의 의도나 동기, 기본 입장, 여건, 상대방의 상황인식 등을 포착할 수 있는 질문들을 다방면으로 던져보는 것이 중요하다.

실제 협상과정에서는 상대방의 답변과 진술을 통해 협상장에 나오면서 준비해 온 것 이상의 상대에 관한 지식을 획득할 수 있는 경우가 많이 있다. 또한 상대의 답변과 진술을 들으면서 협상을 준비하면서 확보한 정보의 진위를 확인할 수도 있게 된다.

(3) 상대의 우선순위 확인

협상시 협상자들이 교환하게 되는 제의 속에 담겨 있는 의제나 요구의 순서, 정보를 탐색하기 위해 상대방에게 던지는 질문에는 그 협상 당사자가 걸어놓고 있는 이해관계가 표출되어 있는 경우가 많다. 의제 순서나 질문 순서에는 그 당사자의 선호와 이해관계가 반영되어 있는 것이다. 모두 발언과 첫 제의 교환이 이루어지는 협상 초기 단계에서 탐색해야 할 상대방에 관한 핵심적인 정보에는 다음과 같은 것들이 포함될 수 있다.

● **상대방의 선택 가능한 대안의 범위** : 상대방의 개시발언과 첫 제의 혹은 수정 제의 등을 통해서 상대방이 의중에 두고 있는 다양한 대안들이 어떤 범주의 것들이고, 이 가운데 상대가 역점을 두고 있는 이슈들이 어떤 것인지를 추정할 수 있어야 한다. 초기 단계에서의 상대의 발언과 제의의 미묘한 변화를 탐지하면 상대의 의중을 읽을 수 있게 된다.

● **대안들에 대한 상대방의 선호와 선호의 강도**(preferences and intensity) : 상대방이 제시하는 이슈의 순서와 질문의 순서 등을 고려하여 상대방이 어떤 이슈에 우선적으로 관심을 가지고 있고 그것에 대한 관심의 정도나 걸려 있는 이해관계의 크기를 추정할 수 있어야 한다.

● **상대의 계획된 행동전략**(planned strategy) : 협상 초기 단계에서는 나의 개시발언과 첫 제의가 상대방에게 공식적으로 전달되며, 상대방의 질문에 대한 나의 첫 반응이 전달된다. 여기에 대해서 상대가 어떻게 대응하는지 고려하여 상대의 전략이나 행동계획의 일단을

추정할 수 있어야 한다.

● **상대방의 강점과 약점** : 협상 초기 단계에서의 모두 발언과 제의의 교환이 이루어지게 되면 상대가 특정의 어떤 세부적 사안에 대해서 상대적 강점이 있다든지 혹은 특정 중요 사안에 대해서는 이를 간과하고 있는 등의 약점이 있다는 점을 탐지할 수 있게 된다.

하지만 여기서 한 가지 주의해야 할 점은 상대가 특정 사안에 대해 우선적으로 진술했다고 해서 그 사안에 대해서 상대가 이해관계를 크게 걸어놓고 있다고 쉽게 단정해서는 안 된다는 것이다. 협상자에 따라서는 이해관계가 크게 걸려 있는 의제를 먼저 다루고자 하는 유형이 있고, 사실은 별로 중요치 않은 이슈를 먼저 다루어 나가고자 하는 유형이 있다.

(4) 협상태도의 유형

① 모험회피형 협상태도

가장 크게 이해관계가 걸려 있다고 생각하는 주제를 먼저 다루고 빨리 타결 짓기를 바라는 유형의 협상자는 조급형, 모험회피형 협상자로 볼 수 있을 것이다. 이 유형의 협상자는 협상과정에 내재된 불확실성을 우려한다. 즉 협상도중 돌발변수가 터져나와 중도에 협상 자체가 중단될 수도 있으므로 우선 긴요한 의제부터 신속하게 먼저 처리함으로써 협상결렬의 우려를 감소시켜야 한다는 입장을 취한다. 하지만 이러한 협상자세는 오히려 협상 초기 단계부터 협상자들을 상충과 대립관계에 몰아넣음으로써 협상을 궁지로 몰고갈 수도 있다.

② 분위기 조성형 협상태도

이와 다른 유형의 협상자는 덜 중요한 주제부터 흥정해 나가는 것이 협상을 보다 수월하게 진척시켜 나갈 수 있다는 자세를 견지한다. 즉 격돌가능성이 크지 않은 의제부터 다루어 나가는 것이 협상자들 사이에 타협의 분위기를 조성하는 데 유리하고, 일단 초기에 만들어진 이러한 타협의 분위기가 나중에 좀더 상충하는 이해관계가 걸려 있는 의제를 다루어 나가는 데도 도움이 된다고 믿는다. '덜 중요한' 문제에 대한 타협의 축적이 '긴요한 이해관계가 걸린' 문제의 타협을 유도하는 데 유리할 수도 있다. 하지만 문제는 반드시 그럴 것이라는 보장은 없다는 것이다.

이 문제는 협상자들이 어떤 정보를 상대에게 먼저 공개할 것인가 하는 문제와 관련이 있다. 협상자들은 사전에 어떤 정보를 먼저 내놓을 것이며, 어떤 정보는 협상의 진전상황을 보아가며—상대방이 풀어놓는 정보 보따리를 보아가며—풀어놓을 것인지 결정해 둘 필요가 있다. 얼마나 많은 정확한 정보를 공개할 것인가의 여부는 협상 상대에 대한 신뢰감의 정도에 상응해서 결정될 필요가 있는 것이다.

(5) 효과적인 질의 대응법

정보탐색 단계의 협상기법에는 미묘한 사안에 대한 질문이랄지 혹은 아직 정확한 정보를 공개하기가 주저되는 질문에 대해서 어떻게 대처할 것인가 하는 것도 포함된다. 협상자는 효과적인 협상을 위해 사전에 이러한 질문들에 대한 반응법에 대해서도 준비해 둘 필요가 있다. 이러한 질문에 대해 묵살하는 것도—대답하지 않은 채 다른 화제로 건너뛰는 것과 같은—하나의 방법이 될 수 있겠지만 좀 더 기술적인 대응법, 즉 세세한 정보를 기대하는 매우 구체적인 질문에 대해서는 아주 일반적인 정보를 제공한다든지 하고, 거꾸로 아주 일반적이고 포괄적인 질문에 대해서는 아주 지엽적인 문제에 포커스를 맞추어 대답하는 대응법이 이용될 수 있다.

미묘한 질문에 대한 효과적인 대응방식 가운데 하나는 상대에게 유사한 질문을 던지는 '되받아치는' 전략이 있을 수 있다. 예컨대 상대방으로부터 특정 사안에 대해 현장에서 독자적으로 결정할 수 있을 만큼 전권을 위임받았느냐는 질문에 대해서는 "지금 이 자리에서 동일 문제에 대해 특정의 안을 제시한다면 이를 책임지고 전적으로 수용할 수 있는지"를 되물어보는 방식이다.

정보탐색 과정은 주관적 판단이나 감정개입을 자제하는 객관적인 과정이 되어야 한다. 하지만 실제 협상자는 상대방에 관한 정보를 탐색하는 과정에서 객관성을 잃기가 쉽다. 특히 상대방의 강점과 약점을 평가하는 데 있어서 객관성을 상실하곤 한다.

2) 경쟁국면에서의 협상기법

상대방에 대한 정보탐색이 끝난 다음 단계에서의 초점은 자기편의 요구를 상대방이 받아들이도록 어떻게 설득할 것인가 하는 데에 맞추어져야 한다.

협상이 경쟁국면에 접어들면 이제 우선 협상자는 자신의 제의 속에 포함된 의제 각각에 대하여 자신이 견지하고 있는 입장의 합리적 근거를 제시해 가며 논리적으로 상대를 설득해 나가야 한다. 상대에게 자신의 요구가 갖는 근거를 납득시키는 작업은 곧 협상자가 자신의 입장에 대하여 스스로 확신을 더해가는 길이 될 수도 있다. 협상자의 상대를 설득하기 위한 주장은 자신의 입장에 대한 체계적이고 논리적인 진술이 되어야 하고, 자기편의 제의나 요구를 상대방에게 설득시키기 위해서는 자신의 논지를 간명하고 설득력 있게 전개할 수 있어야 한다.

어떤 상황에서는 감정적 호소가 때로 효과적일 수도 있다. 하지만 주장이 설득력을 갖기 위해서는 무엇보다도 그것이 객관적으로 보여야 한다. 주장, 곧 논지의 전개는 사실관계에 관한 언술이 설득을 위한 주장과 함께 펼쳐지는 것이다. 매우 구체적인 사항에 대한 정확한 사실관계의 진술은 주장의 객관성을 높이는 데 효과적이다. 그리고 주장은 이것이 최종 결론인 것처럼 말하며 다른 가능성을 미리 차단해 버리는 단정적인 방식(conclusionary fashion)보다는 다른 가능성과 변화의 여지를 열어두는 포괄적 방식(comprehensive fashion)이 바람직하다. 협상은 협상자 쌍방이 처음 입장으로부터 변화해 나가면서 합의점을 모색하는 과정이기 때문이다.

상대방의 입장에 영향을 미쳐 변화를 유도하는 언술(influential statements)은 신중하면서도 명료하고 상대방에게 깊은 인상을 심어줄 수 있어야 한다. 이러한 언술은 상대의 의표를 찌를 수 있는 예상 밖의 메시지를 담는 것도 필요하다. 나의 주장을 상대방이 상투적이고 진부한 것으로 그냥 받아넘기는 한, 상대방의 당초 입장에 대한 변화를 기대할 수 없다. 하지만 상대측이 미처 고려하지 않은 의제와 메시지를 담은 주장은 상대방으로 하여금 자신의 본래 입장을 되돌아볼 필요가 있다는 점을 일깨워 줄 수 있다. 협상자의 주장이 자기 합리화나 억지가 아니라 명확한 논리와 논거를 갖고 있을 때 상대는 이를 수긍하고 스스로의 입장에 변화를 보이기 시작할 것이다.

하지만 아무리 논리와 논거가 제시되는 주장이라고 하더라도 이를 처음부터 끝까지 일관되게 관철시키려 하는 한 협상의 성공적 타결은 기대할 수 없다. 협상은 자기 입장만을 고집해서는 진척이 있을 수 없다. 협상 당사자 서로가 양보의 미덕을 발휘할 때 타결이 촉진될 수 있다. 협상타결은 양보의 교환을 통해 이루어진다. 활발한 정보와 의견의 교환과정을 통해 서로 멀리 떨어져 있기 마련인 '초기 입장'(opening position)이 차츰 합의점을 향해 한 군데로 수렴되어 가면서 협상은 타결된다.

양보안을 내놓는 것도 주장을 내놓는 것처럼 상대가 수긍할 수 있는 방식으로 이루어지도록 하는 것이 바람직하다. 시장에서 상인이 물건값을 한꺼번에 대폭 깎아주는 방식으로, 기분 좋게 인심 한번 크게 쓴다는 식으로 양보안이 제시되어서는 안 된다. 양보 역시 어디까지나 '원칙과 근거에 입각한' 양보여야 상대방에게 신뢰감과 함께 진지한 협상가라는 인상을 심어줄 수 있다. '원칙과 근거에 입각한 양보'란 양보안을 내놓는 객관적이고 논리적 근거가 함께 제시되는 양보를 의미한다.

논리와 논거의 중요성을 강조한다고 해서 협상자 상호 간의 인간적 교감이 무시되어도 좋다는 의미는 아니다. 협상 테이블에 마주 앉은 협상 당사자들은 어떤 의미에서 공동운명체이다. 두 당사자가 만들어내는 결과에 의해 두 당사자측의 미래가 달라지는 것이기 때문이다. 협상 당사자 간의 인간적 교감은 신뢰감 조성에 기여함으로써 협상타결에 기여할 수 있다. 하지만 인간적 교감만으로 성공적인 협상타결이 보장되는 것은 아니다. 인간적 교감은 어디까지나 '플러스 알파'여야 한다. 본체가 없는 '플러스 알파'는 무의미한 것이다. 인간적 교감 역시 논리적 설득의 교환 위에 주고 받는 것이어야 더욱 그 진가를 발휘할 수 있다.

협상에서 논리와 논거가 무시되는 인간적 교감은 사상누각과 같다. 협상의 본질은 어디까지나 이익 셈법의 상호 경쟁이다. 이익 셈법이 무시되고 인간적 교감만으로 만들어진 합의체제는 견고성을 잃을 수 있다. 협상 산출물(negotiation output)은 협상결과(negotiation outcome)와는 개념적으로 구분된다. 협상 산출물은 성공적인 협상타결로 만들어진 합의안을 의미하며, 협상결과는 합의안의 이행과 그 이행의 결과까지를 포괄한다. 인간적 교감은 합의안 산출을 촉진하는 데 도움이 되고, 이후 협상 당사자들의 상호 신뢰와 우정에도 도움이 된다. 하지만 협상타결의 합의체제는 논리와 논거의 교환 위에 만들어질 때 그 견고함이 유지될 수 있다.

(1) 위협, 경고, 약속(Threats, Warnings, Promises)

대부분 협상에서 협상자들은 상대방의 입장변화를 촉구하기 위해 자기 주장만을 늘어놓는 것은 아니다. 논리적 자기 주장만으로 상대방을 설득할 수 있다고 믿는 것은 나이브한 것이다. 상대방의 행동변화를 촉구하거나 상대방으로 하여금 내가 제시하는 특정 대안을 수용하도록 하기 위해서는 상대방에 직접적으로 작용할 수 있는 영향력 행사 기법이 활용될 필요가 있다. 대부분의 협상에서 상대를 움직일 수 있는 직접적인 영향력 행사 기법으로 일반적으로 널리 활용되고 있는 협상전술에는 위협과 경고, 약속 등이 있다.

① 위협

상대측의 입장에 변화를 가져오게 하려는 설득과정에는 명시적인 혹은 암묵적인 위협을 포함하고 있기 마련이다. 위협은 고집 센 상대방으로 하여금 제의를 따르지 않았을 때 초래되는 비용이 순응했을 경우의 비용보다도 크다는 점을 보여주기 위한 것이다. 위협은 상대가 나의 요구에 따라오지 않을 때 내가 어떠한 조치를 취하여 상대에게 더욱 나쁜 결과가 초래되도록 하겠다는 점을 분명히 밝히는 전략이다. 위협은 상대의 불응에 대하여 내가 특정 행동을 취할 경우 초래되는 불이익을 들어 상대를 몰아붙이는 것이기 때문에 경우에 따라서는 상대측으로부터 반발을 불러일으킬 수도 있다.

② 경고

위협전술은 협상 사안이나 상대의 협상 태도 여하에 따라 쉽게 부작용을 초래할 수 있다. 실제 그 위협내용의 실행능력을 상대가 인지하고 있지 않으면 오히려 상대로부터 신뢰감을 잃게 되어 이후 상대에 대한 어떠한 영향력 행사 기법도 잘 통하지 않을 가능성만 커지게 된다. 위협이 효과적이 되기 위해서는 그것이 허풍(bluffing)에 그쳐서는 안 되고, 상대방으로 하여금 그것이 실제 행동으로 옮겨질 수도 있다는 긴박한 인식을 심어주어야 한다. 협박은 신뢰할 만한 것이어야 한다. 따라서 협상자는 실제 실행에 옮기고자 하는 각오가 되어 있지 않는 한, 위협을 협상전략으로 선택해서는 안 된다. 왜냐하면 불응에도 불구하고 위협을 실행에 옮기지 못한다면 신뢰감만 떨어뜨리기 때문이다.

따라서 불응에 대하여 특정 행동을 취하겠다는 강압 없이 단순하게 불응이 초래할 불이익에 주의해 보도록 점잖게 설득하는 '경고'가 보다 효과적이다. 경고는 나의 요구에 대한 상대의 불응에 대하여 내가 어떤 조치를 취하겠다는 것이 아니라, 상대의 불응이 상대에게 초래할 불이익이나 손실을 스스로 깨닫도록 압박한다는 점에서 차이가 있다.

③ 약속

약속은 상대의 변화를 조건부로 자신의 변화를 다짐하는 전술이다. 위협이 상대가 입장을 변화시키지 않는다면 특정 결과가 초래되도록 하겠다는 부정적 접근법이라면, 위협과는 달리 약속은 상대가 입장을 바꾸면 자신도 입장을 변경시키겠다는 의지를 보장해 주는 긍정적 접근법이다. 약속은 상대방의 입장변화를 요청하면서 나도 그에 상응하는 변화를 보여주겠다고 다짐하는 전략이라는 점에서 상대의 변화를 보다 효과적으로 유도할 수 있는 장점을 갖는다. 일방성을 갖는 위협은 협상을 궁지에 몰아넣을 수도 있다. 상대방의 입장변화를 유도하는 데에는 일방적으로 강요되는 위협보다는 상호주의 원칙에 입각한 다짐이 보다 효과적일 수 있다. 협상자들에 의해 오랫동안 활용되어 온 가장 고전적인 형태의 적극적인 약속전술은 '차이의 반분'(split-the-difference) 전술이다. 이는 상대방이 차이의 반을 양보한다면 나도 나머지 반을 양보하겠다고 다짐하는 접근법이다. 차이의 반분 접근법은 대부분의 협상자들이 거래를 종결짓는 데 이용해 온 고전적 기법이다.

논리적 주장과 함께 위협, 경고, 약속은 대부분의 협상에서 모든 협상자들에 의해 공통적으로 활용되는 일반적인 협상전술이다. 실제 협상과정에서는 이와 같은 일반적인 협상전술만 이용되는 것은 아니다. 상대에게 영향을 미쳐 상대의 입장변화를 촉구하는 다양한 협상기법들 가운데에는 보다 강경하고 거친 형태의 하드볼 전술(hard-ball tactic)이 있을 수 있고, 영향력 행사가 표면적으로 잘 드러나지 않은 간접적이고 우회적인 전술들도 있을 수 있다. 이와 같은 다양한 협상전술의 유형들에 대해서는 협상전략과 협상전술을 따로 다루는 장에서 살펴보기로 한다.

3) 협동국면에서의 협상기법

경쟁국면에서의 협상과정은 서로가 서로에 대해서 영향력을 행사하려고 경쟁하는 과정이다. 경쟁국면에서의 협상은 합의점을 모색하는 과정이 아니라 서로 상대를 자신이 서 있는 위치로 잡아당기려는 힘겨루기가 진행된다. 물론 이렇게 서로 경쟁하는 과정에서도 합의점이 모색될 수는 있다. 하지만 이 단계에서의 합의점 모색은 협상의 효율성을 극대화할 수 있는 파레토 최적(Pareto-optimal : 어느 일방이 더 이상 나빠지지 않고서는 다른 일방이 유리해질 수 없는 상황)의 대안과 조건을 모색하는 것이라기보다는 서로가 수용할 수 있는 수준의 합의 대안을 찾아내는 데 급급한 것에 불과하다.

협상이 서로가 받아들일 수 있는 대안에 합의하는 데 그쳐서는 협상의 이점을 십분 살리지 못한 것이 된다. 협상이 여기서 머문다면 협상 당사자들은 양측이 좀더 머리를 맞대면 개발할 수 있는 상당한 수준의 결합이익(joint interests)을 '마개도 따지 않은 채' 그냥 협상 테이블에 놓아두고 자리를 떠나는 것이 된다.

일단 잠정적인 합의안이 만들어지면 협상자들은 양측의 이익을 동시에 증진시킬 수 있는 또 다른 맞교환(alternative trade-offs)이 가능하지 않는지 탐색해 나가는 것이 상호 이득이 된다. 쌍방이 합의한 내용과 조건 가운데 어떠한 요소들이 다시 맞교환됨으로써 양측의 이익이 더욱 증대된다면 이를 마다할 이유가 없는 것이다.

결합이익의 극대화를 위한 이러한 추가적인 맞교환 과정은 경쟁국면의 협상처럼 시간과 에너지를 소모시키는 작업을 요청하는 것은 아니다. 일단 합의된 바를 기초로 하기 때문에 서로 상대가 원하지 않으면 그만이고, 더 이상 잃을 것을 염려하지 않아도 된다. 서로 추가적인 맞교환 제의에 대해 이미 도달한 합의안과 비교하여 유리해질 수 있다고 생각하는지 아니면 더 불리해질 것으로 판단하는지의 여부를 명백히 밝히면 된다.

협동 국면에서 중요한 것은 자신의 견해와 판단을 솔직하고 명백하게 밝히는 일이다. 하지만 때로는 협동 국면에서 경쟁적 상황이 지속될 수도 있다. 어느 일방이 상대방에게 이미 합의된 것보다 훨씬 만족스러운 결과가 예견되는 추가적 대안을 제의하면서 자신의 진정한 선호를 숨긴 채 서로 동등한 수준으로 추가적 이득이 있을 것이라고 설득하려들 수 있기 때문이다.

6

배분협상과 전략

　　사람들이 가지고 있는 협상에 관한 가장 일반적인 이미지는 밀고 당기는 줄다리기 끝에 한쪽이 좀더 많이 차지하면 다른 쪽은 그만큼 덜 가져가게 되는 그러한 광경이다. 예컨대 상점에서 고객이 흥정을 잘해 물건값을 많이 깎으면 주인의 이익은 그만큼 줄어들게 되는 유형의 협상을 말하는 것이다. 주택거래나 중고자동차 거래, 임금협상 등 사실 우리 주변에서 이루어지고 있는 대부분의 일상적인 흥정이 바로 이러한 협상의 전형에 속한다. 이와 같이 밀고 당기는 경쟁관계 속에서 한쪽이 더 큰 결과물을 손에 쥐게 되면 상대방은 그만큼 적게 차지하게 되는 협상을 흔히 배분협상이라고 부른다.

　　협상의 가장 일반적인 이미지는 배분게임이다. 게임을 해서 한쪽이 이기면 상대방은 그만큼 손해를 보게 되고, 한정된 자원이나 예산분배의 경우와 같이 한쪽이 많이 가져가면 다른 쪽은 그만큼 적게 가져가야 하는 협상상황을 배분적 협상상황(distributive bargaining situation)이라 부른다. 이러한 협상상황은 또한 승패의 협상상황(win-lose bargaining situation) 혹은 경합적 협상상황(competitive bargaining situation)이라고 불리어지기도 한다. 이러한 협상상황에서 협상 당사자는 당연히 손에 쥐게 되는 몫을 극대화하기 위한 협상전략을 선택한다.

영화나 드라마에서 협상가는 최후통첩을 하고, 상대의 지나친 요구가 있을 때 항의하며 퇴장하고, 대중 앞에서 자신의 입장을 선동하고, 테이블을 두드리면서 불편한 심사를 표현하는 모습으로 묘사된다. 이러한 모습이 일반인들이 생각하는 협상의 전형적인 모습이다. 그러나 자신의 이익을 지키기 위해 경쟁적이고 공격적으로 행동하는 모습만이 협상의 전부는 아니다(셀, 2007 : 36).

협상의 전체 과정은 공동이익을 창출하는 과정, 즉 가치창출 과정과 창출된 공동이익을 분배하는 과정, 즉 가치분배 과정으로 나누어진다. 배분협상은 가치분배와 관련된 상황에서 이루어지는 교섭이다. 교섭은 일반인들이 생각하는 협상의 전형적인 모습이다. 제한된 자원을 두고 서로 많은 부분을 차지하기 위해 경쟁하는 영합게임이 교섭이다. 일반인들이 쉽게 접하는 영합적인 상호 관계가 발생하는 대표적인 협상은 주택거래, 임금인상 협상이다.

주택거래에서 구매자가 이익을 보면 판매자는 손해를 감수해야 하고, 임금협상에서는 노동자들이 이익을 보면 경영자가 손실을 떠안아야 한다. 한쪽이 이기면 상대방은 그만큼 손해를 보게 되는 배분적 협상상황이다. 한정된 자원이나 예산분배에서 한쪽이 많이 가져가면 다른 쪽은 그만큼 적게 가져가야 하기 때문에 이익을 보는 측과 손실을 보는 측이 명확한 구분되는 승패의 상황이 발생한다. 이러한 상황에서는 모두가 손실을 최소화하고 자신의 이익을 극대화하기 위해서 경쟁적인 협상전략(competitive bargaining strategy)을 활용한다.

1. 배분협상의 논리

> **배분협상의 특징**
>
> ■ 영합적(zero-sum) 상황
> ■ 자신의 이익만을 극대화
> ■ 자신의 양보를 최소화
> ■ 제한된 정보만을 교류

영합적인 협상상황에서 협상 당사자는 관계의 질—앞으로의 지속적 관계 유지나 신뢰성, 평판 등—은 고려하지 않은 채 현재 진행되고 있는 흥정에서 단번에 최대한의 몫을 차지하려는 목표를 가지고 있다. 이는 손에 쥐게 되는 몫을 극대화하기 위한 협상이다.

배분협상에서는 나와 상대의 근본적인 이해(interests)에 대한 지식은 가지고 있지만 협상과정에서 상대의 처치를 고려하지는 않는다. 협상 당사자들은 상대방과의 공통점에 주목하기보다는 상대와의 차이성과 차별성을 부각시키고, 오직 서로의 목표를 달성하기 위해서 자신에게 유리한 정보만을 상대에게 제공한다. 자신에게 이득이 보장되는 정보만을 상대가 접할 수 있도록 정보를 통제하는 것이다. 그와는 반대로 상대로부터는 최대한의 정보를 유도하여 자신의 협상력을 높이려 하고, 획득한 정보를 바탕으로 상대의 논리를 반박하여 궁지에 몰아붙인다.

배분협상의 전술을 한 마디로 요약한다면 "나는 더 이상 양보할 것이 없고 양보는 당신이 해야 한다"는 입장을 견지하는 것이다. 즉 셸링(Thomas Shelling)이 제시하듯이 "내 손이 묶여 있다는 것을 상대에게 보여줌으로써" 상대의 양보를 강요한다. 이러한 배분협상에서는 해결책을 찾기도 어렵고, 협상의 참가자들은 위험을 감수하려는 경향을 보이기도 한다. 그러나 배분협상이 항상 합의에 이르는 길이 험난한 것만은 아니다. 경쟁적인 사람들끼리는 서로를 잘 이해하기 때문에 의외로 비교적 쉽게 문제를 해결하기도 한다.

배분협상은 다음 장에서 논의될 통합협상(integrative bargaining)과는 다르다. 통합협상은 파이의 크기를 크게 하는 것이 주요 내용이다. 통합협상은 갈등의 창의적 해석을 통해 공동이익의 규모를 크게 하는 작업이지만, 통합협상도 결국은 최종 단계에서 배분협상의 과정을 거치게 된다. 이 점 때문에 협상전략을 좀더 직선적이고 직관적으로 이해하기 위해서는 배분협상을 먼저 이해하는 것이 필요하다. 배분협상의 특징과 전략을 이해하기 위해서는 먼저 ZOPA(Zone of Potential Agreements : 합의 가능 영역), BATNA와 관련된 저항점(resistance point) 혹은 최저선(bottom line), 공정성(fairness)에 대한 개념의 이해가 선행되어야 한다.

2. ZOPA

앞의 장에서 설명한 바와 같이 ZOPA의 개념은 배분협상의 과정과 전략을 이해하는 데 중요한 단초를 제공해 준다. 여기서는 가격이 이슈가 되는 주택구매 협상을 중심으로 ZOPA의 개념을 살펴보

자. 구매자는 1,000만 원에 주택을 구입하기를 희망한다. 그러나 최대 1,500만 원까지 지불할 능력이 있다. 한편 판매자는 1,800만 원에 주택을 판매하기를 희망한다. 그러나 최대 1,300만 원까지는 판매할 용의가 있다. 이 때 구매자의 희망가격 1,000만 원은 구매자의 목표지점이 되고 1,500만 원은 구매자의 저항점 혹은 최저선이 된다. 한편 판매자의 입장에서 보면 판매 희망가격인 1,800만 원이 목표점이 되고 최저 판매가로 책정한 1,300만 원이 저항점 혹은 최저선이 된다.

목표점은 협상타결을 통해 내심으로 성취하려는 목표이다. 저항점은 협상 당사자가 결코 넘지 않으려는 값으로, 차라리 협상 자리를 박차고 일어나려고 생각하는 점이다. ZOPA는 두 협상 참가자들의 저항점 혹은 최저선 사이의 영역으로 정의된다.

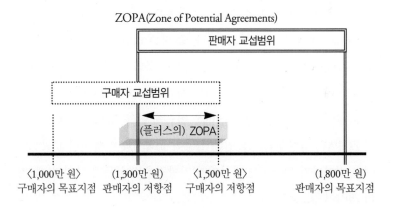

ZOPA(Zone of Potential Agreements)

ZOPA는 교섭영역으로서 양 당사자들이 합의 가능한 영역을 의미한다. 이 범위는 협상 참가자들이 BATNA보다도 더 좋은 결과를 얻을 수 있다고 확신하는 부분이기도 하다. 따라서 통상적으로 협상 과정에서 협상자들은 초기 제안(initial offer)으로 시작하여 상호 커뮤니케이션을 통해 합의점에 이르게 되는데, 합의점은 ZOPA 내의 어느 값이 된다.

ZOPA의 주요 개념

- 두 저항점(최저선) 사이의 영역
- BATNA보다 좋은 결과를 얻을 수 있는 영역
- 합의가 가능한 영역

　　　두 협상 참가자들의 저항점이 서로 겹치지 않는 경우도 발생할 수 있다. 즉 구매자의 저항점이 판매자의 저항점보다 낮을 경우 마이너스(-) ZOPA를 형성한다. 마이너스 ZOPA가 형성되는 근본 원인은 협상 참가자 일방 혹은 쌍방의 BATNA가 상대의 교섭범위의 값보다 더 좋을 때 발생할 수 있다. 즉 다른 대안이 협상안보다 유리한 상황에서 합의를 도출하는 것은 불가능하다. 마이너스 ZOPA를 인식하지 못한 채 협상을 지속한다면 시간낭비일 뿐만 아니라 상호 감정의 골이 깊어져 협상상황을 더욱 어렵게 할 수 있다. 마이너스(-)의 ZOPA의 협상영역으로 인해 협상이 교착상태에 빠지면 교착상태에서 벗어나기 위해서는 당사자가 저항점을 바꾸든지 아니면 제3자의 개입이 필요하다.

저항점(resistance point, bottom line)

- BATNA와 관련된 개념
- 저항점보다 못한 제안, 즉 BATNA보다 못한 제안에는 합의가 이루어질 수

없다.

■ 상대의 저항점 가까이에서 합의가 이루어지게 한다.

■ 저항점은 협상 이후에도 공개되어서는 안 된다.

저항점은 자신의 BATNA와 직접적인 관계가 있다. 저항점은 BATNA보다 좋은 결과를 가져다 주는 마지막 값이다. 협상자는 자신의 BATNA보다 좋은 이익을 가져다 주는 양보점보다 상회하는 값에서는 기꺼이 합의에 동의하지만 BATNA보다 못한 결과를 가져다 주는 제안에 대해서는 거부하게 된다. 따라서 저항점보다 좋지 않은 결과는 합의 자체를 불가능하게 한다. 저항점보다 좋지 못한 값이 예상될 때, 즉 상대의 제안이 BATNA보다 좋지 않은 상황이 발생하면 협상 참가자는 합의를 포기하고 BATNA를 선택할 것이다.

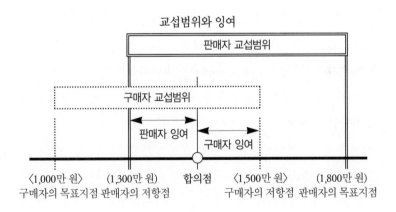

교섭범위와 잉여

배분협상 참가자들은 제안과 양보의 반복된 행위를 통해 ZOPA의 영역 어느 점에서 합의에 도달한다. 따라서 배분협상의 참가자들은 상대의 저항점 혹은 최저선에 가까이에서 합의점을 만들기 위해 노력한다. 협상 당사자는 자신이 선호하는 지점, 즉 개시점이나 목표점에 미치지 못하는 지점에서 협상이 타결될 수도 있다는 점을 알지만 적어도 저항점보다는 나은 선에서 협상이 타결되기를 바란다.

배분협상에서는 자신의 저항점이 상대에게 알려져서는 안 된다. 끝까지 비밀에 부쳐져야 한다. 실험을 통해 알려진 사실은 협상에서 만족할 만한 결과를 얻은 측이라도 협상 후 상대의 저항점을 알게 되면 만족도가 급감한다는 것을 보여주고 있다. 따라서 향후 좋은 관계설정을 위해 협상이 성공적으로 타결되었다 하더라도 상대에게 저항점을 알려주지 않는 것이 좋다. 이러한 이유로 배분협상에서는 저항점이 협상력과 직접 연결되기 때문에 협상 이후에도 상대의 저항점에 대해서는 알지 못하는 경우가 많다. 단지 협상이 결렬되었을 경우, 결렬 직전에 이루어진 마지막 제의와 가까운 어느 점이 상대의 저항점이었다는 것을 짐작만 할 수 있을 뿐이다.

자신의 저항점과 합의점 사이의 값의 차이를 협상자 잉여(negotiator's surplus)라 한다. 상대의 저항점 가까이 합의를 이루려는 노력은 자신의 교섭잉여(bargaining surplus)를 최대화하려는 노력이라 할 수 있다. 협상자 잉여가 크면 클수록 배분협상에서는 좋은 협상을 했다고 판단할 수 있다.

3. 배분협상 체크 포인트

1) BATNA에 집중하라

배분협상에서 가장 중요한 개념은 BATNA이다. BATNA는 협상 참여자의 저항점과 협상력을 좌우하는 가장 중요한 개념이다. 저항점은 BATNA보다 좋은 합의결과를 의미한다. 협상 참여자들은 저항점보다 좋지 않는 결과가 예상될 때 협상을 포기하게 된다. 따라서 강력한 BATNA의 존재는 높은 저항점을 의미하는 것이므로 배분협상에서 강한 협상력을 가능하게 한다.

배분협상에서 가장 중요한 작업은 상대의 BATNA를 알아내는 일이다. 상대의 BATNA는 상대의 저항선을 의미하는 것이기 때문에 저항선에 가까운 제안을 통해 교섭잉여를 극대화할 수 있다. 상대의 BATNA를 알고 있다면 저항점에 가까운 제안을 할 수 있고, 그 제안을 받은 상대가 협상 자체를 포기하겠다는 위협을 하더라도 상대의 BATNA보다도 좋은 제안을 한 상태이기 때문에 상대는 다른 대안이 없다. 상대의 위협은 이 상황에서 위력을 발휘할 수 없다.

따라서 상대의 BATNA를 알아내고 자신의 BATNA를 노출하지 말아야 한다. 상대의 선의에 의지하여 자신의 BATNA 혹은 저항점을 밝히는 것은 협상가로서 합리적인 행동은 아니다. 특히 협상 상대방에게 호감을 가지고 있거나 장기적인 관계를 유지하려 할 때 자신의 저항점을 밝히는 경우가 있다. 그러나 이 경우에도 자신의 저항점을 상대에게 알리는 행위는 배분협상에서 효과적인 선택은 아니다.

자신의 BATNA나 저항선은 협상이 종결된 이후에도 상대에게 알리지 않는 것이 오히려 상대와의 좋은 관계를 유지하는 데 도움이 된다.

상대의 BATNA를 알아내는 방법에는 직접적인 방법과 간접적인 방법이 있다. 직접적인 방법은 도청이나 감청과 같은 활동을 통해 알아내는 것을 말한다. 그러나 직접적인 방법은 불법행위로 간주되는 경우가 많으므로 법이 허용하는 범위 내의 활동에 제한되어야 한다.

간접적인 방법으로는 상대 문헌이나 상대방의 발언을 통해서 BATNA를 알아내는 방법이다. 부동산 거래의 예를 들어보면 구매자의 입장에서는 현 물건과 비슷한 물건의 최근 거래동향을 살펴보거나 시세를 알아봄으로써 알 수 있다. 시세에 덧붙여 매물이 시장에 나와 있었던 시간, 최근 매물의 양, 주택의 연수 및 위치 등으로 현 물건의 BATNA를 인지할 수 있다. 이를 바탕으로 판매자의 저항선을 개괄적으로 알 수 있다.

2) 상대의 저항점에 영향을 미쳐라

배분협상을 위한 전략전술의 핵심은 상대의 저항점에 효과적으로 영향을 미치는 것이다. 즉 상대방으로 하여금 자신의 저항점을 재평가하도록 만드는 것이다. 상대의 저항점은 협상이슈들에 상대방이 부여하고 있는 가치, 그리고 협상과정에서 치르게 되는 비용을 감안하여 정해진다. 따라서 상대의 저항점에 영향을 미치기 위해 고려되어야 하는 요소로는 (1) 특정 결과물(목표값)에 상대가 부여하고 있는 가치, (2) 협상의 지연 및 난관에 대한 상대의 기대비용, (3) 협상결렬에 대한 상대의 기대비용 등을 고려해야 한다.

상대의 저항값을 바꾸는 방법

■ 저항값에 부여한 상대의 가치를 변화시킨다.
■ 협상의 지연과 난관에 대한 상대의 비용을 증대시킨다.
■ 협상결렬에 대한 상대의 비용을 증대시킨다.

특정 목표에 상대가 부여하고 있는 값을 변화시키기 위해서는 상대의 특정값에 대한 집착이 원하지 않는 결과를 낳을 수 있다는 것을 보여주는 것이다. 특정값에 집착하는 협상가는 양보를 거부하는 협상가일 때가 많다. 공공연한 시위 등을 통해 특정 목표값을 주장하는 상대에게 집착의 비용을 증가시킴으로써 양보를 유도할 수 있다. 또한 새 차를 구입한 고객이 출고 직후 결함을 발견했을 때 대부분의 자동차 판매상들은 교환 대신에 무상 수리를 제공한다. 그러나 새 차를 구입한 고객으로서는 중고차 같이 수리하는 것을 원하지 않고 또 그 차에 이미 정이 떨어져 더 이상 타고 싶지 않을 때가 많다. 이 때 무상 수리만을 고집하는 자동차 판매점 앞에서 공공연하게 항의하는 사람들이 있다. 이들은 자동차 딜러를 방문하는 잠재 고객들에게 본 판매점이 매우 비양심적이라는 것을 선전하여 자동차 판매점의 비용을 높일 수 있다.

또한 협상의 지연 및 난관에 관한 상대의 기대비용을 높여서 상대의 양보를 유도할 수 있다. 이는 시간이 자신에게 유리할 때 활용하는 방안이다. 식당 종업원들이 임금협상을 할 때 손님들이 많이 몰리는 시간에 단체 임금협상을 진행한다면 식당 주인의 기대비용을 높일 수 있다. 손님이 많이 몰리는 시간에 합법적인 임금협상을 진행하면 손님들이 앉을 수 있는 좌석이 줄어들고, 또 고객들에게 서비스할 수 있는 인원이 감소하기 때문에 불만이 증가할 수 있다. 서비스가 좋지 않는 식당을 다시 찾을 고객은 없을 것이다. 이러한 행동이 상대의 기대비용을 증가시킨다. 소비자 불매운동도 상대의 기대비용을 높이는 방법이다.

위협을 통해 협상이 결렬되었을 때 상대가 지불해야 할 비용을 증가시키는 방법이 있다. 이 때 활용되는 것이 최후통첩(ultimatum) 전략이다. 최후통첩 전략을 활용할 때에는 첫째, 본 이슈가 매우 중요하고 긴급한 사안임을 상대에게 인식시켜야 한다. 둘째, 상대에게 요구사항을 명확히 전달해야 한다. 셋째, 유효시간을 명확히 전달해야 한다. 마지막으로 상대가 요구사항의 수용을 거부했을 때 받게 될 불이익에 대해서 신빙성 있는 방안과 의지를 통해 확인시켜야 한다.

최후통첩 전략을 채택한 이후 상대가 이의를 제기하면 협상을 깨고 자리에서 일어나 협상장을 걸어나가야 한다(walk away). 자신의 눈으로 협상이 깨지는 것을 확인하는 것은 상대에게 큰 충격일 수 있다. 이러한 전략의 대표적인 인물이 도날드 트럼프이다. 그는 걸핏하면 자신의 트레이드 마크인 '걸어나가기'를 활용했다. 이 전략은 자신에게 그 제안과 원칙이 얼마나 중요한가를 상대에게 각인시키는 기회가 된다. 자신의 주장을 강하게 전달하는 방법이자 또 상대의 거부에 대한 강력한 항의의 표시이다.

상대의 비용을 높이는 전술을 활용할 때 주의해야 할 점은 상대의 비용의 문턱(threshold)을 넘어서는 안 된다는 것이다. 상대에게 너무 치명적인 비용을 지불하게 하면 상대는 그 비용에 대해 어느 순간 둔감하게 된다. 이런 상황이라면 기존의 손실에 비해 미래의 손실의 크기가 큰 의미가 없기 때문에 더 이상의 양보를 바라는 것은 불가능하다.

상대의 저항점 변화시 주의할 점

■ 비용의 증가는 상대의 비용의 문턱을 넘어서는 안 된다.

■ 비용의 문턱을 넘어서면 상대는 더 이상 관심을 기울이지 않는다.

■ 상대의 저항점을 변화시키기 위한 강경전략으로 협상은 오랜 기간 공전될 수도 있다.

또 하나의 중요한 요소는 나의 입장을 상대방이 어떻게 이해하고 있느냐 하는 점이다. 무엇이 가능한가―상대가 특정 결과물에 대해 부여해 놓고 있는 가치는―에 대한 상대의 인식은 나의 입장이나 상황을 상대가 어떻게 이해하고 있느냐에 의해서도 영향을 받는다. 따라서 상대방의 견해에 영향을 미치기 위해서는 나에―즉 나의 협상 결과물에 대한 가치 및 협상비용에 대한 인식―대한 상대의 인식에도 영향을 미쳐야 함을 의미한다.

3) 현실적이고 긍정적인 높은 목표값을 가져라

배분협상에서 BATNA가 저항점과 관련되는 것이라면 목표점은 초기 제안(initial offer)과 관련이 있다. 목표값은 협상이익의 상한선을 의미한다. 대부분 초기 제한은 ZOPA 범위 밖의 상한선에 가까운 값을 제시하는 경우가 많다. 따라서 높은 기대치를 가진 협상가는 높은 목표값을 가지고 있다.

기대치가 높으면 높을수록 더 좋은 결과를 얻는다(셀, 2007 : 41). 다른 모든 조건이 동일하다면 더 높은 목표를 가진 협상가가 더 나은 협상결과를 거둔다. 실험결과에 따르면 높은 기대치를 가지고 설정된 목표값에 초점을 맞춘 협상가가 BATNA에 기초한 저항값에 초점을 맞춘 협상가보다 더 좋은 결과를 얻었다. 이는 높은 기대치에 합의점을 맞추기 위해 협상가가 자신을 규제하기 때문이다. 따라서 가능하다면 쉽게 달성될 수 있는 목표값보다는 다소 어려운 목표값을 설정하는 것이 협상잉여를 증대시키는 데 도움이 된다. 그러나 비현실적인 터무니없는 목표값을 설정하는 것은 바람직하지 않다. ZOPA에 벗어난 터무니없는 초기값은 상대에게 모욕감을 준다. 이 경우 관계를 망쳐 협상 자체를 어렵게 할 수 있다. 가능하면 목표값은 높게 책정하되 현실적이고 합리적이어야 한다.

4) 초기 제안은 먼저 하는 것이 유리하다

초기 제안은 교섭과정의 착점(anchor point)이 되기 쉽다. 협상이 초기 제안값을 중심으로 논의될 가능성이 있고, 상대의 역제안도 초기 제안을 중심으로 제시될 가능성이 높다. 예를 들어 상대가 터무니없이 높거나 낮은 초기값을 제시한 경우를 생각해 보자. 상대의 제안값에 대해 반박이 시작될 것이다. 논리적인 근거를 제시하고, 기존의 협상사례를 인용하면서 상대의 값이 얼마나 터무니없는가를 논박하기 시작할 것이다. 상대는 아마도 터무니없는 근거를 제시하며 자신의 주장을 굽히지 않을 것이다. 여기에 함정이 있다. 아무리 논리적인 근거를 제시한다고 하더라도 협상이 진행되는 동안 논의의 중심이 되는 것은 상대의 그 터무니없는 초기값이다. 이렇게 상대의 초기값을 중심으로 논의하다 보면 결국 자신의 저항값에 가까운 어떤 값에서 합의가 이루어지기 십상이다.

상대가 먼저 초기 제안을 선점했을 경우 상대의 초기 제안이 착점이 되지 않도록 신속하게 대응해야 한다. 바다에 닻이 떨어지기 전에, 즉 상대의 터무니없는 초기값을 듣는 순간에 상대의 제안을 묵살하거나 완전히 무시해야 한다. 상대의 제안이 옳지 않다는 것을 보여주는 합리적인 근거와 논리를 제시할 필요도 없다. 합리적 논리와 근거를 바탕으로 새로운 제안을 하거나 혹은 상대와 같이 터무니없이 높은 값을 통해 자신에게 유리한 착점을 형성할 수 있게 해야 한다. 이 과정은 상대의 초기 제안이 착점으로 역할하는 것을 막고 상대에게 협상할 의지가 있음을 보여주는 행동이 된다.

배분협상에서는 초기값을 누가 선점하는가를 결정하는 것이 매우 중요하다. 왜냐하면 그것이 협상과정에서 착점으로 작용할 수 있기 때문이다. 일반적인 경우에 초기값을 제한할 수 있는 힘은 이슈와 관련된 힘에서 유리한 쪽이 차지하게 된다. 즉 초기값을 부를 수 있는 힘은 쉽게 바뀌기도 어려운 구조적인 힘에 속하는 것이다. 그러나 초기값을 부르는 것이 항상 배분협상에서 유리한 것만은 아니다. 초기값은 이슈 관련 힘, 구체적으로 어젠다를 설정할 수 있는 능력이나 게임의 규칙을 정할 수 있는 힘, 혹은 이슈와 관련된 전문적인 지식을 가지고 있을 때 가능하다. 특히 전문적인 지식이 부족한 경우에 초기값을 설정하는 행위는 배분협상에서 곤란을 겪을 수도 있다.

레이먼드 챈들러의 임금협상

유명한 영화감독 빌리 와일더는 「이중 배상」(*double indemnity*)이라는 1940년대 영화를 현시대에 맞게 각색해 영화대본을 써줄 사람으로 유명한 탐정소설 작가 레이먼드 챈들러를 고용하고 싶어했다. 챈들러는 할리우드에는 처음이었지만 협상을 위해 직접 왔다.

와일더와 처음 만나는 자리에서 챈들러는 임금에 대해 첫 제안을 했다. 그는 주당 150달러를 요구했고, 각색을 마치는 데 2주 내지 3주가 걸릴 것이라고 말했다.

와일더는 챈들러에게 주당 750달러를 생각하고 있었고, 영화대본을 완성하는 데도 2~3주가 아닌 몇 달이 소요될 것으로 알고 있었다. 협상이 이대로 끝났으면 챈들러는 자신이 막대한 손해를 입었다는 것을 나중에야 알게 되었을 것이다.

와일더 감독은 챈들러의 재능을 높이 평가하여 그와 좋은 관계를 맺고 싶었다. 와일더 감독은 챈들러의 대리인을 불러 다시 협상을 시작했고, 초기에 챈들러가 요구했던 터무니없이 낮은 가격은 잊혀졌다.

출처 : 셸, 2006 : 260.

비틀즈의 수익협상

비틀즈의 첫 번째 영화인 「하드 데이스 나이트」(*A Hard Day's Night*)의 수익을 배분하면서 일어났던 일이다. 비틀즈의 매니저였던 브라이언 엡스타인은 영화산업에 대해 별로 아는 것이 없었다. 그는 나름대로 공격적인 요구라고 생각한 영화수익의 7.5%를 요구했다. 영화제작자는 얼른 좋다고 대답했다. 왜냐하면 영화제작사는 비틀즈에게 최고 25%까지 양보할 생각이었기 때문이다. 이 영화는 흥행에 성공했다. 그러나 비틀즈의 수입은 그리 많지는 않았다.

출처 : 셸, 2006 : 260-1.

상기 두 예시는 전문적인 지식이 없으면서 초기값을 선점하는 것이 얼마나 위험할 수 있는가를 보여주는 것이다. 전문적인 지식이 없는 분야에 대한 협상에 참여해야 할 피치 못할 사정에 처하게 되면 먼저 상대에게 초기 제안을 양보하는 것이 현명하다. 입을 닫고 상대의 제안을 먼저 듣는 것이 오히려 더 현명하다는 것이다.

전문가들이 벌이는 협상에서 초기값은 상대의 목표치에 가까운 값이라는 것을 명심해야 한다. 초기값이 충분히 만족스럽다고 하더라도 이를 즉각적으로 수용해서는 안 된다. 상대의 초기값을 즉각적으로 수용하면 상대는 '승자의 저주'(winner's curse)에 빠지기 쉽다. 자신의 제안을 상대가 수용해 주었지만 더 높은 값을 요구해서 더 좋은 협상결과를 얻을 수도 있었다는 뒤늦은 후회가 생겨난다. 이 감정 때문에 자신의 제안이 받아들여져서 협상결과가 자신이 원하는 방향으로 결정되었다는 기쁨보다는 더 잘할 수 있었을 것이라는 아쉬움으로 심리적인 고통을 겪게 된다. 따라서 상대의 초기값이 합리적이라고 생각되더라도 일단은 역제안을 통해 교섭을 진행하는 것이 합리적이다.

5) 양보는 점진적으로 교환되어야 한다

양보를 하는 경우 연속으로 양보하는 것보다는 상대의 양보를 얻어낸 다음 자신의 추가 양보를 제시하는 것이 좋다. 물론 상대방의 제안이 자신의 양보점에 근접한 경우는 예외이겠지만 양보는 주고 받는 것이어야 한다. 배분협상에서 합의과정은 공정성을 실현하는 과정이라고도 할 수 있다. 따라서 양보는 공정성에 대한 이론적 근거와 논리를 바탕으로 수행되어야 한다. 논리가 전혀 없는 협상에서는 부족한 논리도 상대방의 양보를 이끌어낼 수 있다.

논리 개발의 중요성

엘렌 랭거(Ellen Langer) 팀이 복사기를 사용하기 위해 줄 서 있는 사람들에게 세 부류의 요구를 하는 낯선 사람을 접근시켰다.

■ 첫 번째 사람은 아무런 근거 없이 상대에게 양보를 요구했다. "실례합니다. 저는 다섯 장만 복사하면 되는데요, 제가 먼저 복사기를 써도 될까요?"
■ 두 번째 사람은 근거를 제시했다. "제가 먼저 복사기를 써도 될까요? 왜냐하면 제가 좀 급한 일이 있거든요."
■ 세 번째 사람은 완전히 무의미한 근거를 제시했다. "제가 먼저 복사기를 써도 될까요? 왜냐하면 제가 복사를 해야 하거든요."

결과는 첫 번째 양보를 요구한 사람에게 60%가 양보를 했다. 두 번째 합리적인 근거를 제시한 사람에게 94%의 피실험자들이 양보해 주었다. 세 번째 아무런 근거가 없는 이유를 제시한 사람에게도 93%의 피실험자가 양보해 주었다.

이 실험은 아무리 약한 근거라도 근거를 가지는 것이 상대방의 양보를 유도할 수 있다는 것을 보여준다.

출처 : 로버트 치알디니, 『설득의 심리학 2』(서울 : 21세기북스, 2007), pp. 186-187.

4. 배분협상과 공정성 문제

협상과정에서 특히 배분협상에서 가장 큰 이슈가 되는 것은 공정성(fairness)의 문제이다. 협상과정에서 양보과정은 무원칙적인 것이 아니다. 각자의 공정성의 원칙에 맞게 양보하려 하고 합의결과도 공정하게 이루어지기를 바란다. 그러나 모든 사람이 합의와 양보가 공정하게 이루어지기를 원하지만 사람마다 상이한 공정성에 대한 기준을 가지고 있다. 또한 협상 참가자들은 자기 중심적으로 공정성을 정의한다.

공정성의 자기 중심성

세 친구가 함께 저녁식사를 하러 갔다. 한 사람은 비싼 포도주 한 병, 전채가 포함된 비싼 메인 코스를 주문했다. 다른 한 사람은 첫째 사람이 주문한 술은 마시지 않고 싼 음식을 주문했다. 또 다른 사람은 주문한 포도주를 마시고 적당한 가격의 음식을 주문했다. 식사 이후에 계산서가 나왔다. 비싼 음식을 먹은 첫 사람은 총 금액을 삼등분하자고 제안했다. 술을 마시지 않은 두 번째 사람은 주문 내역에 맞게 청구서 3개를 달라고 주문했다. 마지막 사람은 자신이 요즘 돈이 궁하니 다른 두 사람이 오늘 계산을 하고 자기는 나중에 자기 집에서 피자를 대접하겠다고 했다.

■ 어느 것이 가장 공정할까?

출처 : 톰슨, 2005, 113.

자기 중심적인 공정성은 협상을 어렵게 만드는 요소이다. 협상에서 양보를 교환할 때 가장 자주 등장하는 단어가 공정성이다. 대부분의 배분협상에서 서로의 양보를 유도하고 자신의 이익을 지키기 위해서 아래의 공정성의 3가지 기준을 두고 협상이 공전되는 경우가 많다.

1) 공정성의 3가지 기준

협상에서 활용되는 공정성의 3가지 기준은 평등원칙(equality rule), 형평원칙(equity rule), 그리고 필요원칙(needs-based rule)이다.[1]

● **평등원칙**(equality rule)은 맹목적 정의로서 참가자들이 똑같이 나누는 것이다. 상대가 1을 양보하면 나도 1만큼 양보하는 것을 가리킨다. 이는 노력의 양이나 투자의 규모와는 상관 없이 일률적으로 동일한 혜택이나 고통을 나누어 가지자는 것이다. 법에서 말하는 평등, 즉 만인은 법 앞에 평등하다는 개념이 여기에 속한다.

● **형평원칙**(equity rule)은 개별적 기여도에 비례해서 분배하자는 것이다. 시장경제원리가 기초하고 있는 원리가 형평의 원칙이다. 더 많은 투자와 노력을 투자한 사람이 혜택에서도 더 많은 이익을 챙겨야 한다는 것이다.

● **필요원칙**(needs-based rule)은 투자규모나 노력 여하에 상관 없이 필요에 따라 분배하자는 것이다. 사회보장제도가 기초하고 있는 공정성의 원칙이 이것이다. 필요원칙은 협상의 강자보다는 약자가 유리한 원칙이라고 할 수 있다.

---

1. 이에 대한 논의는 Janice M. Steil and David G. Makowski, "Equity, equality, and Need : A Study of the Patterns and Outcomes Associated with Their Use in Intimate Relationship," *Social Justice Research* vol. 3, no. 2(1989)와 Nancy A. Welsh, "Perceptions of Fairness" in Andea Kupfer Schneider and Christopher Honeyman, eds., *The Negotiator's Fieldbook : The Desk Reference for the Experienced Negotiator*(Washington, D.C. : The American Bar Association, 2006)을 참조.

공정성의 3가지 기준

- 평등원칙(equality rule)
- 형평원칙(equity rule)
- 필요원칙(needs-based rule)

---

2) 절차상의 공정성

이익의 분배에서 방법만큼 중요한 것이 절차상의 공정성이다. 절차상의 공정성은 결과에 대한 만족감과 그 결과를 엄수하려는 자발성에 영향을 미친다.

공정한 피자 나누기

세 자녀를 둔 가정이 있다. 이 가정은 집에서 피자를 구워먹는 것을 즐긴다. 그러나 피자를 먹는 것은 좋지만 항상 문제가 되는 것은 세 자녀 모두가 자신이 좋아하는 토핑이 있는 부분을 가지려고 하고 또 서로 먹겠다고 다투는 통에 식사시간이 전쟁터가 되기 일쑤라는 것이다. 그런데 아버지가 지혜를 짜냈다. 세 자녀 모두가 만족할 수 있는 절차상의 공정성을 마련한 것이다.

세 자녀 중에서 가장 많은 지식과 정보를 가진 첫째가 피자를 자기 나름대로 자르도록 했다. 대신 자르고 난 피자의 선택권은 막내부터 둘째, 그리고 피자를 자른 첫째는 제일 마지막에 선택하게 규칙을 만들었다. 강자가 결정하고 약자부터 선택하는 이러한 방법은 롤즈의 절차상의 정의를 적용한 것이다. 실제로 세 아이들은 정확하게 피자를 나누기 위해 컴퍼스까지 동원해서 피자를 잘랐고, 누구도 불만을 가지지 않았다고 한다.

출처 : 백종국, 『민주시민의 교양』, 2001.

피자를 나누는 과정은 교섭 꾸러미(bargaining mix)를 구성하는 과정과 유사하다. 즉 강자가 합리적인 여러 개의 교섭 꾸러미를 만들고 가장 약자부터 자신이 선호하는 것을 선택하면 된다. 이 과정은 구조적 힘에서 압도하는 강자의 힘을 규제할 수 있는 방법이 되기도 한다.

7

배분협상의 전략과 전술

중고자동차 거래의 예

나는 중고자동차를 사고자 하는 구매자이다. 중고자동차 매매 광고를 보고 나는 판매자를 고른다. 상대는 특정 개인일 수도 있고, 중고자동차 매매를 전문적으로 취급하는 딜러일 수도 있다. 나는 사전조사를 통해서 중고자동차의 대략적인 시세와 매매를 위한 거래시 유의해야 할 점을 알게 되었다. 또 자동차에 관해 내가 가지고 있는 평소의 인식과 나의 선호를 다시 한 번 정리해 보기로 했다.

내가 중고자동차를 사고자 하는 것은 우선 경제성을 고려한 것이다. 신차를 사고자 했을 때 한꺼번에 들어가는 목돈을 감당할 수 없다고 판단한 것이었다. 나는 내가 부담할 수 있는 예산범위 내의 자동차와 그 판매자를 선정하여 협상에 들어간다. 경제성을 우선으로 하는 나는 자동차의 연비나 재판매 가격도 염두에 두고 있다. 연비가 특별히 좋고 재판매 가격도 높다면 나는 처음 생각한 가격보다 조금 더 지불할 의사가 있다.

자동차에 관한 평소 나의 인식은 또한 안전성을 추구하는 것이다. 나는 자동차 모델을 고를 때 날렵한 맵시보다는 안전성과 실용성을 따진다. 안전성과 관련해서는 자동차를 고를 때 에어백이나 ABS 등 안전성을 높이는 사양이 추가로 장착되어 있는지를 보며, 사고의 경험이 있는 자동차인지를 따진다.

시장조사와 나의 평소의 선호를 반영하여 몇 개의 모델을 선정하였고, 이제 여기에 부합하는 자동차를 시장에 내놓은 판매자와 매매를 위한 협상을 시작하려 한다. 나는 판매자들을 만나 자동차에 대해 이것저것 알아본 후 이제 본격적인 흥정에 들어간다.

1. 배분협상에서의 목표설정 : 중고자동차 매매사례

배분협상을 준비하면서 우선적으로 해야 할 것은 목표를 설정하는 일이다. 사전조사를 통해 나는 협상 상대로부터 어느 정도의 목표수준을 성취해낼 수 있을 것인지 미리 결정해 두어야 한다. 목표의 수준은 내가 처한 여건이나 나의 자원동원 능력에 기본적으로 좌우되는 것이기도 하지만, 협상 사안과 상대에 대한 면밀한 사전조사를 통해 그 적정한 수준이 선정되는 것이기도 하다.

마찬가지로 중고자동차 구매를 염두에 두고 내가 가장 먼저 해야 할 일은 목표가격을 정하는 일이다. 목표가격의 설정은 가격을 둘러싼 다양한 수준의 목표지점을 선정하는 것으로서, 여기에는 다음과 같은 목표지점이 고려되어야 한다.

● **타깃 포인트**(target point) : 협상타결을 전제로 내심 도달했으면 하는 지점이다. 내가 판매자와 흥정을 끝내면서 내심 지불할 의사가 있는 가격수준을 의미한다.

● **저항점**(resistance point) : 지금의 협상에서 최대한의 양보를

전제로 더 이상 물러설 수 없는 지점이다. 협상 상대에게 내가 지불하고자 하는 최고 수준의 가격을 의미한다.

● **초기 제안**(initial offer) : 협상 시작과 함께 내가 내놓으려 하는 최대한의 목표수준을 의미한다.

● **개시가격**(asking price) : 협상 상대가 나에게 처음 제시하는 목표수준이다. 판매자가 나에게 처음 부르는 가격을 뜻한다. 나는 사전조사를 통해서 상대의 개시가격을 추정해 볼 수 있다.

목표지점 선정단계에서는 나의 목표지점뿐 아니라 상대의 목표지점에 대해서도 추정할 수 있어야 한다. 특히 상대의 저항점을 알아내거나 이를 추정해낼 수 있어야 한다.

판매자의 예상 저항점	나의 첫 제안가격	나의 타깃 포인트	판매자의 예상 타깃 포인트	판매자의 개시가격	나의 저항점
6백만	6백 30만	7백만	7백 50만	8백만	8백 5십만

다양한 수준의 목표지점을 선정하는 과정에서는 다음과 같은 점을 염두에 둘 필요가 있다.

1) 나의 첫 제안은 합당한 수준의 것이어야 한다

협상은 양보의 교환과정이다. 따라서 처음 제안가격으로부터의 양보를 고려한다면 나의 첫 제안가격은 당연히 내심 정해놓고 있는 타깃 포인트보다 낮은 가격수준이 되어야 할 것이다. 하지만 나의 첫 제안은 타깃 포인트로부터 너무 멀리 떨어진 것이어서도 안 된다. 터무니없는 수준의 첫 제안은 상대가 다른 구매희망자를 찾거나 혹은 아예 거래를 포기하기로 마음먹을 수 있기 때문이다. 따라서 나의 첫 제안가격은 타깃 포인트보다 낮은 선에서 합당한 수준으로 정해져야 한다.

협상자들은 양보를 주고 받을 것으로 기대하며 협상에 임한다. 훌륭한 배분협상가라면 자신의 저항점에 가까운 지점에서 첫 제안을 내놓지 않으며, 협상과정에서의 상대에게 양보할 것을 염두에 두고 충분한 협상영역을 확보해 두고자 한다. 대체적으로 일반적인 협상가는 자신이 내심 정해놓은 목표지점보다 높은 수준의 첫 번째 제안이나 혹은 두 번째를 수용하는 경향이 있다. 따라서 무엇보다도 협상가들은 상대의 저항점을 식별해내기 위해 노력해야 하며, 미리 앞질러 이 지점을 양보하지 않도록 해야 한다.

효과적인 배분협상을 위해서는 협상 도중 입장을 정하고 자신의 입장으로부터 물러서서 양보해 나가는 과정이 필요하다. 입장의 변화는 상대방의 태도나 상대방으로부터 얻게 되는 추가적 정보에 대한 반응으로 이루어진다. 협상과정에서는 상대방의 기대나 요구, 목표, 협상태도 등에 관한 새로운 정보를 접하게 되는데, 입장변화는 이에 대한 반응으로 이루어지는 것이다. 협상은 제의와 역제의, 양보와 추가 양보, 하나의 입장으로부터 새로운 입장에로의 전환이 되풀이되는 반복의 과정이다. 협상과정에서 서로의 입장에 대한 반복되는 정보교환을 통해 서로의 입장을 절충해 나가게 된다.

일반적으로는 나의 첫 번째 제안과 여기에 맞서는 상대의 역제안 사이의 간격이 초기 교섭영역(initial bargaining range)을 형성한다. 이후 단계에서는 원래의 입장을 계속 고수하든지 아니면 약간의 양보안을 제시하든지 하는 과정이 진행된다. 협상이 타결의 방향으로 나아가기 위해서는 첫 제안의 교환으로 파악된 쌍방의 입장 차이의 간격을 메워나가기 위한 양보의 교환이 뒤따라야 한다. 양보를 위해서 우선 고려해야 할 것은 양보를 '얼마나'(how large) 할 것인가를 결정하는 일이다.

협상자의 첫 제안과 첫 양보의 크기는 협상에 임하는 협상자의 기본 태도를 나타낸 준다. 극단적인 첫 제안 이후 완강한 입장을 고수하면서 아주 미미한 첫 양보안을 내놓는 협상자는 '터프한 협상자'가 되고, 온건한 첫 제안을 내놓은 이후 합리적이고 타협적인 자세를 견지하면서 관대한 분량의 첫 번째 양보안을 내놓는 협상자라면 '유연한 협상자'임을 알 수 있다.

다양한 협상사례를 다루고 있는 경험적 연구에 의하면, 일반적으로 극단적 첫 제안을 내놓는 '터프한 협상자'가 '유연한 협상자'보다 더욱 많은 것을 손에 넣게 된다고 밝히고 있다. 극단적 첫 제안이 가질 수 있는 이점은 우선 협상자에게 그만큼 운신의 폭을 넓혀주기 때문일 것이다. 극단적인 첫 제안은 은연중에 상대방의 심상에 영향을 미쳐 상대방으로 하여금 협상타결을 위해서는 갈 길이 멀다는 인상을 심어주며, 입장의 차이를 좁히기 위해서는 원래 의도했던 것보다는 많은 것을 양보해야 한다는 생각을 갖도록 만들기도 한다.

하지만 극단적 첫 제안이 이러한 바람직한 결과만을 가져오는 것은 아니며, 불리한 점이 초래될 수 있음을 기억해야 한다. 극단적 첫 제안은 상대방의 즉각적인 거부를 불러일으킬 수 있고, 상대방에게 대하기가 매우 까다로운 상대라는 인상을 주기 때문에 장기적인 관계 유지에 해가 된다. 따라서 얼토당토않은 극단적인 첫 제안은 결코 바람직하지 않으며, 극단적인 첫 제안을 내놓는 협상자는 상대에 의해 이것이 즉각 거절되는 경우에 대비하여 가용대안들을 마련해 두고 있어야 한다.

터프한 협상자는 협상을 자기 주도로 이끌어 갈 수 있게 되어 이득을 최대화하는 데 기여할 수도 있지만, 상대방으로부터 강한 거부감과 함께 유사한 태도를 불러일으킬 수 있어서 협상이 난항에 빠질 가능성이 커진다. 반면 기꺼이 양보하고 타협하려는 유연한 협상 태도는 나의 입장과 태도에 대해 상대가 어떻게 반응하는지를 보아 가며 상대방의 목표와 기대치를 읽어낼 수 있는 장점이 있다. 유연한 협상태도는 또한 상대방과 협력적 관계를 구축하기가 좋으며, 유연하게 보일수록 상대로 하여금 협상타결 가능성이 큰 것으로 믿게 만들 수 있는 장점도 갖는다.

2) 플러스(+)의 흥정영역이 협상의 출발점이다

배분협상 과정은 플러스(+)의 흥정영역(positive bargaining range) 내의 어느 한 지점에 도달하는 과정이다. 상대의 저항점 이하의 '첫 제안'을 내놓는다든지 상대가 나의 저항점 이상의 '개시가격'을 부르면 협상 자체가 시작부터 어려워진다. 이처럼 마이너스의 협상영역이 형성되어 있는 상태에서는 협상이 시작되기도 어렵고, 어렵게 시작된다고 하더라도 합의점에 도달하기까지 많은 난항이 있을 수밖에 없다. 협상 당사자의 목표는 가능한 한 상대의 저항점에 가까운 점에서 협상이 타결되도록 하는 데 있다. 협상 당사자는 자신이 선호하는 지점, 즉 개시점이나 목표점에 미치지 못하는 지점에서 협상이 타결될 수도 있다는 점을 알지만 적어도 저항점보다는 나은 선에서 협상이 타결되기를 바란다. 당사자들이 실제 협상타결점이 흡족하지는 않지만 그들이 얻을 수 있는 최선의 결과라고 믿을 때 이해관계가 다른 두 당사자 사이에서 합의가 가능해질 수 있다. 이러한 믿음은 합의에 도달하기 위해서 뿐만 아니라 사후에 협상타결안을 집행해 나가는 과정에서도 중요하다.

3) BATNA를 생각할 수 있어야 한다

앞서 설명한 바와 같이 BATNA는 다른 상대와 다른 유형의 거래(alternative deal)를 성사시켰을 경우 얻을 수 있는 대안적 결과의 기대치이다. 바이어인 나는 지금의 흥정중인 자동차가 아닌 다른 자동차 구입을 생각할 수 있고, 판매자 역시 좀 기다렸다가 나 아닌 다른 원매자가 나타나는 경우 자동차를 팔 수 있을 것으로 기대할 수도 있다. 예컨대 나는 다른 딜러를 만나 그 연식의 같은 모델을 7백5십만 원에 살 수 있음을 확인했다면 나의 BATNA는 7백5십만이 된다. 판매자 역시 다른 원매자로부터 6백7십만 원까지 받을 수 있다는 점을 확인했다면 판매자의 BATNA는 6백7십만이 된다.

나의 대안이 7백5십만이 되면 나는 판매자가 이 이상으로 부르는 가격은 모두 거절할 수도 있을 것이고, 판매자 역시 6백7십만 이하에 대해서는 역시 거절하겠다는 입장을 취할 수 있다. 그러나 실제로는 가격만이 문제가 되는 것은 아니기 때문에 나는 예컨대 모델이 인기 모델이고 외관 상태나 안전사양 등이 양호하다면 여전히 8백3십만 원의 저항선을 그대로 유지한 채 협상을 계속할 수 있다. 판매자 역시 다른 원매자가 나타날 때까지 기다리는 불편함이나 재정

244 협상게임 : 이론과 실행전략

적 긴박함을 고려하여 원래의 저항점을 유지한 채 협상을 계속하려
들 수도 있는 것이다. 대안의 존재는 협상자에게 협상력을 높여준다
는 점에서 의의가 크다. BTNA를 염두에 두지 않을 때 협상타결은 두
저항점 사이인 6백3십만에서 8백3십만 사이의 어느 지점에서 이루
어질 수 있지만, 서로 BATNA를 염두에 둘 때 타결지점은 6백7십만
과 7백5십만 사이로 좁혀진다. 두 당사자가 모두 BATNA 때문에 협
상력을 높일 수 있었기 때문이다.

목표지점의 선정 : BATNA

판매자의 예상 저항점	나의 첫 제안가격	판매자의 BATNA	나의 타깃 포인트	판매자의 예상 타깃 포인트	나의 BATNA	판매자의 개시가격	나의 저항점
6백30만	6백50만	**6백70만**	7백만	7백30만	**7백50만**	8백만	8백30만

4) 협상타결점(Settlement Point)

협상의 두 당사자는 각기 내심 협상타결이 이루어진다면 대
략 어느 지점에서 합의가 이루어질 수 있을 것인지를 염두에 두고 협
상장에 나온다. 각기 타깃 포인트를 가지고 있는 것이다. 그러나 협상
자가 준비해 온 타깃 포인트는 여전히 그 당사자의 입장에서 설정된
것이기 때문에 여전히 낙관적인 어느 지점인 경우가 대부분이다. 실
제 협상타결이 이루어지는 지점은 두 당사자의 타깃 포인트 사이의
어느 지점이 될 수도 있고, 또는 어느 한 당사자의 타깃 포인트를 벗
어나 저항점에 가까운 어느 한 지점일 수도 있다. 이는 협상력의 변
수이다.

두 당사자가 합의에 도달하는 지점이 협상의 실제 타결점이다. 실제 협상타결점이 어디에서 형성되는가 하는 것은 협상장에서 두 당사자가 발휘하는 협상력 경쟁에 의해 좌우된다. 협상력이 우세한 쪽일수록 상대의 저항점에 가까운 어느 지점에서 협상이 타결되도록 밀어붙일 수 있다. 반대로 나의 저항점에 가까운 어느 지점에서 협상이 타결된다면 나는 그만큼 협상력의 열위에 있는 것이 된다. 두 당사자 사이에서 협상력의 비대칭관계가 형성되어 있을수록 어느 한 저항점에 가까운 지점에서 실제 협상타결이 이루어진다. 두 당사자의 협상력이 대등할수록 두 당사자가 가지고 나온 타깃 포인트 가까운 어느 지점에서 실제 협상타결이 이루어진다.

2. 배분협상 전략

배분협상에서는 이번 단 한번의 거래에서 얻을 수 있는 몫을 최대화하는 것이 협상자의 목표가 된다. 이러한 경우 협상전략은 크게 두 가지 관점에서 수립될 필요가 있다. 하나는 기본 전략(fundamental strategy)으로서 협상에 임하는 기본적인 태도나 접근법으로서 협상을 준비하는 단계에서의 전략수립을 의미하는 것이고, 다른 하나는 보다 실천적인 전략으로 협상 테이블에서 상대에 직접적으로 영향을 미치기 위한 행동방략을 의미한다. 각각 기본 전략과 실행전략으로 명명될 수 있다.

배분협상에서의 기본 협상전략

배분적 협상상황 하에서 협상 당사자들은 관계의 질―앞으로의 지속적 관계 유지나 신뢰성, 평판 등―을 고려하기보다는 지금 이루어지고 있는 흥정에서 단번에 최대한의 몫을 차지하려는 목표를 갖는다. 배분적 협상상황에서 결과물의 최대화를 목표로 할 때 여기에 부합하는 기본 협상전략은 크게 세 가지 요소로 구성된다.

첫째는 정보전략적 요소이다. 배분적 협상상황 하에서 채택되는 대표적인 전략적 요소는 상대에 제공되는 정보를 적절히 통제하는 것이다. 즉 전략적 이득이 보장되는 정보만을 상대가 접할 수 있도록 정보제공 과정을 통제하는 것이다. 그 대신 상대로부터는 최대한의 정보를 유도하여 협상력을 제고하고자 한다.

둘째, 차별화 전략 요소이다. 배분적 협상상황에서 나의 입장과 주장은 옳지만 상대는 틀렸다는 식의 접근법을 취한다. 협상 당사자들은 상대방과의 공통점에 주목하기보다는 상대와의 차이성, 차별성을 부각시키는 전략을 택하기 마련이다.

셋째, 경합전략 요소이다. 배분적 협상상황은 협상결과가 승자 아니면 패자로 귀결된다. 당사자 모두가 윈-윈할 수 있는 결과를 예상하지 않을 때, 협상 당사자는 상대와 공동의 협동노력을 강구하기보다는 상대를 밀어붙여 궁지에 몰아넣는 접근법을 취한다. 당사자들은 머리를 맞대기보다는 사사건건 대립의 각을 세우며 승리의 독식을 위한 전략을 강구한다.

---

1) 배분협상의 실행전략 : 중고자동차 매매사례

여기서의 실행전략은 상대에 대한 직접적인 영향력 행사 전략을 의미한다. 배분협상에서 상대에 대한 직접적인 영향력 행사는 상대가 사전준비해 가지고 나온 목표지점을 바꾸도록 하는 데 초점이 맞추어져야 한다. 협상 테이블에 앉아 정보의 탐색 및 교환과정을 통해 판매자인 상대의 협상에 관한 인식에 영향을 미칠 수 있어야 한다. 상대의 인식에 영향을 미쳐 특히 저항점을 바꿀 수 있도록 하는 것이 중요하다. 이를 위해 중요한 것은 (1) 상대의 저항점을 알아내기 위한 전략, (2) 상대의 저항선에 영향을 미치기 위한 전략이 기본적임을 알 수 있다.

2) 상대의 저항점 알아내기

협상은 어떤 의미에서 정보게임이라고 할 수 있다. 상대에 대해 많이 알면 알수록 협상에서 유리해진다. 반면 나의 저항점이나 나의 결과물에 대한 가치, 나의 전략적 취약점 등에 대해서는 상대방이 될 수 있는 대로 쉽게 눈치채지 못하도록 통제할 필요가 있다. 물론 원만한 협상의 진행을 위해서 나는 상대방에게 얼마간의 정보를 제공해야 한다. 상대에게 제공되는 정보는 사실과 진실에 부합되는 것이어야 하지만, 경우에 따라서는 나에게 유리한 것을 상대가 믿도록 하기 위한 목적에서 적당히 가공된 것이 포함되기도 한다. 상대도 마찬가지이다. 상대 역시 유리한 정보는 아낌 없이 제공하려 하고, 불리한 정보나 전략적 비밀은 끝까지 감추려들 것이다. 피차가 이러한 정보전략적 입장을 견지하고 있다는 점을 서로 잘 알고 있다. 흔히 협상 당사자는 이것이 마지막 양보라고 말하면서도 끝내 자신이 결코 양보할 수 없는 최후의 선은 노출시키려 하지 않는다.

상대의 저항점을 알아내기 위해 이용되는 가장 흔한 방법은 상대의 저항선일 것이라고 짐작되는 점에 근접하는 극단적 제안을 한 후 상대의 반응을 체크하는 법이다. 하지만 이러한 방법만으로 상대의 저항점을 알아낼 수는 없다. 상대의 저항점은 협상이 진행되면서 정보와 양보의 교환과정을 통해 추정될 수 있다. 예컨대 상대가 마지막이라고 제시한 카드에 대해서 내가 포기할 수 있는 카드를 제시하면서 추가적인 양보가 가능한지의 여부를 거듭 체크해 나가면서 상대가 견지하고 있는 저항점을 짐작할 수 있을 것이다.

3) 상대의 저항점 재평가 유도

앞장에서 설명하고 있는 바와 같이 상대의 저항점에 영향을 미치기 위한 전략이 중요한데, 이는 곧 상대로 하여금 자신의 저항점을 재평가하도록 하는 전략을 의미한다. 상대의 저항점 재평가를 유도하기 위해서는 첫째 협상이슈들에 대한 상대의 가치인식, 둘째 협상타결 지연이나 타결불발에 대한 상대의 기대비용 인식 등에 영향을 미칠 수 있어야 한다.

상대의 저항점 재평가에 영향을 미칠 수 있는 또 하나의 중요한 요소는 나의 입장을 상대방이 어떻게 이해하고 있느냐 하는 점이다. 특정 협상 사안에 대한 상대의 인식, 그리고 상대의 협상목표에 대한 인식은 상대방이 나의 입장이나 상황을 어떻게 이해하고 있느냐에 의해서도 영향을 받는다. 따라서 상대방의 견해에 영향을 미치기 위해서는 나에 대한 상대의 인식에도 영향을 미쳐야 함을 의미한다. 즉 협상결과물에 대한 가치 및 협상비용에 대한 나의 인식이 상대방에 의해서 어떻게 이해되고 있는지에 대해서도 염두에 두어야 하며, 필요한 경우 상대의 이러한 생각에도 변화를 유도할 수 있어야 한다.

배분협상의 실천전략 : 중고자동차 매매협상의 사례

■ 저항점 재평가 유도 : 판매자의 저항점에 가까운 어느 한 지점에서 협상이 타결될 수 있도록 밀어붙인다. 저항점에 가까운 극단적 제안을 한 후 최소한의 양보를 하며 버팀으로써 상대의 저항점을 끌어내리고, 상대가 상정하고 있는 흥정 가능 범위를 축소시켜야 한다. 협상타결에 관한 상대의 인식에 영향을 미쳐 이를 바꾸어 나가도록 해야 한다.

■ 상대의 가치인식의 변화 유도 : 판매자인 상대의 저항점을 변화시키기 위해서는 그가 팔고자 하는 자동차의 가치에 대한 상대의 생각에 영향을 미쳐 이를 바꾸도록 해야 한다.

■ 플러스 협상영역 형성 유도 : 만일 마이너스의 협상영역이 존재하는 경우에는 상대의 저항점을 끌어내려 플러스의 협상영역이 되도록 해야 한다.

■ 상대의 BATNA 재평가 유도 : 판매자에게 나와의 거래가 최선의 대안이고 협상타결로 상대가 얻게 되는 것이 최선의 결과임을 믿도록 만든다.

---

3. 배분협상의 전술과제

전략이 수립되면 이를 구체화하기 위한 세세한 행동계획이 강구되어야 한다. 배분협상의 전략을 구체화하기 위해서는 위에서의 협상전략에 부응할 수 있는 구체적 전술들이 강구되어야 한다. 따라서 각각의 전략의 범주에 포함되는 배분협상을 위한 주요 전술적 과제영역은 다음과 같다.[1]

a) 상대방의 협상타결의 가치 및 협상결렬 비용을 알아채기 위한 전술
b) 나의 협상타결의 가치에 대한 상대방의 인상을 오도하기 위한 전술
c) 상대방이 협상타결로 얻게 되는 결과물에 대한 가치평가에 변화를 주기 위한 전술
d) 협상지연 혹은 결렬에 뒤따르는 기대비용 평가에 영향을 주기 위한 전술

1) 협상타결의 결과물에 대한 가치 재평가 및 협상결렬의 기대비용 재평가

상대의 협상타결에 대한 가치평가 혹은 협상결렬에 대한 기대비용 평가에 영향을 미치기 위해서는 우선 상대의 결과물의 가치와 저항점에 대한 정보를 얻어낼 수 있어야 한다. 여기에는 간접적인 방법과 직접적인 방법이 있을 수 있다. 간접적 방법은 협상을 준비하는 단계에서 상대에 대한 철저한 분석을 통해 미리 추정하는 방식이고, 직접적 방법은 협상 테이블에 마주 앉아 정보를 교환하고 양보안을 주고받으면서 그때그때 확인하는 방법이다.

● **간접적 추정 방법** : 이는 상대방이 목표를 설정하거나 저항점을 설정하기 위하여 이용했음직한 정보를 확보하여 상대방이

---

1. 이하에서 다루어지는 배분협상의 전략과 전술에 관한 내용은 레위키 등의 설명에 기초하고 있다 : Roy J. Lewicki, eds., *Essentials of Negotiation* (McGraw-Hill, 2001), ch. 3.

이러한 정보를 어떻게 해석했을 것인지를 미루어 추측하는 것이다. 예컨대 중고자동차 매매시장에 형성되어 있는 시장가격을 조사하면 판매자가 설정해 놓고 있음직한 목표가격을 추정할 수 있을 것이다. 또한 판매자가 그 자동차를 언제 얼마에 광고에 내놓았고 그동안 몇 사람의 구매자를 상대로 매매를 위한 협상을 진행해 왔는가를 알아낸다면 상대의 저항점이 어느 수준의 것인지 미루어 짐작할 수 있을 것이다. 그런가 하면 판매자의 재정상태나 현금 필요의 긴박성 등을 미리 알 수 있다면 상대의 저항점을 추정하는 데 도움이 될 것이다.

● **직접적 확인 방법** : 직접적 확인 방법은 상대방에 대한 지식과 정보를 상대의 직접적인 진술을 통해 확인하는 방법이다. 협상자는 전략적으로 행동하기 때문에 있는 그대로의 사실관계를 곧이곧대로 밝히지 않는다. 상대의 진술을 액면 그대로 믿을 수도 없다. 협상과정에서는 이른바 정직의 딜레마와 신뢰의 딜레마가 있기 마련이다. 더욱 협상 상대가 협상타결의 결과물에 부여하고 있는 가치나 저항점 등에 관한 정확한 정보를 스스로 제공할 것으로 기대하는 것은 어려운 일이다. 하지만 경우에 따라서는 이것이 가능할 때도 있다.

실제로 적지 않은 협상에서 협상자 사이에 '절대적 한계'에 대한 허심탄회한 의견교환이 이루어지는 경우도 있다. 시한에 임박한 시점에서 신속한 타결을 필요로 하는 '절대적 한계'(absolute limit)상황에까지 몰리게 되면 상대는 사실을 털어놓을 수도 있다. 예컨대 노사협상 중에 있는 회사의 경영층이 얼마 이상의 임금인상은 회사가 문을 닫아야 할 지경에 이른다고 생각되면 노조에 대해 '절대적 한계'를 명료하게 진술하고 왜 이러한 수치가 결정되었는지 구체적으로 설명할 수도 있는 것이다.

2) 가치인식의 호도

상대의 협상 인식 및 판단에 대한 호도전술의 타깃은 일차적으로 상대방의 목표나 결과물에 대한 인식에 변화에 초점이 맞추어질 수 있다. 예컨대 상대가 얻고자 하는 결과물을 대수롭지 않은 것으로 보이게 만들거나 이것을 얻는 데 드는 비용을 아주 큰 것처럼 생각하도록 인식을 호도할 수 있다. 상대방이 간과하고 있는 것 가운데 나에게 유리한 측면을 크게 부각시킨다든지 혹은 상대가 중요 사안으로 제시하는 것을 일부러 대수롭지 않은 사소한 사안으로 가볍게 지나가는 등의 방법을 통해 상대방으로 하여금 자신의 목표나 결과물을 재평가하도록 유도하는 것이다.

3) 나에 대한 상대의 인식 호도

상대의 판단은 상대의 나에 대한 이해 혹은 인식에 의해 좌우된다. 상대가 가지고 있는 판단에 유도할 수 있는 한 가지 방법은 상대의 나에 대한 인식을 바꾸도록 하는 것이 될 수 있다. 여기서의 인식호도 전술은 내가 무엇을 중요하게 여기고 있을 거라는 점에 대한 상대의 인식을 잘못 유도하는 기법이다. 인식호도 전술은 배분협상에서의 정보정략을 실행에 옮기는 구체적인 행동기법으로 이는 다시 두 가지 유형으로 나누어질 수 있다. 하나는 상대가 나에 대한 정확한 정보를 갖지 못하도록 정보를 차단하는 전술이다. 다른 하나는 나에 대한 상대방의 인식이나 인상을 내가 원하는 방향으로 유도하기 위한 전술이다. 일반적으로 협상 초기에는 전자 유형의 전술이 중요하고 후기 단계에서는 후자의 전술이 중요하다.

4) 정보차단 전술

최선의 정보차단 전술은 침묵이다. 침묵(selective reticence)은 많이 묻되 질의에 대한 대답은 최소화하는 전술이다. 또한 정보차단 전술 가운데에는 정확한 정보가 상대에게 흘러가지 못하도록 하는 연막전술(screening activities)이 있을 수 있다. 연막전술은 상대가 나에 대하여 잘못 판단하거나 혹은 기존 판단을 바꾸도록 인식을 호도하는 전술이다. 연막전술은 나의 진면목을 감춘다는 측면에서 은닉전술이라고 불리어지기도 한다. 예컨대 회의 중 나의 내심이 드러나지 않도록 표정을 관리하거나 본심과는 상반된 표정이나 동작을 연출하는 것이 그 대표적인 예가 될 수 있다.

정확한 정보를 차단하기 위한 전술 가운데 실제 협상과정에서 많이 활용되는 전술로는 싱크대(kitchen sink) 전술이 있다. 부엌의 싱크대는 온갖 종류의 음식 찌꺼기를 한꺼번에 갈아서 하수구로 내려보낸다. 상대에게 필요 이상으로 잡다한 진술을 과도하게 늘어놓아 상대가 갈피를 잡지 못하게 하는 기법이 여기에 해당한다. 또한 상대에게 듣기 좋은 그럴 듯한 말로 꾸며대거나 상대가 솔깃해하는 특정 사실을 비대칭적으로 크게 부풀려 과장하는 것 등이 대표적 유형에 속한다.

5) 직접적인 인식 호도 전술

상대의 판단을 호도하기 위한 직접적인 기법은 상대의 판단에 영향을 미치는 정보전달 과정을 선별적으로 왜곡하는 것이다. 협상자는 자신의 입장을 강화하고 상대를 설득시키기 위하여 여러 가지 사실관계를 제시하게 되는데, 곧잘 자신에게 유리한 내용만을 선별적으로만 제시하기 마련이다. 그런가 하면 알려진 사실을 자신에게 유리한 방향으로 해석하는 논리적 설득을 시도함으로써 내가 무엇을 중요하게 생각하고 있는가에 대한 상대의 인식에 변화를 유도할 수도 있다.

때로는 정서적 반응을 의도적으로 왜곡함으로써 상대의 인식과 판단을 호도할 수도 있다. 특정 사실이나 제안, 있을 수 있는 결과 등에 나타내는 정서적 반응은 내가 무엇을 중요하게 여기고 있는가에 대한 정보를 상대방에게 제공해 주는 단서가 된다. 토의 중 낙담, 권태, 신경질적 반응, 안절부절, 호기심 등은 나의 입장을 읽힐 수 있는 단서가 된다. 예컨대 낙담의 표정은 논의되고 있는 사안을 중요하게 여기고 있다는 것을 보여주는 것이 되며, 하품 등으로 권태감을 나타내는 것은 상대의 진술내용에 무관심을 나타내거나 중요치 않게 여긴다는 점을 나타내는 반응으로 읽힐 수 있다. 큰소리로 반응하거나 화난 듯한 표정을 짓는 것은 그 사안을 특히 아주 중요하게 여기고 있음을 보여주는 것일 수 있다. 이러한 정서적인 표정 반응은 진짜일 수도 있고 가장된 것일 수도 있는데, 이처럼 가장되거나 과장된 정서적 반응의 연출로 상대의 인식을 호도할 수 있는 것이다.

4. 배분협상을 위한 강경전술들

대부분의 모든 협상에서 협상 당사자는 상대를 설득하기 위해서 자기 '주장'을 내놓고 상대가 이를 수용하도록 촉구한다. 상대에 대한 이러한 촉구수단으로는 '경고'나 '위협' 또는 '약속'이 있을 수 있다. 주장과 경고, 위협, 약속은 대부분 협상에서 대부분의 협상자가 활용하는 기본적인 협상기법이다. 그러나 실제 협상과정에서 협상 당사자들은 상대방에 영향을 미치기 위하여 이 외에도 아주 다양한 방식의 행동전술과 협상기법을 동원한다.

실제 협상장에서 협상 당사자가 보여주는 협상태도는 매우 다양하다. 협상자의 다양한 협상태도는 협상자의 퍼스낼리티에 따라서 달라지기도 하지만 그가 채택하는 협상기법이나 행동전술에 의해 더 크게 영향을 받는다. 때로는 목소리를 높이며 격노하는 듯한 모습을 보이기도 하고, 때로는 냉담한 태도를 보이기도 한다. 침묵으로 일관하기도 하고, 갑자기 협상장을 박차고 나가기도 한다. 협상자의 언행과 태도, 행동은 자연스러운 감정과 생각의 표현으로 나타난 것보다는 뚜렷한 목적과 의도 하에 연출된 것일 가능성이 크다.

협상자는 자기 주장을 펴나가면서 상대가 이를 수용하도록 여러 가지 방법으로 상대를 압박해 들어간다. 상대에게 불응이 초래할 불이익을 경고할 수도 있고, 한 걸음 더 나아가 상대의 불응에 상응하는 추가적인 행동조치로 위협할 수도 있다. 그런가 하면 상대의 순응에 상응하는 대가를 약속하기도 한다. 정도나 방식의 차이는 있지만 대부분의 협상에서 협상자는 상대방에게 영향을 미치기 위한 행동전술로 위협이나 경고, 약속 등의 전술을 활용한다.

하지만 이것이 다는 아니다. 협상자는 보다 적극적인 방법으로 상대를 압박하기도 하며, 상대가 눈치채지 못하도록 보다 교묘한 방법으로 상대의 판단에 영향을 미치고자 한다. 위협, 경고, 약속 등 통상적인 협상전술 이외에 협상 상대를 움직이기 위해 동원될 수 있는 다소 비관례적이라 할 수 있는 협상전술에는 어떠한 것들이 있는가? 여기에는 극단적인 형태의 공격적 행동전술이라 할 수 있는 '파국전술' 혹은 '벼랑끝 전술'로부터 아주 소극적인 형태의 '침묵'이나 '태만전술'에 이르기까지 다양한 범주의 협상전술이 있을 수 있다.

1) 침묵과 인내(Silence and Patience)

협상과정에서 침묵은 때로는 웅변보다도 효과적으로 기능할 수 있다. 많은 협상자들은 대화의 중단이 흥정과정에서 유지해 온 통제권을 상실할 수 있다는 조바심에서 상대방의 침묵을 두려워한다. 말을 많이 할수록 더 많은 정보를 누출하는 것일 뿐만 아니라 일반적으로 더 많은 양보를 하게 된다. 상대방이 침묵을 지키면 상대의 말을 유도하기 위해 더욱 많은 말을 하게 되기 때문이다.

협상과정에서 상대에게 전해야 할 중요한 메시지가 있다면 이를 간명하게 전달하고 얼마간 침묵을 지키는 것이 바람직하다. 간결한 언급으로 오히려 말하고자 하는 바의 중요성이 더욱 부각될 수 있으며, 상대방으로 하여금 전달받은 메시지를 충분히 소화시킬 수 있는 여유를 제공하는 것이 된다. 특히 제안을 하거나 양보안을 제시할 때 이러한 전략이 효과적이다.

　　인내 역시 침묵과 함께 효과적으로 활용될 수 있는 협상기법
이다. 긴요한 안건에 대하여 상대방이 즉각 답해오지 않는 경우, 답을
재촉하기보다는 상대가 스스로 반응해 올 때까지 충분한 시간을 주
는 것이 좋다. 아무리 발언할 차례가 되었다고 하더라도 상대의 답변
을 조용히 기다리는 것이 좋다. 상대가 이러한 상황을 부자유스러워
할수록 답변을 채근하는 듯한 모습을 보이기보다는 느긋하게 가져
온 자료나 노트에 시선을 던지면서 상대가 말을 꺼내기를 기다려야
한다. 이러한 자세를 견지하는 것이 상대로 하여금 협상의 진전을 위
해서는 반응을 보여야 하겠다는 점을 스스로 느끼도록 만드는 것이
다.

2) 제한된 권한의 가장

　　협상자는 협상이 이루어지고 있는 제한된 시간대 내에 복잡
한 사안에 대해 빈번히 많은 판단을 내려야 한다. 협상자가 협상 모
체로부터 전권을 위임받아 재량권을 폭넓게 행사할 수 있을수록 협
상은 원활하게 진행될 수 있다. 하지만 경우에 따라서는 협상자가 모
체로부터 전권을 위임받은 대신 한정된 권위만을 가지고 있는 것처
럼 보이는 것이 유리할 때도 있다. 실제로는 전권을 위임받아 최종적
인 결정권한을 가진 경우라 하더라도 '제한된 권한'(Limited Authority)
만을 가진 것처럼 가장하는 기법이 유리하게 활용될 수 있다. 이렇게
하는 것이 합의가 성립되기 전에 문제의 사안을 협상 테이블 이외의
장소에서 다시 한 번 세심하게 검토할 수 있는 기회를 가질 수 있기

때문이다.

'제한된 권한'의 가장은 합의안이 만들어진 이후의 단계에서 특히 유용하게 활용될 수 있다. 이루어진 합의에 구속당함이 없이 추가적인 양보를 요구할 수 있는 기회를 노릴 수도 있기 때문이다. 특히 상대가 전적인 재량권을 가진 것으로 확인되는 경우, 이러한 '제한된 권한'의 가장은 상대방에 대하여 상대적으로 유리한 행동전술이 될 수 있다. 따라서 '제한된 권한'을 가장하는 협상가에 대해서는 자신도 최종적인 것은 배후의 구성원들에게 승인을 받아야 한다는 점을 똑같이 밝히고, 합의안에 대한 변경이 있는 경우 합의 자체가 무효화될 수도 있다는 점을 분명히 해둘 필요가 있을 것이다.

3) 협상태만(Passive-Aggressive Behavior)

협상가가 상대의 제안을 반대하거나 불만을 표출하는 방법은 여러 가지 형태로 이루어질 수 있다. 소극적-공격적 유형의 협상가는 상대의 제안을 대놓고 직접적으로 반박하기보다는 완곡하지만 매우 공격적인 성향을 갖는 피동적 형태의 저항수단을 강구한다. 예컨대 회의장소에 늦게 출현하거나 정해진 회의일정을 고의로 연기한다든지 중요한 문건을 고의로 빠뜨리고 나오는 등의 행태를 보이는 것이다.

이러한 협상태만의 태도를 보이는 협상가와 만났을 때에는 무엇보다도 그들 태도에 숨겨져 있는 의도를 포착해내는 것이 중요하며, 상대에게 끌려가지 않도록 상황을 통제해 나갈 수 있어야 한다. 합의된 사항을 항상 문서에 기록하고 중요한 문건은 여분을 가지고 회의에 임하는 것도 하나의 대처방안이 될 수 있을 것이다.

4) 맹세전술

분배협상에서 상대의 양보를 유도하는 방법은 자신은 더 이상 양보할 것이 없다는 것을 상대에게 보여주는 것이다. 자신이 더 이상 양보할 수 없는 근거를 외부세력이나 자신이 귀중하다고 생각하는 무언가와 연결시키는 방법이 대표적이다. 우리 나라 속담에 "내 손에 장을 지진다"라든가 "성을 바꾸겠다" 혹은 자신이 믿고 있는 종교의 이름을 걸고 양보할 것이 더 이상 없다고 맹세하는 것이 대표적인 것이다. 맹세전술을 쓰는 상대방에게 대응하기 위해서는 무시하거나 상대의 논리를 차분히 반박하는 수밖에는 없다.

청중(audience)을 활용하는 것도 맹세전술의 또 다른 유형이다. 노동협상가, 스포츠 협상가, 정치협상가들은 청중을 최대한 활용하는 맹세전술을 활용하는 경우가 많다. 언론에 협상목표를 발표함으로써 자신의 목표를 명백하게 한다. 목표를 대중에게 알린 상황에서는 그 목표에 도달하지 않는 합의는 자신의 실패라는 것을 밝힌다. 자신은 언론에 발표된 이하로는 합의할 수 없다는 것, 즉 양보할 것이 없다는 것을 상대에게 보이는 것이다.

이 전술은 상대방에게 자신이 더 이상 양보할 것이 없다는 것을 설득할 수만 있다면 아주 좋은 전술이 된다. 그러나 이 전술은 자신의 전략선택의 유연성을 상실할 수 있다는 약점이 있다. 만약 상대가 맹세전술을 활용하는 상대의 입장을 이해하여 일정부분 (상대의 입장에서는 충분히) 양보했을 때, 그 정도의 양보라면 자신에게도 그리 나

쓰지 않는 수준이라면 합의를 할 수 있을 것이다. 그러나 맹세전술을 활용함으로써 자신의 유연성을 잃어버려 만족할 만한 결과가 나올 때까지 기다리다 협상이 결렬되는 상황이 발생할 수도 있다.

맹세전술에서 유연성을 회복하기 위해서는 기존의 맹세를 일반적인 용어를 사용해서 모호하게 하거나 상황이 변했다고 조용히 취소하는 방법이 있다. 또한 기존에 맹세한 가치보다도 더 큰 가치 혹은 대의명분을 내세워 기존의 것이 무의미한 것처럼 새로운 제안을 하는 방법도 있다.

5) 분노감 표출(Anger)

협상자는 감정표출을 자제하는 평정상태를 유지할 수 있어야 한다. 실제 협상장에서는 고성이 오가기도 하고 손바닥으로 테이블을 내리치는 광경도 자주 목격하게 된다. 경우에 따라서는 협상장을 박차고 나갈 듯한 자세를 취하기도 한다. 이러한 극단적인 형태의 감정표출이나 행동은 협상계획의 일환으로 계산된 것일 수 있는데, 이는 고의적으로 감정을 표출하는 것이 도움이 될 수도 있기 때문이다.

자연발생적 감정의 표출로서 나타나는 분노가 아니라, 상대가 행한 특정의 발언이나 태도에 대하여 짐짓 화가 난 것처럼 반응을 보이는 것은 상대방에게 자신이 견지하고 있는 입장의 진지함을 확인시켜 줄 수 있는 방편이기도 하다. 그렇다고 하더라도 이러한 기법은 매우 신중하게 채택되어야 한다. 분노감의 표현을 보고 상대는 공격당한다는 생각을 가질 수도 있고, 곧잘 분노하는 상대와 협상하는 것 자체에 대해 회의감을 가질 수도 있기 때문이다. 특히 상대가 합리적이고 협조적인 태도를 견지하고 있음에도 불구하고 더 많은 것을 얻어내기 위한 전략으로 분노를 가장하는 것은 바람직하지 않다.

능수능란한 협상가일수록 좀처럼 평상심을 잃지 않는 냉정함을 유지한다. 협상자가 분노감을 나타낸다면 그것은 상대방을 공격하는 것이 되며, 또한 누출하기를 원치 않는 정보를 스스로 공개해버리고 마는 셈이 된다. 숙련된 협상가는 상대가 감정적으로 나올수록 침착하고 냉정하게 대응한다. 감정적인 상대에 대해 똑같이 감정적으로 되받아치는 것은 잘못된 것이다. 상대가 거칠게 감정적인 행태를 보일수록 냉담함과 침묵을 유지하는 것이 효과적이다. 상대가 무의식적으로 자제력을 잃고 분노감을 표출한다면 그 분노감 표출에 담겨 있는 정보가 무엇인지 포착할 수 있어야 한다. 내쪽에서 똑같은 방식으로 맞받아치지 않는 한, 상대의 흥분 상태가 일방적으로 계속되지는 않는다. 냉정함을 유지할수록 머쓱해진 상대로부터 사과까지 받아낼 수 있는 기회를 가질 수 있게 된다.

6) 공격적 행동(Aggressive Behavior)

협상은 진지하고 신사적인 자세로 임하는 것이 원칙이다. 협상에는 지켜야 할 규칙이 있고, 규범이나 에티켓이 있다. 하지만 예외적으로 상대의 발언을 제지하거나 무단으로 끼어든다든지, 상대의 발언 도중 사소한 표현을 트집잡아 이를 물고 늘어지는 등의 공격적인 행태가 나타나기도 한다.

협상자는 분노감을 가장하는 기법에서 한 걸음 더 나아가 자신의 입장의 확고함을 표현하고, 협상 진행상의 통제권—분위기 장악—을 확보할 목적으로 이러한 매우 공격적인 행태를 보이는 전술을 선택하기도 한다. 하지만 이러한 공격적 행동이 의도한 대로의 소기의 목적을 손쉽게 달성할 수는 없다.

공격적 행동의 효과성은 상대가 이에 어떻게 반응하는가에 따라 달라진다. 공격적 행동에 대해 공격적 행동으로 맞서는 응수전략(quid-pro-quo ; tit-for-tat = an equal exchange)은 결코 바람직하지 않다. 상대의 근거 없는 공격적 행동에 대해서는 그것이 협상규칙이나 규범에 어긋난 것임을 점잖게 지적하면서 발언을 중단하기보다는 더욱 차분하고 논리적인 방식으로 자신의 발언을 계속해 나가는 의연함을 보여주어야 한다.

7) 파국적 상황 조성 전술(Uproar)

실제 협상과정에서 일부 협상자는 상대가 자신이 원하는 것을 양보하지 않는다면 매우 끔찍한 결과가 초래되도록 하겠다고 협박함으로써 유리한 위치에 서고자 노력한다. 이러한 협박은 실제 그것이 발생한다면 상대방뿐만 아니라 협박자 자신에게도 감당하기가 어려운 참담한 결과가 초래되는 것이기 때문에 통상적인 위협보다는 훨씬 강도가 심한 이판사판식 협박유형이다. 예컨대 남북협상에서 북한측 대표에 의한 '불바다' 발언처럼 전쟁도 불사하겠다는 식의 파국전술이 대표적인 것이다. 임금인상 문제를 놓고 협상하던 사용주가 고용인력의 반을 해고하겠다고 한다든지, 혹은 아예 회사문을 닫겠다고 협박하는 경우도 이러한 파국전술의 범주에 속하는 것으로 볼 수 있을 것이다.

　이와 같이 너 죽고 나 죽자는 식의 파국적 상황 조성의 협박에 직면한 협상자는 두 가지 가능한 문제를 고려하여 대처해야 한다. 하나는 이러한 대혼란이 일어날 가능성이 실제로 얼마나 되느냐 하는 것이며, 다른 하나는 대혼란의 결과가 실제 야기된다면 협상측 각각에 어떠한 결과가 초래되겠느냐 하는 것이다. 파국전술이 성공한 협상사례는 극히 드물다. 예고된 파국적 상황의 실행결과는 양측 모두에게 참담한 결과가 초래되는 것이기 때문에 쉽게 이러한 상황이 벌어진다고는 볼 수 없다. 파국적 상황 조성이라는 대혼란을 야기해서 상대의 양보를 얻어내겠다는 협상전술은 협상을 더욱 교착상태에 빠뜨릴 가능성이 더욱 크다.

8) 보울웨어이즘(Boulwareism)

　통상적으로 협상은 전통적인 경매방식, 처음 협상측 모두 각각 가장 최상의 대안을 제시하고, 이어 지루하게 시간을 끌면서 '기꺼이 내주려 하지 않는' 양보의 교환을 반복하다가, 애초에 피차가 예상하기도 했던 어느 한 대안에 대하여 최종적 합의에 도달하는 방식으로 진행된다. 사실 대부분의 협상에서 양보가 교환되어 합의점이 구체적으로 모색되는 것은 시한에 임박해서이다. 버티기와 찔끔찔끔 주고 받기가 계속되는 과정들은 어떻게 보면 시간낭비로 비쳐질 수 있다.

　지루하게 주고 받기를 거듭하는 전통적 협상방법을 못마땅해하는 사람이라면 아예 처음부터 줄 것을 한꺼번에 다 내놓는 안을 던지고, 그 대신 이것을 받든지 말든지 하라는 최후통첩을 동시에 내놓을 수도 있을 것이다. 미국 GE(General Electric)의 노사문제 담당 부회장였던 보울웨어(Lemuel Boulwar)의 협상법이 바로 이러한 것이었다. 그는 미리 GE가 노조에게 줄 수 있는 최선의 대안—임금인상, 부대편익(fringe benefit) 증대 등—을 결정하여 이를 노조에게 제시할 수 있는 '최초-최상의 제안 패키지'(best-offer-first package)를 만들었다. 그런 다음 그는 이를 노조에게 내놓고 '받아들일 것인지 말 것인지'(take-it-or-leave-it)의 선택을 강요하는 접근법을 선택했다. 보울웨어는 임금인상 등은 노조의 압력에 굴복해서가 아니라, 회사가 재정상황을 고려하여 종업원들에 추가적으로 제공하는 혜택이라는 점을 분명히 하고자 하였다. 이제 노조는 GE의 계산법이 잘못되었다든가 아니면 상황변화가 반영되지 않았다는 식의 매우 합리적인 근거를 내놓지 못하는 한 협상안을 수용하든지 아니면 협상 아닌 다른 해법을 모색하든지 하는 양자택일의 선택에 직면하게 되었다.

보울웨어이즘은 최상의 제안을 먼저 제시하고 이를 상대에게 받아들이든지 말든지를 선택하도록 강요하는 협상법을 의미한다. 첫 제안 이후의 단계에서 일체의 추가적인 양보를 고려하지 않고 완강한 버티기로 일관하며, 의도적으로 상대와의 의사소통도 허용하지 않는다. 이와 같은 접근법은 상대에 비하여 우월한 협상력을 가진 협상자가 선택할 수 있는 협상기법이다. 그렇지 못한 상태에서 섣불리 채택되는 보울웨어이즘은 상대의 반발만을 불러일으킬 가능성이 크다.

협상은 상대와의 교호작용이 계속되면서 입장의 차이를 좁혀나가는 집합적 의사결정 과정이다. 아무리 협상력에 큰 차이가 있다고 하더라도 상대가 합의과정에 참여하여 선호를 반영할 수 있을 때 상대는 그 합의안을 기꺼이 수용할 수 있게 된다. 보울웨어이즘은 상대의 선호나 의견이 전혀 반영될 수 없는 일방적인 결정과 일방적인 최후통첩에 불과한 것이기 때문에 아주 극단적인 형태의 강경한 협상전술임을 알 수 있다. 일반적으로 보험회사들은 고객을 상대로 이러한 전략을 채택하는 것으로 알려져 있다. 고객이 이를 받아들이지 않는다면 이제 남아 있는 하나의 방법은 소송을 통해 문제를 해결하는 것이다. 보울웨어이즘은 협상과정에서 상대방의 의미 있는 참여 기회를 박탈하는 기법이라는 점에서 문제가 있을 수 있다.

9) 브라이어 래빗(Brier Rabbit)

협상은 곧잘 상대와 심리적 게임상황에도 놓이게 된다. 브라이어 래빗 전술은 상대의 심리를 역이용(reverse psychology)하는 협상기법이다. 브라이어 래빗 전술은 여우와 토끼에 관한 우화에서 도출된 기법이다. 토끼가 여우에게 붙잡혔다. 어떻게 빠져나올 것인가를 궁리하던 토끼는 여우의 심리를 역으로 이용할 꾀를 냈다. 토끼는 여우가 덤불(brier patch) 속으로만 집어넣지 않는다면 무엇이든지 시키는 대로 하겠다고 말했다. 여우는 토끼를 따끔하게 혼내주는 것이 목표였기 때문에 토끼가 가장 싫어하는 것을 행하기를 원했다. 따라서 여우는 토끼를 덤불 속으로 내던졌고, 토끼는 무사히 여우로부터 도망쳐 나올 수 있었다.

브라이어 래빗 전략은 한쪽이 이기면 다른 한쪽은 그만큼 패배할 수밖에 없는 적대적 대립관계의 협상자들에 의해 종종 이용되는 전술이다. 적대적 대립관계 속의 협상자는 간혹 협상의 결과를 자신이 얼마나 잘했느냐 하는 관점에서보다는 상대가 얼마나 죽을 쑤었느냐 하는 관점에서 평가한다. 자신이 얻은 결과에 초점을 맞추지 않고 상대가 직면한 나쁜 결과의 정도를 기준으로 협상의 결과를 평가하는 것이다. 이는 상대가 결코 원하지 않는 것처럼 보이는 결과를 안겨주는 데 급급하고, 상대가 끔찍한 상황에 직면하면 직면할수록 만족스럽게 생각하는 협상전술이다.

브라이어 래빗 전략은 리스크가 뒤따른다. 능수능란한 협상가는 복수심에 차 있는 다소 경망스러운 협상 상대를 이용하여 원하는 바를 얻어낼 수 있다. 하지만 이러한 기법은 협상 상대가 아주 적대적 대립관계에 놓여 있는 것과 같은 매우 예외적인 경우가 아니면 통용되기 어려운 전략이다.

10) 양의 탈을 쓴 이리(Belly-Up)

양의 탈을 쓴 이리처럼 행동하는 협상가가 있을 수도 있다. 그들은 처음부터 아무런 협상수완도 없고 사안에 대해서 잘 파악하고 있지도 못할 뿐만 아니라, 별다른 전문적 식견도 없는 것처럼 행동한다. 이러한 의도적 가장은 상대로부터 동정심을 불러일으킬 수 있고, 상대의 경계의식의 약화를 유도할 수도 있다. 이러한 전술을 채택하는 협상가는 상대방의 일방적 우월성에 짐짓 찬사를 보내면서 오로지 공정한 처분에 맡긴다는 입장을 표명한다.

양의 탈을 쓰고 있는 상대를 만나게 된 협상가는 많은 경우 애당초 견지하고자 했던 입장을 변경하기 마련이다. 그가 팽팽한 경쟁관계를 전제로 '원칙에 입각'하여 수립한 '당초의 입장'에서 출발하지 않고 측은하게까지 보이는 상대를 배려하는 안을 제시한다. 그런가 하면 자신의 유능함을 보여주겠다는 식으로 해당 사안에 관한 핵심적인 정보나 문제해결을 위한 다양한 방책들을 관대하게 풀어놓기도 한다. 이 때 '양의 탈을 쓴 이리'는 대안이 모색되는 과정에 전혀 참여할 필요 없이 오로지 상대의 유능함과 관대함에 찬사를 보내며 좀더 양보해 달라는 식으로 하소연하면 된다. 이러한 식으로 진행된 협상이 끝났을 때, 경우에 따라서는 '양의 탈을 쓴 이리'와도 같은 협상가는 만족스러운 결과를 손에 넣을 수 있을 뿐만 아니라, 상대방과 해당 사안에 관한 보다 많은 정보를 가질 수 있게 된다.

11) 니블 전술(Nibble Tactics)

'제한된 권한'의 가장과 맞물려 있는 협상전술로 니블 전술이 있다. 대부분의 협상에서는 호혜성의 원칙 하에 상호 등가의 양보가 교환된다. 니블 전술은 등가의 양보교환으로 합의안이 만들어진 이후 단계에서 최종 재가과정의 난항 등을 명분으로 내세우며 약간의 추가적인 일방적 양보를 얻어내려는 전술이다.

최종적 의사결정권을 가진 두 당사자가 직접 만나서 협상타결을 시도하지 않는 한, 협상 테이블에서 협상 대표들 사이에 만들어진 합의안이 최종적인 타결안으로 굳어지는 경우는 드물다. 대부분 협상에서는 협상 테이블에서 합의안이 만들어지면 협상 대표들은 이를 가지고 가서 최종결정권자로부터 승인을 받는 절차를 거친다. 니블 전술은 특히 가합의안이 만들어진 후 잠정적 합의안에 대한 쌍방의 최종 재가단계에서 시도되는 경우가 많다. 길고 긴 진통 끝에 합의안이 만들어진 이후의 단계에서 상대는 전체적인 합의안을 그대로 수용하면서도 몇몇 사안에 대해서 약간의 추가적인 양보를 요구한다. 내부에서 최종결정권자로부터 승인을 받고 이해관계자 등의 반발을 누그러뜨리기 위해서는 약간의 손질이 필요하다는 명분을 제시한다. 어렵게 합의안이 만들어진 상태라면 상대의 이러한 약간의 추가 양보 요구에 대해서 대개의 경우 이것 때문에 합의안 자체가 무효화되는 일이 생기지 않도록 이를 수용하고 만다.

최종 합의단계에서 상대의 이러한 요구는 내부의 사정상 불가피하게 제기되는 진정한 것일 수도 있고, 마지막 양보를 얻어내기 위한 전술적 차원의 것일 수도 있다. 후자의 성격이 강한 경우에는 호혜적 양보의 원칙을 내세워 맞대응하는 것이 좋다. 즉 상대의 추가양보 요구에 대해서 그것이 아무리 작은 것이라 하더라도 똑같은 정도의 양보를 상대방도 내놓아야 한다는 점을 분명히 하는 것이다.

이 전술에 대응하기 위해서는 사소한 것이라도 쉽게 양보해서는 안 된다. 끝까지 단호함을 유지하고 양보할 수 없는 정당한 이유를 찾아야 한다. 이 때 활용할 수 있는 대응전략이 상사의존 전략(Authority Escalation)이다. 이는 결정은 자기의 권한 밖의 일이며, 이를 위해서는 자기보다 상사가 결정해야 한다고 주장하는 것이다. 양보를 하지 않는 근거를 협상과는 무관한 상사에게 돌림으로써 상대의 끼워넣기 전술을 무력화시킬 수 있다.

12) 머트와 제프(Mutt and Jeff) : 강온협공 전술

미국의 인기만화 속의 두 주인공 머트(Mutt)와 제프(Jeff)의 이름을 본뜬 협상기법이다. 만화 속의 주인공 머트는 거칠고 탐욕스러운 존재이고, 도저히 어울릴 것 같지 않은 그의 파트너 제프는 심성이 착하고 매사에 신중하며 다소 미온적이기까지 한 존재로 그려지고 있다. 두 주인공은 함께 다니면서 이런저런 일들을 벌여나가지만 두 사람의 접근법은 판이하게 다르다. 머트가 수단방법 가리지 않고 욕심껏 일을 벌이며 사고를 쳐놓으면 제프는 비난을 뒤집어쓰면서 뒤치다꺼리 하며 다닌다.

'머트와 제프'는 경찰의 고전적 심문기법을 상징하는 것으로도 잘 알려져 있다. 경찰들 사이에서는 심문과정에서 '착한 경찰'과 '나쁜 경찰' 간의 역할분담이 효과적인 것으로 잘 알려져 있다(good-cop/bad-cop). '나쁜 경찰'이 나서서 피의자를 아주 거칠게 몰아붙이며 험악한 분위기를 연출한다. 궁지에 몰려 사색이 다된 피의자를 '착한 경찰'은 마치 피의자를 크게 배려하는 듯 부드럽게 구슬리면서 피의자로부터 끝내 자백을 유도한다.

많은 협상은 두 사람 이상의 협상 대표로 구성되는 협상단 사이에서 진행된다. 협상단 내부에서는 보이지 않게 역할분담이 정해져 있다. 대개의 경우 역할분담은 협상 사안별로 전문성을 고려하여 역할을 나누는 것이지만 종종 협상 분위기의 조성과 관련된 역할분담이 이루어지기도 한다.

'머트와 제프'는 상대의 양보를 더 많이 유도해내기 위한 강온협공의 협상전술을 의미한다. '착한 협상자'가 점잖고 부드러운 접근법으로 상대를 설득해서 얼마간의 양보를 얻어낸다. 상대의 양보가 확인되는 순간 '나쁜 협상자'는 노발대발하면서 상대로부터 받아낸 양보를 받아들일 수 없다며 기존 협상을 무위로 돌리자고 몰아붙인다. 이러한 '나쁜 협상자'의 거친 접근법에 대해 상대측은 반발하기 마련이고, 이러한 반발에 직면해서 다시 '착한 협상자'가 나서며 추가적 양보를 통한 문제해결을 주문한다. 협상과정 내내 이러한 강온의 협상접근법이 계속되다 보면 합의의 분위기가 조성되는 듯한 단계에서 상대측으로부터 추가적으로 더 많은 양보를 얻어낼 수도 있게 된다.

실제 많은 협상사례에서 여러 가지 형태로 변용된 '머트와 제프' 전술이 동원되고 있으며, 상대가 여기에 어떻게 대응하느냐에 따라 이 전술은 기대 이상으로 효과적인 것으로 알려지고 있다. '머트와 제프' 전술에서 머트, 즉 '나쁜 협상자'는 협상의 분위기를 주도해 나가는 역할을 맡는다. '머트와 제프' 협상전술에 직면하게 되면 상대는 대개 '나쁜 협상자'와의 토의에 많은 신경을 쓰게 된다. 상대가 '머트'에 신경을 곤두세우며 '머트'에 대한 대응책 마련에 골몰할수록 이 전술은 효과적으로 작동할 수 있다. 따라서 협상과정에서 상대가 '머트와 제프' 전술을 들고 나오면 상대측의 '머트'가 주도하는 협상 분위기에 휩쓸리지 않도록 경계할 필요가 있다. 생떼를 쓰는 '머트'보다는 '제프'와의 토의에 집중할 필요가 있으며, '제프'를 상대로 '머트'와 함께 연출하는 분위기 조성에 휩쓸리지 않겠다는 점을 분명히 할 필요가 있다.

머프와 제프 전술은 흔히 나쁜 친구/좋은 친구(Bad Guy/Good Guy) 전술로 불리기도 한다. 이 전술은 악역을 맡은 사람이 먼저 들어가 상대와 강압적인 방법으로 상대가 받아들일 수 없는 극단적인 양보를 요구한다. 이후 천사의 역할을 하는 '좋은 친구'가 들어가 상대의 적당한 양보를 요구하는 방법이다. 당하는 상대방의 입장에서는 다시 '나쁜 친구'가 등장하는 것보다는 '좋은 친구'와 협상하는 것이 유리하다고 판단하기 때문에 양보를 하게 된다. 이 때 악역을 맡은 인물이 먼저 접근하고 이후 천사의 역할을 맡은 사람이 들어가는 순서에 유의해야 한다.

협상장에서 상대의 어느 한 사람과 협상하는 것이 불편하고, 다른 어떤 사람과 협상하는 것이 편하고 잘 진행되고 있다고 느껴지거나, 자신의 요구가 자신이 판단하기에는 합리적인 것 같다고 생각하지만 그 자리에 없는 어떤 사람(악역)은 절대로 당신의 주장을 합리적이라고 생각하지 않을 것이라는 생각을 하고 있다면 당신은 상대의 '나쁜 친구/좋은 친구'의 전술에 말려들고 있는 것이다(셀, 2006 : 284-285). 악역은 우리의 기대치를 낮추어 버린다. 악역의 행동과 제안이 여기서 착점(anchor)이 되는 것이다. 이는 자신들이 원하는 범위 안에서 협상을 마무리짓기 위한 방편이다.

이 전략에 대응하기 위해서는 먼저 당신이 상대의 '나쁜 친구/좋은 친구' 전술을 간파하고 있다는 것을 알려야 한다. 그리고 상대의 협상자 교체에 대응하여 이쪽에서도 협상가를 교체하여 대응해야 한다. 또한 자신의 입장을 옹호해 주거나 도움이 될 수 있는 제3자를 초대하는 방법이 있다. 조사를 받고 있는 범죄자가 변호사 배석을 요청하는 것과 같은 것이다. 이에 대응할 수 있는 또 하나의 방식은 누가 최종결정권을 가지고 있는지 질문하고 최종결정권을 가진 사람과 협상하는 것이다. 악역이 최종결정권을 가지고 있는지 아니면 천사역이 최종결정권을 가지고 있는지 물어보고, 둘 다 가지고 있지 않을 경우 결정권을 가진 사람이 아니면 대화하지 않겠다고 분명히 명시해야 한다.

● 기타의 협상전술들

이 밖에도 실제 협상과정에서 자주 이용되는 크고 작은 협상기법으로는 다음과 같은 것들이 있다.

① 극단적인 제안전술(High Ball/Low Ball)

극단적인 값, 예컨대 터무니없이 높은 가격이나 낮은 가격을 제시하여 상대의 기대치를 약화시킨 다음 양보를 유도하는 방식이다. 극단적 제안은 상대로 하여금 자신의 저항점을 재평가하도록 만드는 효과를 낼 수도 있다. 하지만 터무니없는 극단적 제안은 상대로부터 신뢰할 수 없는 파트너라는 인상을 줄 수 있고, 더 이상의 협상이 시간낭비에 불과할 것이라는 생각을 갖도록 만들 수도 있다.

② 보기전술(Bogey)

중요한 사안을 중요하지 않은 사안인 것처럼, 혹은 사소한 사안을 중요한 사안으로 과장하여 대응하는 전술이다. 보기전술은 자신의 선호를 과장하여 상대방의 인식을 호도하기 위한 전술이다. 내심 원하지 않는 것을 크게 원하는 것처럼, 속으로 절실하게 원하는 것을 하찮은 것으로 여기는 것마냥 선호의 시현을 왜곡하는 전술이다. 특히 자신으로서는 쉽게 버릴 수도 있는 이슈인데도 마치 절대적으로 중대 사안인 것처럼 가장하여 상대를 혼란에 빠뜨릴 수 있다. 이러한 보기이슈(bogey issue)을 활용하여 상대로부터 다른 협상 사안에 대해 예상 외의 큰 양보를 이끌어낼 수도 있다. 상대가 특정 쟁점 사안에 대해 기대했던 것과는 완전히 상반된 입장을 밝힌다든지 혹은 처음 나타내 보인 입장을 어느 순간 갑자기 바꾼다면 보기전술을 이용하고 있는 것은 아닌지 의심해 볼 필요가 있다.

③ 과잉 정보 누출(Snow Job)

자신의 BATNA나 저항점 혹은 목표점에 대한 정보가 상대에게 넘어가 협상이 어려운 경우, 대규모 정보 누출을 통해 상대의 혼선을 유도하는 방법이다. 한꺼번에 다량의 정보를 쏟아놓으면 상대방은 오히려 혼란에 빠질 수 있다. 정보의 홍수 속에서 상대방은 갈피를 잡지 못하고 협상을 준비하면서 가지고 나온 대안들에 대한 확신을 잃게 될 수 있다. 특히 다량의 정보 속에 얼마간 사실에 부합하는 정보를 섞어놓으면 상대는 더욱 혼선을 빚을 수 있다.

④ 나사 조이기(Gradual Turning of the Screw)

상대에게 강압, 협박 등의 수위를 점차로 높이는 방법이다. 이는 상대에게 시간이 지나면 지날수록 자신에게 불리한 상황이 지속된다는 것을 알려줌으로써 양보를 이끌어내는 방법이다. 주로 이 전술은 상대와의 협상력에서 구조적인 힘이 강한 쪽이 활용할 수 있는 전술이다.

⑤ 유효기간 명시(Exploding offer)

상대가 호감을 가질 수 있는 수준의 양보를 하고 이 제안이 언제까지 유효하다는 것을 명시하는 전술이다. 이는 일종의 최후통첩 전략의 일환으로 상대가 수용하지 않을 경우 협상을 깨고 나갈 수 있다는 것을 분명히 해야 한다. 상대로서는 주어진 시간이 지난 이후 협상은 결렬될 것이고, 모두는 협상결렬로 인한 피해를 감수해야 한다는 것도 분명히 인지하도록 해야 한다.

⑥ 차이의 반분 전술(Split the difference)

협상전술로서 차이의 반분법은 극단적 제안 전술과 맞물려 있다. 이 전술은 상대가 수용할 수 없을 정도의 극단적인 제안을 하고 그 제안을 교섭기간 내내 유지해 나가다가 협상 막판에 이르러서 양쪽이 공평하게 같은 양의 양보를 하자고 주장하는 것이다. 이 경우 극단적인 값을 유지하고 있었던 측이 유리하다. 전술로서 뿐만 아니라 합의에 대한 청중들의 요구가 강할 때 교섭과정에서 마지막 순간에 가장 자주 활용되는 상황이다.

이 전술이 자주 활용되는 이유는 의사결정을 신속히 할 수 있고, 단순하여 참가자들이 이해하기 쉬우며, 특히 상호주의에 기초한 공정한 선택이라는 인식 때문이다.[2] 그러나 이 전술을 수용하는 입장에서는 중간 지점에서 합의를 보자는 주장이 진정 공정한 것인지 따져보아야 한다. 앞에서 언급했듯이 초기에 공격적인 제안을 하고 이를 계속 고수하는 상대와는 공정한 게임이라고 할 수 없을 것이다.

이 전술에 대응하기 위해서는 공정성에 대한 정의를 논의하거나 객관적 자료를 가지고 상대의 주장이 지나치다는 것을 보여주어야 한다. 또 한 가지 대응방법은 전문적인 지식을 가진 제3자들(1인 혹은 2인 이상)에게 중립적인 가치평가를 부탁하는 방법도 있다.[3]

⑦ 살라미(Salami) 전술

살라미는 이태리의 얇게 썬 소시지를 지칭한다. 살라미 전술이란 양보를 할 때에 한번에 많은 양보를 하지 않고 작은 부분으로 나누어 조금씩 양보하는 전술을 가르킨다. 인식론적으로 두 분량의 양보를 한꺼번에 하는 것보다는 한 분량의 양보를 두 번 하는 것이 상대방에게 더 큰 양보로 느껴진다는 연구결과가 있다. 살라미 전술

---

2. 셀, 2006 : 310-311.
3. 셀, 2006 : 312.

을 통해 상대가 느끼는 만족도를 크게 하여 더 많은 양보를 얻어내기 위한 것이다. 또한 살라미 전술은 시간에서 유리한 쪽이나 이슈 관련 협상력을 보유한 쪽이 지연전술의 일종으로 활용하는 경우도 많이 있다.

8

통합협상

앞장에서 서술한 배분협상은 고정된 파이(fixed pie)를 두고 협상 당사자들이 경쟁적으로 자신의 이익을 극대화하는 협상형태였다. 통합협상은 배분협상과는 달리 협상 당사자들 간에 고정된 파이가 아닌 파이 자체의 크기를 늘리는 것을 통해 모두가 만족할 수 있는 승리공유의 상황을 만들어 가는 협상이다. 이러한 통합협상은 참가자들이 모두 자신의 이익뿐만 아니라 상대와의 관계도 중요하게 고려하는 문제해결 전략을 수용할 때 가능한 협상이다.

모두가 문제해결 전략을 선택할 수 있는 상황이 되기 위해서는 참가자들 간에 상호 신뢰를 바탕으로 협력적(cooperative)이고 협동적(collaborative)인 관계를 형성하는 것이 중요하다. 신뢰를 바탕으로 한 협력적이고 협동적인 관계를 통해서 정보의 자유로운 유통이 가능해야 한다. 배분협상에서는 정도의 교환은 매우 제한적으로 이루어져야 한다는 것을 앞장에서 살펴보았다. 배분협상에서는 정보 자체가 협상력을 좌우하는 중요 변수이기 때문에 자신에게만 유리한 정보를 상대에게 전달하고 상대의 BATNA와 관련된 정보를 획득하기 위해 노력한다.

통합협상에서 정보는 경쟁과 투쟁의 대상이 아니다. 오히려 자유로운 정보교환이 합의를 이끌어내는 데 매우 중요한 역할을 한다. 물론 일부 정보, 즉 BATNA와 관련된 사항은 제외되어야 하겠지만 나머지 사항에 대해서는 적극적으로 자신의 정보를 알리고 상대의 정보도 수집해야 한다. 상호 교환하는 정보 중에서 가장 중요한 것은 기본 관심사에 관한 정보와 협상의제 전반에 관한 선호도 및 우선순위에 대한 것이다. 뒤에서 살펴보겠지만 이러한 정확한 정보교환을 통해 모두에게 이익이 될 수 있는 통합협상이 가능하다.

상대의 협상의제에 대한 선호도와 우선순위에 대해 가장 정확하게 알 수 있는 방법은 당사자에게 직접 물어보는 방법이다. 정보를 물어보기 위해서는 서로가 경계하는 마음이 아닌 열린 마음이 필요하다. 협상도 인간에 의해 진행되는 것이기 때문에 주변의 분위기와 상대에 대한 인상에 따라 정보교환의 정도와 속도가 달라질 수 있다. 따라서 통합협상을 위해서는 정보교환을 원활히 할 수 있는 분위기 조성이 필요하다. 이는 상대가 나에게 혹은 내가 상대에게 호감을 주고 받을 수 있는 분위기를 먼저 조성해야 한다. 다음으로 정보의 교환방식에도 세심한 주의를 기울여야 한다. 정보를 교환하는 과정에서 상대가 거부감을 느끼거나 손해보고 있다는 생각, 심지어 속고 있다는 생각이 들도록 해서는 안 된다. 정보는 통합협상에서도 협상의 성패를 좌우하는 중요한 요소이다.

통합협상에 대한 몇 가지 오해가 있다. 모두가 만족하는 윈-윈협상의 형태는 타협이나 균등분할, 결과에 대한 만족도, 좋은 인간관계의 형성과는 구분되어야 한다. 타협은 협상 참가자들의 입장에서 중간 어딘가에서 이루어진다는 것을 의미한다는 점에서, 균등분할은 협상결과가 참가자들에게 균등하게 나누어진다는 의미에서 배분협상에 가까운 개념이다. 결과의 대한 만족도가 높다고 해서 모두가 통합협상은 아니다. 왜냐하면 파이를 늘리지 않고도 모두가 만족한 결과가 가능하기 때문이다. 또한 관계를 나쁘게 하면서도 만족스러운 결과가 가능하기 때문이다. 좋은 관계의 설정은 통합협상의 결과이기는 하지만 좋은 관계가 설정되었다고 해서 통합협상인 것은 아니다. 문제해결 전략이 아닌 양보전략을 활용할 때 관계는 더욱 좋을 수 있기 때문이다.

통합협상의 특징은 모두가 만족하는 결과를 얻어낼 수 있다는 것이다. 그러나 모든 참가자들이 100% 만족하는 결과를 얻는다는 것은 아니다. 예를 들어 2개의 협상의제가 있는 통합협상에서 일방이 2개의 의제 모두에서 자신의 최우선순위를 관철시키는 100% 만족스러운 결과를 얻을 수는 없다. 100% 만족스러운 결과를 얻으려는 노력은 오히려 배분협상에서 나타나는 현상이다. 통합협상은 배분협상에 비해 분배할 수 있는 공동이익의 크기가 크기 때문에 협상에 대한 만족도가 높은 것은 사실이다. 그러나 공동이익의 창출과정과 분배과정에서는 양보와 절충이 뒤따른다. 이러한 측면에서 통합협상도 '50%의 해결책'이라고 할 수 있다.

통합협상이 되기 위해서는 두 가지 조건을 갖추어야 한다. 첫째, 협상의제가 2개 이상의 복수여야 한다는 것과 둘째로 협상의제에 대한 협상 참가자들의 선호도가 서로 달라야 한다는 것이다. 향후 논의과정에서 예외적인 사항에서 통합협상을 할 수 있는 기법에 대해 논의하겠지만 먼저 이 둘의 조건을 갖추었다면 통합협상으로 발전할 수 있는 가능성이 매우 높다.

　　단일의제 협상에서는 어느 한쪽이 얻으면 다른 한쪽은 손해를 보게 된다. 한 가지 이상의 의제 개발이 가능하다면 각 의제에 대한 참가자들의 선호도가 다를 수 있는 조건이 마련된다. 모든 의제에서 협상 참가자들의 선호도가 동일할 수도 있지만 이러한 상황이 발생할 확률은 거의 없다. 통합협상에서는 복수의제에 대한 선호도의 차이, 믿음의 차이, 능력의 차이를 바탕으로 맞교환(trade-off)이 이루어진다. 자신에게 우선순위에서 떨어지는 의제에서는 양보를 하고 자신에게 중요한 의제에서는 상대의 양보를 유도하는 것을 통해 모두가 만족하는 결과를 얻을 수 있다.

　　통합협상의 특징과 기법을 살펴보기 위해서는 먼저 통합협상은 이해관계 중심으로 사고해야 한다는 것을 살펴보고, 다음으로 복수의제의 창출방법에 대해서 살펴본다. 이후 각 의제의 선호도의 차이를 활용하여 통합협상을 이끌어내는 기법을 살펴볼 것이다. 특히 이 부분에서는 통나무 굴리기(logrolling)와 조건부 합의기법을 살펴본다. 이후 파이의 분배가 아닌 파이를 크게 하는 방법에 대해서 논의한다. 이후 협상에서 중요한 좋은 관계를 형성하는 방법과 정보를 교환하는 과정에서의 유의점에 대해서 살펴볼 것이다.

1. 통합협상의 과정

1) 상대와 나의 근본적인 이해관계 찾아내기

　　협상 실무팀은 지금까지의 정보와 자료를 바탕으로 협상을

오렌지와 두 자매

내용	오렌지 하나를 놓고 두 자매가 서로 차지하려고 말다툼을 하고 있다. 오랜 시간이 흐른 뒤에도 서로 양보하지 않아 결국 반씩 똑같이 나누어 가지기로 하였다. 반으로 나누어 갖자마자 언니는 껍질을 까서 알맹이는 입에 넣고 껍질은 버려버렸다. 반면 동생은 알맹이는 버리고 껍질만 가지고 부엌으로 달려갔다. 동생은 오렌지를 먹기 위함이 아니라 껍질을 이용해 케이크를 만들고자 했던 것이다.
입장과 이해	쟁점 : 오렌지를 누가 갖느냐? 입장 : 　　언니 : 내가 모두 갖겠다 　　동생 : 내가 모두 갖겠다. 이해 : 　　언니 : 오렌지 알맹이를 갖는 것 　　동생 : 오렌지 껍질을 쓰는 것 합의 : 　　1) 반으로 쪼개 나누어 갖기 ; 실제 도출된 합의 　　2) 알맹이는 전부 언니, 껍질은 전부 동생 이상적 합의

구체적으로 어떻게 진행할 것인가를 결정한다. 협상팀이 가장 중요하게 추진해야 할 것은 나와 상대의 근본적인 이해관계가 무엇인가를 명확히 해야 한다.

　　협상은 갈등의 해결수단이다. 갈등이 발생하는 것은 서로의 이해관계가 충돌하기 때문이라고 정의하였다. 협상에서 당사자들은 자신의 욕구 혹은 주장에 집착하는 경우가 많다. 즉 협상에서 갈등의 중심이 되는 쟁점에 지나치게 집중하는 경향이 있다. 상품거래에서는 가격이 가장 중요한 사안이 되기도 하고, 임금협상에서는 임금인상률이 가장 중요한 사안이 되기도 한다. 얼마에 판매하고 구매할 것인가 또는 금년의 임금을 몇 % 인상할 것인가가 쟁점이다. 그러나 대부분 협상에서 쟁점에 집착하면 좋은 협상결과를 이끌어낼 수 없다. 협상을 창의적이고 발전적으로 진행시키기 위해서는 **입장**이나 **욕구**가 분출하게 되는 근본적인 이해관계, 쟁점의 근본적인 원인을 찾아내고 이를 해결하려는 노력이 우선되어야 한다. 이것은 갈등이 발생하는 근본적인 이유기도 하다.

피셔(Roger Fisher)와 유리(William Ury), 그리고 패튼이 공동으로 집필한 『Yes를 이끌어내는 협상법』(Getting to Yes)에 나타나는 위 사례에서의 오렌지를 두고 일어난 갈등은 입장과 이해의 차이를 단적으로 보여주고 있다. 앞의 사례에서 쟁점이 된 것은 누가 오렌지를 갖느냐이다. 그리고 이 자매는 둘 다 오렌지를 전부 갖기 위해 갈등을 벌이고 있었다. 그러나 실제로 자매는 각기 다른 이해관계 때문에 오렌지가 필요했다. 만약 이 둘이 입장이 아닌 이해에 관심을 보였다면 둘 다 더 큰 만족을 얻을 수 있는 합의2)를 얻을 수 있었을 것이다.

대우자동차가 1996년 폴란드의 FSO를 인수하는 과정은 입장이 아닌 이해 중심의 사고가 협상에서 얼마나 큰 위력을 발휘했는지를 알 수 있는 좋은 사례이다.

대우자동차의 폴란드 FSO사 인수 협상

폴란드 자동차 시장의 1/3을 차지하는 FSO사가 1996년 국제시장에 매물로 나왔다. '바르샤바의 황금거위'로 불리던 FSO를 구매하기 위해 GM, 폭스 바겐 등 세계 굴지의 자동차 기업들이 뛰어들었다. 당시 자본력과 대외신용도에서 다른 경쟁사들에 뒤지던 대우자동차는 다른 경쟁사들을 제치고 FSO 인수에 성공했다.

다른 경쟁사들은 매각가격에 치우쳐 구매협상을 진행한 반면 고용안정에는 관심을 보이지 않았다. 특히 GM의 경우 FSO 인수 후 2만 명 이상을 해고할 것이라고 밝히기도 했다. 당시 높은 실업률로 골치아파하던 폴란드 정부로서는 받아들이기 힘든 협상조건이었다.

반면 대우는 단 한 명도 해고하지 않고 FSO를 인수하겠다고 밝혔다. 대우는 생산성을 향상시키고 생산량을 늘려 기존 유휴인력을 활용하겠다는 협상안을 제시했다. 또한 여기에 덧붙여 당분간 한국에서 수입되는 대우차에 대해 관세 25%를 면제해 달라는 조건을 내걸었다.

폴란드 정부는 대우의 제안을 흔쾌히 수용했다.

대우자동차가 다른 경쟁사들을 물리치고 협상에서 유리한 고지를 점령하고 최종적으로 승리할 수 있었던 것은 당시 대우자동차의 자금력이나 조직력이 경쟁사보다 우수했기 때문이 아니라 본질적 문제인 '이해'를 중심으로 협상에 임했기 때문이다.

2007년 우리 나라의 평창은 러시아 소치와 동계올림픽 유치 경쟁을 펼쳤다. 동계올림픽 유치를 위한 인프라의 준비 측면에서 평창이 소치를 압도하고 있었던 반면, 소치는 인프라 측면에서 아무런 준비도 되어 있지 않는 상태였다. 당시에 많은 전문가들이 평창의 동계올림픽 유치를 확신하고 있었지만 결과는 소치의 승리로 끝나고 말았다. 이 때 러시아는 자신의 약점을 장점으로 바꾸었는데, 그것은 동계올림픽 유치의 최종결정권을 가진 각국 올림픽조직위원회(IOC)의 회원들의 이해관계를 개발하고 공약하는 데 성공했기 때문이라고 할 수 있다. 소치는 "동계올림픽을 유치할 아무런 인프라도 가지고 있지 않다. 그래서 각국의 인프라 투자가 필요하다"는 주장을 펼쳤다. 만약 소치가 동계올림픽을 유치하게 된다면 많은 국가들은 소치가 발주하는 동계올림픽 인프라 개발 프로젝트에 참여하게 될 것이고, 이는 각국의 경제적 이익에도 도움을 줄 수 있다는 주장이었다. 모든 인프라가 갖추어져 있어서 큰 프로젝트 발주가 어려운 평창보다는 자국에 경제적 이익을 가져다 줄 소치가 각국의 올림픽조직위원회의 회원들에게 더 많은 관심을 불러일으킨 것은 당연한 일인지도 모른다. 이와 같이 협상에서 제시하는 이해관계(interests)에 대한 연구는 유치협상 혹은 유치경쟁에서도 큰 힘으로 활용될 수 있다.

화성에서 온 남자 금성에서 온 여자

입장과 이해에 대한 대표적인 차이는 죤 그레이(John Grey)의 『화성에서 온 남자, 금성에서 온 여자』에도 나타나고 있다. 그레이는 남자와 여자가 각기 다른 행성에서 출생해서 살아가다가 사랑에 빠져 지구에서 함께 살게 된 외계인으로 묘사하고 있다. 그만큼 남자와 여자는 표현방식과 상대를 이해하는 방식이 상이하다는 것이다.

남자가 가장 필요로 하는 것은 존경이고, 여자가 가장 필요로 하는 것은 사랑이다. 존경과 사랑이 각각 남자와 여자의 긴요한 관심사라고 간주할 수 있다. 부부 사이에 일어나는 매우 사소한 갈등이 많이 있다. 남편이 아무 곳에나 옷을 벗어둔다거나 기념일을 잊어버리는 것 모두가 갈등의 원인이 되는데, 여자는 남자의 이러한 행위를 자신을 '사랑' 하지 않기 때문에 생긴 일이라고 생각한다고 그레이는 보고 있다. 또한 남자는 여자가 잔소리를 하는 행위를 잔소리 자체로 생각하지 않고 자신을 '존경' 하지 않기 때문에 생긴 일이라고 생각한다는 것이다.

그레이에 따르면 남녀 간의 대부분의 갈등은 남자가 여자에게 사랑하고 있다는 것을 확신시킴으로써, 또 여자는 남자에게 존경하고 있다는 것을 확신시킴으로써 해결될 수 있다고 주장한다.

그레이의 주장에서 남녀 간에 일어나는 대부분의 갈등은 욕구 혹은 입장에 불과하고, 이 모든 갈등이 발생하는 근본원인은 사랑 혹은 존경의 문제라고 보고 있다.

협상에서도 문제가 되는 이슈가 어떤 것인가를 분석하는 것도 중요하지만 더욱 중요한 것은 서로의 근본적인 필요, 즉 이해가 무엇인지를 밝히는 것이 필요하다. 참여하는 사람들의 근본적인 필요와 이해를 찾아내어 이를 충족시키는 것이 좋은 협상을 이끌어내는 조

건이라 할 수 있다.

　　많은 협상과정에서 이해에 대한 평가는 객관적인 산술적 계측과정만으로 이루어지지 않으며, 질적 판단을 필요로 한다. 속성이 다른 이해에 대한 평가는 제4장에서 살펴본 바와 같이 이익을 반영하는 이슈의 상대적 중요도에 대한 서수적 판단과 선호의 강도를 감안한 가중치 부여에 의해 이루어질 수 있다. 문제는 협상주체가 생각하는 이해관계가 얼마만큼 협상이슈에 잘 반영될 수 있느냐 하는 것이다. 협상가는 자신이 추구하는 이해관계가 협상 이슈에 그대로 반영될 수 있도록 협상 어젠다를 잘 선정할 필요가 있다.

　　협상과정에서는 협상 당사자의 이익을 평가하는 것 못지않게 협상 상대의 이익과 선호를 평가할 수 있어야 한다. 협상 상대의 이익과 선호에 대한 평가를 위해서는 상대방의 이야기를 귀담아 듣고 협상과정에서 명료하게 의사소통함으로써 이에 대한 정보를 획득할 수 있어야 한다. 상대방의 이익과 선호를 잘 판단하기 위해서는 입장을 바꾸어 놓고 생각하고 상대방의 입장이 되어보는 역할연기(role-playing)가 필요하다.

2) 이해의 발견

　　통합협상의 출발은 협상 참가자들의 핵심적 관심사, 즉 이해에 대한 상호 지각에서 시작된다. 상대의 이해에 대한 인식은 상대가 특정 입장(position)을 채택하게 된 배경이 무엇인가를 알아가는 과정이다. 이 과정은 "왜 그러한 입장을 가질게 되었을까?"에 대한 질문을 던지고 이에 대한 해답을 찾아가는 상황에서 발견될 수 있다. 아래의 예화는 전형적 배분협상인 임금협상이 행위자들의 이해 파악을 통해 통합협상으로 변화하게 되는 것을 보여주고 있다. 이 예화를 통해 통합협상을 만들어 가는 방법에 대해 살펴보자.

무대리의 임금협상

기업의 중간 경영자인 강부장은 최근 자신의 부서에서 일하는 무대리와의 임금협상에서 어려움을 겪고 있다. 무대리는 현재의 연봉에서 15% 인상된 연봉안을 고집하면서 자신의 주장이 받아들여지지 않을 경우 다른 경쟁회사로 옮기겠다고 밝혔다. 회사의 방침에 따라 7%까지는 올려줄 수 있었지만 무대리가 원하는 15%의 인상은 그의 능력 밖의 일이었다.

강부장은 다른 경로를 통해 무대리에 대해 관심을 가지고 있는 경쟁회사가 다수 있다는 것도 알게 되었다. 더 좋은 연봉을 보장하는 회사가 있다면 무대리를 위해 보내는 것도 나쁘지 않았겠지만 신입사원 때부터 동생처럼 돌봐주며 지켜봤던 무대리를 보내고 싶지는 않았다.

강부장이 무대리에게 애착을 갖는 것은 개인적인 이유 때문만은 아니었다. 무대리는 부서 내에서 아주 인기 있는 사원이었다. 그의 능력이 탁월했을 뿐만 아니라 뛰어난 유머감각으로 부서 내에 활력소였다.

강부장으로서는 자신의 고집만 앞세우는 무대리가 실망스럽기도 했지만 능력 있는 부하직원을 잃고 싶지 않았다. 그러나 두 차례의 연봉협상이 결렬된 상황에서 더 이상 무대리를 설득할 수 있는 방법도 떠오르지 않았다.

마지막 임금협상 전날 밤 강부장은 돈에 눈이 멀어 보이는 무정한 부하직원의 집을 연락도 없이 찾아갔다. 대문 앞에 서 있는 강부장을 본 무대리는 강부장에게 가까운 커피숍에서 이야기하자며 밖으로 이끌고 나가려 했다. 집에서 이야기하자는 강부장과 밖에서 이야기하자는 무대리가 실랑이를 벌이다 결국 무대리의 집에서 둘은 마주 앉아 대화를 나누었다.

무대리의 집에 들어선 강부장은 식탁 위에 놓여 있는 많은 약봉지를 보면서 스쳐 지나가는 생각이 있었다. 강부장은 무대리가 15% 임금인상을 강하게 주장하는 이유와 식탁 위에 놓인 약봉지들과 무슨 연관이 있지 않을까 추측했다.

강부장은 집요하게 "왜 15%의 임금인상이 필요한지" 물었다. 한 질문에 망설이던 무대리가 마침내 입을 열었다. 강부장은 무대리의 부인이 큰 병을 앓고 있고, 수술비와 치료비를 마련하기 위해 지금 살고 있는 집을 은행에 저당 잡힌 상태라는 것도 알았다. 은행에서 빌린 대출금의 이자를 갚기 위해서 무대리는 15%의 임금인상이 필요했던 것이었다.

무대리가 "왜 15%의 임금인상이 필요했는가"를 알게 된 강부장은 다음 날 회사의 재무부처인 총무과에 전화를 걸어 회사에서 직원들을 위해 마련해 둔 장기 저리 융자금이 아직 남아 있는지 확인했다.

그리고 강부장은 무대리와의 최종 임금협상에서 7% 인상을 제안하는 대신 회사에서 매우 낮은 저리의 융자금을 알아봐 주겠다는 제안을 했다.

위의 사건에서 보면 강부장이 무대리와의 임금협상을 가능하게 했던 것은 그가 무대리의 이해를 파악했기 때문이었다. 물론 이러한 대화를 주고 받을 수 있었던 것은 그동안 두 사람이 쌓아온 관계가 마음을 열고 자신의 처지를 이야기할 수 있을 만큼 가까웠기 때문일 것이다. 강부장은 무대리의 이해를 바탕으로 그의 근본목적을 해결할 수 있는 방법을 모색해냈다. 임금인상만을 고집할 때는 경쟁적인 영합적(zero-sum) 협상이 되었지만 이해를 파악한 뒤에는 모두가 만족할 수 있는 통합협상의 길을 열게 되었다. 그리고 이해를 파악함으로써 강부장은 자신의 능력 밖이라고 생각했던 무대리의 임금협상 문제를 자신의 능력으로 해결할 수 있는 사안으로 변화시킬 수 있었다.

상기의 예화에서는 임금이라는 한 개의 협상의제에서 이해의 파악을 통해 복수의 협상의제로 발전할 수 있었다. 융자금의 활용(임금 혹은 경제적 혜택의 지불방법)이라는 새로운 협상의제를 찾아냈고, 이를 조정함으로써 모두가 만족할 수 있는 결론을 도출할 수 있었다.

　　이처럼 "왜 그런 입장을 취하게 될까?"에 대한 답을 구함으로써 상대와 나의 이해를 명확히 하는 것은 통합협상으로 발전하는 중요한 방법이다. 아래의 예화를 통해 이러한 방법을 한번 더 살펴보자.

부족한 돈으로 전세 얻기

　　한 가족이 전세를 얻고 싶은 집을 발견했다. 집주인은 이 가족이 동원할 수 있는 현금보다 2천만 원 정도 높은 가격을 전세금으로 요구했다. 이 가족의 가장은 먼저 "집주인이 왜 높은 전세금을 요구하는지"를 부동산 중개업자를 통해 알아보았다.

　　중계업자가 알려준 바에 의하면 집주인은 노부부이고 이미 은퇴하여 전세금으로 은행에 장기 고수익 예금의 이자로 생활하고 있다는 것을 알았다. 그리고 노부부는 월세를 받는 것이 은행이자보다는 높은 수익을 얻을 수 있었지만 노부부가 월세를 관리하는 것이 쉽지 않아 은행이자를 택했다는 것을 알게 되었다.

　　■ 당신이 이 집의 전세를 얻고 싶다면 어떻게 하면 가능하겠는가?

　　이 가족의 가장은 이 노부부의 이해는 안정된 수입이라는 것을 알게 되었다. 현재 자신들이 가진 돈이 2천만 원 부족하지만 노부부의 이해를 충족시킨다면 자신들이 원하는 집에서 살 수 있다는 결론을 얻었다. 이 집의 가장은 전세금이라는 단일한 협상의제에 새로운 의제를 첨부하기로 했다. 새롭게 첨부된 의제는 대금 지불방법이었다. 먼저 가용 가능한 자금으로 전세계약을 하고 부족한 2천만 원에 대해서는 월세형식으로 이자를 지불하되 목돈을 원하는 노부부의 입장을 고려하여 전세기간 2년 동안의 이자를 일시불로 지불하는

방안이다.

　　노부부는 안정된 수입이라는 자신들의 이해에 맞는 조건에 만족했고, 이 가족은 2천만 원이 부족한 금액으로 전세를 계약함으로써 원하는 집에서 생활할 수 있게 되었다. 이렇게 서로의 협상의제의 선호도를 조정함으로써 모두가 만족하는 결과를 얻어내는 것을 통합협상의 기법 중에서 통나무 굴리기(logrolling)이라고 한다(이 부분은 차후 한번 더 설명됨).

3) 복수 협상의제의 개발

① 단일의제의 복수의제화

　　배분협상이 되기 쉬운 대부분의 단일의제 협상도 복수 협상의제로 전환함으로써 통합협상이 가능하다. 기업 간의 상품거래에서는 거래가격이 가장 부각되는 의제일 것이다. 만약 가격이라는 단일의제에만 몰입된다면 이 거래는 경쟁적인 배분협상이 될 것이다. 하지만 가격 이외에 다양한 의제를 개발한다면 통합협상으로 발전할 수 있다. 예를 들어 거래가격 이외에도 대금 지불방법(어음 혹은 현금의 비율), 계약규모(거래량), 계약기간, 공급방법(창고비의 부담), 사후관리(불량품에 대한 AS) 등과 같은 다양한 협상의제로 분리할 수 있다.

　　다음의 예는 가상적인 기업의 복수의제와 각 의제별 선호도를 기술한 것이다. 각 의제의 선호도를 바탕으로 다양한 합의조건이 가능하다. 구매자의 입장에서는 거래가격이 최우선이라면 이곳에서 상대의 양보를 얻어내고, 판매자의 입장에서는 계약기간이 최우선이라면 이곳에서 자신의 주장을 관철하고 상대가 원하는 거래가격에

복수의제 개발과 선호도

협상의제	구매자의 선호도	판매자의 선호도
거래가격	1	3
대금의 지불방법	2	5
계약의 규모	6	2
계약 기간	5	1
공급방법	3	4
사후관리	4	3

서는 양보하는 트레이드 오프가 이루어질 수 있다. 또한 다음 항목에서 판매자는 계약규모에서 자신의 이익을 관철시키는 대신 대금 지불방법에서 양보하여 또 다른 합의안을 이끌어낼 수 있을 것이다. 판매자는 공급방법에서 이익을 확보하고 대신 사후관리의 비용에서 상대에게 양보하는 것도 가능하다. 복수조합을 통해 서로의 선호도를 교환하는 것이 통나무 굴리기의 전형적인 예이다.

상품의 거래 이외에도 임금협상에서도 복수의제화는 가능하다. 임금인상이라는 협상의제 외에도 직원의 신분보장, 유니폼에 대한 규제, 주차료 지원, 헬스시설의 이용, 초과수당의 지급 등으로 의제 분할이 가능하다. 부동산의 경우에도 거래금액 이외에 대금 지불방법, 이사시기, 리노베이션의 여부, 하자보수 등 다양한 의제를 협상 테이블 위에 올릴 수 있다.

② 의제 밖의 사안 끌어들이기

단일의제의 복수화 이외에도 의제 밖의 사안을 의제로 끌어들여 복수의제화할 수 있다. 캘리포니아의 산마리노 시와 소방관들의 임금협상이 그 예이다. 소방관들이 원하는 것은 임금인상이었고, 산마리노 시는 소방업무의 수입과 임금을 연계하여 시정부의 재정 부담을 조금이라도 줄이는 것이었다. 산마리노 시는 일방적인 임금 인상 대신 소방관들이 업무를 확대함으로써 수입이 증가하거나, 부서활동을 효율화하여 비용이 절감되는 부분을 소방관들에게 배분하여 소득을 향상시켜 주는 방법을 택했다. 이후 소방관들은 아마도 화재예방을 제대로 하지 않은 건물이나 단체에 대해 적극적으로 검사를 실시하고, 또 물이 부족한 지역에 소방차로 용수를 공급함으로써 자신들의 수익을 창출했을 것이다. 그리고 이 과정은 시재정에는 부담이 없는 수혜자 혹은 위반자의 수입에서 차출할 수 있었을 것이다.

어떤 경우에는 본인도 생각하지 못했던 새로운 이슈들을 발견함으로써 복수의제화할 수 있는 기회도 있다.

호텔 거래의 추가 협상의제 구하기

호텔 사업으로 성공한 소유주가 은퇴하면서 호텔을 매각하기로 결정했다. 이 호텔에 관심이 있었던 어떤 재력가가 호텔 구입을 위한 협상에 뛰어들었다. 그러나 현 소유주는 이 재력가가 지불할 수 있는 금액보다 10억 이상을 더 요구하면서 더 이상 양보하지 않으려 했다. 그가 고용한 종업원들의 신분보장이나 복지에서 많은 것을 양보하려 했지만 그것으로 소유주를 설득할 수는 없었다.

재력가는 우연히 소유주의 사무실에 상자 채 쌓여 있는 서류들을 발견했다. 그리고 그것이 소유주가 이 호텔을 건립한 이후 지금까지 그가 만났던 사람, 호텔 관련 서류 및 신문기사라는 것을 알게 되었다.

재력가는 소유주에게 다음과 같이 제안했다. 호텔 1층의 한 공간을 활용하여 현 소유주가 창립에서 지금까지 모든 기록을 보관하는 박물관으로 활용하겠다는 것이었다. 그리고 대신 가격에서는 양보해달라는 요청을 했다.

이 제안 이후 재력가는 이 호텔을 자신이 원하던 가격으로 소유할 수

> 있었고, 현 소유주는 그가 호텔을 매각한 이후에도 자신의 이름이 그 호텔을 방문하는 사람들의 입에 회자될 수 있는 것에 기뻐했다.

약간 각색되기는 했지만 실화를 바탕으로 한 상기 예화는 본인도 알지 못했던 새로운 협상의제를 개발함으로써 모두가 만족할 수 있는 윈-윈(win-win) 협상을 이끌어낸 사례이다.

법조계에서 보면 형법상에서는 무죄를 판결받았지만 민법상에서는 같은 행위에 대해 책임을 지는 방식이 이 기법의 활용이다. 예를 들어 1990년대 말 미국을 떠들썩하게 했던 심슨(O. J. Simpson)의 심리가 이러한 경우에 해당된다. 유명한 미식 축구 선수였던 그는 부인 살해죄로 고발되었는데, 형사상으로는 무죄를 선고받았지만 민사상 부인의 부모(자신의 장인 장모)에게 배상했던 사건이다.

③ 이면거래로 의제 복수화하기

이면거래는 의제의 복수화를 가능하게 하는 방법이 되기도 한다. 1999년 AT&T와 Comcast는 MediaOne의 합병을 두고 경합을 벌이고 있었다. AT&T는 Comcast에게 MediaOne의 케이블 방송사와 200만 명의 시청자를 넘겨주었지만 그 대가로 90억 달러, 즉 시청자 1인당 약 4,500달러를 받았다.

2. 차이의 발견과 통합협상

1) 통나무 굴리기

예를 들어 제한된 공간을 분할해서 사용해야 하는 두 명의 변호사를 생각해 보자.

사무실을 분할해야 하는 두 명의 변호사

두 명의 변호사가 건물 모퉁이에 있는 10평의 공간을 분할하여 사무실로 써야 한다. 공간을 둘러 나누어서 모퉁이 공간을 사용하는 변호사는 벽의 두 면에 유리창이 있는 사무실을 쓸 수 있지만 한 사람은 창문이 하나뿐인 안쪽의 공간을 써야 한다.

이 때 사무실의 크기보다는 전망과 환기에 관심이 있는 변호사라면 공간의 크기를 양보하고 귀퉁이 사무실을 사용하고, 나머지 한 변호사는 창문은 하나뿐이지만 다른 사람보다 넓은 공간을 활용할 수 있다.

이 방안은 모퉁이 공간을 더 넓게 쓰는 것보다는 못하지만 두 명의 변호사가 양보를 전제로 선호도의 차이를 조정해서 모두가 만족할 만한 결론에 도달할 수 있었다. 이와 같이 선호도의 차이를 트레이드 오프함으로써 만족스러운 결과를 얻어내는 전략은 앞서 설명하고 있는 통나무 굴리기(logrolling) 전략이다.

2) 조건부 계약

협상가들은 관심사와 선호도의 차이를 가지고 있을 뿐만 아니라 세상을 보는 관점에서도 차이를 가지고 있다. 이러한 차이점이 통합협상을 이끌어낼 수 있는 조건을 마련해 줄 수도 있다. 양측이 모두 자신의 예상이 확실하다는 자신감이 있을 때 이러한 조건부적 합의가 더욱 효과적으로 이루어질 수 있다.

조건부 협상은 여러 가지 장점도 있다. 첫째 장점은 허위사실이나 정보를 알 수 있는 장치를 제공해 준다. 거짓으로 상대에게 손해를 입힐 수 있는 장치를 제거할 수 있다. 둘째, 정보의 비대칭성에서 약자를 보호할 수 있다. 정보의 비대칭성으로 인해 일방이 정보의 질과 양에서 압도적일 때 그 타방이 자신을 보호하는 수단이 될 수 있다. 셋째, 조건부 협상을 통해 위험(risk)을 공유하여 감소시킬 수 있다. 넷째, 당사자 간에 현재가 아닌 미래에 초점을 두게 함으로써 협력적인 관계로 발전하는 발판이 될 수 있다.

① 불확실한 사건에 대한 기대의 차이

불확실성이 높은 미래의 사건에 대한 예측이나 믿음의 차이를 이용하여 조건부 계약을 체결할 수 있다.

조건부 계약을 통해 상속받은 가계의 처분

남매가 상속받은 가계의 처분을 두고 고심하고 있다. 누나는 사업전망에 대해 부정적인 시각을 가지고 있다. 사업이 점차 더 어려워질 것으로 예상했다. 반면 동생은 사업이 점차 호전되어 많은 수익을 가져올 것으로 예상했다.

누나는 상점을 매각하기를 원했고 동생은 상점을 보유하기를 원했다.

남동생은 상점에 대한 누나의 부정적인 전망을 근거로 누나가 소유하고 있던 상점의 지분을 일정 기간에 걸쳐 매입하기로 했다. 매각되는 이전까지 누나는 동생의 긍정적인 전망에 근거해서 자기 지분에 대한 일정한 수익을 보장받았다.

이 때 근거와 결과를 연결하여 합의를 하는 것이 필요하다. 위의 예에서도 누나의 부정적인 근거와 매각을 연결하여 조건을 설정하고, 수익에 대해서는 긍정적인 근거를 제시한 동생의 시각에 따라 보유하는 기간 동안 이에 근거하여 지불하는 것으로 되어 있다.

② 위험에 대한 입장 차이를 이용한 조건부 협의

미래에 대한 시각에서 동일하다고 하더라도 위험에 대한 태도에 따라 선호도의 차이를 보일 수 있다. 공동작업으로 소설을 펴낸 두 사람이 있었다. 두 사람은 모두 자신들이 출판한 소설의 성공확률을 중간 정도로 인식하고 있었다. 그러나 한 작가는 위험회피적이었고, 다른 작가는 위험감수적인 사람이었다. 이러한 경우 원고료와 인세라는 두 가지 시간을 둔 이익을 통해 조건부 합의를 이끌어낼 수 있다. 위험회피적인 작가는 선수금으로 받은 원고료 전체 혹은 대부분을 가지고 대신 인세에 대해서는 포기하거나 일부만을 소유하는 것이다.

③ 시간의 선호도 차이를 이용한 합의

앞의 공동소설을 집필한 저자와 같이 시간을 중시하여 단기간의 이익을 보장받으려는 사람은 초기의 이익금을, 장기간에 걸쳐

보다 큰 이익을 보장받고 싶은 사람은 인세를 소유하는 방식이다.

3. 통합협상의 기법

가장 보편적인 통합협상의 기법에는 가교해결책(bridge solution), 불특정 보상법(nonspecific compensation), 수용비용 줄이기, 기탁, 치환 등의 방법이 있다.

① 가교해결책

가교해결책은 당사자들의 이해를 모두 충족시켜 줄 수 있는 해결책을 찾는 것이다. 예를 들어 산으로 휴가를 떠나고자 하는 남편과 바다로 여름 휴가를 떠나고자 하는 아내의 갈등을 생각해 보자. 둘은 함께 휴가를 보낸다는 공동이익을 극대화해야 한다. 이 때 활용할 수 있는 방법이 가교해결책이다. 즉 바다와 산을 모두 즐길 수 있는 곳을 휴가지로 선택하는 것이다.

그러나 가교해결책은 누구도 만족하지 못한다는 측면과 여전히 해결해야 할 문제를 안고 있다는 약점을 가지고 있다. 산으로 가기를 원하는 남편은 자신이 원하는 사냥이나 등산을 하는 동안 아내와 함께 있을 수 없고, 아내가 좋아하는 휴가지의 저녁 파티에는 남편이 함께하는 것이 힘들다. 가교해결책은 추가적인 조율이 필요하지만 둘의 공동이익인 함께 휴가를 보낼 수 있다는 측면에서는 모두가 만족하는 선택이다.

② 불특정 보상법

불특정 보상법은 자신의 선호를 포기한 당사자에게 당사자가 원하는 것을 보상으로 지급하는 방법이다. 협상 참가자들의 협상의제에 대한 선호도가 같을 때 혹은 단일의제 협상에서 활용할 수 있는 방법이다. 즉 일방이 자신이 원하는 이슈에서 양보를 얻어내는 대신 해당 이슈에서 양보를 한 쪽에게 본래의 협상의제와 직접적으로 관계가 없는 새로운 보상책을 찾아내서 보상하는 방식이다. 즉 바다로 가기를 원하는 아내의 휴가를 따라가는 남편에게 아내가 남편이 평소에 원했던 새로운 오디오 세트를 보상으로 지불하는 방법을 들 수 있다.

불특정 보상법에서 주의해야 할 것은 보상의 규모가 너무 커서는 안 된다는 것이다. 이는 배보다 배꼽이 더 큰 경우인데, 휴가를 함께 떠난 부부의 경우 남편이 바다로 가는 조건으로 새 자동차를 요구한다면 이 둘의 관계는 어렵게 될 수도 있다.

③ 수용비용 줄이기

수용비용 줄이기는 자신을 선호를 획득한 당사자가 상대에게 협력의 비용을 줄여주는 것을 말한다. 불특정 보상법과 마찬가지로 해당 의제에 대한 선호도가 동일하거나 단일의제에서 양보한 쪽은 수용비용을 줄여주는 방식이다. 아내와 바다 휴가지로 떠나는 남편의 손실비용을 줄여주기 위해 부인은 서바이벌 게임을 할 수 있는 섬으로 휴가지를 정하는 것이다. 남편이 사냥을 원한다면 사냥 대신에 스킨 스쿠버를 통한 고기잡기를 한다거나, 플라이 낚시를 원하는 남편에게 대신 먼바다에서 바다낚시를 할 수 있는 기회를 부여하는 것을 말한다.

④ 기탁기법(escrow account)

협상결렬의 피해를 최소화하고 갈등해결의 시간을 확보하기 위해 기탁기법이 활용된다. 1997년 아메리카 에어라인의 조종사 파업이 예고되었다. 조종사들이 파업을 하면 하루에 2억 달러 이상의 손실이 예상되었다. 이 때에 랙스(David A. Lax)와 세베니우스(James K. Sebenius)가 제안한 것이 기탁기법이었다. 파업이 시작되면 조종사와 항공사는 물론 임금협상에 직접적인 관련이 없는 많은 직원들과 고객들이 손해를 입게 된다. 우선 주요 당사자인 조종사의 월급의 전부 혹은 일부와 항공사의 이익금을 제삼자에게 기탁하고 일상의 업무를 계속하면서 협상을 진행하는 것이다. 기탁기법을 활용하면 모두가 피해를 보지 않으면서 합의에 이를 수 있는 시간을 벌 수 있다. 합의 이후 기탁한 기금에 대한 분배에서 또 다시 문제가 발생할 수 있는 소지도 있지만 모두에게 피해가 되지 않는 기법이다.

네팔의 정전협상

네팔은 좌익 게릴라와 정부군의 오랜 갈등으로 내전상태에 있었다. 최근 네팔의 좌익 게릴라들은 무기의 신탁을 통해 정부군과 평화협정을 맺고 제도권으로 들어와 민주주의의 첫 걸음을 시작했다.

네팔의 좌익 게릴라들의 무기는 과거 게릴라들의 본거지에 가까운 특정 지역에 모두 모아놓고 이 지역을 UN 평화군이 지키는 것으로 결정했다. 그리고 무기가 들어 있는 창고의 열쇠는 게릴라들이 소유하는 것으로 합의를 보았다.

이들은 정부가 합의를 파기한다면 언제든지 다시 무기를 들 수 있는 기회를 보존했을 뿐만 아니라, 정부가 평화적으로 운영되는 한 제도권에서 활동하

겠다는 상징적 의미가 있다. 서로 믿지 못하는 두 당사자가 기탁을 통해 모두의 목적을 만족시킨 사례이다

⑤ 치환기법

치환기법이란 시스템의 일부인 한 요소를 따로 떼어내는 것을 말한다.

치환기법을 이용한 하청업체 인수합병

대기업 A사는 하청 부품업체인 B사를 우호적으로 합병하고 싶었다. A사는 매수가격 최저선으로 14억을 제시한 반면 B사는 16억을 마지 노선으로 제시했다. 양분하는 15억으로 타협할 가능성은 없어보였다.

양 회사는 자신의 가격 산출기준을 상호 교환하는 과정에서 B사가 소유하고 있는 신기술에 대한 평가에서 차이가 나는 것을 발견했다. A사는 이 기술의 가치를 1억으로 평가한 반면 B사는 6억의 가치로 평가하고 있었다.

A사는 B사가 가진 신기술의 가치를 치환할 수 있다. 즉 A사가 평가한 1억의 가치를 제외하고 14억에서 1억을 뺀 13억 이하에서 합의를 볼 수 있다. 반편 B사의 경우 자신이 요구한 16억에서 신기술의 권리를 보존하는 조건으로 10억 이상의 돈을 받으면 합의를 볼 수 있을 것이다. 치환기법을 통해 다시 ZOPA가 형성되었다. 10억에서 13억의 중간 어느 곳에서 합의가 이루어질 수 있을 것이다. 이 합의를 통해서 B사는 소유한 신기술의 권리를 여전히 보유할 수 있다.

⑥ 제3의 해결책 모색

제3의 해결책을 모색하는 것은 직접적인 이슈가 되는 부분 밖

에서 해결책을 찾는 방법이다.

시스템 창문의 개폐

　　도서관에 큰 창문 하나를 옆에 두고 두 개의 좌석이 있다. 이 창문은 시스템 창문으로 아래위로 열리게 되어 있어서 창문을 열면 두 개의 좌석 모두에 찬바람이 들어오게 되어 있다.

　　겨울날 한 학생은 감기가 들어 있었지만 다른 한 학생은 환기를 위해 창문을 열 필요를 느끼고 있었다. 창문을 열거나 닫거나 어느 일방만이 원하는 결과밖에는 얻을 수 없다.

　　다투고 있던 두 학생을 지켜보던 한 도서관 사서가 제3의 대안을 찾았다. 두 학생의 자리에서 멀리 떨어져 있는 곳의 창문을 열어준 것이다. 감기에 걸린 학생은 찬바람을 직접 맞지 않아서 견딜 만했고, 환기를 주장했던 학생은 다른 곳에서 들어오는 공기로 충분히 환기가 된다는 것을 확신했다.

　　이러한 사례는 우리 생활에서도 많이 찾아볼 수 있다. 버스의 창문을 열 것인가 닫을 것인가를 놓고 실랑이를 벌이는 한 좌석에 탄 사람이 있다면 그 창문을 열 것이 아니라 버스의 천장에 마련된 환기구를 개폐함으로써 해결할 수 있다.

　　제3의 대안의 모색은 창의적인 사고를 필요로 한다. 그러나 사람은 자신이 가진 지식과 이를 현실에 적절히 활용하는 데 많은 어려움을 가지고 있다. 꾸준한 훈련을 통해 적용성을 높일 수 있다.

4. 파이 키우기

통합협상에서 파이를 키우는 것은 협상타결에 중요한 열쇠가 된다. 주어진 것을 두고 벌이는 배분협상과 달리 통합협상은 창의적 방법으로 파이를 키우는 과정이 포함된다.

이동국 선수의 영국 미들스브러 이적협상

한국의 국가 대표 스트라이크였던 포항 스틸러스 소속 이동국의 이적 협상이 영국 프리미어리그 미들스브러와 진행되었다. 당시 포항은 한국 최고의 스트라이크를 데려가는 조건으로 150만 유로(약18억 원)의 이적료를 요구한 반면, 미들스브러는 이동국이 두 달 후 자유계약 신분이 된다는 점을 들어 30만 유로(3억 6천만 원)를 제시해 협상이 난항을 겪었다.

협상의 주요 쟁점은 이동국이라는 선수의 가치에 대한 것이었다. 미들스브러의 입장에서는 아시아 선수들이 영국 리그에서 크게 성공한 예가 드물었기 때문에 많은 이적료를 들여 선수를 영입한다는 것은 부담이 될 수밖에 없었다. 반면 포항에서는 한국 최고의 스트라이크를 영입하는 조건으로 충분한 이적료가 필요하고, 이것은 한국 축구의 자존심과도 관련된 문제라고 팽팽히 맞섰다.

최종 협상은 이동국의 포항 스틸러스가 대승적인 차원에서 이적료를 일체 받지 않고 이적시키는 것에 합의했다. 하지만 포항은 '이동국이 한국으로 귀환할 경우 무조건 포항으로 복귀해야 한다. 만약 이동국이 한국을 제외한 타국 클럽으로 이적할 경우 발생하는 이적료에 대해서는 포항과 미들스브러가 50 : 50으로 나누어 갖는다'는 조항을 삽입했다.

이동국의 이적협상은 포항과 미들스브러가 당장의 이익보다는 장기간에 걸친 보다 큰 이익에서 합의를 이루었다. 특히 포항은

이동국 선수의 기량에 여러 번 확신을 표현했고, 그에 대한 충분한 대가를 요구했기 때문에 이 합의안에 동의하지 않을 수 없었다. 포항의 주장대로 이선수가 충분한 기량이 있다면 프리미어 리그에서의 이적은 당시의 이적료에 비할 바 없이 클 수 있을 것이다. 이는 일방이 강하게 주장하는 근거를 활용하여 서로의 파이를 크게 하는 전략이라 할 수 있다.

Shop in Shop

　　　　김임대 씨는 직장생활로 모은 3억 원으로 시내 중심가의 상가 60평을 구입했다. 그는 평소 하고 싶었던 책방을 그곳에 열었다. 책방을 개업하면서 인테리어 비용을 위해 은행에서 5천만 원의 융자를 받았고 부족한 구입자금을 메우기 위해 약간의 융자를 더 받은 상태이다. 사업이 뜻대로 되지 않아 서점의 20평을 떼어 임차하기로 했다. 김임대 씨는 은행 융자금을 고려하여 최소한 1억 3천의 임대료를 받기를 원했다.

　　　　임차에 관심이 있는 이임차 씨가 나타났다. 그런데 그는 커피숍을 하고 싶었지만 그가 가용한 자금은 1억이 전부였다. 다른 임차인이 나타나지 않고 은행이자는 계속 나가야 하는 상황이라 김임대 씨는 모험을 하기로 했다. 김임대 씨는 1억으로 임차를 하는 대신 커피숍과 서점 사이의 칸막이를 없애서 서점의 손님과 커피숍의 손님들이 서로 사용할 수 있게 하자는 조건을 내걸었다. 두 사람은 커피숍과 서점이라는 상호 시너지 효과를 낼 수 있는 사업을 조합함으로써 모두의 수익을 크게 하는 효과를 거두었다.

출처 : 우동기 외, 『성공전략 협상』, pp. 101-2.

5. 통합협상과 소통능력

통합협상은 이해와 선호도에 대한 상호 정보교환을 통해 모두가 만족하는 합의안을 이끌어내는 협상이다. 통합협상에서는 정보교환 방식을 이해하는 것은 중요한 사안이 된다. 정보교환의 목적은 크게 세 가지로 요약할 수 있다. 첫째 협상가들 사이에 좋은 관계를 형성하고, 둘째 협상 당사자들의 숨은 이해관계와 이슈 및 인식들을 상호 인지하며, 셋째 협상 협상력과 목표값을 검증하는 것이다(셀, 2006 : 221-222).

1) 좋은 관계를 설정하기 위한 기술

① 편안한 분위기

협상에서 좋은 관계를 형성하는 방법은 협상과 직접 관계가 없지만 협상 상대와 공유할 수 있는 무언가를 찾아서 이것에서부터 이야기를 풀어나가야 한다. 서로가 공유하는 무언가에 대한 잡담은 사람들을 편하게 하며 좀더 호의적인 분위기를 만들어낼 수 있다.

또한 대화의 장소도 중요하다. 시끄러운 호텔 로비에서 첫 대면을 한다면 서로가 높은 소리로 이야기할 수밖에 없을 것이다. 그러나 조용한 이태리 식당이라면 부드러운 분위기에서 이야기를 진행할 수 있다. 대화의 장소를 선정하는 것도 대화의 문을 여는 데 매우 중요한 역할을 한다.

② 특별한 대우

좋은 관계의 목적은 상대방에게 무언가를 요청하기 위해 찾아온 사람이 아니라 특별한 사람으로 여기게 하는 데 목적이 있다. 먼저 상대방을 특별한 사람으로 대하는 것이 시작이다.

사탕 하나로 특별함을 느끼게 하는 방법

데이비드 스트로메츠(David Strohmetz) 연구팀은 식사 후에 사탕을 제공하는 것이 서빙한 웨이터의 팁에 어떠한 영향을 미치는지 연구했다. 실험에 사용한 사탕은 10원 정도의 가치밖에는 없었다.

첫 번째 실험은 계산서를 줄 때 사탕을 받은 팀과 사탕을 받지 않은 팀의 팁을 조사했더니 미묘한 차이밖에는 없었다. 사탕을 받은 팀이 3.3% 정도 높은 팁을 웨이터에게 주었다.

두 번째 실험에서는 웨이터들이 식사를 마친 팀에게 사탕 2개씩을 주었다. 2개의 사탕을 받은 팀은 받지 못한 손님보다 14.1%의 팁을 더 주었다.

세 번째 실험에서는 웨이터가 먼저 각 손님들에게 사탕 하나씩을 주었다. 그리고는 '이만 가보겠다'는 식으로 뒤돌아서 걸어가다가 다시 손님에게 돌아와 손님들에게 사탕 하나씩을 더 주었다. 이는 "멋진 손님에게 사탕 하나씩 더 주어야지"라는 표현과 같다고 할 수 있다. 팁의 평균 액수가 23% 증가했다.

세 번째 실험은 웨이터가 손님들에게 특별한 호감을 보인 것이라고 할 수 있다.

출처 : 로버트 치알디니, 『설득의 심리학 2』, pp. 72-74.

③ 선물의 교환

적당한 선물은 상대의 마음을 열 수 있는 열쇠가 된다. 특히 그 선물이 상대에게 특별한 의미가 있는 것이라면 더욱 효과가 있다. 클린턴 대통령 시절 국무장관이었던 매들린 울브라이트는 선물을 통해 효과적인 결론을 얻은 좋은 사례로 인식된다.

울브라이트의 선물

국무부 운영예산이 세출위원회 소관이었기 때문에 울브라이트 장관은 세출위원회 로저스 위원장과 잘 지내야만 했다. 어느 날 로저스를 만나는 자리에 울브라이트는 사진첩이 든 상자를 예쁘게 포장해 가지고 갔다. 울브라이트는 로저스의 집에 최근 불이 나 사진들이 모두 소실되어 재임시절의 기억이 될 수 있는 모든 것을 잃어버렸다는 것을 알았다.

울브라이트는 로저스가 공식방문했던 모든 나라의 대사관에 연락해 그의 사진을 수집하게 하고 이를 모아서 사진첩으로 만들어 가져온 것이다.

톰슨, 2006 : 226.

그러나 너무 공공연하게 속이 보이게 환심을 사려는 노력은 역효과를 일으켜 오히려 값비싼 대가를 치를 수도 있다(셀, 2006 : 229).

④ 호감의 법칙

우리가 잘 알고 좋아하는 사람이 요구하는 것을 수락하기 좋아한다는 이 법칙은 협상에서 우호적인 분위기 조성에 긍정적인 영향을 미친다. 일반적으로 사람은 익숙하거나 우리와 비슷한 점이 많은 사람에게 호감을 갖게 된다. 같은 취미를 가진 사람, 같은 종교, 같은 대학을 졸업한 동문 등과 같은 요소들은 서로의 동질성을 끌어내기 쉽다.

2) 통합협상력 제고를 위한 대인관계술

협상은 상대와 마주 앉아 의사소통을 해가며 뭔가 합의점을 도출해 나가는 과정이다. 사람을 상대로 언행의 교환을 통해 뭔가 해법을 모색해 나가는 것이 협상이라면 이 과정에서는 '사람을 상대하는 기술'이 중요한 요소가 됨을 알 수 있다. 여기서의 '사람을 상대하는 기술'은 곧 '대인관계술'(interpersonal skill)을 의미한다. 그러나 협상학에서의 '대인관계술'은 '사람을 다루는 기술'이나 '처세술'을 의미하는 것은 아니다.

물론 사람을 다루는 기술이나 처세술적인 요소를 완전히 무가치한 것으로 배제할 수는 없다. 기본적으로 경쟁구도 위에서 이루어지는 협상은 게임의 요소가 전제되어 있다. 협상의 목표는 상대를 '능가'(outdo)하는 것이다. 상대를 능가하기 위해서는 때로는 상대를 기만할 수도 있어야 하고, 상대의 의표를 찌르기도 해야 한다. 협상과정에서 협상자는 앞서 살펴본 바와 같이 곧잘 '정직의 딜레마', '신뢰의 딜레마'에 빠지게 된다. 온전한 진정성과 진실성만으로 협상을 이끌어 갈 수는 없다. 따라서 전략과 전술적 요소가 중요한 협상에서 사람을 다루는 기술이나 처세술이 결코 간과될 수는 없다. 상대방으로부터 호감을 살 필요도 있고, 상대를 기분 나쁘게 하지 않으면서 자신의 생각을 명료하게 전달할 수 있어야 한다. 그런가 하면 상대가 지루해하지 않도록 상대의 관심과 주목을 붙잡아 두는 것도 필요하고, 상대방의 직설적인 공격에 감정을 다스려 가며 차분히 대응할 수도 있어야 한다. 이러한 능력들에는 분명 사람을 다루어 나가는 처세술적인 요소가 내포되어 있다.

그러나 협상학에서의 대인관계술의 핵심은 처세술적인 것이라기보다는 상대와의 소통능력을 뜻하는 것이다. 상대방과 소통할 수 있는 능력은 협상과정 내내 아주 중요한 요소가 되며, 때로는 협상의 성패를 좌우하기도 하는 관건이 되기도 한다. 많은 협상사례를 보면 합의의 충분한 조건이 갖추어졌음에도 불구하고 상호 불신과 오해의 장벽을 극복하지 못해 끝내 협상이 불발로 그치고 마는 것을 알 수 있다. 소통은 단순히 서로 말하는 것을 의미하는 것이 아니라, 대화를 통해서 불신과 오해의 벽을 뛰어넘는 것을 뜻한다. 소통은 대화를 통해서 의견을 나누고 의견교환을 통해서 생각을 모아 나가는 것을 의미한다.

협상학에서 소통능력의 주요한 요소들

- 명료하게 자신의 입장과 생각을 전달할 수 있는 능력
- 상대의 발언을 진지하게 경청하고 그 핵심을 간파할 수 있는 능력
- 관계를 손상시키지 않으며 자기 주장을 강력하게 펴나갈 수 있는 능력
- 감정을 적절하게 표현해 나갈 수 있는 능력
- 상대의 지나친 감정표출에 대한 대응능력
- 상대와 관계의 질을 제고해 나갈 수 있는 능력

따라서 협상학에서 말하는 의사소통 능력은 웅변술이나 수사학적 능력을 의미하는 것이 아니다. 협상과정에서는 자신의 의사를 명료하게 표현할 수 있는 능력, 감정을 적절히 표현하면서도 경우에 따라서는 감정의 자연스러운 분출을 억제해 나갈 수 있는 능력, 상대방을 기분 나쁘게 만들지 않으면서도 할 말은 다 할 수 있는 능력, 상

대방의 말을 진지하게 경청할 수 있는 능력 등이 웅변술이나 수사학적 표현능력보다 중요하다.

① 의사전달 능력

협상과정에서 불수불가결한 소통능력 가운데 하나는 자신의 입장과 생각을 명료하게 상대방에게 전달하는 것이다. 상대가 이해하기 쉽도록 내 입장을 담은 설명과 주장을 간명하게 상대에게 효과적으로 전달할 수 있어야 한다. 그러나 상대는 나의 발언에 진지하게 경청하고 있지 않을 수도 있다. 상대가 나의 발언을 적극적으로 이해하고 기꺼이 수용하고자 하는 마음으로 듣고 있을 것으로 간주한다면 큰 오산이다. 협상 초기 단계에서 상대는 내가 내놓은 기본 입장이 무엇인지 탐색하기 위해 나의 발언에 귀를 기울일 수 있다. 하지만 협상이 진행될수록 상대는 나의 발언을 귀담아 들으려 하지 않을 가능성이 크다. 아예 나의 발언에 전혀 귀를 기울이지 않고 자신의 다음 차례 발언내용을 속으로 가다듬으면서 머릿속에서 자신의 생각만이 바쁘게 돌아가고 있는 상태일 수 있다.

이런 상태에서 나의 발언이 중언부언 초점이 없고 메시지가 분명하지 않다면 상대는 더욱 더 나의 발언을 귀담아 들으려고 하지 않을 것이다. 상대는 사전조사를 통해 내가 어떤 입장을 취할 것이고 어떠한 주장을 펴나갈 것인가 예상하고 나왔을 것이다. 상대의 예상대로 나의 발언이 계속된다면 상대는 더욱 시들해할 것이다. 그렇다고 불필요하게 상대를 자극하는 발언을 한다든지 혹은 거친 감정표현이 담긴 언사를 늘어놓으면 상대와의 소통거리는 더욱 멀어지게 된다.

또한 상대는 나의 진술에 어디 트집잡을 데는 없나 하고 비판적인 관점에서 듣고 있을 것이다. 사실관계에 오류는 없는지 혹은 앞뒤가 안 맞는 게 있는지 상대는 오로지 반박거리를 찾는 데 골몰하며 나의 진술을 듣고 있을 가능성이 크다. 협상을 준비하는 단계에서 철저한 사전조사 없이 부정확한 데이터를 인용한다든지 사실관계가 틀린 자료를 언급하면 상대는 속으로 쾌재를 부를 것이다. 따라서 나의 주장을 상대에게 효과적으로 전달하기 위해서는 다음과 같은 점을 염두에 두면서 발언에 나서야 한다.

| 진술은 간단명료해야 한다

이것저것 장황하고 길게 늘어놓는 것보다는 논지가 선명한 짧은 문장으로 명료하게 진술해 나가야 한다. 아무리 중요한 내용이라 하더라도 불필요하게 길게 반복해서 이야기하는 것은 바람직하지 않다. 상대는 많은 것을 준비해 왔을 가능성이 크다. 따라서 특정 사안을 지나치게 친절하게 자세히 설명해 주지 않아도 된다.

| 사전준비한 내용에 충실해야 한다

협상은 순간순간의 재치나 총기를 겨루는 게임이 아니다. 많은 것을 준비해 가지고 나왔을수록 사전에 준비한 내용을 충실하게 반영할 수 있어야 한다. 그러나 실제 협상 진행과정에서는 전혀 예상치 못한 새로운 국면이 전개되기도 한다. 그렇다고 하더라도 그때그때의 직관이나 순간적인 판단, 불확실한 가정, 지레짐작 등에 의존해서는 안 된다. 이러한 경우라 하더라도 사전에 준비된 내용과 연계시켜 확실한 근거가 있는 내용만을 진술에 포함시켜야 한다.

| 상대방의 태도에 주목해야 한다

협상을 위한 토의가 진행되는 동안 상대방이 얼마나 나의 진술과 주장을 이해하고 있는지 끊임없이 주목해 나갈 필요가 있다. 격론이 오가고 협상장의 분위기가 뜨거울수록 협상자는 자신이 내놓고자 하는 주장에 신경을 집중하는 나머지 상대가 나의 주장을 얼마나 이해하고 있고 이를 어느 정도나 받아들이고 있는지에 대해 둔감하기가 쉽다. 그러나 협상타결은 서로가 서로의 제안을 이해하고 이를 얼마간 수용하고자 할 때 가능해진다. 상대가 나의 발언에 아예 귀를 닫고 있거나 나의 관점을 전혀 수용하려 들지 않는다면 협상타결을 기대하기란 어려워진다. 따라서 상대가 나의 진술을 얼마나 이해하고 있고 또한 이를 받아들이고 있는지 중간중간 점검해 보는 것이 필요하다. 상대의 경청태도나 표정을 보면 이를 얼마간 짐작할 수 있지만 상대가 나의 진술을 얼마나 이해하고 있는지 직접 또는 간접적으로 되물어 보는 것도 좋은 방법이 될 수 있다.

② 진지한 경청 및 질문활용

일방적인 자기 주장의 관철로 협상이 타결되는 것은 아니다. 협상은 상대와 함께 문제를 풀어나가는 과정이다. 협상은 서로의 관점과 생각을 활발하게 교환하고 될 수 있는 대로 이를 한 군데로 수렴시켜 나가는 과정이 되어야 한다. 상대와의 공감대 형성이 협상타결의 관건인 것이다. 상대와의 공감대 형성을 위해서는 무엇보다도 상대의 말을 진지하게 경청하는 것이 필요하다.

협상의 성공적 타결을 위해 반드시 필요한 것 가운데 하나는 상대방의 의견에 적극적으로 귀를 기울이는 것이다. 상대의 진술과 주장을 진지하게 경청하는 자세가 협상을 성공으로 이끌어 갈 수 있다. 앞서 살펴본 바와 같이 우리는 곧잘 자신의 생각에 빠져 상대의 의견진술을 진지하게 경청하지 않는다. 나의 관점, 내 입장에 집착하는 나머지 상대의 말에 아예 귀를 닫기까지 한다. 특별히 나를 놀라게 하거나 화나게 만드는 발언이 없는 한, 상대의 발언을 귀담아 들으려 하지 않고 이내 지루해 하기 쉽다.

우리는 또한 곧잘 상대의 발언을 진지하게 경청하는 태도가 곧 상대의 의견에 동의하는 것으로 비쳐질까 염려하기도 한다. 상대방을 이해하는 듯 진지한 경청의 태도를 보이면 상대의 입장을 수용하는 것으로 오해될 수 있다고 우려하여 일부러 딴전을 피우기도 한다. 상대의 발언을 무시하는 듯한 태도를 일부러 연출하는 것이 내 입장의 단호함을 보여주는 데 유리하다고 믿는 것이다. 하지만 상대의 의견을 경청하는 것으로 내 입장의 단호함이 허물어지는 것은 아니다. 상대의 발언을 경청하는 것과 상대의 견해에 동조하는 것은 별개 차원이며, 상대의 의견을 경청하는 것은 협상을 잘 진척시켜 나가기 위한 기본 태도이다.

│ 상대의 발언시간에는 듣는 일에 집중하라

상대의 발언내용을 액면 그대로 다 믿을 필요는 없지만 경청은 중요하다. 진지한 경청을 통해서 상대에 관해 더 많이 알 수 있는 정보를 획득할 수도 있고, 또 그럼으로써 상대를 더 잘 알 수 있게 된다. 앞서 말한 바와 같이 상대를 아는 것과 상대의 말에 동의하는 것은 별개의 것이다. 듣는 것과 판단하는 것이 동시에 이루어질 필요는 없다. 판단과 반응은 뒤로 미루고 일단 상대의 말을 진지하게 들어주는 자세가 필요하다.

상대를 더 잘 알 수 있게 되면 상대를 더 잘 설득시킬 수도 있게 된다. 내 생각을 갈고 다듬어서 상대를 설득시킬 수 있는 것 이상으로 상대방의 요구와 필요에 잘 부응함으로써 상대를 효과적으로 움직일 수도 있다. 진지한 경청을 통해서 상대방의 요구와 필요를 좀

더 잘 알 수 있고, 이를 통해서 상대방을 효과적으로 움직일 수 있는 새로운 방안이 찾아질 수도 있다. 따라서 상대가 발언하고 있는 시간 만큼은 내 생각에 골몰하기보다는 상대의 입장이 무엇인지 적극적으로 이해하려는 진지한 경청의 태도가 필요하다.

그것을 수긍하느냐 하는 것과는 별개의 문제로 상대의 발언을 진지하게 들어주면 상대는 나를 진지한 협상가로 생각하며 문제를 함께 풀어나가는 진지한 파트너로 인정한다. 따라서 진지한 경청 태도는 상대방과 상호 이해의 폭을 넓혀나갈 수 있고, 또한 상대방으로부터 신뢰를 얻는 데에도 크게 도움이 된다.

| 경청 먼저, 판단은 그 다음에

상대의 발언을 이해하기 위해 노력하는 것이 상대의 의견에 동조하는 것은 아니다. 진지한 경청은 상대를 이해하기 위한 것이고, 상대를 이해한다고 해서 상대와 입장을 같이하는 것은 아니다. 일단 경청하는 것이 필요하고, 판단은 그 다음의 문제이다. 진지한 경청은 판단의 질을 제고하는 데 도움이 된다. 진지한 경청은 또한 상대에 대한 대응수준을 높일 수 있다. 훌륭한 판단은 진지한 경청으로부터 비롯된다는 점을 깨달아야 하며, 적절한 대응 역시 진지한 경청으로부터 시작된다는 점을 인식해야 한다.

| 질문을 활용하라

상대의 진술을 듣는 동안 궁금한 점이 있으면 적극적으로 질문할 필요가 있다. 상대의 진술은 자신의 관점에서 자신의 입장을 강화시키기 위한 것이다. 나와 관점이 다르고 입장이 다르기 때문에 내가 정작 궁금하게 생각하는 점을 빠뜨릴 가능성이 크다. 또한 상대의 진술은 명백한 사실관계와 정직한 정보만을 담고 있지 않을 것이다. 상대의 진술은 어디까지나 자신의 입장을 내세워 나를 설득하기 위한 것이다. 자신 쪽에 불리한 정보는 일부러 누락시킬 것이고, 자신의 입장을 약화시키는 진술은 일부러 애매모호하게만 말하고 있을 가능성이 크다. 따라서 상대의 진술을 진지하게 경청할수록 궁금한 점이 많이 생길 수밖에 없다.

상대의 진술과 내세우는 주장의 배경이 무엇인지 상대가 친절하게 말해주지 않으면 궁금한 점을 상대에게 적극적으로 물을 수 있어야 한다. 상대의 진술과 주장 가운데 앞뒤가 맞지 않는 점이 있다든지 혹은 진술과 주장 사이에 논리적 연계성이 미흡하다고 생각되면 왜 그런지 적극적으로 물어볼 수 있어야 한다. 나의 질의가 진지하고 타당한 것이라면 이것저것 묻는다고 해서 상대가 공격당했다고 생각하거나 언짢아하지는 않을 것이다. 오히려 진지한 질문은 상대로 하여금 내가 아주 신중한 협상가라는 인상을 심어줄 수 있다. 또한 상대가 미처 생각하지 못한 곳을 파고드는 나의 질문은 상대의 생각을 바꾸게 만드는 계기가 될 수도 있다.

③ 적절한 감정표출과 감정 제어능력

상대를 설득하기 위해서는 명백한 사실관계와 논리가 중요하다. 협상자는 곧잘 협상과정에서 감정에 흔들림 없이 냉정하게 논리적으로 자기 주장을 펴나가는 것이 바람직하다고 생각한다. 자신의 입장을 뒷받침하는 사실관계와 논거를 냉정하게 상대방에게 전달함으로써 상대를 효과적으로 설득할 수 있다고 믿는 것이다. 하지만 실제 협상과정은 논리적 진술만이 교환되면서 냉랭한 분위기만 감도는 그러한 과정인 것은 아니다. 협상은 머리와 입으로만 행해지지 않는다.

사람과 사람 사이의 상호작용 과정에서는 가슴과 마음의 교호작용이 일어나기 마련이다. 입장의 차이가 크면 클수록 언성이 높아지고 감정표출이 잦아진다. 생각하는 만큼 서로가 쉽게 따라주지 않을수록 짜증은 늘어가며 분노와 좌절감만 쌓여갈 가능성이 커진다. 그런가 하면 데드라인이 임박할수록 어느 쪽에서든지 조바심과 두려움이 커가기 마련이다. 실제 협상장은 차분하게 논리적 진술이 교환되는 장이라기보다는 고성과 함께 비난과 분노, 탄식, 역정 등이 교차되는 현장이다.

때로는 상대에게 효과적으로 영향을 미치기 위하여 전술적 차원에서 감정표출을 연출하기도 한다. 일부러 바짝 긴장하는 듯한 자세를 취하기도 하며, 짐짓 조바심을 나타내거나 분노하는 듯한 표정을 지어보이기도 한다. 필요 이상으로 냉담한 자세를 연출할 수도 있고, 짐짓 낙담한 듯한 표정을 나타내 보일 수도 있다. 협상자 간 인간적 교감을 위해서 오히려 적절한 감정표현이 요구될 때도 있다. 협상장에서 감정을 드러내는 것이 무조건 금기시 되어야만 하는 것은 아니다. 논리적 진술과 감정표현이 적절하게 배합될 수 있다면 나를 더 잘 알릴 수 있고 상대를 더 잘 이해할 수도 있게 된다.

┃ 감정표출이 필요할 때도 있다

감정표출은 자연스러운 인간적인 현상이다. 협상은 사람과 사람 사이에서 이루어진다. 협상에서 감정적 요소는 불가피하고, 때로는 필요한 것이기도 하다. 보통의 인간사가 그렇듯이 협상과정에서 감정을 숨기고 누르는 것이 능사는 아니다. 상대를 불필요하게 자극하지 않는 범위 내에서의 감정표출은 협상을 촉진하는 데 도움이 될 수도 있다. 그러나 자연발생적인 감정이 적절히 제어되지 않은 채 거칠게 표출되는 것은 결코 바람직하지 않다. 감정은 양면의 칼날과 같이 적절하게 통제되면서 효과적으로 활용될 수 있어야 한다.

상대방의 감정표출에 대해서도 마찬가지로 받아들일 수 있어야 한다. 상대의 표출된 감정을 잘 읽어냄으로써 상대를 더 잘 알 수도 있다는 점을 인식할 필요가 있다.

| 적절하게 제어해 나갈 수 있어야 한다

마음 속에서 모락모락 피어오르는 감정이 있다면 우선 이것의 정체부터 식별해낼 필요가 있다. 솟구쳐 오르는 그것을 감추고 누를 것인가, 아니면 그때그때 적절하게 표현할 것인지를 우선 결정하기 위해서는 그 감정의 성격이 무엇인지 식별해낼 수 있어야 한다. 분노인지, 짜증인지, 안타까움인지, 그저 측은한 마음인지 식별해낼 수 있어야 한다. 감정적 요소를 군이 배제하려 들기보다는 그것의 존재를 인정하고 그것이 무엇인지 알게 되면 이를 적절하게 제어해 나갈 수도 있게 된다.

협상과정은 피차 감정이 지배하는 과정이어서는 안 된다. 감정이 나도 모르게 자연발생적으로 표출되도록 내버려 둔다면 이는 곧 감정의 지배를 받는 것과 마찬가지이다. 협상에서 자연발생적인 감정표출은 결코 바람직하지 않다. 자연발생적인 감정표출은 불필요하게 상대를 자극함으로써 그 효과보다 더 큰 비용을 지불하게 만들 수도 있다.

마찬가지로 상대의 지나친 감정표현에 대해서도 상대가 이 점을 인식하도록 적절하게 지적하는 것이 필요하다. 상대의 지나친 감정표현에 대해 같은 강도의 감정표출로 맞대응하는 것은 협상을 더욱 난항에 빠뜨리고 마는 결과를 초래할 뿐이다.

| 감정표출의 정도와 그 표현방식에 대해서도 생각할 수 있어야 한다

감정표현도 의사소통의 한 방편으로 감정은 커뮤니케이션의 유력한 수단이자 통로일 수 있다. 그러나 감정표현이 효과적인 의사소통의 수단이 되기 위해서는 그 감정을 어떻게 상대에게 전달할 것인가에 대해서도 생각할 수 있어야 한다. 느끼는 감정을 예컨대 "분노감을 느끼고 있다", "모멸감을 느낀다"는 식으로 말로써 직접적으로 상대에게 전달할 수도 있을 것이며, "터무니없다", "우려하지 않을 수 없다"는 등 감정을 대변할 수 있는 어휘의 사용빈도를 늘려나갈 수도 있다. 그런가 하면 짐짓 화난 얼굴표정을 짓는다든지 혹은 손사래를 치는 등의 비언어표현을 동원할 수도 있을 것이다. 문제는 느끼는 감정의 정도에 맞추어 그 적절한 표현수단이나 통로를 찾을 수 있어야 한다는 것이다. 느끼는 감정의 정도에 맞지 않는 지나친 감정표출이나 오버 액션은 결코 바람직하지 않다.

④ 관계의 질 제고능력

협상은 상호 설득을 위한 경쟁과정이다. 상대를 어떻게 움직여 내 쪽으로 움직여 오도록 만들 수 있느냐 하는 것이 협상 승패의 관건이 된다. 협상자는 곧잘 내가 내세우는 주장이 강력하게 상대에 어필할수록 상대를 효과적으로 움직일 수 있다고 믿는다. 그렇게 때문에 협상자는 자신의 주장을 단호하고 강력한 어조로 상대에게 전달할 수 있어야 한다고 믿는다. 협상자는 상대를 끝까지 밀어붙여 옴짝달싹 못 하게 궁지에 몰아넣을 수 있을 때 자신이 추구하는 이익이 극대화될 수 있다고 믿는 경향이 있다. 협상 사안에 따라서는 상대를 압도하는 일방적 전략이 목전의 이익을 최대화하는 데 기여할 수도 있다. 하지만 상대를 전혀 배려하지 않는 강력한 자기 주장이나 일방적인 강력한 드라이브는 상대와의 관계의 질을 훼손시키기 마련이다.

　협상자는 '목전 이익의 극대화'냐 아니면 '장기적 관계의 보존'이냐를 따지게 되는 상황에 곧잘 직면하게 된다. 사람들은 손에 쥐게 되는 실질적 결과물에 집착한 나머지 상대와의 장기적 관계를 포기하기도 하고, 상대방과의 관계를 원만하게 가져가기 위한 것이라면서 내 손에 당연히 쥘 수도 있는 이익까지를 포기하기도 한다. 그러나 '실질적 결과물'이냐 아니면 '관계의 질'이냐 하는 것은 양자택일의 선택의 문제라기보다는 어느 선에서 절충이 이루어지도록 할 것인가 하는 균형점 모색의 문제이다. 목전의 이익만을 최대화하려는 일방적 드라이브가 바람직하지 않은 것처럼 관계의 질만을 염두에 두는 일방적 양보 역시 바람직하지 않다.

　이익의 최대화를 위한 노력과 장기적 관계의 보존 노력은 서로를 배척하는 것이 아니라 적절하게 절충될 때 균형점이 찾아질 수 있다. 관계의 질을 훼손하지 않는 단호한 자기 주장이 가능할 수 있으며, 나에게 보장된 이익을 훼손시키지 않으면서도 상대와의 장기적 관계를 보존해 나갈 수 있는 것이다. 이러한 균형점을 찾기 위한 노력을 위해서는 다음과 같은 점에 주목해야 한다.

| 이슈와 사람을 분리한다

　다루어지는 사안 자체에 대해서는 '원칙'에 입각하여 따질 것은 따지는 명료한 접근법이 필요하지만 협상 상대와 관련해서는 부드러운 인간적 접근법을 취할 필요가 있다. 상대의 진술과 주장에 내포되어 있는 문제점을 지적할 수 있지만 상대에 대한 개인적 차원의 인신공격성 진술은 삼가야 한다.

　상대에 대한 선입견이나 편견에 의해서 협상과정이 좌우되지 않도록 해야 한다. 상대의 성격이나 품성, 태도 등에 대한 호오의 사적인 판단을 배제하기 위해 노력해야 하며, 이러한 사적인 판단이 협상 사안을 다루는 과정에 전이되지 않도록 해야 한다. 상대에 대해서 나와 다를 수 있다는 사실은 인정하고 그 차이를 자연스럽게 받아들일 수 있어야 하며, 다루어지는 사안 자체에 대한 차이가 상대와의 인간적·사회적 거리감으로 확대되지 않도록 유념해야 한다.

│관계의 문제와 이익의 문제를 분리해서 다룬다

두 당사자 간 관계의 질에 관한 문제는 사안 자체에 관한 문제와 분리되어 다루어지도록 할 필요가 있다. 사안을 둘러싼 입장의 차이가 얼마든지 있을 수 있지만, 이러한 입장의 차이가 두 당사자 간 관계의 질을 훼손시키지 않도록 노력해야 한다. 두 당사자 사이에 원만한 협상분위기는 어떻게 노력하는가에 따라 얼마든지 달라질 수 있다. 물론 사안에 대한 입장의 큰 차이가 두 당사자 사이의 관계를 더 서먹서먹하게 만들 수 있다. 하지만 두 당사자가 입장의 차이에도 불구하고 진지하게 원만한 협상분위기 조성을 위해 노력해 나간다면 입장의 차이가 관계 훼손으로 이어지는 것을 막을 수도 있다.

큰 이익의 상충에도 불구하고 관계의 질을 훼손시키지 않으려는 노력을 통해 두 당사자 간 원만한 관계가 지속될 수 있다면 궁극적으로는 이익에 대한 다툼이 줄고 합의가 촉진되어 가는 데 기여할 수 있을 것이다. 이 경우 목전의 이익을 극대화하려는 일방적인 드라이브는 관계를 더욱 훼손시킬 것이고, 이러한 관계 훼손으로 입장의 차이는 더 커지게 된다.

큰 입장의 차이에도 불구하고 협상자 사이에는 문제를 함께 풀어나가야 하는 공동운명체적이면서도 상호 의존적인 관계가 형성되어 있다. 내가 추구하는 이익의 최대화의 목표는 상대방과의 관계 여하에 따라서 그 성취 여부가 결정된다. 따라서 실제 협상과정에서는 협상 사안과는 별개로 두 당사자 간 관계의 질을 제고하기 위한 별도의 활동이 협상 테이블 밖에서 이루이지기도 한다.

9

협상력

협상은 사람과 사람 사이에서 이루어진다. 협상력을 결정하는 몇 가지 변수가 있다. 협상력은 우선 얼마나 많은 가용자원과 협상수단을 확보하고 있는가 하는 구조적인 요인에 의해 좌우될 수 있다. 그러나 가용자원 동원능력이 전적으로 협상력을 결정하는 것은 아니다. 가용자원의 제약 속에서도 높은 수준의 협상력을 발휘할 수 있다. 예컨대 협상을 얼마나 체계적으로 잘 대비했는가 하는 협상 준비 능력, 그리고 협상장에서의 상대방에 얼마나 효과적으로 영향을 미칠 수 있는가 하는 전술적 차원의 수완 등이 협상력에 영향을 미친다.

협상력을 좌우하는 또 하나의 요인으로는 협상자의 커뮤니케이션 능력이나 대인관계술을 생각해 볼 수 있다. 앞서 살펴본 바와 같이 협상의 성과는 협상 테이블에서 결정되는 것은 아니다. 협상장에서의 능수능란한 기교가 결정적으로 협상의 성패를 좌우한다고는 볼 수 없다. 하지만 다른 조건이 다 갖추어진 상황에서 협상의 성공 여부를 결정하는 또 하나의 중요한 요인은 협상 당사자의 커뮤니케이션 능력 및 대인관계 능력이다. 협상의 가장 기본적인 속성은 사람들 상호 간의 면대면 접촉 속에서 커뮤니케이션이 이루어지는 과정이기 때문이다. 협상의 정의에서부터 협상과정, 전략전술 및 인지심리학적인 요인을 살펴본 앞장들의 논의들도 협상력의 증가와 활용이라는 측면을 부각하여 기술되었다. 본장에서는 앞장들에서 제시된 다양한 논의들을 협상력 측면에서 다시 정리하고, 앞장들에서 언급되지 않은 새로운 사안들을 첨부하면서 협상력 증가방안에 대해 논의하고자 한다.

1. 협상력의 차이

당사자들 사이에는 협상력(negotiation power)의 차이가 있다. 협상력은 의도된 협상결과를 만들어낼 수 있는 능력이다. 어떤 상황에서 어떤 자원과 수단을 어떠한 방식으로 적절하게 사용해서 상대방이 맨 처음 설정한 위치로부터 점점 자신이 의도한 위치로 옮겨오게 하느냐 하는 협상력의 차이가 존재한다. 협상 당사자들이 어떠한 결과를 최종적으로 가져가게 되는지의 여부를 결정하는 것은 당사자들의 협상력이다. 협상 테이블에 마주 앉은 당사자 사이에는 협상력에 차이가 있기 때문에 서로 다른 결과를 손에 쥐게 된다. 당사자들이 견지하고 있는 협상목표가 얼마나 달성될 수 있느냐 하는 것을 결정하는 것은 그 당사자의 협상력이다. 협상력은 상대를 움직일 수 있는 힘을 의미하는 것이기 때문에 상대적인 것이다.

상대방에 작용하는 힘이나 능력은 양자의 교호작용 과정 속에서 발휘된다. 하지만 협상력은 협상 테이블에서만 작용하는 것이 아니다. 만일 협상력이 협상 테이블에서만 발휘되는 것이라면 협상력은 상대를 움직일 수 있는 설득능력을 뜻하는 것일 것이다. 하지만 협상 테이블에 마주 앉은 당사자자 간의 힘의 관계는 설득력 경쟁이 전부일 수 없다. 일반적으로 협상력을 결정하는 변수는 크게 협상자의 지위, 협상자가 보유하고 있는 자원과 역량, 상황적 여건 등 다음 몇 가지 변수로 분류할 수 있다.

1) 협상자의 지위 변수

협상력은 협상 당사자가 차지하고 있는 조직 내의 지위에 의해 크게 좌우될 수 있다. 협상은 기업이나 단체와 같은 조직이 협상 전문가를 고용하여 이를 맡도록 하는 경우도 있지만, 대부분의 경우는 그 조직의 구성원 가운데 누군가가 협상 대표로 나서 협상을 진행한다. 이 경우 조직을 대표하는 협상 당사자가 조직 내에서 어떠한 위치를 차지하고 있느냐 하는 것이 그 사람의 협상력을 좌우하게 된다. 조직 내 협상 대표의 지위는 다시 크게 세 가지 요소가 변수로 작용한다.

첫째는 그의 공식적인 지위와 권한이다. 지위가 높고 권한이 클수록 그의 협상력은 커진다. 지위가 높고 권한이 클수록 협상과정에서 재량권을 크게 행사할 수 있으며, 협상 상대방으로부터 신뢰감을 쉽게 얻을 수 있기 때문이다. 또한 지위가 높고 권한이 클수록 협상결과를 조직 내부 구성원들에게 쉽게 설득할 수 있다. 두 협상 대표가 배후집단의 실력자일수록 협상이 쉽게 타결될 수 있는 것도 바로 이 때문이다.

둘째는 조직 구성원 간의 응집력이다. 협상 당사자가 대표하는 조직의 구성원들이 얼마나 잘 단합되어 있느냐 하는 것도 협상 대표의 협상력에 영향을 미친다. 조직구성원들의 협상 사안을 둘러싼 상황인식이나 이해관계가 일치할수록, 또한 협상결과에 대한 기대감이나 목표 등이 일치할수록 협상 대표의 협상력은 커진다. 노사협상에서 노조가 단합된 모습을 보일수록 노조 대표의 사용자에 대한 협상력은 커지는 것을 흔하게 볼 수 있다.

셋째는 조직 내부의 반발집단이나 비토세력의 존재 여부이다. 일반적으로 조직이 이해관계를 달리하는 다양한 내부구성원 집단으로 구성되어 있을수록 그 조직의 응집력은 떨어지기 마련이다. 그러나 조직 내부에 이해관계를 달리하는 특정의 반발집단이 있다고 해서 반드시 협상 대표의 협상력이 저하되는 것은 아니다. 협상 대표는 협상결과에 민감하게 반응하는 내부 반발집단의 존재를 부각시키고 이를 상대방에게 설득할 수 있다면 오히려 협상을 유리하게 이끌어 갈 수 있게 된다.

2) 협상력을 좌우하는 자원 및 역량 변수

협상력은 협상을 준비하고 진행시켜 가는 과정에서 활용될 수 있는 자원이 얼마나 풍부한가 하는 점에 따라 크게 좌우된다. 협상결과는 협상 테이블에서 결정되는 것이 아니다. 협상 테이블에서의 성과는 협상을 얼마나 치밀하게 체계적으로 잘 준비했느냐 하는 것에 의해 달려 있다. 협상을 준비하는 과정에서 얼마나 많은 양질의 자원,

즉 인적·물적 자원이 동원될 수 있고 얼마나 많은 양질의 가용정보 및 데이터가 활용될 수 있느냐에 협상성과가 달라질 수 있다.

협상을 준비하는 과정에서는 많은 인력과 재원이 소요된다. 풍부한 협상경험을 가진 협상전문가들이 협상 준비과정에 다수 참여할 수 있어야 한다. 또한 다양한 내부 이해관계집단의 이익과 관점을 협상과정에 반영하기 위해서는 이들 집단의 대표들이 협상과정에 참여할 수 있어야 한다. 협상단이나 협상팀이 만들어지고 이들에 의해 협상이 준비되는 과정에서는 이들의 활동을 지원할 수 있는 행정적·재정적 지원체계가 갖추어져야 한다. 국가 간의 협상이나 기업의 인수합병을 둘러싼 협상처럼 공식성의 수준이 높고 사안의 복잡성이 큰 협상일수록 이러한 자원 및 역량 변수가 협상력을 더욱 좌우하게 된다고 할 수 있다.

3) 협상력의 차이를 결정하는 상황적 변수

협상력은 협상자의 지위나 권한, 그리고 협상 사안과 직접적으로 연계된 자원 및 역량변수에 의해 좌우되기도 하지만 본 사안과 직접적으로 관련이 없는 다른 여러 상황적 여건에 따라 달리 결정되기도 한다. 여기의 상황적 여건에 포함시킬 수 있는 대표적인 변수로는 '상호 의존성'을 들 수 있다. 지금까지의 역사적인 경험에 비추어 볼 때나 혹은 현재의 상황적 여건으로 볼 때 상대에 대한 의존성이 큰 쪽일수록 협상력이 약해진다고 할 수 있다.

어느 쪽이 더 큰 시간 압박 속에 놓여 있는가 하는 것도 대표적인 상황 변수에 속한다고 할 수 있다. 대부분의 협상은 타결이 임박한 시점에서 양보의 교환이 이루어진다. 협상타결의 시한에 쫓기게 되면 마감시간에 가까울수록 협상력은 저하되고 그만큼 더 많은 것을 양보하지 않을 수 없게 된다.

4) BATNA의 존재 유무

협상 외의 다른 문제해결의 대안이 있는가 하는 것도 협상력의 크기를 좌우하는 중요한 변수이다. 협상자가 합의에 도달하지 못할 경우, 다른 대안이 확보되어 있다면 그렇지 못한 상대방에 대해서 더 큰 협상력을 가질 수 있게 된다. 협상이 아닌 다른 방식의 문제해결을 통해서, 혹은 지금의 상대가 아닌 다른 상대방과의 접촉을 통해서도 얼마든지 보다 나은 결과를 얻을 수 있다고 믿는다면 협상과정에서 그만큼 유리해질 수 있다. 양보의 교환을 미루는 버티기 전략을 구사할 수 있고, 협상장을 박차고 나가겠다는 위협전략도 구사할 수 있기 때문이다.

2. 협상력의 구성요소

협상력은 일반적으로 '협상 지렛대' 혹은 '레버리지'(leverage)라고 표현되어 왔다. 지렛대 혹은 레버리지의 기원은 그리스의 철학자 아르키메데스에서 유래한다. 아르키메데스는 자신에게 충분한 길이의 지렛대와 받침목만 준다면 지구도 들어올 수 있다고 말했다. 이후 협상에서 자신에게 유리한 협상을 진행할 수 있는 능력을 지렛대 혹은 레버리지로 표현해 왔다. 그러나 '협상의 지렛대'라는 표현은 협상력을 구성하는 여러 요소 중에서 지나치게 구조적인 측면만을 강조한 표현이다. 아르키메데스의 표현대로 지렛대가 작동하기 위해서는 받침목이 필요하고, 지렛대를 움직이는 행위자의 힘과 의지도 필요하다. 지렛대의 길이가 구조적인 협상력이라고 한다면 받침목의 존재와 위치 및 행위자의 의지와 능력은 상황적(contextual) 능력이다. 이제 힘 혹은 권력이라는 개념을 중심으로 협상력을 정의하고 협상력을 구성하는 다양한 요소들을 살펴보자.

힘 혹은 권력(power)은 상대가 원하지 않는 것을 하게 하는 능력 혹은 원하는 것을 하지 못하게 하는 능력이다. 보편적으로 힘 혹은 권력에 대한 논의는 구조적인 측면을 중심으로 논의되어 왔다. 대기업과 중소기업의 갈등에서 많은 사람들은 갈등이 대기업에게 유리하게 종결될 것으로 예상한다. 이러한 예상은 대기업이 자금능력, 사회적 영향력, 종사자들의 수, 이해관계자들의 수에서 중소기업을 압도하고 있기 때문일 것이다. 국제갈등에서도 마찬가지이다. 강대국은 국방력, 경제력, 동맹국의 수, 국제적 영향력 등에서 약소국을 압도하기 때문에 갈등이 강대국에게 유리하게 끝날 것으로 기대한다.

대기업이 중소기업에 대해, 그리고 강대국은 약소국에 대해 압도적인 힘을 가지고 있는 것은 사실이다. 대기업이나 강대국이 가지고 있는 힘은 물리력에 기인한 구조적인 힘이다. 이러한 힘이 협상 결과에도 큰 영향을 미치는 것도 부인할 수 없는 사실이다. 그러나 대기업이나 강대국이 가지고 있는 구조적인 힘은 갈등 당사자들이 극단적인 무력충돌이나 법적 투쟁을 선택할 때 큰 위력을 발휘할 수 있는 요인이다. 하지만 협상은 제1장에서 살펴보았듯이 실력 중심의 해결방법도 아니고 권리 중심의 해결방법도 아니다. 협상은 이해 중심의 해결방법에 가깝다. 따라서 협상은 갈등 당사자들이 평화적인 방법으로 갈등을 해결하려 한다는 것을 전제로 하기 때문에 물리력만으로는 협상과정과 결과를 예단하기에는 어려움이 있다.

물론 종합적인 물리력이 중요한 역할을 한다는 것은 부정하기 어렵다. 예를 들어 물리력에서 앞선 행위자가 협상을 포기하고 다른 무력이나 법정투쟁으로 문제를 해결하겠다고 협박한다면 약자에게 위협이 될 수밖에 없다. 물리력에서 취약한 중소기업이나 약소국이 대기업이나 강대국과의 협상에서 불리할 수밖에 없다. 그러나 갈등 당사자들이 평화적인 방법으로 문제를 해결하려는 의지가 강하거나 혹은 평화적인 방법으로 해결하기로 합의한 상태라면 물리적인 능력 이외의 요인들도 협상에 큰 영향을 미칠 수 있다.

예를 들어 대기업 직판장에서 물품을 구매하는 소비자를 생각해 보자. 개별 소비자는 대기업에 비해 물리적인 능력에서 뒤처지지만 이슈 관련 능력(issue-specific power)을 극대화한다면 협상력을 높일 수 있다. 즉 시간에서 유리하거나(여름이 끝날 무렵 에어컨을 구매하거나) 혹은 다른 대기업 직판장에서 구매할 수 있다는 BATNA를 보유하고 있다면 구매협상에서 유리한 위치를 점할 수 있고, 정해진 가격보다 싼 가격에 물품을 구매할 수 있다. 결론적으로 협상은 평화적인 방법을 통해 갈등을 해결하는 과정이기 때문에 다른 갈등 해결방법에서 보다 물리적인 요인들의 영향력을 줄일 수 있다. 이 때문에 물리적인 요인 이외의 요소들을 적극적으로 활용한다면 약자들도 자신에게 유리한 협상결과를 창출할 수 있는 기회를 가질 수 있다.

먼저 협상력을 정의해 보자. 힘 혹은 권력(power)을 상대가 원하지 않는 것을 하게 하는 능력이라고 정의된다면, 협상력은 "자신이 목표한 것을 얻을 수 있는 능력" 혹은 "자신의 조건대로 합의를 만들어낼 수 있는 능력"으로 정의할 수 있다. 혹은 협상이 타협과 양보를 전제로 한다는 점에 초점을 맞추어 보면 협상력은 "상대의 양보를 얻어낼 수 있는 능력"이라고도 정의할 수 있다.

이 장에서는 협상력에 영향을 미치는 다양한 요인들을 구체적으로 살펴본다. 특히 이 장에서 중점을 두는 분야는 갈등 당사자 중에서 약자의 협상력에 대한 것이다. 약자의 협상력에 대한 연구는 협상분야 연구에서도 가장 발전되지 못한 분야 중 하나이다. 이 책이 약자의 협상력에 집중하는 것은 이것이 강자의 협상력에 대해서도 의미하는 바가 크기 때문이다. 약자의 협상력을 증가시킬 수 있는 방법이라면 강자에게도 적용될 수 있는 방법일 가능성이 높다. 이 점을 고려하여 약자의 협상력을 중심으로 논의한다.

앞서 설명한 바와 같이 협상력에 영향을 미치는 다양한 요인들을 크게 구조적 요인과 상황적 요인으로 나누어 볼 수 있다. 구조적 요인에는 '종합적 물리력'과 '이슈 관련 능력'으로 나누어진다. 다시 종합적 물리력은 '상대적 가용자원', '상대적 능력' 등이 있고, 이슈 관련 능력은 협상에서 논의되는 특정 이슈에 대한 '어젠다 설정 능력', '규칙 설정 능력' 및 '시간'과 '대안' (BATNA)이 있다. 한편 협상력의 상황적 요인으로는 '프레임 창출 능력', '지식 및 정보의 수집과 분석능력', '관계설정 능력', '해결의지' 등이다.

협상력의 구성요소

협상력	구조적 요인	종합적 물리력(힘)	상대적 가용자원
			상대적 능력
		이슈 관련 능력	어젠다 설정
			규칙설정
			시간
			대안(BATNA)
		규범적 요소(권리)	제도
			규범
			과거의 관례
			사회적 통념
	상황적 요인	정보요인	정보수집
			정보분석
			정보의 적용(설득)
			전문지식
		관계요소	권위
			상호성
			호감
			일관성
			인적 네트워크
			청중(후원자)
		인지심리적 요소	프레임 창출
			해결의지

3. 구조적 요인

1) 종합적 물리력

국가 간 협상에서 종합적 물리력은 일반적으로 국력이라고 불리는 요소들이다. 국력에는 인구, 경제력, 군사력, 정치력(지도력), 이데올로기, 영토의 크기 등 다양한 지표들이 활용된다. 기업에 적용해 보면 직원 수, 총 자본금, 경영기법, 사원들의 소속감 등이 될 것이다. 개인 차원에서 보면 근력의 세기, 재산, 학벌 등이 종합적 물리력을 구성하는 자료가 된다.

종합적 물리력에서 약한 입장에서 보면 거대한 골리앗과 협상하는 위협을 느낄 수 있다. 골리앗은 협상보다는 자신의 강점인 물리력을 통한 해결을 선호할 수 있다. 협상과정 중에서 언제든지 협상의 판을 깨고 폭력적인 방법으로 문제를 해결하려는 유혹에 빠지기 쉽다. 협상 자체에 거부감을 느끼는 강자를 제어하기는 쉽지 않다. 다른 협상력의 요소에서 뛰어나다고 하더라도 이러한 강자들의 행위를 규제하는 것은 쉽지 않다.

먼저 종합적 물리력에서 앞선 상대와의 협상에서는 상대의 최대 장점인 물리력을 활용하지 못하게 해야 한다. 서로의 관계가 좋은 상황이라면 아무리 강한 상대라고 하더라도 무력을 쉽게 활용할 수 없다. 그러나 적대적인 관계의 골리앗과 협상해야 하는 상황에서는 먼저 상대가 무력을 사용하지 못하게 해야 한다. 그 방법으로 우선 상대가 분쟁을 무력으로 해결하지 않겠다는 선언을 하거나, 무력

사용이 상대에게도 피해가 될 수 있도록 최소한의 거부권(veto)을 가지고 있거나, 무력을 사용했을 때 상대의 친구 혹은 우방이 피해를 볼 수 있다는 것을 보여주어야 한다.

일반적으로 종합적 물리력이 강한 행위자가 협상에서도 쉽게 원하는 결과를 얻을 것으로 생각한다. 그러나 항상 그런 것은 아니다. 태권도를 잘하는 사람이 항상 주먹으로 세상 일을 해결하지 않듯이 협상에서 종합적 물리력에서 강한 행위자는 문제가 되는 이슈가 행위자에게 민감한 이슈일 때만 자신의 물리력을 총동원한다. 즉 자신에게 중요한 이슈일 때에만 자원과 능력을 동원하는 것이다. 따라서 종합적 힘에서 월등한 강자와 협상을 해야 하는 상황이라면 가능하면 강자가 민감하지 않는 이슈에 대해서 협상하는 것이 자신이 원하는 결과를 얻을 수 있는 방법이다. 또한 손실에 대해서 협상하기보다는 이익을 분배하는 협상을 하는 것이 유리하다(7장 참조).

종합적 물리력에서 강한 행위자가 협상에서 유리한 이유는 보복능력, 보상능력, 위협의 현실성 때문이다. 즉 협상이 자신이 원하는 방향으로 진행되지 않을 경우 상대를 어려움에 빠뜨릴 수 있는 충분한 능력을 활용하겠다는 위협을 할 수 있다. 그 위협은 약자의 입장에서 보면 신빙성 있는 위협이다. 또한 종합적 물리력의 강자는 상대가 자신의 입장을 수용했을 때 보상해 줄 수 있는 능력을 가지고 있다.

자신에게 중요하지 않는 이슈일 경우 앞장에서 언급되었던 '자산효과'가 적용될 때가 많이 있다. 자신이 가진 것이 많을수록 단위 변동량에 대한 민감도가 체감하는 것이다. 배고픈 원숭이들에게는 바나나 하나를 위해 다른 원숭이와 치열한 경쟁을 벌여야 할 때가 있다. 그러나 코끼리는 바나나 하나를 두고 사투를 벌이지는 않는다.

2) 이슈 관련 능력

이슈 관련 능력은 상황을 완전히 통제할 수 있는 힘을 가진 것과 같다. 종합적인 물리력에서 우월하다고 하더라도 이슈 관련 힘에서 약하면 협상에서 원하는 결과를 얻을 수 없다. 이 경우 종합적인 물리력에서 우월한 지위를 가진 행위자는 문제를 협상으로 풀지 않으려고 하는 경향이 강하다.

종합적인 물리력에서 강하다고 하더라도 그 물리력을 크게 활용할 수 없는 경우가 자주 있다. 대표적인 것이 인질협상이다. 이 경우는 인질범들이 모든 것을 통제하고, 인질범들의 요구조건이 우선 협상의 어젠다로 설정된다. 인질범들이 어젠다 설정을 주도하는 것이다. 인질범들의 요구를 들어준 다음에 경찰에서는 몇 명의 인질을 풀어달라고 요구할 수 있다. 사실 요구가 아닌 부탁수준에 가까운 요구이다. 인질들은 그 부탁을 거절할 수도 있다. 그리고 상대가 자신들의 요구를 거부한다면 인질들에게 해를 가해서 상대의 협상파기 비용을 높일 수 있다. 이미 죽기를 각오한 인질범들에게는 어떤 위협도 통하지 않을 때가 있다.

가정에서도 상황을 완전히 통제하는 경우가 발생할 수 있다. 이제 갓 말을 배우기 시작한 두 살짜리 아이에게 밥을 먹이는 엄마의 모습을 상상해 보면 이슈 관련 힘을 알 수 있다. 물리적인 힘에서야 두 살짜리 아이가 엄마를 압도할 수는 없다. 그러나 아이는 자신이 이슈 관련 힘을 소유하고 있다는 것을 아는 듯하다. 식탁에서 무엇을 먹을지 스스로 손가락으로 지시하고 또 그 양도 자기 뜻대로 정한다. 또 밥은 자기가 좋아하는 숟가락으로 먹여주어야 한다. 가끔씩은 엄마가 아닌 아빠가 숟가락으로 아이가 원하는 반찬과 밥을 먹여야 할 때도 있다. 물론 이것도 아이의 지시에 의해서 이루어진다. 아이는 엄마의 외출이나 아빠의 출근시간이 다가와도 아무런 신경을 쓰지 않는다. 텔레비전을 보다가 생각나면 다시 밥을 찾는다.

이슈 관련 힘을 소유한 상대방에게는 상대의 선호를 인정하는 해결책을 찾아야만 한다. 즉 상대의 관심사를 충분히 충족시킬 수 있는 해결책을 찾아야 하는 것이다.

(1) 어젠다 설정

어젠다를 선점하고 이슈에 관련된 주요 의제들을 규정하는 능력은 협상결과에 중요한 영향을 미칠 수 있다. 아무리 뛰어난 협상가라도 익숙하지 않은 이슈에 대해서 전문가일 수는 없다. 어젠다를 선점한다는 것은 그만큼 협상과정을 주도해 나갈 수 있다는 것을 의미한다.

북한 핵문제를 둘러싼 6자회담을 중심으로 어젠다 설정이 협상력에 미치는 영향력을 살펴보자. 6자회담에서 북한은 핵과 관련된 모든 어젠다를 선점하고 있다. 6자회담이 재개되어 성공적으로 합의에 이른다면 핵개발 동결이 진행될 것이고, 이후 핵 신고와 검증절차를 진행할 것으로 예상된다. 이 과정에서 북한은 핵 동결과정에 대한 모든 어젠다를 선점하게 된다. 먼저 가동을 중단하는 문제를 중심으로 협상을 진행하다가 만족스러운 결과가 도출된다면 핵실험실의 주요 부품을 분리하는 과정을 진행할 것이다. 이 과정에서 검증문제가 발생할 수 있고, 북한이 만족스럽지 않다면 다시 핵실험실을 가동하여 핵무기의 원료를 생산할 수도 있다. 이같이 어젠다를 설정하고 통제할 수 있는 능력은 협상력을 극대화시킬 수 있는 방법이 된다.

(2) 규칙의 설정

규칙을 제정할 수 있는 능력은 협상력에 영향을 미친다. 다자 협상의 경우 의결방법이 다수결에 의한 것인지 아니면 소수도 비토권을 가지고 있는지도 중요하다. 다자회담에서 서로의 의견을 발표하는 규칙도 협상력에 영향을 미친다. 참가자 모두 교대로 의견을 발표할 것인지 아니면 난상토론 형식의 자유로운 의견개진이 가능한지도 살펴보아야 한다. 또한 일회적 모임으로 끝나지 않을 경우 정기적인 모임을 가질 것인지 아니면 참가국들이 모두 동의하는 시기를 정할 것인지도 중요하다.

(3) 시간

시간적 압박은 협상력에도 큰 영향을 미친다. 협상이 타결되지 않았을 경우 지불해야 할 비용이 큰 경우 조건이 만족스럽지 못한 합의안에도 동의할 수밖에 없다. 시간적 압박은 다양한 원인에서 올수 있다. 협상타결을 다가오는 선거에 활용하려는 의도를 가진 경우가 대표적이다. 앞에서 설명한 존슨 대통령이 베트남과의 평화협정을 조속히 타결한 것도 여기에 해당된다.

당시 베트남 대표들의 말대로 베트남은 앞으로 미국과의 전쟁을 감내할 수 있는 물질적·정신적 조건을 갖추었는지는 의심스러운 상황이었다. 문제는 존슨 미 대통령이 자신을 재선을 위해 베트남과의 평화협정을 조속히 마무리하려고 시도한 것이었다. 단기적 이익

보다는 장기적인 관점에서 협상을 다루어 나가는 것이 필요한 것도
이 때문이다.

(4) 협상 외의 대안(BATNA)

관계에서 일방이 타방에게 종속되어 있는 경우 협상력은 극
도로 낮아진다. 시장에서 독점적인 지위를 가진 기업들의 가격결정
행위는 일방적으로 결정될 때가 많이 있다. 독점적 기업의 물품을 사
용해야 하는 소비자나 그 물품을 생산활동에 활용해야 하는 생산자
는 상대가 정한 가격을 받아들이거나 아니면 물품의 소비와 생산을
중단해야 한다. 왜냐하면 소비자나 생산자가 독점적 상품을 대신할
대안(BATNA)이 없기 때문이다. 따라서 협상력은 의존성의 정도와
반비례한다. 대안이 없는 상태에서 해당 물품의 필요성 정도는 프리
미엄의 정도와 비례한다. 독점적인 물품 공급자이고, 이 물품이 없이
는 어려움이 심각해지면 질수록 더 많은 가격을 지불하더라도 소비
하는 방법 외에는 없다.

종속적인 관계가 아닌 상호 의존(inter-dependence) 관계에서도
협상력은 취약성의 정도와 반비례한다. 취약성은 상호 관계가 단절
되었을 때 당사자들이 지불해야 하는 비용의 '상대적' 크기로 결정된
다. 관계의 단절이 발생했을 때 누가 더 큰 피해를 보는가에 따라 협
상력이 달라진다는 것이다. 이 때 피해의 규모와 손실의 크기는 상대
적 값이다. 미국과 한국의 자동차 교역에서 한국의 취약성의 정도는
한국(판매자)의 총 해외수출 자동차와 미국으로 수출되는 자동차의
비율로 산정할 수 있다. 한편 미국(구매자)의 한국 자동차에 대한 취
약성의 정도는 미국의 총 자동차 수입에서 한국의 자동차가 차지하

는 금액이 될 것이다. 극단적인 사례이기는 하나 한국의 자동차 수출에서 미국 시장이 차지하는 비중으로 볼 때 한국은 미국과의 자동차와 관련된 상호 의존관계에서 매우 취약한 위치를 점하고 있다. 따라서 이러한 협상에서는 협상력이 낮을 수밖에 없다.

3) 규범의 힘(권리)

규범에서 파생한 대표적인 능력이 '권리'이다. 권리 중에는 법이나 제도, 계약에 의해 보장된 권리도 있다. 그러나 사회적 규범들로부터 파생한 권리들, 즉 연공서열, 선례, 상호성 등은 보장된 권리가 아니다. 서로 모순되는 사회적 규범들이 협상에서 함께 논의될 수 있다. 이렇게 상호 충돌되는 권리들이 경쟁할 때 '판결'이 필요하다.

(1) 제도의 힘

제도는 합의된 규칙이라고 할 수 있다. 제도는 의무도 부과하지만 권리도 부여한다. 제도에 따른 권리를 활용하는 것도 협상력 향상에 도움을 줄 수 있다. 무역분쟁이 발생한 경우 당사국들은 WTO에 제소할 수 있는 권한이 있다. 이는 적법적인 절차이고, 자신의 주장을 제도가 허락하는 기본 원칙에 부합시켜서 입장을 강화할 수 있을 것이다.

(2) 사회적 규범

사회적 규범은 집단의 표준으로 되어 있는 태도나 행동으로 형성되어 있고, 구성원들은 사회적 규범을 지키려고 노력한다. 자신의 입장을 사회적으로 표준화된 태도나 행동에 의해 정당화시킴으로써 자신의 입장을 강화하고 상대의 양보를 획득할 수 있다.

(3) 과거의 관계

협상에 적용될 수 있는 기준을 발견하는 것이 중요하다. 이 기준은 상대를 설득할 수 있는 수단이 되고, 자신의 주장을 지지해 줄 수 있는 공정한 기반이 된다. 이 때 기준은 상대방이 적합하다고 받아들인 기준이거나 과거 상대방이 자신에게 이점을 가져다 준 것이 있다면 이것이 효과적으로 기능할 수 있다. 상대방이 만들었거나 채택한 경험이 있는 기준과 규범이 가장 효율적인 이유는 '일관성의 법칙'으로 설명 가능하다. 사람들은 심리적으로 합리적으로 보이고 싶어하며, 일관성을 띨수록 합리적인 것으로 받아들여질 수 있기 때문이다. 협상과정에서 기준과 규범은 상대를 설득시키는 가장 효과적인 수단이다(셸, 2007 : 821-83).

프랑스와 독일의 정전협상

독일이 제1차 세계대전에서 패하고 난 뒤에 독일 휴전협상 대표단은 프랑스의 포크(Marshal Foch) 사령관에게 찾아가게 되었다. 포크 사령관은 책상 서랍에서 종이를 꺼내 휴전조건에 대해 줄줄 읽어내려 가기 시작했다. 그 조건들은 아무리 패전국에 제시한 조건이었지만 너무나 가혹한 것이었다. 독일 협상단은 머뭇거리면서 "저 … 조건에 조금 문제가 있는 것 같습니다만 … 어떤 나라도 다른 나라에게 그러한 휴전조건을 내거는 경우는 없습니다."

그러자 포크 사령관은 "그런 말씀을 해주시니 반갑군요. 이 보시오 독일 양반, 이 휴전조건들은 우리 것이 아니오. 이 조건들은 우리가 지난 번 당신네에게 항복했을 때 당신네 사령관이 우리에게 내걸었던 조건들이오."

출처 : 우동기 외, 『성공전략 협상』, p. 59에서 인용.

규범적 레버리지

■ 이익을 얻거나 입장을 지키기 위해 기준과 규범을 현명하게 활용할 수 있어야 한다.

■ 과거 상대가 옹호했거나 이익을 가져다 준 기준과 규범이 효과적이다.

■ 상대의 기준과 규범을 예상하고 이에 맞게 자신의 논리를 개발해야 한다.

상대가 규범적 레버리지를 활용할 경우 새로운 기준과 규범을 발견하여 활용하거나 새로운 기준과 규범에 동조해 줄 수 있는 청중 혹은 협력자를 찾아야 한다. 단순히 상대의 기준과 규범을 반대만 하는 것은 상대의 기분과 규범을 더욱 강화시켜 주는 결과만 낳게 된다.

(4) 사회적 통념

사회적 통념이란 제도화되어 있지는 않지만 일반적으로 널리 통하는 개념을 지칭한다. 한 공동체에 적응하면 살아간다는 것은 그 공동체의 사회적 통념을 받아들이고 순응하면서 살아간다는 것이다.

협상 당사자들이 모두 속해 있는 사회의 기본적인 통념에 기초하여 자신의 입장을 강화한다면 사회구성원 전체를 자신의 편으로 끌어들일 수 있을 것이다. 이는 청중효과와 더불어 협상력을 강화시킬 수 있는 수단이 된다.

4. 상황적 변수

구조적 요인들이 단기간에 변화하기 어렵고 수정이 어려운 것이라면 상황적 변수는 변화 가능하고 유동적인 요인들을 가리킨다. 구조적인 요인들은 협상이 시작되기 이전부터 이미 설정되어 있는 경우가 대부분이다. 따라서 협상력을 향상시키기 위해서는 기존에 활용할 수 있는 구조적인 변수를 최대한 활용하는 것이 필요하다.

한편 상황적 변수들은 가변적이고 유동적인 변수들이 많기 때문에 최대한 활용하고 적절히 적용하는 것이 필요하다. 상황적 변수에는 정보와 관련된 지식의 힘, 관계적 요인, 그리고 인지심리적인 요인들이 포함된다.

1) 지식의 힘

정보는 협상력을 높이는 수단이 된다. 특히 정보수집 능력, 정보분석 능력, 정보의 적용능력, 전문지식의 힘은 협상에서 중요한 요인들이다.

(1) 정보수집 능력

정보수집은 협상력과 관련된 모든 요인에 대해서 치밀하고 객관적인 정보를 수집해야 한다. 특히 협상력과 밀접한 관련이 있는 정보는 ① 양측의 BATNA에 관한 정보, ② 양측의 입장, ③ 입장 저변에 깔려 있는 이해관계, ④ 사안별 우선순위, ⑤ 중요한 논거, ⑥ 핵심 사실 등이다.

협상에서 중요한 6가지 정보 중에서 BATNA를 통한 상대의 저항점에 관한 정보는 배분협상에서 최대의 이익을 획득할 수 있는 가장 유용한 수단이 된다. 이해관계와 입장, 그리고 사안별 우선순위는 협상을 배분협상에서 통합협상으로 만들 수 있는 자료로 활용할 수 있다. 약자의 입장에서 볼 때 배분협상보다는 파이를 늘리는 통합협상이 유리하므로 이에 대한 정보수집과 개발은 만족스러운 결과를 얻을 수 있는 수단이 된다. 공정성에 대한 논거, 자신의 공정성을 뒷받침해 줄 수 있는 핵심 사실에 대한 정보수집은 협상에서 자신의 주장을 관철시킬 수 있는 협상력과 밀접한 관계가 있다. 만약 특정 협상 참가자가 정보에 대해 독점적으로 보유하고 있다면 자신이 원하는 방향으로 상대를 설득할 수 있을 것이다.

(2) 정보분석 능력

정보분석은 상대의 행동과 정책, 발언 등을 종합하여 그 안에 포함되어 있는 함의를 찾아내는 것이다. 상대방의 마음을 읽을 수 있는 방법이 있다면 분석은 매우 간단한 작업이 될 것이다. 그러나 현실적으로 상대방의 진의를 읽는 것이 불가능하기 때문에 상대의 행동과 발언을 통해 그 내부에 숨어 있는 함의를 찾아내야 한다.

중국 영화 중에 도박을 주제로 한 「지존무상」(Casino Raiders)이라는 영화가 있었다. 영화의 끝장면은 인간 행동을 통해 심리를 읽어내는 방법을 활용하여 극적인 장면을 연출한다. 불의의 사고로 도박을 계속할 수 없게 된 주인공 알란 탐은 도박이라고는 모르는 여자친구 진옥련에게 자신이 가진 패가 아주 낮은 패라고 이야기해 준다. 그리고 가진 돈 모두를 걸면 상대가 겁을 먹어서 게임을 포기하게 될 것이라며 자신을 대신해 게임을 하도록 부탁한다. 상대 도박사는 초보인 진옥련이 배팅을 늘려가면서 점차 불안해하는 기색을 탐색한다. 진옥련이 낮은 패를 가지고 있으면서도 자신에게 겁을 주려고 배팅을 늘리고 있다고 확신한 상대 도박사는 자신이 가진 모든 돈과 자기 아들의 눈까지도 도박에 걸게 된다. 영화의 결말은 진옥련이 가진 패는 아주 높은 패였고, 도박에서 이기게 된다. 진옥련은 이후 자신의 남자친구 알람 탐이 자신을 이용했다는 것을 알게 된다는 내용이다.

이 영화는 상대의 행동을 분석한 상대 도박사가 잘못된 분석으로 게임에서 지게 된다는 간단한 내용이다. 이처럼 정보분석 능력은 협상의 승패를 좌우할 수도 있다. 따라서 상대의 행동과 메시지가 기존의 것과 어떻게 다른지, 또한 일관성을 확보하고 있는지를 바탕으로 역이용당하지 않도록 세심한 분석이 필요하다. 특히 협상에서는 상대의 이해관계를 분석해내고, 이 이해관계를 협상결과와 연결시킬 수 있는 전술과 합의안을 개발하는 것이 필요하다.

(3) 정보의 적용능력(설득)

① 이해관계의 활용

상대의 이해관계를 알아내는 것은 배분협상을 통합협상으로 변화시킬 수 있는 기술이다. 그러나 상대의 필요, 욕구, 동기를 알아내는 것만으로는 충분하지 않다. 상대의 이해관계를 알아내려는 것은 상대의 문제를 해결해 주기 위해서가 아니라 협상에서 나의 목표를 달성하기 위해서이다. 상대의 이해관계를 활용해 내가 충분히 만족할 수 있는 것을 받아들이게 만드는 것이 중요하다.

② 약점을 강점으로 바꾸기

약점은 어떻게 활용하는가에 따라 협상력을 높이는 수단이 될 수 있다. 이 기법은 광고문구에 자주 등장한다. "우리가 최고는 아닙니다. 그러나 최고가 되기 위해 최선을 다합니다"와 같은 문구가 대표적인 것이다. 이는 우선 자신의 약점을 솔직히 인정하여 상대방으로부터 신뢰를 얻은 다음 자신이 주장하는 것을 강하게 인식시키기 위한 것이다. 나의 약점과 상대의 이해관계 혹은 상대도 모른 숨은 이해관계를 창의적으로 찾아냄으로써 협상력을 높일 수 있다.

평창 vs. 소치의 동계올림픽 유치경쟁

2007년 평창과 러시아 소치가 동계올림픽을 유치하기 위해 치열한 유치경쟁을 벌이고 있었다. 양국의 대통령까지 동원된 유치경쟁은 결국 러시아 소치의 승리로 끝나고 말았다.

평창은 이미 1차례 유치경쟁에 도전했었고, 4년 동안 착실히 동계올림픽을 유치를 위한 인프라를 준비했었다. 잘 갖추어진 도로망, 준비된 시설, 모든 면에서 평창이 소치를 압도하고 있었다. 그러나 올림픽 유치를 결정하는 IOC 위원들의 생각은 달랐다.

당시 러시아 푸틴 대통령은 소치 유치를 위해 다음과 같은 전략을 구성했다. "소치는 모든 것이 부족합니다. 우리는 시설과 호텔, 도로 모든 것을 새로 준비해야 합니다. 소치가 동계올림픽을 유치하게 되면 여러분 나라의 건설회사가 소치에서 공사를 수주하게 될 것입니다." IOC 위원들은 잘 준비되어 자신들의 나라 경제에 도움이 되지 않는 평창보다는 소치를 택했다.

(4) 전문지식의 힘

전문가들의 논리나 설득이 힘을 갖는 것은 그들의 전문지식으로 인해 공정하고 합리적인 관행을 결정할 것이라는 기대 때문이다. 협상이슈와 관련된 전문지식은 상대를 설득하는 데 많은 도움이 된다.

2) 관계적 요인

① 관계의 힘

협상은 2인 이상의 행위자의 상호작용이다. 협상에서는 인간이 주체이고 인간 상호 간의 관계가 중요하다. 사람들 사이의 관계라는 측면이 개입되면 인간은 자신의 이익을 극대화하는 행위가 아닌 관계 중심으로 사고하는 경향이 있다. 다음의 실험은 설정된 관계에 따라 인간의 선택이 바뀔 수 있다는 것을 보여주고 있다.

인간의 선택에서 관계의 힘

실험 1	A : 40만 원을 받음 B : 30만 원을 받을 가능성과 50만 원을 받을 가능성이 각각 50%
실험 2	C : 자신은 40만 원, 상대는 60만 원을 받음 D : 자신은 30만 원을 받을 가능성과 50만 원을 받을 가능성이 각각 50%, 　　상대방은 70만 원을 받을 가능성과 50만 원을 받을 가능성이 각각 50%

출처 : Loewenstein, Thompson, and Bazerman, 1989.

상기의 두 실험에서 4가지 선택 중 A안과 C안의 내용이 같고 B안과 D안의 내용이 동일하다. MBA 과정의 학생을 대상으로 한 상기 실험 1에서는 A안이 76%의 선택을 보인 반면, B안은 27%의 선택을 보여 A안이 B안보다 선호되었다. 이러한 현상은 앞장에서 배운 '손실회피' 성향을 반영한 것이다. 실험 2는 실험 1과 내용에서는 동일하지만 상대와의 관계가 새로운 변수로 개입되었다. 관계가 인간의 선택에 영향을 미치지 못한다면 확실성이 보장된 C안이 D안보다 선호되어야 할 것이다. 그러나 실험 2의 결과는 인간관계가 선택에 큰 영향을 미치는 것을 보여준다. 실험 2의 결과는 상대방과 좋은 관계를 갖고 있는 상황에서는 D안보다 확실성이 큰 C안이 선호되었다 (56%). 반면 상대와 좋은 관계가 아닌 상화에서는 C안보다는 D안이 선호되었다(67%).

② 공동체(연고) 관계의 특징

관계가 신뢰할 만하고 좋을 때 파이 나누기(가치배분)가 편안하고 또 파이 늘리기(가치창출)도 편안하다. 협상에서는 관계가 가까울수록 필요의 원칙, 형평원칙, 평등원칙의 순서로 적용된다. 따라서 약자의 입장에서 보면 상대와 좋은 관계가 설정될수록 자신에게 유리한 공정성의 기준을 적용할 수 있다.

공동체 입장에서 보면 협상을 하기보다는 서로 양보를 하는 경향이 강하다. 왜냐하면 공동체(가족, 친지, 친구, 이웃 등)에서는 사랑하거나 좋아하는 사람들의 요구를 받아들여 그것을 충족시켜 주는 것이 목적이기 때문이다. 공동체 구성원 간의 협상결과는 선호도, 이해관계, 우선순위를 바탕으로 한 양보와 타협이 아니다. 특히 자기 자신의 이익만 극대화하려는 것은 더더욱 아니다.

공동체 구성원 간의 협상은 협상이라고 생각하지 않을 때도 많이 있다. 가족들이 모여서 여행계획의 장소와 시기에 대해서 논의하고 있다. 이익집단에서 이러한 논의는 서로의 장소와 시기에 관한 우선순위를 두고 치열한 논쟁을 벌이는 협상이다. 그러나 가족들 간에는 협상이 아니라 '계획을 짜는' 과정으로 인식된다.

③ 공동체(연고) 관계의 약점

공동체 구성원 간의 협상에서는 결과를 최적화하기보다는 희생을 감수하는 경향이 있다. 사회 전체적으로 보면 희생을 감수하는 협상은 비합리적 합의가 될 수 있다. 공동체 구성원 간의 협상이 사회 전체적인 비효율로 나타나는 것을 '오헨리 효과'(O. Henry Effect)라고 한다.

공동체 구성원 간 협상의 또 다른 약점은 완충지대가 없다는 것이다. 일과 인간관계가 혼합되어 있는 상태에서 일로 인해 인간관계마저도 손상되는 경우가 발생하기 쉽다. "친한 친구끼리는 같이 생활하는 것이 아니다", "형제 간 동업은 원수를 만든다"라는 속담은 이러한 공동체 구성원 간의 협상이 완충지대가 없기 때문에 발생하는 위험을 경고하고 있다.

그러나 약자의 입장에서 보면 최적화하기 위해 서로의 전력을 기울이는 협상보다는 희생을 감수하고, 평등의 원칙이 적용되며, 보상을 기대하지 않고 양보하는 관계 중심의 협상이 유리하다.

오헨리 효과

유대관계가 강한 공동체 구성원 간의 협상이 전체 사회의 비효율로 나타나는 현상을 지칭하다. 오헨리의 소설 「크리스마스 선물」에서 유래한 것이다. 남편은 줄이 없는 시계를 팔아 아내의 긴 머리를 빗을 수 있는 빗을 사고 아내는 자신의 긴 머리를 잘라 팔아서 남편의 시계줄을 샀다는 이야기다.

부부의 사랑을 표현하는 아름다운 이야기이지만 부부 전체로 보면 쓸모 없는 빗과 시계줄을 산 비효율적인 협상이다.

---

(1) 권위의 힘

사람들은 권위에 복종하는 경향이 강하다. 권위란 사람의 제도적·법적 지위가 아니라 직위, 지위, 전문지식, 나이 등으로 인해 높은 신뢰를 받는 것을 말한다. 어떤 사실이 인쇄되어 보여지거나 혹은 미디어에 등장한 뉴스가 진실인 것과 같이 오해되는 것도 권위의 힘이다.

권위를 협상에 활용하기 위해서는 먼저 상대가 존중하는 권위를 찾아내야 한다. 그리고 그 권위에서 자신들에게 유리한 것들을 활용하는 것이 필요하다. 이러한 권위가 가끔은 불합리한 해결의 원인이 되기도 한다. 예를 들어 제복을 입는 계급의 구분이 명백한 수직적인 집단에서는 아랫사람이 상사에게 반론을 제기하거나 새로운 의견을 제시할 수 없다. 이 경우 조직의 효율성이 떨어지기도 한다.

(2) 호혜성의 법칙

사람들은 다른 사람에게서 무엇인가를 제공받게 되면 그것을 갚아야 한다는 강한 의무감을 가지게 된다. 이것이 호혜성의 원칙이다. 상대의 호의에 대해 의무감을 갖는 것은 공정해야 한다는 인식 때문이다.

Dennis Regan팀의 연구

'조'라는 이름의 낯선 사람이 피실험자들에게 아무 이유 없이 작은 선물로 콜라 한 캔을 주었다. 얼마간 시간이 지난 뒤에 조는 콜라를 선물한 사람들에게 찾아가 복권을 선전하면서 사줄 것을 부탁했다. 물론 이 때 조가 이미 선물한 콜라에 대해서는 언급하지 않았다.

작은 콜라 선물을 받은 사람들이 선물을 받지 않은 사람들보다 조의 복권을 두 배 이상 많이 구입해 주었다.

로버트 치알디니, 『설득의 심리학』, p. 65.

관대함은 또 다른 관대함을 낳고, 공정성은 또 다른 공정성을 낳는다. 상호성은 양보의 정도보다는 양보의 방식에 더 관계가 있다. 상호성의 규범은 3단계 행동강령으로 요약된다. 첫째, 당신 스스로 신뢰할 만한 사람이어야 한다. 둘째, 공정하게 대하는 사람에게는 공정하게 대해야 한다. 셋째, 불공정한 대우를 받고 있다고 생각하면 상대에게 그것을 반듯이 알려야 한다(셀, 2006 : 110).

> **상호성의 함정**
>
> ■ 작은 것을 먼저 선물하고 더 큰 것을 요구하는 것
> ■ 되로 주고 말로 받으려는 전술

(3) 호감의 법칙(유사성의 법칙)

사람은 익숙하거나 자기와 비슷한 것이 많은 사람들에게 호감을 가지게 된다. 자신이 잘 알고 좋아하는 사람, 즉 호감을 가지고 있는 사람에게는 신뢰감을 나타내는 경향이 있다. 협상에서 신뢰는 통합협상과 양보의 조건이 된다.

① 유사성 만들기

같이 행동하고, 일반적 관심(취미)과 경험을 공유하며, 같은 집단에 소속한 사람은 더 신뢰하게 된다. "고향 까마귀만 봐도 반갑다"는 것이 일반적인 사람들의 속성일 것이다. 처음 만나는 사이라도 취미가 같은 사람은 자기들의 취미생활에 관해서 마치 오랜 친구처럼 이야기하는 것을 자주 보게 된다.

② 아름다움의 프리미엄

매력적인 사람일수록 재주가 많고, 친절하며, 정직하고, 지적이라는 믿는 경향이 있다. 따라서 매력이 있는 사람은 상대의 양보를 얻어내 자신이 원하는 것을 수월하게 얻을 수 있다. 매력은 타고난 외모뿐만 아니라 대화의 방법 등과 같이 후천적으로 개발될 수 있는

부분도 많이 있다. 과거 절대왕정 시대에 외교관의 조건으로 외모와 대화술이 첫 번째 요소로 꼽혔던 것은 아름다움의 프리미엄을 이용하여 호감을 얻고 최종적으로 협상에서 자국이 원하는 것을 얻으려는 방편이었다.

(4) 일관성의 법칙

사람들은 일관성이 있는 기준에 따라 행동하는 합리적인 인간으로 보이기를 원한다. 말한 대로 행동하려 하고, 사람들이 그럴 것이라고 생각하는 그런 사람으로 행동하기를 원한다. 또한 하나의 원칙에 합의했으면 그와 파생된 비슷한 원칙에도 쉽게 합의하려는 일관성을 보인다. 여기에 일관성의 함정이 있다. 일관성의 함정은 먼저 상대를 그럴 듯한 기준에 대해 동의하게 만든 다음 그 기준에서 끌어낸 논리적인 주장으로 상대를 꼼짝 못하게 만드는 것이다.

일관성의 함정

먼저 상대를 그럴 듯한 기준에 동의하게 만든 다음 그 기준에서 끌어낸 논리적인 주장으로 상대를 자신의 주장에 동의하게 만드는 것을 의미한다.

〈 장거리 전화회사의 텔레마케팅 예 〉

직원 : "돈을 절약하고 싶지 않으십니까?"

상대 : "예. 좋지요 절약하는 것"

직원 : "우리 회사의 장거리 전화를 이용하시면 매달 100달러 정도를 절약할 수 있습니다."

　　　"지금 바로 절약을 시작하시겠습니까?"

상대 : ……

출처 : 셸, 2007 : 87.

(5) 인적 네트워크

인적 네트워크는 누구를 아느냐와 관련 있는 사안으로 인적 네트워크의 힘은 다양한 접촉을 통해 연결고리를 형성하는 것을 말한다. 사회에는 다양한 인적 네트워크가 있고, 이 네트워크에서 중요한 접점(critical nod)을 장악하고 있는 사람은 그렇지 못한 사람에 비해 더 많은 기회를 가질 수 있다. 또한 이런 사람은 다른 사람에게도 더 많은 기회를 제공해 줄 수 있다. 중요한 접점을 장악한 사람은 사람들 사이에 중요한 정보의 흐름을 조정하고 정보를 통제할 수 있는 힘을 가진다. 로비스트라고 불리는 사람들은 이러한 인적 네트워크의 핵심을 장악하고 있는 사람들이 대부분이다.

문화에 따라 인적 네트워크의 영향력이 차이를 보이는 경우가 있다. 중국의 경우 '꽌씨'라고 불리는 인적 네트워크가 다른 문화권에 비해 중요한 역할을 하는 것으로 알려져 있다.

(6) 청중의 힘

1997년 팀스터즈 노조는 미국의 택배회사인 UPS에 맞서 대규모 파업을 벌였다. 당시 노조가 내세운 이슈는 "비정규직 파트타임 노동자로는 문제를 해결할 수 없습니다"였다. 이 이슈로 인해 미국 전역의 많은 노동자로부터 지지를 받았고 18만 명의 UPS 노조원의 단결을 도모했다. 당시 미디어에서도 전문가들도 노조가 내세운 구호가 자주 오르내렸다. 노조는 다수의 대중에 공감을 얻을 수 있는 구호를 설정함으로써 외부에 지원병을 확보한 것이다(셸, 2006 : 96~97).

명백한 규범이나 공정성에 대한 기준이 없을 때, 혹은 서로가 적용하려는 규범이나 공정성이 다를 때는 준거 그룹이나 일반적인 경향을 따르는 경향이 있다.

3) 인지심리적 요인

협상력은 사실에 기반을 둔다기보다는 상대방이 상황을 '인식'하는 정도에 좌우된다. 상대가 당신이 강한 입지를 가지고 있다고 생각하면 당신은 강한 입지를 가지고 있는 것이다. 포커게임에서 항상 높은 패를 가진 사람이 이기는 것은 아니며, 높은 패를 가졌다고 생각되는 사람이 이기는 때가 많다. 상대가 내가 원하는 방식으로 행동하게 하는 것이 인지심리적 요소를 활용하는 것이다.

(1) 프레임

프레임은 '인식의 틀'이라고 할 수 있다. 같은 상황을 두고도 인식의 차이에 따라 다르게 해석할 수 있고 다른 상황도 같은 상황이라고 인식할 수도 있다. 협상력의 측면에서 보면 자신에게 유리한 프레임을 만드는 것이 매우 중요하다. 예를 들어 평화협상을 준비하는 경우 지금 진행되고 있는 분쟁을 전쟁으로 인식하느냐 아니면 군사작전으로 인식하느냐는 협상태도에 큰 변화를 야기할 수 있다. 군사작전의 프레임이라면 작전은 성공할 수도 있고 실패할 수도 있다. 그

러나 만약 전쟁이라고 인식하고 있다면 전쟁은 승리 아니면 패배라
는 극단적인 결과만을 가져온다. 전쟁의 프레임은 평화협정을 어렵
게 하는 반면 군사작전 프레임은 협상의 진전을 용이하게 할 수 있다.

무역갈등이 발생해서 협상이 진행되는 경우에도 프레임은 중
요한 의미를 지닌다. 만약 무역갈등이 '무역전쟁'이라는 측면에서
프레임된다면 협상의 진전은 어려울 수밖에 없다. '무역전쟁'의 프
레임에는 패배할 경우 이후에도 엄청나게 양보가 있을 수밖에 없다
는 인식이 깔려 있기 때문이다. 반면 단순한 '갈등' 프레임으로 접근
한다면 갈등은 항상 우리 주변에 있는 것으로 인식하게 된다. 재래시
장의 상거래에서도 일어나는 것으로 한번 양보가 영원한 양보라고
는 생각하지 않을 것이다. 오히려 조금 양보하는 것이 단골을 만드는
방법이 되고, 이는 장기적으로 모두에게 유리한 결과를 가져다 줄 수
도 있기 때문이다.

따라서 협상력을 강화하기 위해서는 갈등을 어떻게 접근해야
하는지 먼저 정의되어야 하고, 그 정의에 따라 필요한 프레임을 설정
하여 접근하는 것이 필요하다. 한편 프레임은 한번 정해진 프레임이
지속되는 것이 아니라 협상이 진행되면서 새로운 프레임으로 변화할
수도 있다. 이 점에서 협상의 전 과정에서 프레임의 설정과 자신에게
유리한 프레임을 창출하기 위한 노력을 진행해야 한다.

(2) 의지

협상을 타결하려는 의지나 협상결과를 자신에게 유리하게 만
들려는 의지도 협상력에서 중요하다. 특히 협상은 협상가 자신뿐만
아니라 협상가가 속해 있는 공동체나 국가의 구성원들로부터의 지

지와 반응이 중요하다. 구성원들이 협상결과에 대해 더 큰 관심을 가지면 가질수록 협상력은 높아질 수 있다. 또한 구성원들이 진행되고 있는 협상에 대해서 이념적 혹은 사회통념적으로 동일한 신념을 가지고 있다면 협상력은 더욱 강화된다.

협상은 갈등의 발생에서부터 구성원들의 승인을 거쳐 실행되는 것까지도 포함한다. 구성원들이 받아들이기 어려운 협상안이 만들어진다면 그것은 승인받기 어려운 협상이 될 수밖에 없다. 이 경우 승인받을 수 있을 만큼의 충분히 만족스러운 결과를 얻어내겠다는 협상팀의 의지와 구성원들의 의지표명이 협상결과를 유리하게 도출할 수 있다. 반면 협상팀 내에서도 진행되고 있는 협상의 중요성과 파장에 대한 합의가 없다면 협상과정에 에너지를 집중하는 것이 어려울 수밖에 없다. 따라서 먼저 협상팀 내부의 일치된 의견과 구성원들의 관심과 지지가 협상력을 높일 수 있는 방법이 된다.

5. 협상력 극대화 모색

1) 협상결과의 평가

협상이 성공적이었는지의 평가 여부는 몇 가지 측면에서 가려질 수 있다.

첫째, 협상 상대보다도 더 만족스러운 결과를 얻었는지를 가지고 평가할 수 있다. 대부분의 협상은 상대와의 게임이다. 게임의 승패는 상대방보다 나은 결과를 기록할 수 있었는가에 의해 좌우된다.

한쪽이 만족스러운 결과를 차지하면 다른 한쪽은 패배를 자인해야 하는 협상게임에서 성공 여부는 비교적 자명하다. 하지만 모두가 만족스러운 결과를 차지해 갈 수도 있는 윈–윈의 협상게임이라면 그 성공 여부는 다른 척도가 필요해진다.

둘째, 협상을 통하지 않고 다른 방식으로 문제를 해결하고자 했을 경우보다 더 큰 결과물을 손에 넣을 수 있었는지의 여부이다. 왜냐하면 갈등해소를 위한 문제해결의 대안으로 협상을 선택했기 때문에 협상 외의 최선의 대안보다 더 큰 성과를 냈다고 평가할 수 있으면 일단 그 협상은 성공적인 것이 된다.

셋째, 협상을 준비하는 단계에서 설정한 목표를 달성했는지의 여부를 가지고 평가할 수 있다. 협상 사안 각각에 대해서 달성해야 할 목표지점을 정하여 이를 얼마나 초과달성하거나 미달했는지를 가지고 협상의 성공 여부를 평가할 수 있다.

잘된 협상인지 아니면 잘못된 협상인지를 평가하는 것은 협상연구에서 중요한 부분 중에 하나이다. 협상결과의 평가는 협상의 목표 및 목적과도 밀접한 관계를 가지고 있다. 목표에 얼마나 접근했는가를 가지고 협상의 성공 여부를 판단할 수 있기 때문이다. 협상의 목표달성 여부를 기준으로 삼아 협상결과를 평가하기 위해서는 다음의 다섯 가지 척도가 활용될 수 있다.

① 합의의 존재 여부

협상조건과는 상관 없이 합의만 이루어진다면 협상의 성공이라고 평가하는 것이 첫 번째 기준이다. 이 기준은 합의가 이루어지면 협상이 성공한 것이고 타결이 이루어지지 않으면 실패한 것이라고 간주한다. 협상목표가 합의에 있거나 협상타결에 집착해야만 하는 상황에서 기준으로 활용될 수 있다. 협상 이후의 파급효과보다는 타결 자체가 시급한 상황에서는 협상타결 자체를 목표로 삼을 수도 있다. 그리고 이 기준은 언론이나 일반인들이 협상을 평가하는 가장 보편적인 방식이기도 하다. 그러나 이 방식은 가장 간편한 방식이기는 하지만 협상의 복잡한 과정과 협상 참여자들의 이해관계를 고려하지 않는 방식이다.

양측이 합의에 도달했지만 협상의 만족도에서 협상과정에서 일방에게만 유리한 합의안이 도출될 수 있다. 예를 들어 평화협상에서 양쪽이 모두 동의한 정전협정 혹은 평화협정이 이루어졌다고 하자. 합의 여부를 기준으로 협상을 평가하면 이 협상은 성공한 협상이라고 할 수 있다. 그러나 평화협상은 패전국에게 불리하고 승전국에게 유리한 '강요된 합의'가 될 가능성이 높다. 승전국의 입장에서는 만족스러운 협상이겠지만 패전국의 입장에서는 성공한 협상이라고 생각하기 어렵다.

협상의 성공 여부를 합의안의 존재 여부만으로 판단하는 것은 참가들의 협상안에 대한 만족 정도와 협상과정에 대한 고려 없이 협상결과를 판단하게 되는 오류를 만들 수 있다. 협상과정을 통해 모든 참가자들이 합의문에 동의하고, 또 이 합의문이 없는 것보다는 있다는 것이 모두에게 더 좋은 경우에만 합의 자체가 의미가 있기 때문에 협상안의 타결 여부로만 협상결과를 평가하기에는 어려움이 있다. 그러나 이 기준은 여전히 언론이나 일반인들이 가장 보편적으로 협상을 평가하는 기준이다.

② 결과의 최적화

협상결과가 최적화되었는가를 두고 평가하는 방식이다. 협상결과의 최적화란 양쪽의 이해가 균형을 이루었다는 것을 의미하고, 참가자들이 모두 결과를 개선할 다른 방법이 없는 상황이다. 따라서 최적화된 협상결과에서 벗어나는 것은 협상 참가자들 일부 혹은 전부에 손해를 강요하는 상황이 된다.

③ 결과의 안정성

결과의 안정성이란 참가자들이 합의결과를 파기할 동기나, 합의된 사항을 이행하기를 거부하거나 상대를 속일 동기가 없다면 협상결과는 안정적이라 할 수 있다. 반면 일방이 합의문에서 이탈할 가능성이 있다면 그것은 불안정한 것이 된다. 일반적으로 협상결과가 최적화되면 안정성도 높아진다.

④ 협상이익의 공정한 분배

결과의 분배는 공정(fairness)해야 한다. 그러나 공정성의 의미는 매우 유동적이다. 분배협상에서 언급된 필요의 원칙, 형평원칙, 평등원칙 중 어느 하나가 적용된다. 협상 참가자가 설정한 공정성의 개념에 따라 협상결과를 평가할 수 있다. 모두가 동의한 하나의 개념이 있다면 그 개념을 중심으로 평가할 수 있다. 이 때문에 협상 준비과정에서 공정성에 대한 합의가 매우 중요하다. 자신에게 유리한 공정성의 개념을 상대에게 설득하여 수용하게 만든다면 협상결과에 만족할 수 있을 것이다.

⑤ 결과의 만족도

협상 참가자들이 모두 자신의 BATNA보다 더 좋은 결과를 협상에서 얻었다면 협상결과에 대해서 만족할 것이다. 반면 BATNA보다 좋지 않는 결과를 얻는다면 협상은 실패한 것으로 간주된다. 즉 ZOPA의 어느 한 지점에서 합의가 이루진 상태라면 자신의 BATNA 혹은 저항점보다 좋은 결과를 얻은 것이고, 따라서 모두가 만족할 수 있다.

2) 협상력 극대화 모색

이상의 5가지 평가방법은 협상결과를 두고 평가하는 방법이다. 협상과정을 두고 협상을 평가한다면 협상력을 얼마나 발휘했는가를 가지고 평가해야 할 것이다. 협상력을 평가하기 위해서는 구조적인 요인과 상황적인 요인들을 충분히 인식하고 자신의 협상력의 한계와 장점을 충분히 발휘해야 한다.

강자와 약자의 비대칭협상에서는 대부분 강자가 앞의 5가지 기준에서 모두 만족스러운 협상을 할 가능성이 높다. 그러나 물리적 요인이 제한된 약자의 입장에서 볼 때 물리력 이외의 다른 구조적 요인들과 상황적 요인들을 충분히 활용한다면 보다 만족스러운 결과를 만들 수 있다. 따라서 협상력을 구성하는 다양한 요소들을 충분히 활용했는지의 여부로 협상의 성공과 실패를 판단할 수 있다. 즉 물리력 요인에서 7 : 3으로 뒤지는 상황이면 협상결과의 분배에서도 7 : 3을 얻은 것은 잘못된 협상이라고 평가하기는 어렵다. 물리력의 차이를 무시하고 평등의 원칙에 따라 1 : 1의 배분을 기대하는 것은 합리적이지 않다.

물리력이 중요한 변수가 되는 군축협상을 생각해 보자. 국방력의 차이가 70 : 30인 두 국가가 군축협상을 진행한다면 협상 이후 국방력은 크게 3가지로 나타날 수 있다. 첫째 양국이 모두 20의 군사력을 감축하여 50 : 10이 되는 경우, 둘째 양국이 기존 군사력의 10%만 보유하기로 결정하여 7 : 3의 경우가 나타나는 것, 마지막으로 양국이 각각 20의 군사력만을 보유하기로 결정하여 20 : 20이 되는 경우이다. 이론적으로는 협상 이후 군사력이 역전되는 상황도 발생할 수 있지만 그런 경우는 군축협상에서는 나타나지 않고 있다.

가능한 3가지 결과 중에서 가장 가능성 있는 것은 양쪽이 동등한 비율로 군사력을 감축하는 두 번째 경우이다. 동등한 감축이 일어났다고 해서 군사력에서 취약한 국가의 상황은 크게 변하지 않았다. 물론 전쟁이 발생했을 경우 피해의 규모는 줄어들겠지만 안보의 근본적인 위협이 사라진 것은 아니다. 그러나 군사강대국의 입장에서 보면 자신의 압도적 군사력 우위에 영향을 받은 것은 사실이다. 기존에 40이라는 군사력의 압도적 우위에서 4라는 우위만을 확보하고 있기 때문이다. 따라서 군사약소국의 입장에서 보면 동등비율의 감축을 얻어낸 것만으로도 충분히 협상이 성공했다고 볼 수 있다. 협상 이후 군사력이 역전되거나 마지막의 경우에서처럼 같은 정도의 군사력을 보유할 수 있다면 더욱 좋겠지만 그런 상황을 유도하기는 어렵고, 첫 번째의 동량의 감축은 상대적 군사력의 차이가 더욱 심화되는 안보위협 상황이 발생하기 때문에 수용하기 어렵다.

이러한 군축의 논리는 다른 경제나 무역협상에서도 적용 가능하다. 강대국은 협상 이후에도 경제나 무역관계에서도 여전히 우위를 유지하기를 원한다. 강대국이 입장이라면 우위가 사라지는 협상은 결코 받아들이지 않을 것이다. 이 점에서 핵심은 약소국이 얼마나 협상력을 활용하여 동등비율의 감축 혹은 증가를 유도하고 절대적 차이를 줄일 수 있는가에 집중된다.

물리적 요인에서 뒤지더라도 다른 요인들을 충분히 활용하여 기존 비율보다 더 좋은 결과를 얻을 수 있다면 협상력의 관점에서 잘 준비된 협상이라고 할 수 있다. 우리 나라 언론에서는 우리 정부의 협상력 부족에 대해서 많은 문제제기를 해왔다. 앞에서 살펴보았듯이 물리적인 힘에서 취약한 경우 협상결과를 역전시키거나 동량감축 등의 결과를 가져오기는 어렵다. 만약 동량감축이나 역전이 협상력의 기준이라면 우리 나라를 비롯한 약소국은 협상력 부재라는 비판에서 벗어나기 어려울 것이다. 하지만 물리적 힘의 차이를 인정하고 협상력의 활용을 기준으로 살펴본다면 우리 나라도 협상력이 부재한 국가는 아니라는 점을 염두에 두어야 할 것이다.

협상결과의 평가방법

- 합의의 존재 여부
- 결과의 최적화
- 결과의 안정성
- 협상이익의 공정한 분배
- 결과의 만족도
- 협상력의 극대화 여부

종합적인 능력에서 약자의 위치에 있지만 이슈 관련 힘에서

앞선 경우가 있을 수도 있다. 상대가 협상으로 문제를 해결하려 한다면 이슈 관련 힘에서 앞선 행위자가 자신에게 유리한 합의를 이끌어낼 수 있다. 반면 협상력에서 약할 때는 상대의 요구사안에 끌려다녀야 한다. 인질협상이 대표적인 경우이다. 인질범들은 물리력에서는 뒤질지 몰라도 이슈 관련 힘에서, 그리고 정보의 통제와 상황을 통제하는 능력에서 압도적인 협상우위를 점하고 있다. 이론적으로는 협상력이 약할 때 협상하지 않는 것이 가장 좋은 방법이다. 그러나 협상하지 않을 수 없는 상황이 발생한다면 상대의 요구를 조금씩 수용해 나가는 것이 필요하다. 그러나 단순히 상대의 요구에 따라 움직이는 것만으로 충분하지 않다. 한번에 일괄적으로 상대의 요구를 받아들이는 것이 아니라 조금씩 수용해야 한다.

다음으로는 상황을 통제하고 있는 상대와의 접촉을 통해 상대의 이해관계와 어젠다의 선호도 등과 같은 요소들을 찾아내야 한다. 또한 이를 활용하여 일단 관계를 개선하고 상대의 이해관계와 어젠다에 맞는 새로운 방안을 찾아나가는 것이 필요하다. 대부분의 인질협상은 인질범이 불특정 대중을 자신의 이해관계를 실현하기 위해 위협하는 경우가 많다. 이 경우 인질범의 이해관계를 찾아 이를 조금씩 충족시키면서 협상을 타결해 나가야 한다.

구조적 협상력에서 앞선 상대에 대해 단순히 협박을 하거나 협상의 판을 깨는 것보다 상대에게 미래에 존재하는 불확실성에 대해서 강조하는 것이 필요하다. 그리고 상대가 협의 이후에 있을 이익에 대해서 더 많이 고민할 수 있도록 해야 한다. 즉 먼저 상대의 우월한 힘을 인정하고, 이해관계를 중심으로 협상이 성공적으로 맺어졌을 때 상대방이 얻을 수 있는 이득을 강조하는 것이다(셸, 2006 : 250).

그러나 중요한 것은 협상이 시작되기 전에 먼저 동원할 수 있는 물리력을 총동원하여 상대를 압박하는 것도 필요하다. 이 압박과정에서 돌발행동이 발생할 수 있으므로 압박과정은 조용히 그리고 자극적이지 않은 방식으로 진행되어야 한다. 만약 이러한 압박이 없다면 압도적인 협상력을 가진 상대방이 협상 자체의 타결에 관심을 가질 이유가 없다. 적당하면서도 조용한 압박과 더불어 이해관계 중심의 해결책을 찾아가는 것이 필요하다.

협상력이 약한 경우에 당장의 이익을 위해서 협상할 것이 아니라 장기적인 관점에서 미래를 보고 협상하는 것이 필요하다. 1차 북핵위기 이후에 제네바 합의가 만들어졌다. 당시 한국은 천문학적인 돈을 지불하면서 북한에 한국형 경수로를 지원하기로 결정했었다. 당시에 미디어와 일부 전문가들의 평가를 보면 한국이 미국과 북한의 협상에서 제3자로 밀려나면서 협상에 참가하기 위해 너무 많은 참가비용을 지불했다는 비판도 있었다. 지금 뒤돌아 보면 아쉬운 점이 없는 것도 아니지만 협상력의 관점에서 보면 당시 한국형 경수로 원자로를 공급하는 것은 현재의 이익이 아닌 미래의 이익을 보고 시행한 긍정적인 면이 있는 협상이라는 것도 인정해야 한다.

당시에 여러 상황으로 인해 취약한 협상력을 가질 수밖에 없었지만, 만약 북한이 한국형 경수로를 가졌을 경우 이후 북한에 대한 한국의 영향력은 시간이 지남에 따라 증가할 수밖에 없었을 것이다. 경수로 관리와 운영을 위한 교육을 위해 북한의 전문가들이 한국을 방문해야 하고, 또 핵심부품과 정비를 위해 북한은 한국의 이후 지원에 의존하지 않을 수 없기 때문이다. 당장에 경제적 손실이 발생하는 협상이라도 미래를 보고 협상을 진행한다면 보다 미래에 현재의 손실을 보충하고도 남는 결과를 가져올 수도 있다.

10

협상게임과 인간 심리

협상은 인간들 간의 상호작용이다. 따라서 협상을 이해하기 위해서는 먼저 인간에 대한 이해가 선행되어야 한다. 인간에 대한 이해는 인간 본성에 대한 이해에서 출발한다. 철학과 종교의 오랜 논쟁 주제였던 인간의 본성에 대한 논의는 협상에서 중요한 것은 아니다. 협상은 인간이 선한가 악한가에 대한 논의는 뒤로 하고 인간이 이익을 추구하는 합리적인 존재라는 것을 전제로 하고 있다.

'합리적인 인간'은 '자신의 이익'을 중심으로 사고하고 선택하는 인간으로 정의된다. 합리적 인간이라는 개념이 일견 당연한 것처럼 보이지만 좀더 깊이 있게 사고해 보면 '합리적'이라는 개념 자체에 대해 혼동을 겪게 된다. 사회과학의 대부분의 논의들은 합리적 인간은 '이익을 극대화하는 행위자'로 가정되고 있다. 이 책의 2장에서 논의된 '기대효용이론'이 합리적 인간의 대표적인 속성으로 가정되고 있는 것이다. '기대효용이론'은 다양한 선택에 직면한 인간은 이익과 손실의 계산을 통해 자신에게 효용의 극대화를 가져다 주는 선택을 선호한다는 것이다.

합리적 인간에 대한 기본 가정에서 가장 먼저 논의되는 것은 인간이 극대화하려 하는 가치가 무엇인가 하는 것이다. 각 인간들이 극대화하려는 가치는 개인에 따라서, 또 같은 개인이라도 상황에 따라 달라질 수 있다. 하나의 예를 들어보자. 500원짜리 동전과 100원 짜리 동전 중에서 선택하는 상황을 가정해 보자. 가장 합리적인 인간이라면 자신의 이익을 극대화할 수 있는 500원을 선택할 것이라고 기대된다. 따라서 대부분의 사람은 500원짜리 동전을 버리고 100원을 선택한다면 합리적이지 않은 바보스러운 선택이라고 생각한다. 500원짜리를 선택하는 것이 과연 합리적인 인간의 최선의 선택일까? 다음의 예화를 살펴보자

똑똑한 바보

옛날 어느 마을에 20대의 바보가 살고 있었다. 동네 사람들이 이 사람을 바보라고 비웃으며 놀리는 이유는 이 청년이 500원짜리보다는 100원짜리를 더 좋아하기 때문이었다.

바보 청년이 마을에 나타나면 동네 사람들은 그 청년 앞에 100원짜리 동전과 500원짜리 동전을 던져놓고 이 바보가 어떤 것을 선택하는지 지켜보곤 했다. 이 바보 청년은 동네 사람들이 동전을 던져주면 동전이 떨어진 곳으로 달려가서는 먼저 500원짜리를 집어 유심히 살펴본다. 그리고는 500원짜리를 던져버리고 100원짜리를 주머니에 넣고는 무슨 대단한 횡재라도 한 듯이 콧노래를 부르며 마을에서 사라진다. 마음 사람들은 이 바보의 우스꽝스러운 선택을 보면서 다들 배를 잡고 비웃곤 했다.

어느 날 이 마을을 지나던 착한 나그네가 이 장면을 목격하게 되었다. 착한 나그네는 마을 사람들이 순박하게만 보이는 바보를 놀려대는 것이 마음이 아팠다. 나그네는 마을을 떠나는 바보를 쫓아가 500원이 100원보다 큰 가치가

있다는 것을 설명해 주었다.

"잘 보세요. 이건 100원짜리 동전이고 이건 500원짜리 동전입니다. 500원짜리가 100원짜리보다 크기도 훨씬 크죠? 가치로는 당신이 선택한 100 짜리보다 5배나 가치가 있는 것입니다. 잘 보세요.."

열정적으로 무언가를 설명하는 나그네를 바라보던 바보는 나그네를 인적이 드문 나무숲으로 데려갔다. 그리고는 낮은 소리로 말했다.

"저를 생각해 주시는 마음은 감사합니다. 저도 500원짜리가 100원짜리보다 5배나 큰 가치가 있다는 것은 알고 있습니다. 하지만 제가 500원짜리를 선택하면 저 마을의 바보들이 계속해서 저에게 100원을 적선해 주겠습니까?"

이 우화에서 마을 사람들과 바보 중에 누가 더 합리적인가? 혹은 누가 더 똑똑한가? 100원과 500원 중에서 500원을 선택하는 것이 항상 합리적인 혹은 자신의 이익을 극대화할 수 있는 선택은 아니다. 우화에서처럼 합리적인 선택은 언제나 상황에 따라 달리 규정되고 선택되어야 한다.

인간은 자신의 주변 환경과 사회제도, 그리고 다른 인간들과 다양한 상호작용을 맺으며 살아간다. 인간이 마주치는 각 상황에 따라 다른 기준의 합리성이 적용된다. 이것은 협상에서도 마찬가지이다. 동일한 상황에서도 각 참가자들이 다른 기준에 따라 자신의 목표와 합리성을 규정하고 협상에 참가하게 될 것이다. 따라서 협상에서는 협상 참가자들이 환경과 자극, 상호 관계들은 어떻게 "지각하느냐?"를 파악하지 못한 상태에서는 좋은 협상을 기대하기 힘들다.

지각(perception)은 인지과정(sense-making)이다. 사람은 주어진 환경을 자기 자신의 고유의 인식과정으로 지각한다. 동일한 자극에 대해서도 필요, 욕구, 동기, 개인의 경험에 따라 다르게 인식된다. 그리고 이 인식과정은 고정된 것이 아니다. 동일한 사람이 동일한 자극에 대해서도 시간과 환경에 따라 인식이 변화할 수 있다.

이렇게 같은 상황을 두고 개인에 따라 또 상황에 따라 다르게 인식된다는 사실은 협상의 예술(art of negotiation)을 가능하게 하는 주요 요인이다. 협상과정에서 합의에 이르기 어려운 인식을 가지고 있던 참가자들도 서로의 협상전술과 정보교환 과정을 통해 서로의 인식을 변화시켜 합의에 이를 수 있다. 인식의 과정과 변화는 심리학의 인지심리론(cognitive psychology) 혹은 행동경제학(behavioral economics)에 의해 연구의 깊이가 더해가고 있다. 이 장에서는 인지심리학과 행동경제학이 다양한 실험을 통해 얻어진 인간 인식과 선택에 대한 함의를 소개하고, 이러한 함의가 협상에서 주는 의미를 살펴본다. 먼저 인지심리학의 여러 이론들 중에서 사회과학에 가장 많이 적용되고 있는 전망이론(prospect theory)의 다양한 함의를 살펴본다. 이후 프레임(frame, 인식틀)에 대한 논의를 살펴본다. 이후 인지심리학의 다양한 실험을 통해 밝혀진 사실이 협상에 주는 의미에 대해 살펴보고자 한다.

인간 선택에서 심리적 작용에 대한 연구는 협상력의 개발에 매우 중요한 의미를 지지고 있다. 이미 경영학의 마케팅 분야에서는 이러한 함의를 이용하여 소비자들의 선택을 유도할 수 있는 판매전략들이 개발되고 있다. 인지심리학의 함의를 살펴보는 것은 구조적인 힘에서 뒤지는 협상 참가자가 제한된 자원에서도 협상력을 향상시킬 수 있는 중요한 방편이 된다.

1. 전망이론

전망이론은 합리적 선택이론의 대안으로 등장하고 있는 전략적 선택이론이다. 합리적 선택이론은 인간의 두뇌에서 일어나는 현상에 대한 가정, 즉 인간의 선택이 확률과 효용에 대한 명확한 인식을 가지고 진행된다는 가정에 기반하고 있다. 2장에서 간략히 살펴보았지만, 어떤 사건이 일어날 확률을 계산하거나 또는 기대이익과 기대손실을 정확히 예상하는 것은 제한된 능력을 가진 인간의 능력을 초월한 가정이다. 이런 측면에서 본다면 진정으로 합리적일 수 있는 행위자는 신밖에는 존재하지 않는다.

합리적 선택이론이 비현실적인 가정에 기반한 이론인 반면 전망이론은 인간이 실제 선택상황에 직면했을 때 어떠한 기준을 가지고 임하는가를 경험적 실험을 통해 밝혀낸 인지심리적인 이론이다. 카니만(D. Kahneman)과 트블스키(A. Tversky)의 의해 정형화된 전망이론은 인간 선택이 효용의 극대화가 아니라 다른 요인에 의해 결정된다는 것을 체계적으로 보여주고 있다. 전망이론도 기대효용이론과 마찬가지로 인간의 선택이 가치와 확률에 의해 결정된다는 것에는 동의하고 있다. 즉 기대효용은 [발생할 확률] × [사건의 효용]으로 계산된다는 것이다. 그러나 전망이론은 인간이 선택상황에서 활용하는 가치곡선은 직선의 모양이 아니라 S자형의 곡선모양이며, 확률의 계산에서도 기대효용이론이 주장하는 것과는 달리 체계적인 왜곡이 나타난다는 것을 보여주고 있다. 즉 100원이라는 가치가 모든 인간에서 동일하게 100원의 가치로 인식되는 것이 아니라 110원의 가치 혹은 250원의 가치로 인식될 수 있다. 또한 확률에 관한 인식에서도 객관적인 확률이 아니라 주관적으로 가감된 확률이 선택상황에서 적용된다. 즉 객관적 확률값 그 자체가 가치에 곱해지는 것이 아니라 객관적 확률이 가중평가된 주관적 확률이 곱해지는 것이다.

먼저 전망이론의 S자형의 가치곡선과 그 함의를 살펴보고 이후 인간의 확률계산에서 적용되는 체계적인 왜곡에 대해서 살펴보자.

1) S자형 가치곡선의 함의

전망이론은 위와 같은 다양한 실험을 통해 사람의 가치선택이 S자 모양의 가치곡선(Value Curve)을 나타냄을 밝혔다. 전망이론은 개인에 따라 곡선의 전체적인 기울기는 차이가 날 수 있지만 S자형의 모양은 모든 사람에게 동일하다고 주장한다. 즉 성격상 위험추구 성향이 강한 사람이 있고, 또 반대로 위험회피적인 성향을 가진 사람이 있다. 전망이론에 이 둘의 차이는 위험회피의 정도의 차이라고 주장한다. 위험추구적인 사람이든 위험회피적인 사람이든 가치곡선은 모두 S자 모양의 곡선으로 나타나지만 개인에 따라 곡선의 기울기가 다르다는 것이다.

다음에서는 S자로 나타나는 전망이론의 가치곡선에 나타나는 다양한 함의를 살펴보자. 전망이론의 가치곡선은 S자 모양의 곡선이다. S자형의 그림은 손실을 회피하는 인간 선택을 시각적으로 보여주고 있다. 좌하단에서 오목한(concave) 모양이고, 우상단에서는 볼록(convex)한 모양이다. 기준점(0, 0)에서 가파르게 출발한 곡선은 기준점에서 멀어질수록 완만한 모양으로 변하고 있다. 곡선의 기울기

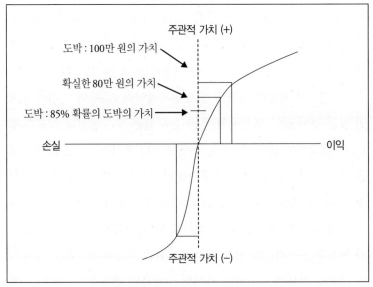

전망이론의 가치곡선

가 기준점에서 멀어지면서 완만해지는 것은 기준점에 가까울수록 단위 변화 양에 민감하고 멀어질수록 둔감하다는 것을 보여준다.

전망이론의 S자 모양의 가치곡선은 다양한 함의를 포함하고 있다. 손실회피(risk-aversion), 자산효과(endowment effect), 준거점 중심 사고(anchor), 확증 바이어스, 현상유지 바이어스, 매몰원가(sunk cost), 준거점 그룹 효과가 그것이다. 전망이론의 S자 곡선의 다양한 인지심리적 현상이 협상과정에 미치는 영향에 대해서 살펴보자.

① 손실회피(risk-aversion) 효과

첫째, 이익영역과 손실영역에서의 곡선의 기울기가 차이가 있다. 이익영역보다는 손실영역에서 곡선의 기울기가 더 가파르게 나타난다. 이는 같은 10만 원의 차이라고 하더라도 손실에서 생긴 피해의 느낌이 이익에서 생긴 10만 원의 기쁨보다 크다는 것을 보여준다. 이러한 인간 심리활동은 '손실회피(risk-aversion) 효과'라는 경향으로 나타난다. 카네만 교수에 의하면 동일한 양의 손실이 주는 심리적 충격은 이익보다 2.5배 정도의 더 큰 영향력을 갖는다고 한다.

협상을 양보를 전제로 한 교환과정이라 할 때 얻는 것이 있으면 잃는 것이 있다. 협상에서 얻는 것과 잃는 것은 동전의 양면과 같다. 이 과정에서 협상 참가자들이 무엇에 더 관심을 가지느냐는 협상을 어렵게 하기도 하고 또 쉽게 진행될 수 있게 하기도 한다. 물건의 소유자는 판매하는 것을 손실로 생각하게 된다. 반면 구매자는 자신이 지불하는 화폐를 손실로 인식하게 된다. 따라서 판매자는 구매자가 지불하려는 것보다 높은 가치를 자신의 물품에 부여하고, 구매자는 자신의 지불하는 화폐의 가치를 구매자가 생각하는 것보다 높게 평가하게 된다. 이러한 상품구매 협상은 모두 난항에 빠지게 되는 것이다.

손실회피 효과는 이윤을 나누는 협상보다는 손실을 나누는 협상이 더욱 합의를 이끌어내기 어렵다는 것을 의미한다. 얼마만큼의 이익을 얻을 수 있는가에 관련한 협상에서는 민감성이 줄어들지만, 얼마만큼의 손실을 떠안아야 하는 협상에서는 모두가 손실을 회피하려는 경향 때문에 민감하게 반응한다. 손실회피 효과 때문에 협상은 가능하다면 이익을 나누는 협상으로 변화시키는 것이 필요하다. 이는 이후에 논의될 프레임과도 깊은 관계를 가지고 있다. 협상에서 참가자들이 손실을 나누는 협상에서 이익을 나누는 협상으로 전환하는 것이 협상타결에 유리하다. 통합협상에서 의제의 복수화를 통해 서로의 선호도를 교환하는 것에 대해 살펴보았다. 의제 간 서로의 선호도를 교환하는 것도 손실에 대한 논의에서 이익에 대한 논의로 전환하는 기법이 된다.

본 회담에서 협상 잠정안이 타결되었으나 구성원들의 추인을 받지 못하여 재협상을 벌이는 경우가 있다. 이 경우 합의안을 거부한 쪽은 현재의 합의안을 손실로 생각한 반면, 합의안을 수용하려 한 쪽은 새로운 합의를 손실로 생각하게 된다. 이 경우 합의안이 부결된 쪽에서 더욱 강한 태도를 보일 가능성이 있고, 상대는 새로운 합의안에 대해 강한 거부감을 나타낼 때가 많다. 이 경우 새로운 합의안이 도출되기도 어려울 뿐만 아니라, 새로운 합의를 주장한 쪽에서 더 좋은 결과를 얻을 수 있는 보장도 없다. 왜냐하면 손실을 회피하려고 상대가 강경한 입장을 고수하기 마련이고, 이러한 상대를 설득하기 위해서는 새로운 양보가 필요하기 때문이다. 이것은 협상에서 초기 합의안이 최선이 될 수 있도록 노력해야 하는 이유가 된다.

② 자산효과 혹은 보유효과

둘째 전망이론의 S자 곡선은 준거점 (0, 0)에서 멀어질수록 완만해지는 것을 알 수 있다. 즉 기준점에서 멀어질수록 곡선의 기울기가 작아지는 것이다. 이는 같은 10만 원의 이익이라 하더라도 100만 원에서 110만 원으로 증가하는 것과 1,000만 원에서 1,010만 원으로 증가하는 것이 매우 상이한 의미를 가지며, 또한 같은 10만 원의 손실이라도 100만 원에서 90만 원으로 변하는 것과 1,000만 원에서 990만 원으로 변하는 것이 차이가 있음을 보여주고 있다. 이는 현재에 소유한 것을 더 가치 있는 것으로 평가하는 경향인 **자산효과**(wealth effect) 혹은 **보유효과**(endowment effect)이다.

자산효과의 관점에서 보면 자산이 많은 행위자는 그만큼 손실에 대해서도 둔감하고 이익에 대해서도 둔감하다는 것을 알 수 있다.

자산효과를 협상에 활용해 보면 자신이 자산이 충분하다고 생각하는 행위자일 경우 협상에서 쉽게 양보할 수 있는 온건한 협상태도를 보일 것으로 예상할 수 있다. 이 때도 손실회피 효과로 인해 손실에 대한 협상보다는 이익에 대한 협상에서 더욱 양보를 할 수 있는 온건한 입장을 취할 수 있다. 이를 도표로 정리하면 다음과 같다.

	이익	손실
둔감	초온건	온건
민감	강경	초강경

협상 참가자 중에서 자산이 풍부하여 단위 변동량에 둔감하고 이익영역에 있는 행위자가 가장 양보를 많이 할 가능성이 높다. 반면 단위 변동량에서 민감한 행위자가 손실영역에서 협상할 때 가장 강경한 입장을 취할 것으로 예상할 수 있다. 총합적 힘의 균형이 극도로 불균등한 상태에서 구조적 힘에서 약한 행위자가 극단적인 강경한 협상태도를 보이는 것은 이 자산효과로 이해된다. 이 경우 총합적 힘에서 강한 상대가 이익영역에 있다면 약자의 초강경한 협상태도에 대해 온건한 자세로 협상에 임할 가능성도 있다. 예를 들어 콩나물값을 깎을 때는 100원이 귀하게 여기지만 냉장고를 살 때 100원을 깎는 것은 매우 하찮은 것이 된다. 이 때 콩나물을 구매하는 사람이 인지하고 있는 콩나물을 구매하기 위한 자산과 냉장고를 구매하려는 사람이 인지하고 있는 자산의 차이에서 협상태도가 달라지기 때문이다.

자산효과의 두 번째 함의는 기준점에서 멀어질수록 민감도가 감소한다는 것이다. 이는 처음 양보가 힘들지만 이후 양보를 얻어내는 것은 처음보다는 쉽다는 것을 의미한다. 손실영역에서 단위 변동량은 한번 양보한 사람이 더 많은 양보를 할 수 있다는 것을 보여준다. 양보를 한번도 하지 않은 사람이 조금의 양보를 하는 것은 매우 민감한 반응을 보일 수 있다. 이 때문에 처음 상대에게 양보를 얻어내는 것이 어렵고 중요하다.

전망이론 가치곡선의 함의 2 : 자산효과

■ 자산이 많은 행위자가 더 양보하기 쉽다.

■ 처음 양보를 얻어내는 것이 어렵다.

■ 한번 양보를 얻어내면 이후에는 어렵지 않게 양보를 유도할 수 있다.

---

③ 준거점 중심 사고

│ 앵커(anchor)

준거점(reference point) 중심의 사고가 있다. 준거점 중심 사고와 관련된 첫 번째 심리적 현상은 앵커이다. S자 모양의 곡선은 준거점을 기준으로 손실영역과 이익영역으로 나누어진다. 준거점 중심의 사고는 앵커링 효과와도 매우 밀접한 관계가 있는 현상이다. 앵커효과는 인간의 사고가 기존에 주어진 어떤 앵커를 중심으로 사고되는 것을 말한다.

앵커효과

두 명의 실험그룹으로 피시험 대상자들을 나누었다. 첫 번째 그룹에게는 높은 숫자에 노출시키고 두 번째 실험그룹에게는 아주 낮은 숫자에 노출시켰다.

높은 숫자에 노출된 첫 번째 그룹에게는 우주의 별의 수, 전 세계 GNP, 지구상에 존재하는 곤충의 총수 등 매우 높은 숫자들만 언급하였다. 두 번째 그룹에게는 1년 동안 말의 뒷발에 차여 죽은 기병의 수, 일반인들의 평균 이혼 횟수, 일반인이 하루에 마시는 커피의 잔 수 등을 언급했다.

이후 두 그룹 모두에게 어떤 물품을 보여주고 자신이 생각하는 적당한 가격을 책정하도록 했다. 실험결과는 같은 물품을 두고도 높은 숫자에 노출된 첫 번째 그룹이 낮은 숫자에 노출된 두 번째 그룹에 비해 매우 높은 가격을 산정한다는 것을 보여주었다.

상기의 실험은 가격을 책정해야 하는 물품과는 직접적인 상관이 없는 숫자이지만 그것이 실험자의 상품가격 책정에 영향을 미쳤다는 것을 보여주고 있다. 이것은 가격책정 이전에 노출된 어떤 숫자들이 피실험자의 가격책정에 앵커가 되었고, 피실험자는 자신도 모르게 앵커를 기준으로 가격을 책정했다는 것을 보여준다. 자동차를 구입하러 매장에 들린 구매자에게 세일즈 맨이 먼저 비싼 자동차를 시운전해 보라며 강권하는 것도 이러한 준거점 중심 사고를 이용한 것이다. 소형차를 사려고 방문한 구매자일지라도 자신이 시운전해 본 차의 성능과 가격이 자신도 모르는 사이에 앵커로 작동해서 자신이 원하는 자동차의 가격협상에서 불리한 결과를 얻게 되는 것이다.

공산품의 가격에는 대부분 희망 소비자 가격이라는 것이 붙어있다. 소비자들은 상점에서 판매하는 가격이 희망 소비자 가격보다 낮게 책정되어 있으면 가격이 싸게 느껴지는데, 이러한 것도 준거점 기준 사고의 예이다. 또한 판사의 판결이 검사의 구형에 영향을 받게 되는 것도 그 예이다. 한 연구에 따르면, 경험이 풍부한 판사라도 같은 사건인데도 검사의 구형량이 34개월과 12개월일 때 8개월의 차이를 보이고 있다고 한다.

준거점 기준 사고의 또 다른 대표적인 예는 올림픽에서 은메달을 획득한 선수와 동메달을 획득한 선수의 만족도를 비교해 보면 흥미로운 결과를 알 수 있다. 은메달이 동메달보다 훨씬 만족스러운 결과임에도 불구하고 동메달을 획득한 선수가 은메달을 획득한 선수보다 개인적인 만족도는 훨씬 높다. 이러한 현상은 은메달을 획득한 선수의 준거점 혹은 앵커는 금메달이었기 때문에 결승전에서 져서 은메달을 획득한 것이 불만족스럽게 느껴진다. 반면 동메달을 획득한 선수의 준거점 혹은 앵커는 메달을 획득하지 못하는 것이기 때문에 동메달의 획득은 만족스러운 결과가 된다.

앵커현상이 협상에 미치는 영향은 배분협상 과정에서 언급되었다. 두 당사자 중에서 초기값을 먼저 제시하는 쪽이 유리한 것이 이러한 준거점 혹은 앵커효과 때문이다. 초기값이 먼저 주어지면 이것이 준거점이 되어서 이를 중심으로 논의가 되기 쉽다. 일방이 제시한 초기값이 아무리 터무니없더라도 그것이 최종 타결에 영향을 미치는 것이다. 예를 들어 상대의 초기값이 얼마나 터무니없이 비합리적인가를 논쟁하기 시작하면 협상에서 논의의 주제는 계속 그 터무니없는 초기값이 된다. 그 값에 대해서 논의하면 할수록 상대가 제시한 준거점에 매달려 협상이 진행되는 상황이 되고 만다. 상대의 터무니없는 초기값이 제시되었을 때 가장 좋은 방법은 새로운 준거점을 제시하는 것이다. 상대의 터무니없는 값을 의도적으로 무시하고 자신의 제안을 중심으로 협상이 논의되게 해야 한다.

또한 준거점 기준 사고는 배분협상의 강경(high ball/low ball) 전술이 왜 협상에서 좋은 전술로서 작동하는지 설명해 준다. 극단적인 수치를 제시하는 것이 준거점 혹은 앵커가 되기 때문이다. 또한 천사/

악마전술도 초기 악마의 행위가 준거점이 되어 다음의 제안이 초기에 비해 좋은 제안으로 보이게 되는 것도 이 때문이다.

| 현상유지 편향

준거점 중심 사고와 관련된 두 번째 심리적 현상은 현상유지 편향(status quo bias)이다. 협상에서 준거점은 '현재상태'(status quo)가 될 때가 있다. 이 때문에 강한 현상유지 경향이 등장한다. 대부분의 사람들은 새로운 제안을 받아들이기보다는 현재상태를 유지하려는 강한 경향을 보인다. 상대가 제시한 제안이나 협상을 통해 얻을 수 있는 이익이 훨씬 큼에도 불구하고 현재 상태를 유지하려는 경향 때문에 협상이 난항을 겪게 된다.

기업을 혁신하거나 새로운 변화를 추구하는 조직에서 가장 힘든 것은 현재를 유지하려는 사람들의 저항이다. 기업이나 조직을 혁신하기에 가장 좋은 시점은 경영 여건이나 주변 환경이 호의적인 때일 것이다. 호황에 불황을 준비해야 한다는 것은 지혜로운 선택이지만 대부분의 조직에서 호황에 변화를 준비하는 것이 쉽지 않다. 왜냐하면 이러한 현상유지 경향 때문이다. 이는 혁신이 왜 불황일 때, 즉 기업이나 조직이 극도의 위기에 처했을 때만 채택되는가를 설명해 준다.

강한 현상유지 정책을 변화시키기 위해서는 상대의 준거점을 현재가 아닌 협상이 타결되고 난 이후의 더욱 발전된 미래 시점으로 바꾸어야 한다. 이는 상대의 인식을 바꾸는 것으로, 끊임없는 홍보와 설득을 통해 협상 참가자들이 협상이 타결되고 난 이후의 이익을 중심으로 사고하게 만들어야 한다. 협상을 시작하거나 협상을 진행하면서 협상타결 이후의 긍정적인 측면을 끊임없이 부각시키는 것도 한 방법이 될 수 있다.

| 매몰원가 효과

현상유지 경향과 같은 맥락에 있는 것이 매몰원가(sunk cost) 효과이다. 매몰원가란 이미 지불되어서 되찾을 수 없게 된 비용을 말한다. 예를 들어 콩코드(Concorde) 항공기 제작은 매몰원가 효과의 대표적인 예이다. 영국 프랑스가 공동개발한 초음속 여객기인 콩코드는 개발 도중 엄청난 경비가 소요되었다. 개발에 투자된 엄청난 비용 때문에 콩코드가 완성되더라도 채산을 맞출 가능성은 없었다. 그럼에도 불구하고 이미 거액의 개발자금이 들어갔기 때문에 도중에 중지하지 못하고 개발을 계속했다. 이러한 매몰원가 효과는 이미 지불해 버린 비용을 '헛되지 않게' 만들려고 과거에 연연하게 된다. 과거에 지불된 금액이 크면 클수록 더욱 포기하게 힘들어지는 것이 매몰원가 효과 때문이다.

협상에서도 매몰원가 효과가 자주 등장한다. 초반에 협상으로 분쟁을 해결하려고 시도하고 이후 많은 노력과 모임을 통해 문제를 해결하려 하지만 만족할 만한 성과를 얻을 수 없는 경우가 많이 있다. 또한 앞으로 협상을 계속한다고 하더라도 만족할 만한 결과를 얻기가 쉽지 않을 때가 있다. 이러한 경우에 합리적인 사고라면 협상을 깨고 새로운 접근방법을 찾아보는 것이 효과적일 것이다. 그러나 오래 지속되어 참가들이 투자한 시간과 노력이 많으면 많을수록 협상이 만족스러운 결과를 만들어낼 가능성이 희박함에도 협상은 지속될 때가 많다. 이 경우 비생산적이고 소모적인 협상이 될 가능성이 높다. 그러나 매몰원가 효과로 인해 협상 참가자들은 기존에 만들어진 협상을 깨는 것이 쉽지 않다.

또한 협상에 매몰원가가 많으면 많을수록 더욱 협상에 집착하게 된다. 상대적으로 많은 매몰원가를 투자한 참가자는 협상에서 유리한 결과를 얻기가 힘들다. 따라서 매몰효과를 이용해서 자신의 협상력을 분석하는 것도 가능하다.

| 준거점 그룹 효과

준거점과 관련된 네 번째 인지심리적 현상은 준거점 그룹 효과이다. 이는 협상의 공정성과도 밀접한 관련이 있다. 일반적으로 현재상태가 무엇인지 분명하지 않을 때 자신과 비슷한 사람들이 선택하는 것, 혹은 과거에 비슷한 상황에서 발생했던 어떤 것과 비교해서 현재상태로 인식하는 경향이 있다. 특히 자신과 연관성이 깊은 주변 사람을 기준으로 평가하는 경향이 강하다. 자신이 비교하는 사람들의 집단을 '준거점 그룹'이라고 한다. 준거점 그룹과 비교해서 자신이 손실이라고 느끼게 되면 공정하지 못하다는 평가를 하게 된다.

준거점은 협상 참가자들의 공정성(fairness) 개념에도 영향을 미친다. 일반적으로 준거점을 기준으로 손실과 이익을 판단하는 경향 때문에 준거점이 공정성에도 큰 영향을 미친다. 이 때 준거점은 다양한 요인에 의해 결정된다. 기업 간의 상품거래에서는 사장가격, 공표가격, 과거의 거래선례 등이 가격·임금·임대료의 준거점이 된다. 모두가 준거점을 유지하려는 경향이 있기 때문에 상대방의 준거점을 가격이나 임금, 임대료 등에 대한 양보를 요구하면 상대는 협상이 공정하지 못하다고 느끼게 된다. 따라서 상대가 자신의 이익을 침해해서 이익을 증가하려고 한다고 생각하기 때문에 협상과정이 난항을 겪을 수밖에 없다.

협상에서 상대를 설득하거나 주장을 펼 때 '준거점 그룹'을 언급하는 경우가 많다. 준거점 그룹의 결과와 동일한 결과를 얻으려고 하는 것이다. 그러나 이 경우에도 '준거점 그룹'은 주관적인 판단일 때가 많이 있다. 상대의 준거점 그룹을 바꾸기 위해서는 상대가 납득할 수 있는 근거와 합리성을 가지고 상대를 설득하는 것이 필요하다. 예를 들어 중소기업의 임금협상에서 노조는 자신의 준거점 그룹을 같은 직종의 대기업 혹은 선도 기업으로 생각하고 있다면 준거점 그룹과 비슷한 수준의 임금과 근로조건을 제시할 것이다. 이런 경우 협상 참가자들의 준거점 그룹이 다를 수 있기 때문에 먼저 준거점 그룹에 대한 구체적인 개념규정을 통해 합의를 원활하게 진행시킬 수 있다.

2) 확률가중함수의 의미

전망이론에서도 기대효용과 같이 선택은 가치와 확률의 함수로 결정된다. 인간의 선택에서 중요한 영향을 미치는 것은 객관적 확률이 아니라 주관적으로 인지하는 확률이다. 어떤 경우에서는 확률 자체를 인지하는 것이 매우 불완전할 때도 있다. 예를 들어 앞에서 예로 든 서희의 강동6주 협상에서 소손녕이 군사적 행동으로 고려를 점령할 수 있는 확률은 객관적으로 정확한 값을 구하기 어렵다. 이 때문에 상황에 따라 소손녕이 평가한 확률은 변화할 수 있는 것이다. 안융진 전투 이전에 압도적인 군사력을 가진 거란으로서는 고려군을 상대로 군사적 승리를 거둘 확률이 매우 높았을 것이다. 추론해보건대 우리가 군사력의 비율로 객관적 확률을 구할 수 있다면 소손녕이 인지하고 있었던 군사적 승리에 대한 확률은 군사력의 비율보다도 높았을 것이라고 추론할 수 있다. 그러나 안융진 전투 이후에 소손녕의 확률이 급속히 변화했을 가능성이 높다. 그 값은 아마도 군사력 비율에 훨씬 못 미치는 값이었을 것이다.

인간이 객관적으로 알고 있는 확률이라도 주관으로 인식될 때는 객관적 확률이 활용되는 것은 아니다. 객관적 확률은 주관적 인식에 의해 수정되어 받아진다. 예를 들어 한 개의 주사위를 던져서 6의 값을 얻을 확률은 1/6이라는 것을 알고 있다. 그러나 카지노에서 게임을 하는 대부분의 사람은 행운의 여신이 자신의 편이라고 생각하는 경향이 있다. 즉 객관적인 값 1/6보다는 높은 확률값을 기대하고 있는 것이다. 또한 자신에게 행운을 가져다 주는 '마법의 주사위'를 가지고 있다고 생각하는 경우도 많다.

인지심리학의 확률에 대한 다양한 실험은 "확률이 작을 때는 과대평가되고 확률이 중간 정도부터는 과소평가된다"는 사실을 밝히고 있다. 객관적 확률과 주관적으로 인식되는 가중확률에 대한 값은 아래의 표와 그림에 나타나 있다. 이 중에서 확률이 거의 그 가치대로 인식되는 것은 약 0.35에서이다. 0.35보다 높은 값은 과소평가되고 0.35보다 낮은 확률은 과대평가되는 경향이 있다.

확률과 가중수치의 예

확률	.01	.05	.1	.2	.3	.35	.36	.4	.5	.9	.99
가중수치	.05	.12	.18	.26	.32	.354	.359	.38	.44	.74	.93

출처 : 도모노 노리오, 『행동경제학』, p. 119.

① 확실성 효과

가치함수와 마찬가지로 확률가중함수에서도 민감도에 대한 체감성이 성립된다. 즉 0에서 0.1로, 또는 0.9에서 1.00으로 변하는 것은 0.3에서 0.4로 변화는 것과 0.6에서 0.7로 변하는 것보다 심리

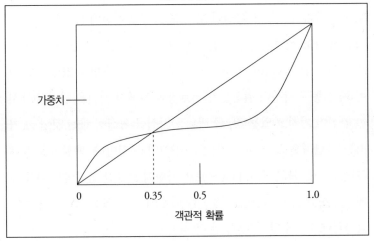

확률가중함수

적으로 더 큰 영향을 미친다. 즉 중간 정도 확률의 변화에서는 민감도가 작지만 확률이 0과 1 같은 극단적 수치 부근에서는 민감도가 매우 커진다. 이는 '불가능'과 '가능', '확실'과 '가능' 사이에는 상당한 격차가 있다는 것을 예시하는 것이다.

6개의 총알이 들어가는 권총으로 러시안 룰렛 게임을 하는 경우를 생각해 보자. 총알을 넣지 않고 한 발의 총알을 넣고 게임하는 것은 큰 차이를 나타내게 된다. 또한 5개의 총알을 이미 장전한 상태에서 1개의 총알을 더 장전하는 것은 큰 의미변화를 가지고 있다. 또한 총알을 빼내는 상황도 마찬가지이다. 6개의 총알이 장전된 권총에서 하나를 빼내는 것, 그리고 1개의 총알이 장전된 권총에서 마지막한 발을 제거하는 것은 큰 의미를 가질 수밖에 없다. 마지막 총알을제거하는 것을 가치로 친다면 그 값은 총알 2개가 장전된 총에서 1개를 빼는 것보다 훨씬 더 높은 가치로 평가될 수 있다는 것을 알 수 있다.

예를 들어 북한이 2006년 핵실험을 감행하면서 세계에 핵을 보유한 국가라는 것을 확실히 보여주었다. 그 이전에 북한은 핵을 가지고 있다고 선언했지만 확실한 증거를 제시할 수 없는 '모호성'으로 인해 북한 핵위협이 실질보다 낮게 평가받을 수밖에 없었다. 북한이 핵을 통해 자신이 원하는 안전보장과 경제적 지원을 얻기 위해서는 자신이 가지고 있는 것, 즉 핵보유 사실을 확실히 하는 것이 그 가치를 극단적으로 높일 수 있는 방편이었을 것이다. 핵실험을 통해 '가능'에서 '확신'으로 바꿈으로써 자신이 보유한 협상력을 더욱 크게 할 수 있었다. 핵실험이 성공한 이후에는 더 많은 것을 6자 회담 참가국에게 요구할 수 있게 된 것이다.

확실성 효과가 협상에 주는 함의는 마지막 위험을 제거하는 것, 즉 '가능'에서 '확실'로 바꾸어 주는 상황에서 더 많은 요구조건을 요구하게 된다는 것이다. 이는 대부분 협상에서 마지막 최종 합의에서 몇 개의 사안으로 인해 협상이 지연되는 것을 암시한다.

3) 영역효과의 영향

전망이론이 협상에 제시하는 가장 큰 함의는 아마도 영역효과(frame effect)와 관련된 현상일 것이다. 아래 두 실험은 영역효과의 의미를 보여주고 있다.

실험 1 : 이익 중에서의 선택

■ 선택 1) 80만 원을 얻을 선택

> ■ 선택 2) 100만 원을 85%의 확률로 얻을 수 있지만 15%의 확률로 아무것도
> 가지지 못할 수도 있는 선택

기대효용이론에 따르면 선택 1의 기대효용은 80만 원(80만 원 × 100% = 80만 원)이고 선택 2의 기대효용은 85만 원(100만 원×85% − 0원×15% = 85만 원)이다. 기대효용이론은 대부분의 사람들은 기대효용을 극대화할 수 있는 선택 2를 선택할 것으로 예상할 것이다. 그러나 실험을 통해 밝혀진 사실은 75%의 피실험자들이 선택 2보다는 낮은 기대효용을 가진 선택 1을 선호했다. 피실험자들이 기대효용에서 5만 원이나 낮은 선택 1을 택한 까닭은 보장된 선택이었기 때문이다. 선택 2를 회피하는 원인은 한 푼도 얻지 못할 확률이 15%가 되기 때문이다.

실험 2 : 손실 중에서의 선택

> ■ 선택 3) 80만 원의 손실
> ■ 선택 4) 85%의 확률로 100만 원을 손해 보거나 혹은 15%의 확률로 아무런
> 손실이 발생하지 않는 경우가 제시되었다.

두 번째 실험에서 기대효용은 선택 3이 −80만 원(−80만 원× 100% = −80만 원)이고, 선택 4의 기대효용은 −85만 원(−100만 원× 85% + 0원×15% = −85만 원)이다. 이 경우에도 기대효용이론에 따르면 손실이 작은 선택 3이 선호되어야 할 것이다. 그러나 실험에 참가한 75%의 사람들은 기대효용에서 열등한 선택 4를 선호했다. 이 경

우 기대효용에서 5만 원이 뒤진 선택 4를 선호하는 원인은 15%의 확률로 아무것도 잃어버리지 않을 가능성이 있기 때문이다. 즉 손실을 보는 상황에서 가만히 앉아서 손해를 보는 것보다 15%의 가능성으로 아무것도 손해보지 않을 가능성이 있다면 더 큰 손실이 예상되더라도 모험적인 선택을 택하는 도박이 선호된다는 것을 보여주고 있다.

이 두 실험은 전망이론의 가장 중요한 함의인 영역효과를 잘 나타내고 있다. 영역효과란 인간의 선택이 "이익 중에서 선택할 때는 손실을 회피하는 안전한 선택을 선호하고 손실 중에서 선택할 때는 위험을 감수하는 모험적인 선택을 선호한다"는 것이다.

영역효과

이익 중에서 선택할 때는 안전한 선택을 선호하고 손실 중에서 선택할 때는 위험을 감수하는 모험적인 선택을 선호한다.

영역효과의 대표적 실험인 '아시안 질병' 실험을 통해 프레임의 중요성을 살펴보자.

아시아 질병에 대한 치유책

배경 : 아시아에서 발생한 것으로 추정되는 신종 희귀병이 발생했다. 현재 600명이 감염된 것으로 알려져 있다. 두 개의 백신, 즉 백신 A와 백신 B가 개발되었다.

실험 1.

백신 A를 사용할 경우 : 200명을 살릴 수 있다.

백신 B를 사용할 경우 : 600명 모두를 살릴 수 있는 확률 1/3, 모두 살 수 없는 확률 2/3이다.

실험 2.
백신 A를 사용할 경우 : 400명은 죽는다.
백신 B를 사용할 경우 : 모두 사망하지 않을 확률이 1/3, 600명이 모두
사망할 확률 2/3이다.

이 실험은 두 개의 실험군으로 나누어 실험 1과 실험 2를 시행했다. 이 실험에서 백신 A는 600명의 감염된 사람 중에서 200명을 살리고 나머지 400명은 죽는다. 그리고 백신 B는 600명을 살릴 확률이 1/3이고 모두 사망할 확률은 2/3이다. 실험 1과 실험 2의 차이는 단지 문제를 제시하는 틀(프레임)의 차이일 뿐이다. 실험 1은 '살린다'라는 프레임이고 실험 2는 '죽는다'라는 프레임으로 제시되었을 뿐이다. 그런데 놀랍게도 실험 1에서는 백신 A를 선택한 사람이 무려 72%였던 반면 실험 2에서는 22%에 불과했다. 그리고 백신 B를 선택한 사람이 28%에 불과했던 반면 실험 2에서는 78%나 되었다.

영역효과의 강력한 함의를 협상에 활용하기 위해서는 먼저 상대가 어떤 영역에 있는가를 알아야 하고, 둘째 어떤 선택이 위험한 선택이고 어떤 선택이 안전한 선택인지를 명확히 해야 한다. 일반적으로 손실 중에서 선택하는 상황 혹은 현재상태가 시간이 지나면서 더욱 악화되는 상황을 '손실영역'에 처해 있다고 판단한다. 반면 이익 중에서 선택하는 상황 혹은 현재상태가 시간이 지나면서 개선되는 상황이라면 '이익영역'에 있다고 할 수 있다.

협상에서 합의를 이룬다고 하더라도 손해가 예상되고 협상에 합의하지 않아도 손해가 예상되는 상황이라면 손실영역에 있는 것이다. 또한 합의를 하지 않는 상태가 지속된다면 장래에 더욱 어려운

상황이 예상되거나 시간이 지나면서 협상에서 더욱 곤경에 빠지는 상황이라면 손실영역에 있다고 할 수 있다. 이런 경우 협상 참가자는 위험한 선택을 선호할 가능성이 높다. 이 때 합의를 하는 것과 합의를 하지 않는 것 중에서 무엇이 더 위험한 선택인가를 규정해야 한다.

일반적으로 위험한 선택은 결과에 대한 변동성(variance in out-comes)에서 변동량이 큰 것을 가리킨다. 앞의 실험 2에서 보면 선택 3의 결과에 대한 변동성이 없다. 반면 선택 4의 경우 좋은 결과와 나쁜 결과의 변동량이 85만 원이다. 이와 같이 결과에 대한 변동성을 살펴봄으로써 위험한 선택과 안전한 선택의 구분이 가능하다. 협상상황에 따라, 그리고 각 개인의 주관적 인식의 상황에 따라 결과의 변동성은 달라질 수 있다. 영역효과의 함의를 적용하기 위해서는 상황에 맞게 무엇이 위험한 선택이고 또 무엇이 안전한 선택인지를 명확히 하여야 한다.

2. 프레임

전망이론의 영역효과와 밀접한 관계가 있는 인지심리적 현상이 프레임(frame)이다. 프레임은 세상을 바라보는 창, 어떤 문제를 바라보는 관점, 세상을 향한 마인드 셋, 세상에 대한 은유, 사람에 대한 고정관념 등으로 '특정한 방향으로 세상을 보는 현상'으로 '세상을 보는 틀'이라고 정의할 수 있다. 프레임은 문제영역의 선별적 규정(the chosen definition of the problem)을 의미하는 것이라 할 수 있다. 문제해결을 위해 무시해도 좋은 것과 무시해서는 안 되는 것 혹은 중요한 것을 결정하는 과정이다.

프레임의 영향력

설정된 문제영역으로서 프레임은 당사자들이 협상을 통해 달성하고자 하는 목표나 협상을 통해 얻게 되는 결과물에 대한 기대치, 협상전략이나 추구하는 정보, 협상절차와 방식에 두루 영향을 미친다.

사람들은 동일한 내용을 보고도 개인이 처한 상황에 따라 다르게 인식한다. 물이 반이 차 있는 '반 컵의 물'을 두고도 상황에 따라 다르게 인식할 수 있다. 물이 가득 차 있던 컵에서 누군가 반을 마셔버리고 반이 남아 있는 모습을 본 사람이면 "물이 반만 남아 있다"고 생각할 것이다. 반대로 빈 컵에 물을 채워 반컵을 만드는 것을 본 사람이라면 "물이 반이나 차 있다"라고 생각할 것이다. "물이 반만 남아 있다" 혹은 "물이 반이나 남아 있다"라고 생각하는 것이 프레임이다. 똑같은 내용을 보고도 개인이 처한 상황이나 이유에 따라 다르게 받아들여질 수 있다.[1] 이는 협상이 필요한 갈등상황에 대한 당사자들의 인식이나 상황규정 방식이 사람마다 다르기 때문이다. 즉 프레임은 그 사람의 인지정향이나 경험, 혹은 그 사람이 가지고 있는 목표나 비전에 따라 달라진다.

프레임은 무엇을 무시하고 무엇을 중시하느냐 하는 과정을 통해 무엇을 핵심적 이슈로 규정할 것인가, 또 이를 어떻게 제시할 것인가를 정한다. 프레임은 협상에서 다루어지는 이슈, 협상을 통해 성취되는 결과물, 협상이 이루어지는 절차 등에 대한 선호의 정도가

1.　도모노 노리오, 이명희 옮김, 『행동경제학』(서울 : 지형, 2007), p. 159.

반영되는 것인 만큼 협상 당사자 간에 프레임이 잘 부합되면 당사자들은 공통의 이슈, 공동의 상황규정을 가지고 출발하는 것이기 때문에 협상을 원활하게 잘 진척시켜 갈 수 있다.

프레임과 선택

앞에서 예를 든 농부의 딸을 사랑한 호랑이의 경우에서 살펴보면 농부와 호랑이의 프레임은 결혼을 하느냐 못하느냐였다. 오사카 성의 겨울 전투에서 도요토미 히데요리의 프레임은 사느냐 죽느냐 하는 것이었던 반면 도쿠가와 이에야스의 프레임은 권력을 분할하느냐 아니면 독점하느냐의 프레임이었다.

협상 당사자 간에 프레임이 상호 부합하지 않는 경우 당사자 간 의사소통이 여의치 않게 된다. 예를 들어 '손실의 최소화'라는 프레임을 가진 협상자는 '이익의 극대화'라는 프레임을 가진 협상자에 비해 양보도 잘 하지 않으며 합의도 잘 하지 않는다. 협상 당사자들은 자신의 프레임을 상대방이 수긍할 수 있도록 노력한다. 이는 협상 결과를 자신이 원하는 방향으로 이끌어 가기 위한 수단이다. 프레임은 인지적 과정으로 얼마간 의식적으로 통제할 수 있는 것이다. 만일 협상자가 자신의 프레임이 무엇인지를 알고 또한 상대방의 프레임이 무엇인지를 안다면 양자의 차이를 극복해 나갈 수 있는 방향으로, 즉 상대의 프레임에 영향을 주는 방향으로 토론의 틀을 의식적으로 옮겨나갈 수 있다.

협상자들 간의 대담에 의해 프레임은 수정되거나 변화할 수 있다. 프레임이 어떻게 수정되거나 변화될 것인가 하는 것은 예측이 어려울 수 있으나 협상자들이 변화과정을 통제해 나갈 수는 있다. 협상 당사자들이 쟁점 토론, 서로의 주장과 설득자료의 제시, 비전과 목표를 조정하다 보면 대담의 방향이 바뀔 수 있고 또한 문제의 틀이 바뀌어 나가게 되는 것이다. 협상자들에게는 이러한 변화과정을 추적하고 이것이 어디로 향해 나아가고 있는가를 이해하는 것이 매우 중요하다.

프레임에 따라 협상의 절차와 결과의 유형이 달라질 수 있다. 즉 어떤 하나의 프레임은 다른 것들에 비해 유독 특정 절차와 결과로 협상이 유도되도록 만드는 것이다. 따라서 프레임의 이해, 즉 당사자들이 핵심적 이슈를 어떻게 이해하고 있으며 대담이 어떻게 변화해 나가고 이슈들이 어떻게 바뀌어 나갈 것인가를 이해하는 것은 효과적인 협상계획의 수립을 위한 첫 걸음이다.

1) 프레임의 종류

프레임은 협상 준비단계에서 협상의 전체적인 구조를 결정하는 중요한 변수이고 또 협상전략의 선택에서도 큰 영향을 미치는 주요 변수이다. 프레임이 중요한 것은 협상타결 여부와 협상력에 큰 영향을 미치고 있기 때문이다. 세상을 변화시키는 것은 불가능하거나 어려운 일이지만 세상을 바라보는 틀인 프레임을 바꾸는 것은 가능하다. 세상을 보는 틀을 바꿈으로써 같은 현상을 새로운 인식의 틀에서 사고하게 할 수 있다. 협상에서는 자신에게 유리하거나 협상타결에 유리한 프레임을 발견하고 이를 활용하는 것이 필요하다.

프레임의 힘

두 기독교 신자가 기도와 흡연에 대해서 논의하고 있었다. 두 사람은 목사에게 찾아가 이 둘의 상관관계에 대해 물어보기로 했다.

질문방식 1)

목사님, 기도 중에 담배를 피워도 되나요?

대답 1)

기도는 신과 나누는 엄숙한 대화입니다. 기도 중에 담배를 피워서는 안 됩니다.

질문방식 2)

목사님, 담배를 피우는 중에 기도를 하면 안 되나요?

대답 2)

기도는 때와 장소가 필요 없습니다. 담배를 피우는 중에도 기도는 할 수 있습니다.

최인철, 『프레임』, p. 21 내용을 바탕으로 수정.

프레임의 종류

첫째, 인지정향으로서 프레임(frames as cognitive heuristics) : 무엇이 문제이고 무엇이 중요하냐 하는 것은 그 사람의 평소의 사고경향 혹은 사고습관을 반영하는 것일 수 있다. 사람들은 무엇을 어떻게 하겠다는 뚜렷한 자각이나 의도가 없는 상태에서 평소에 생각하는 방식대로 무엇이 중요하고 무엇이 문제인지를 정한다. 학자들 가운데 일부는 협상틀이 짜여지는 과정에서는 그 사람의 평소의 인지정향(cognitive heuristics)이 그대로 반영된다고 본다. 협상틀은 그 사람의 평소의 인지정향이 반영되는 것이므로 여기에는 그 사람이 가지고 있는 평소의 편견이나 선입견이 그대로 드러나게 된다는 것이다.

둘째, 경험범주로서 프레임(frames as categories of experience) : 분쟁이나 갈등상황은 당사자들에 의해 다르게 해석되게 마련이다. 다른 학자들은 동일한 상황에 대한 해석이 사람마다 다른 것은 과거의 경험이나 배경이 사람마다 다르기 때문이라고 보고 있다. 과거의 경험이나 경험적 지식, 혹은 그가 처해 있는 현 상황이 서로 교호작용을 일으켜서 이를 기초로 각자의 상황규정이 달라지게 되는데, 이것에 의해 바로 협상틀이 결정된다는 것이다.

셋째, 이슈전개로서 프레임(frame as issue development) : 협상은 서로 다른 관점을 가진 당사자들의 차이점이 점차 줄어들어 하나의 공동의 대안에 합의해 가는 과정이라 할 수 있다. 이렇게 본다면 협상 프레임은 어느 일방에 의해 미리 만들어지는 것이라기보다는 당사자들이 서로 자신들의 선호와 우선순위에 대해 토론해 가며 공통의 문제영역을 설정하고 다루어질 이슈를 공동으로 개발해 나가는 과정에서 만들어지는 것이 된다.

출처 : Roy J. Lewicki, eds., *Essentials of Negotiation*, 2nd, Boston : McGraw-Hill, 2001, pp. 22-23.

첫째 유형의 협상틀이 당사자의 사고정향, 즉 당사자의 태도나 가치관, 정서 등에 의해 부지불식간에 형성되는 것으로 설명되고 있다면, 둘째 유형은 당사자가 보유하고 있는 지식이나 정보에 의해 형성되는 것이므로 보다 의식적인 노력을 통해 만들어지는 것으로 설명된다. 즉 협상틀 형성은 당사자들이 보다 통제할 수 있는 과정이라는 것이다. 한편 셋째 유형은 협상틀은 경직성을 갖는 것이 아니고, 협상과정에서 정보와 의사소통의 함수로서 형성 및 재형성의 지속적인 변모과정을 갖는 것으로 설명된다.

협상에서 주어진 문제에 대해서 어떻게 구조화하느냐의 문제는 프레임의 문제이기도 하다. 즉 주어진 문제를 어떻게 인식하느냐 하는 것은 협상과정과 합의 성공 여부를 결정하는 주요 변수가 된다. 따라서 협상 참가자들은 협상에서 자신에게 유리한 프레임을 구조화하기 위해 노력하게 된다. 협상 참가자들이 서로의 프레임을 구조화하기 위해 노력하는 것은 마치 '프레임 전쟁'이라고 불릴 만하다.

　　미국의 이라크 공격을 놓고도 어떻게 프레임하느냐가 이후의 과정에 큰 영향을 미치게 된다. 즉 일부에서는 테러와의 '전쟁'으로, 또 일부에서는 침공 혹은 공격으로 해석한다. 전쟁으로 규정한다면 이는 반듯이 이겨야만 하는 것이 된다. 철수는 곧 패배로 '전쟁 프레임'에서는 받아들일 수 없는 사안이다. 반면 침공 혹은 공격으로 프레임된다면 이라크로부터의 철수는 당연한 것이 된다.

2) 프레임의 변화

　　사고의 틀인 프레임은 고정된 것이 아니다. 프레임은 비교, 의사소통, 기대수준 등에 따라 협상과정 중에도 변화할 수 있다.

① 비교를 통한 프레임의 변화

　　프레임은 비교에 의해 변화될 수 있다. 공간에서의 비교, 시간상의 비교, 상상에서의 비교를 통해서도 현실은 재구성된다.

② 의사소통을 통한 프레임의 변화

　　프레임은 질문을 통해서도 변화될 수 있다. 자신의 성격이 내성적인지 외향적인지 물어보는 실험에서 "나는 내성적인가?"라는 질문을 받은 응답자가 "나는 외향적인가?"라는 질문을 받은 응답자보다 더 내성적인 것으로 평가하게 된다. 이것은 내성적인가를 질문받은 사람은 자신의 내성적인 면에 초점을 맞추어 찾아보고, 외향적인가를 질문받은 사람은 자신의 외향적인 면에 초점을 맞추어 자신을 되돌아 보기 때문이다.

③ 명칭의 변화를 통한 프레임의 변화

명칭을 바꿈으로 인해 프레임을 바꿀 수 있다.

명칭의 변화를 통한 프레임

상황 1)

평소에 보고 싶었던 뮤지컬 공연 티켓을 5만 원에 구입했다. 그러나 입장하려는 순간에 티켓을 분실했다는 것을 알았다. 아직 잔여 티켓은 남아 있고 지갑에 5만 원도 있다. 5만 원을 주고 다시 티켓을 구입할까?

상황 2)

평소에 보고 싶던 뮤지컬을 보기 위해 왔다. 티켓을 구입하기 위해 지갑을 여는 순간 현금 5만 원을 분실했다는 것을 알게 되었다. 아직 잔여 티켓은 남아 있고, 호주머니에는 비상금 5만 원도 있다. 5만 원을 주고 다시 티켓을 구입할까?

출처 : 최인철, 『프레임』, pp. 148-149.

상황 1에서는 대부분 다시 티켓을 사는 것을 주저하겠지만 상황 2에서는 대부분 흔쾌히 다시 티켓을 산다. 이러한 차이는 같은 5만 원의 금액이지만 명칭에 의해 프레임이 다르기 때문이다. 상황 1에서는 문화비라는 이름으로 10만 원을 지출하는 것은 부담스럽지만, 상황 2에서는 문화비라는 이름으로 5만 원밖에 지출하지 않았기 때문에 덜 부담스러운 것이다. 아마도 상황 2에서 잃어버린 5만 원은 문화비가 아니라 용돈 혹은 생활비로 인식되기 때문이다.

신문구독을 선전하는 문구에 "1년에 3만6천 원입니다"보다는 "한 달에 3천 원입니다"로 표현되는 것도 프레임의 효과이다. 결과적으로 같은 금액이지만 목돈과 푼돈의 차이로 구분하여 명명함으로써 상대의 선택을 자신이 원하는 방향으로 유도할 수 있다.

3. 기타 인식론적 편향성

① 확증 편향성

확증 평향성이란 일단 자신의 의사나 태도가 결정되고 나면 그것을 뒷받침할 정보만을 받아들이고 그것에 반대되는 정보는 무시하는 경향을 말한다. 확증 편향성은 정보의 오류를 일으키는 가장 대표적인 현상 가운데 하나이다.

② 자기 보호 편향성(self-serving bias)

다른 사람의 행위를 이해할 때는 개인적인 성향은 과대평가해서 설명하려 하고 상황적 변수나 외부적 요인들은 축소해서 해석하려 하는 경향이 있다. 반면에 자기의 행동을 설명할 때는 개인적인 성품이나 기질보다는 상황적 요인이나 외부적 요인(예를 들어 불운)으로 설명하려는 경향이 있다

③ 후견지명 편향성(hindsight bias)

과거에는 존재하지 않았고 현재에만 존재하는 것 중에 하나가 '결과'이다. 미래 예측에 매우 제한적인 능력을 가진 사람들은 현재 알게 된 '결과'를 가지고 과거의 일을 평가하는 경향이 있다. 이것은 선견지명과 반대되는 후견지명이라고 불릴 수 있다(최인철, p. 100).

결과론적인 지식이 과거에도 존재했던 것처럼 착각하는 것으로서 예컨대 "난 처음부터 그렇게 될 줄 알았어"라는 표현이 대표적이다. 이미 일어난 일에 대해 처음부터 일어날 줄 알고 있었다는 듯 자신하는 것이 후견지명 편향성이다.

　　자연재해가 발생하거나 대형 인명사고가 발생하면 언론에서 항상 등장하는 것이 '예고된 인재'라는 말이다. 결과를 알고 있는 현재의 시점에서 사고원인을 역으로 추적하여 원인을 밝혀낸다. 그런 다음 그런 대형 사고가 발생한 것은 그 원인을 미리 차단하지 않았기 때문이라는 것이다. 과거는 현재의 눈으로 볼 때만 질서정연하고 예측 가능하다는 것을 망각해서는 안 된다. 인간의 예지능력과 대응능력은 한계가 있다는 것을 인정해야 한다. 당시에는 그러한 질서정연한 인과관계가 발견되지 않았을 뿐이다. '예고된 인재'를 주장하던 언론인들은 원인이 발생했던 그 당시에는 무엇을 하고 있었는지 물어보아야 한다. 협상의 파급효과가 클 경우, 그리고 협상결과에 대해 불만족스러운 사람이 많을수록 후견지명 효과가 협상가들을 괴롭힌다.

11

성공적인 협상가들의 협상행태

　협상학에서는 그동안 많은 이론과 설명모델이 제시되어 왔다. 협상의 과정 및 절차에 관한 이론적인 설명으로부터 협상을 잘할 수 있는 실천적인 전략 및 전술, 협상기법 등에 이르기까지 많은 설명이 있어왔다. 그러나 정작 사람들이 궁금해하는 주제 가운데 하나는 좋은 협상가, 성공적인 협상가들은 일반적으로 어떠한 행태를 보이는가 하는 점일 것이다. 성공적인 협상가란 누구를 말하는가? 성공적인 협상가들의 협상행태는 무엇인가? 이 문제는 쉽게 답해질 수 있는 주제가 아니며, 더욱 일반론적인 관점에서 처방적 지식이 내려질 수 있는 주제는 더더욱 아니다.

　　협상은 국가 간의 협상이나 기업 간의 협상처럼 공식적이고 복합적인 이슈를 다루는 협상이 있을 수 있고, 임금협상이나 중고차 매매, 부동산 거래 등과 같은 소규모 차원의 생활밀착형 협상이 있을 수 있다. 모든 협상에 일의적으로 적용되고 응용될 수 있는 보편성을 가진 이론이나 설명을 제시한다는 것이 힘들기도 하지만 때로는 무모한 일일 수도 있다. 그동안 일부 협상학 전문가로 인정받는 사람들에 의해 제시되어 온 이론들이라는 것도 대개의 경우는 특정 사례나 자신의 경험에 한정하여 이렇다 저렇다 하는 설명을 내놓는 경우가 많다.

협상에 나선 사람들에게 협상을 준비하는 과정이나 협상 테이블에서 실제적으로 유용하게 활용될 수 있는 처방적 지식이 있을 수 있다면 많은 도움을 줄 수 있을 것이다. 하지만 이와 관련해서는 이렇다 할 설명이 체계적으로 제시되고 있지 않다. 다만 체계적인 지식으로서가 아니고 일종의 다양한 협상경험을 가진 사람들의 생각을 모아서 전달되는 일종의 지혜차원의 부분적 설명이 있을 뿐이다.

닐 랙햄(Neil Rackham)은 성공적인 협상가로서 평판을 듣고 있는 사람들을 상대로 그 사람들이 어떻게 협상을 준비하고 협상장에서는 어떠한 방식으로 협상을 이끌어 가는지에 대하여 설문조사를 실시한 바 있다.[1] 닐 랙햄은 노사협상을 주로 담당해 온 노조 대표나 경영자 대표, 전문 협상가 가운데 성공적인 협상가로서의 평판을 듣고 있는 사람들의 협상행태를 보통의 협상가들과 비교해서 이들이 어떠한 점에서 차이가 있는지 분석하고 있다. 이들은 많은 노사협상에 참여해서 협상타결의 풍부한 경험을 보유하고 있고, 상대방으로부터도 노련한 협상가라는 평을 듣는 사람들이었다.

---

1. Neil Rackham, The Behavior of Successful Negotiators, *Negotiation : Readings, Exercises, and Cases*, Roy J. Lewicki, eds., Burr Ridge : IRWIN, 1993, pp. 393–406. 이하의 내용은 닐 랙햄의 설문조사 결과를 정리한 그의 논문을 요약 정리한 것이다.

1. 노련한 협상가들의 협상 준비

1) 체계적인 협상 준비활동

협상의 오래된 불변의 법칙 가운데 하나는 협상결과가 협상 테이블에서의 성과보다는 협상 준비단계의 성과에 의해 달라진다는 것이다. 협상을 사전에 얼마나 체계적으로 치밀하게 잘 준비했느냐에 따라 협상의 최종 성적표가 결정된다는 의미이다. 거의 모든 협상 전문가들은 협상의 성과가 테이블 위에서 구사되는 노련한 협상전술보다는 협상 준비단계에서의 기민성과 철저함에 의해 좌우된다고 말하고 있다. 노련한 협상가로서의 역량은 협상 테이블에서의 임기응변 능력이기보다는 협상의 철저한 사전준비 역량을 뜻한다. 닉 랙햄의 조사에 의하면 성공적인 협상가일수록 협상 준비과정에 더 많은 정성을 쏟는다. 하지만 그렇다고 해서 성공한 협상가들이 물리적으로 더 많은 시간과 노력을 협상을 준비하는 단계에 투입한다는 의미는 아니다. 협상을 준비하는 데 걸린 시간의 총량이 협상 성취도의 척도인 것은 아니며, 문제는 협상을 준비하는 데 걸린 시간들을 얼마나 잘 활용하느냐 하는 것이다.

2) 다각적인 대안 탐색과 철저한 시나리오

협상을 준비하는 단계에서 노련한 협상가와 보통의 협상가를 나누는 가장 큰 차이는 얼마나 많은 대안들을 사전에 철저하게 탐색하여 대처방안을 만들어 두느냐 하는 것이다. 성공적인 협상가일수록 여러 경우를 염두에 두고 다각적으로 많은 대안들을 탐색하고, 노련한 협상가일수록 자신이 제시할 수 있는 다양한 대안들을 사전에 충분히 검토한다. 또한 상대방이 들고 나올 가능성이 있는 다양한 대안들을 다각도로 분석하고, 이에 대한 대처방안들을 마련해 둔다. 랙햄의 조사에 따르면 성공적인 협상가들은 보통의 협상가에 비해 사안별로 거의 두 배 수준의 대안들을 탐색한다. 보통의 협상가들은 협상 사안에 대한 정보와 자료수집에 정성을 기울이지 않으며, 특히 상대방이 가지고 나올 가능성이 있는 대안들을 사전에 검토하는 데 충분한 노력을 기울이지 않는 것으로 조사되고 있다.

	협상 준비단계에서 검토되는 대안/결과(개별 협상이슈별)
노련한 협상가	5.1
보통의 협상가	2.6

3) 공동이익 및 결합이익에 대한 관심

협상을 준비하는 단계에서 여러 대안을 탐색할 때 협상가들은 상대방과의 이익상충 영역에 보다 관심을 기울일 수도 있고, 상대방과의 공동이익 영역에 더 큰 관심을 기울일 수도 있다. 사실 대부분의 협상가들은 서로 상충하는 이슈에 더 큰 관심을 기울인다. 이 점은 노련한 협상가들도 마찬가지여서 상충하는 이슈들을 검토하는 데 더 많은 시간과 노력을 들인다. 다만 랙햄의 조사에 따르면 성공적인 협상가들은 보통의 협상가들에 비해서 공동이익의 가능성 탐색에 3배 이상의 더 큰 관심도를 보여주고 있다. 다음의 표는 협상을 준비하는 과정에서 공동이익에 대한 언급이 얼마나 자주 등장하는지에 대한 조사결과이다.

	공동이익에 대한 관심도(공동이익 가능성에 대한 진술빈도)
노련한 협상가	전체 진술의 38%
보통의 협상가	전체 진술의 11%

노련한 협상가일수록 상대측과의 공통분모 찾기에 더 정성을 기울인다는 조사결과는 많은 중요한 의미가 내포되어 있다. 노련한 협상가는 상대와의 이익상충 영역에 불필요하게 관심을 집중시키지 않는다. 오히려 상대방과 함께 나누어 가질 수 있는 공통이익에 더욱 주목함으로써 합의의 분위기 조성하고, 합의 가능한 영역을 주도적으로 확대해 나감으로써 협상과정에서 주도권을 행사할 수 있는 유리한 위치를 차지할 수 있다.

4) 유연한 목표설정 방식

협상은 상대방과의 생각의 차이를 좁혀나가는 과정이다. 이는 또한 양보를 주고 받는 과정이기도 하다. 협상은 상대방과 함께 진행시켜 나가는 것이기 때문에 내 입장을 완강히 고집하는 한 타결이 이루어질 수 없다. 노련한 협상가는 입장이나 목표를 정할 때 일방적인 편협성을 띠지 않는다. 사안별로 어느 특정 지점의 한정된 목표를 설정해서 협상장에 나와 이를 고집하기보다는 협상을 준비하는 단계에서 이미 양보의 분량을 정해놓는다. 예컨대 각 협상 사안별로 상한선과 하한선을 미리 정해놓음으로써 일정 범위 안에서 유연한 자세로 협상에 임한다. 협상 테이블에서의 협상과정에서도 어느 한 특정 지점의 목표를 마음에 두고 움직이기보다는 일정 범위 내의 목표범주를 염두에 두고 좀더 신축적인 자세를 취한다.

5) 이슈 중심의 협상 시나리오 작성

보통의 경우 협상을 준비하는 협상가는 협상 테이블에서 전개될 여러 상황을 미리 고려하여 각 상황별로 어떻게 대응해 나가겠다는 시나리오를 작성한다. 협상계획 수립은 곧 이러한 협상 시나리오의 작성을 의미한다. 협상계획안은 크게 사슬형 계획안 작성(sequence planning)과 이슈 중심의 계획안 작성(issue planning)으로 나뉘어질 수 있다. 사슬형 협상계획안은 제안-반응-대응의 시계열적·인과론적 시나리오 작성법을 말하는 것이고, 이슈 중심의 계획안은 개별화된 협상이슈 하나하나에 대하여 이슈의 전개과정에 초점을 맞추는 계획안 수립을 의미한다.

사슬형 계획안 작성이 상대의 반응에 대한 연쇄적 대응책 수립을 뜻하는 것이라면, 이슈 중심의 계획안은 협상이슈를 각각 독립적인 사안으로 다루어 나간다는 특징이 있다. 랙햄의 조사결과에 의하면 노련한 협상가는 협상계획 수립단계에서 사슬형 계획안 작성에만 전적으로 매달리지 않고 협상이슈를 각각 독립된 사안으로 다루어 나가는 이슈 중심의 계획안 작성에 더욱 치중한다는 것이다.

사슬형 계획안은 나의 제안에 대한 상대의 가능한 반응들과 이에 대한 나의 대응계획 하나하나를 일종의 시계열적인 시나리오로 작성하는 것이다. 예컨대 나는 처음에 A를 제시할 것이고, 이에 대하여 상대가 이런저런 반응을 보일 때 나는 다시 각각 B나 C를 꺼낼 것이며, 각각에 대한 상대의 다음 반응에 대해서는 D나 E, 혹은 F 등등으로 맞선다는 계획안을 수립하는 것이다. 이처럼 상대의 특정 반응에 대한 연쇄적인 대응책을 수립하는 방식은 사슬형 협상 시나리오 작성법이라고도 할 수 있다. 그런데 이러한 시나리오 작성법은 상대가 들고 나올 협상안을 충분히 예견할 수 있을 때만이 실제 협상과정에서 유용하게 쓰일 수 있다. 그러나 실제 협상장에서는 상대는 내가 전혀 예상하지 못한 협상안을 들고 나올 수 있고, 내가 제시하는 안에 대해서 상대가 전혀 다른 반응을 보일 수도 있다. 상대와 내가 전혀 다른 협상 프레임을 가질 수 있기 때문이다.

사슬형 시나리오는 내가 중요하고 우선적으로 다루고자 하는 협상 사안을 상대방도 똑같이 중요하게 생각하는 경우에만 효과적으로 작동할 수 있다. 사슬형 시나리오는 상대방의 동조와 협력 없이는 잘 먹혀들어 가기 어렵다. 상대방의 협상 프레임이 전혀 다를 때 상대는 내가 제기하는 사안들에 대하여 냉담한 반응을 보일 수 있다. 협상이슈들 사이의 연계성은 내가 규정하고 있는 방식과는 전혀 달리 작동할 수 있다. 실제 협상 전개과정이 내가 계획한 방식대로 전개되지 않는 경우가 많은 것도 이 때문이다. 따라서 노련한 협상가는 협상 사안들을 내가 생각하는 방식대로 연결시키는 사슬형 시나리오에 전적으로 의존하지 않고 협상 사안들 하나하나가 각기 독립된 방식으로 다루어지도록 미리 준비한다.

2. 성공적인 협상가들의 차별적 협상전략

노련한 협상가와 보통의 협상가 사이의 차이는 협상을 준비하는 단계에서 뿐만 아니라, 협상장에서 마주 앉았을 때 협상 상대를 대하고 다루는 방식에서도 발견된다. 어떤 의미에서는 준비단계에서 보다는 협상 테이블에서 더욱 의미 있는 차이를 보인다고도 말할 수 있다.

1) 자극적 언사의 사용 자제

협상장에서는 상대를 움직이기 위해 효과적이라고 생각되는 여러 전술이나 기법이 활용된다. 협상 테이블에서의 전술 및 기법은 표정이나 태도로 나타나기도 하고 동작이나 행동으로 나타나기도 한다. 표정, 태도, 동작, 행동 등은 언어에 실려서 상대방에게 전달된다. 보통의 협상가들은 상대를 효과적으로 움직이기 위해서는 설득력을 더해줄 수 있는 언사의 사용이 필요하다고 생각한다. 경우에 따라서는 상대방을 자극할 수 있는 언어적 표현을 일부러 골라 쓰기도 한다. 실제 협상장에서는 평범한 말보다는 자극적인 어휘와 수식들이 난무하는 것이 사실이다.

자극적인 표현은 아니라지만 자화자찬식의 진부한 언사들도 흔히 구사된다. 예컨대 '공정하다', '관대한 제안이다', '합리적이다', '특별히 배려한다' 등이 이 범주에 속하는 표현들이다. 그러나 이러한 어휘들은 아무리 그 자체로서 긍정적인 함의를 가지고 있다고 하더라도 자화자찬식으로 사용되는 경우 설득력을 갖기 어렵다. 오히려 상대를 자극하는 역효과가 나타나기도 한다. 왜냐하면 상대를 '불공정하고', '비합리적이며', '관대하지 못하다'는 식으로 몰아붙이는 언사로 들릴 수도 있기 때문이다.

랙햄에 의하면 노련한 협상가들은 협상 테이블에서 상대를 자극하기만 하는 언사의 사용을 자제한다. 보통의 협상가들은 상대를 자극하는 것이 효과적이라고 생각해서 좀더 극적인 표현과 자화자찬식 언사를 즐겨 사용하는 데 반해, 노련한 협상가들은 실효성 없이 상대를 불쾌하게 몰아붙이는 언사는 아주 드물게만 사용한다는 것이다.

	협상 테이블에서의 자극적 언사의 사용(시간당)
노련한 협상가	2.3회
보통의 협상가	10.8회

2) 제의 – 역제의 공방의 자제

일반적으로 협상이 진행되는 동안에는 당사자 간 제의와 역제의(counterproposal) 공방이 이어진다. 한쪽이 어떤 제의를 내놓으면 이를 받아서 상대측이 새로운 제의를 내놓는다. 이 경우 이어지는 제의-역제의는 특정 이슈일 수도 있고, 특정 사안에 대한 입장의 표명이나 양보안일 수도 있다. 양보안을 둘러싼 제의와 역제의가 이어진다면 협상이 순조롭게 타결을 향해서 나아가는 것이기 때문에 바람직한 일이다. 하지만 실제 협상이 진행되는 과정에서는 양보안의 공방보다는 특정 이슈의 제시나 사안에 대한 입장표명이 경쟁적으로 제시되는 경우가 많다.

흔히 노련한 협상가 하면 상대의 제의나 입장표명에 대하여 순발력 있게 '되받아치기'에 능한 사람이라고 생각하기가 쉽다. 그러나 랙햄의 조사에 의하면 노련한 협상가는 상대의 제의에 대하여 즉각적인 역제의를 내놓는 빈도가 오히려 떨어진다는 것이다.

	즉각적인 역제의의 빈도(시간당)
노련한 협상가	1.7
보통의 협상가	3.1

이와 같은 조사결과는 제의에 대해 즉각적인 역제의로 맞서는 전략이 그다지 효과적이지 않다는 점을 암시해 준다. 그 이유로는 다음과 같은 점을 들 수 있을 것이다.

첫째, 상대방이 제의안을 내놓은 시점에 바로 역제의안을 내놓는다는 것은 상대의 의견을 진지하게 경청하지 않고 무조건 반대하기만 한다는 인상을 심어줄 수 있다. 제의에 대해 즉각적인 역제의안으로 받아치는 것은 시점상으로 잘못된 선택일 수 있다.

둘째, 특히 상대가 제기하는 이슈에 대해서 새로운 이슈를 제기하는 방식으로 역제의안을 내놓는 것은 협상 테이블에서 다루어지는 협상이슈를 더욱 복잡하게 만들어 버림으로써 협상을 난항에 빠뜨릴 우려가 있다. 이슈에 대해 새로운 이슈를 제기하는 방식의 대응은 쟁점을 더욱 불투명하게 만들어 협상의 진전을 가로막을 수 있는 것이다.

셋째, 양보안의 교환이나 공통분모를 찾기 위한 모색의 교환이 아닌 일방적으로 상대의 기를 꺾거나 판을 유리하게 끌어가기 위한 목적에서 교차되는 제의-역제의의 공방은 자칫 감정싸움이나 명분대립의 결과만을 초래할 수 있기 때문에 협상타결의 진전을 저해하기도 한다. 협상의 순항은 쌍방이 원칙이나 명분에 집착하지 않고 서로 양보하고 공통이익을 모색해 가는 과정에서 이루어진다. 제의-역제의 공방은 서로 원칙적 입장만을 고수한다는 생각을 더욱 굳게 하여 불신의 골을 더욱 깊게 만드는 결과가 초래될 수 있는 것이다.

3) 감정싸움이나 명분대결의 악순환 회피

협상 테이블에서 이루어지는 협상과정은 끊임없이 언어의 공방이 이루어지는 과정이다. 꼭 제의-역제의의 공방이 아니라 하더라도 실제 협상과정에서는 한쪽이 공세를 취하면 다른 한쪽이 이에 대하여 반박하는 양상으로 전개된다. 따라서 협상과정에서는 곧잘 언성이 높아지고 감정싸움이나 자존심 대결로 비화하는 경우가 많다. 협상과정이 서로 공격과 방어를 주고 받는 공방과정의 형국으로 지속되는 한, 협상이 타결점을 향해 진전해 가기란 쉽지 않다. 상대방의 주장이나 제의에 대해서 이것저것 따지고 반박하는 과정만이 지속된다면 협상타결을 기대할 수는 없다. 특히 협상이 난항에 빠져 있을 때 그것이 누구 탓이냐를 둘러싸고 서로 공방이 오가기도 한다. 타결안을 만들어 가는 과정에서가 아니라 서로 탓하고 책임을 묻는 과정에서 이러한 감정 및 명분대결의 골은 더욱 깊어진다.

랙햄의 조사에 의하면 노련한 협상가는 협상 테이블에서의 협상과정이 이러한 공방과정의 악순환으로 이어지지 않도록 조심한다. 물론 노련한 협상가라고 해서 상대방을 논박하거나 공격하지 않고 상대의 공세에 대해서 전혀 방어하지도 않는다는 것은 아니다. 공세에 능하고 방어에 능한 협상가가 노련한 협상가임에는 분명하다. 다만 노련한 협상가일수록 상대방을 대놓고 직접적으로 공격한다든지 혹은 상대방의 주장에 대하여 즉각적으로 되받아치는 식의 즉각적인 방어전술을 구사함으로써 협상이 감정대립이나 명분싸움의 양상으로 전개되는 것을 가급적 피하고자 한다는 것이다.

노련한 협상가는 상대방과의 직접적인 대결자세를 취하는 대신 협상타결을 위해 머리를 맞대고 노력한다는 기본 자세를 취한다. 노련한 협상가는 이슈와 사람을 분리하는 냉정함과 유연함을 유지한다. 상대의 공격에 대해 그때그때 일일이 반응을 보이기보다는 여유를 갖고 적절한 시점을 기다린다. 상대방을 탓하고 책임을 묻는 방식의 공세를 취하기보다는 상대방을 설득하여 공동이익을 창출하고 확대해 나가는 데 주력한다.

사람들은 협상 테이블에서 상대의 허를 찌르는 기습작전이 효과적일 것으로 생각한다. 그러나 노련한 협상가는 상대에게 질문을 하거나 반대의견을 내놓는 경우에도 상대방에게 시간적 여유를 주거나 충분한 이유를 설명하여 상대방을 당황하게 하거나 곤혹스럽게 만들지 않도록 배려하는 유연함과 여유를 보여준다는 것이다.

4) 질문기법의 활용

노련한 협상가는 협상 테이블에서 질문기법을 잘 활용한다. 랙햄의 조사에 의하면 성공적인 협상가는 보통 협상가에 비해서 두 배 이상의 질문기법을 활용하는 것으로 밝혀지고 있다. 질문기법의 가장 큰 장점은 무엇보다도 그것이 정보수집에 절대적으로 필요하기 때문이다. 협상을 준비하는 단계에서 이미 사전조사를 거쳐 상대방에 대한 많은 정보를 가지고 나왔다 하더라도 협상 테이블에서의 질문기법은 매우 긴요하다. 상대방에 대해 이미 입수한 정보가 맞는지를 확인할 수 있고, 상대방에 대한 추가 정보획득이 가능하기 때문이다.

노련한 협상가들은 많은 질문을 던져 상대방의 생각이나 입장을 짐작할 수 있는 자료를 모은다. 또 질문기법을 효과적으로 잘 활용해서 협상과정에서 주도권을 행사할 수도 있다. 상대방이 내놓은 제안이나 상대방의 입장에 대해 동의할 수 없는 경우에도 직접적으로 반박하기보다는 다각도로 질문을 함으로써 상대방이 답변과정에서 스스로의 생각을 바꾸도록 유도할 수 있다.

질문은 긴박하게 돌아가는 협상 테이블에서 시간적 여유를 벌 수 있는 효과적인 기법으로 활용될 수도 있다. 질문을 하고서는 상대방의 답변에 경청하는 것이 올바른 태도이지만, 상대방이 답변하는 시간을 활용해서 자신의 생각이나 입장을 재정리하거나 상대방에게 내놓을 다음의 대응책에 대해서 다시 생각할 수 있는 여지를 가질 수 있기 때문이다.

	질문기법의 활용 정도(전체 진술 가운데 차지하는 비중)
노련한 협상가	21.3%
보통의 협상가	9.3%

5) 속내 드러내기

노련한 협상가는 당연히 '포커 페이스'에 능한 사람이라고 생각하는 경향이 있다. 절대로 무엇을 생각하는지 속내를 드러내지 않고 좋다 싫다의 감정표현도 극도로 자제하는 냉정함을 유지할 것이라고 믿는다. 그러나 랙햄의 조사에 의하면 노련한 협상가로 분류되는 집단에서 오히려 속내를 드러내는 발언을 자주 하는 것으로 밝혀지고 있다. 사실 감정은 마음 속에서 일어나고, 마음 속에 쉽게 감추어둘 수 있기 때문에 객관적으로 관찰하기란 쉽지 않다. 따라서 협상가들이 실제 어떠한 감정을 어느 정도로 드러내는지를 객관적인 방식으로 조사하는 것이 쉽지는 않은 일이다.

	속내를 드러내는 발언의 비중
노련한 협상가	12.1%
보통의 협상가	7.8%

랙햄의 조사는 협상과정에서의 참여관찰을 통해서 협상 도중 마음 속에 담아두고 있는 자신의 속내를 드러내는 발언을 누가 얼마

나 자주하는지를 분석한 것이었다. 협상 테이블에서 이루어지는 발언은 미리 준비해 온 사실관계나 자료, 제안이나 의견, 논변 등 객관적인 진술이 대부분을 차지한다. 마음 속으로 느끼는 자신의 생각이나 감정을 직접적으로 드러내는 일은 제한적으로만 이루어진다. 랙햄의 조사에 의하면 보통의 협상가들은 협상 테이블에서 대부분 이미 준비해 온 객관적인 진술로 일관하는 반면, 노련한 협상가들은 자신의 속내를 드러내는 발언을 더 자주 한다는 것이다.

여기서의 '속내'는 협상가의 마음 속의 흐름 같은 것으로서 호오의 감정이나 이유, 동기 같은 것을 의미한다. 상대방의 진술이나 의견 제시가 마음에 들지 않는다든지 혹은 상대방이 내놓은 자료의 진위가 의심스러울 때 그에 대한 아무런 발언 없이 불편한 마음을 그대로 가지고 있기보다는 내심의 일단을 드러낸다는 것이다. 예컨대 "당신이 판단을 잘 못하고 있다"라고 말한다든지 혹은 "그 자료를 다음과 같은 이유로 믿을 수 없다"라는 식으로 자신의 생각을 더 자주 직접 드러낸다는 것이다. 물론 자신의 속내를 드러내는 것도 세련된 방식으로 이루어질 필요가 있다. 속내를 드러내는 발언이 그야말로 거친 감정의 분출이라면 이는 상대를 자극하는 결과만을 초래할 수 있기 때문이다.

자신의 속내를 드러내는 발언은 불편한 침묵보다는 협상의 진전에 더 나은 결과를 초래한다. 감정의 일단을 드러내는 발언은 솔직한 커뮤니케이션에 도움이 됨으로써 오히려 신뢰감 조정에 유리할 수도 있기 때문이다. 다만 그것은 절제되고 세련된 방식으로 이루어져야 한다.

6) 선명한 논변

협상 테이블에서는 협상 당사자 쌍방의 의견제시와 서로의 주장을 뒷받침할 수 있는 논변(argument)의 공방이 이어진다. 자신의 제안과 의견을 얼마나 설득력 있게 주장하여 상대방이 이를 수긍하도록 만들 수 있느냐 하는 것이 협상결과를 좌우하는 관건이 된다. 협상 테이블에서는 서로의 주장이 이를 뒷받침할 수 있는 논리 및 그 근거가 되는 자료와 함께 제시된다. 사람들은 곧잘 자신의 의견을 뒷받침할 수 있는 이유와 근거를 다양하게 늘어놓을 수 있다면 논변의 경쟁에서 유리해질 수 있다고 믿는다. 따라서 협상 테이블에서 협상가들은 곧잘 장황하게 자신의 입장을 정당화하는 논변을 늘어놓는다.

랙햄의 조사결과에 의하면 노련한 협상가는 자신이 내놓은 주장의 논리적 근거를 제시하는 데 능한 사람이지만 그렇다고 논변을 장황하게 늘어놓지는 않는다. 이는 자신의 주장의 논거를 수적으로 많이 늘어놓을수록 유능한 협상가가 아니라는 의미이다. 노련한 협상가는 오히려 자신의 주장을 뒷받침할 수 있는 이유와 근거를 제한적으로만 제시한다. 가장 강력한 논거를 한두 가지로 집약시켜 이를 집중적으로 파고든다는 것이다. 이것저것 복잡하게 논리적으로 따지는 것은 오히려 역효과가 나기도 한다. 노사협상 과정에서 교육적 배경이 탄탄한 경영층 대표가 그렇지 못한 노조 대표에 밀리는 경우가 많은 것도 이러한 점에 기인한 것이다.

자신의 주장을 뒷받침할 수 있는 이유와 근거가 제한적으로만 제시되는 것이 오히려 바람직할 수 있는 이유는 여러 가지로 설명될 수 있다.

	제시되는 이유와 논리적 근거의 수
노련한 협상가	1.8
보통의 협상가	3.0

첫째, 제한된 시간 내에 장황한 이유와 근거를 제시하게 되면 주장의 초점이 흐려질 수 있다. 제한된 시간 내에 한두 가지 논리적 근거를 선명하게 집중적으로 부각시키는 것이 효과적이다.

둘째, 다양한 이유를 늘어놓다 보면 그 가운데에는 논리적 취약성을 갖는 근거가 섞여 있을 가능성이 있어 상대방에게 오히려 공격의 빌미가 될 수도 있다. 내가 주력하고자 하는 근거의 강점에 의해서가 아니라 부가적으로 제시된 근거의 취약점을 파고드는 논란이 이어질 수 있다. 이 경우에는 주된 논리적 근거의 강점이 오히려 희석되는 결과가 초래될 수 있다.

셋째, 다양한 이유와 근거를 제시하게 되면 상대방에게 서로 다른 점이 많고 갈 길이 멀다는 인상을 줄 수 있어서 공통분모를 모색하는 데 오히려 방해가 될 수 있다. 협상과정에서는 차이점을 부각시키기보다는 공통점이나 공동이익을 강조하는 것이 합의 분위기를 조성하는 데 유리하기 때문이다.

12

문화와 협상

1. 협상 속의 문화적 요소

1) 문화의 개념

문화는 다양한 맥락에서 다양한 방식으로 그 개념이 정의될 수 있다. 모든 경우나 모든 상황에 보편적으로 적용될 수 있는 문화의 개념은 있을 수 없다. 다만 개념이 단순하고 추상성의 수준이 높을수록 그 개념을 여기저기에 다양하게 적용할 수 있다.

문화에 대한 가장 단순한 개념정의는 문화를 '삶의 양식' 으로 규정하는 것이다. '삶의 양식' 은 곧 사람들이 '살아가는 방식' 을 의미한다. 사람들이 살아가는 방식은 개인에 따라 차이가 있다. 어느 한 국가나 지역 내에서도 사람들마다 살아가는 방식이 다 다르다. 그 사람 개개인의 성격이나 가치관에 따라 생각하고 행동하는 방식에 차이가 있고, 사물이나 일을 다루어 나가는 방식에 차이가 있다. 사람들이 살아가는 방식은 국가나 혹은 지역별로도 차이가 있다. 개인마다 살아가는 방식이 다 다르지만 크게 보았을 때 어느 한 국가나 특정 지역 내에서 함께 살아가는 사람들 사이에서는 오랫동안 공유되어 온 공통된 삶의 양식이 발견된다. 그것은 그 나라 사람들이 함께 공유해 온 역사와 전통의 산물이고, 각 개인들은 '사회화 과정'을 통해서 이러한 삶의 양식을 체득해 나가기 때문이다.

이러한 맥락에서 '삶의 양식'으로서 문화에 대한 개념에는 다음과 같은 세 가지 요소가 전제되어 있음을 알 수 있다.

첫째, 문화는 집단차원의 현상을 뜻한다.

어느 사회나 집단이든지 다양한 개인들로 구성되어 있고, 각 개인들의 성격과 가치관은 각기 다르지만 문화 그 자체는 그 사회나 집단을 구성하고 있는 대다수의 사람들에 의해 공유되고 있는 특징들이다. 문화적 요소가 밖으로 관찰될 수 있는 현상으로 나타날 수 있는 것은 사람들이 유사한 특징들을 공유하고 있기 때문이다. 홉스테드는 문화를 '마음의 소프트웨어'(software of mind)로 규정하고 사람들의 생각과 정서, 행동에 영향을 미치는 중요한 인자로 문화적 요소를 빠뜨릴 수 없다고 설명하고 있다. 컴퓨터 하드웨어를 작동시키는 것이 운영체계 프로그램인 것처럼 우리의 신체적 활동과 태도를 작동시키는 마음의 소프트웨어가 있다는 것이다. 같은 문화권에 살고 있는 사람들은 이러한 마음의 소프트웨어를 공유하고 있는 것이다.

둘째, 한 사회의 문화적 요소들은 사회화 과정이나 문화적 변용(acculturation)을 통해서 각 개인에게 체득되고 세대 간 전이가 이루어진다.

각 개인은 사회 속에서 태어나서 성인으로 성장해 가며 그 구성원들이 공유하고 있는 문화적 요소들을 체득한다. 따라서 문화는 개인들 사이에 공유되고 있는 요소들일 뿐만 아니라, 한 세대로부터 다음 세대로의 세대 간 전이가 이루어지면서 시간적으로도 공유가 이루어지는 것이다. 성인으로서 문화권을 달리하는 이주가 이루어진다면 매우 더디게 새로운 문화 속의 가치를 모방 또는 학습해 나가는 변화과정을 거치게 된다.

어떤 사회에서든지 세대 간의 갈등문제가 있기 마련이다. 나이 먹은 세대와 젊은 세대 사이에 생각하고 행동하는 방식에 차이가 있기 때문이다. 세대 간에 문화의 차이가 있을 수 있다. 하지만 세대를 뛰어넘어 그 사회구성원들 사이에 공유되고 있는 가치와 규범이 있다. 예컨대 한국에서 가장 미국적으로 생각하고 행동하는 한 젊은이가 있다고 생각하자. 또한 미국에서 가장 한국적으로 생각하고 행동하는 어떤 사람이 있다고 생각하자. 둘을 비교하면 누가 더 한국적이겠는가? 그들의 행동을 오랫동안 관찰한다면 가장 한국적인 미국인보다는 가장 미국적인 한국의 젊은이가 더 한국적일 수밖에 없다는 결론을 내릴 수밖에 없을 것이다. 한 개인의 삶 속에는 그 개인의 생애뿐 아니라 그가 속한 공동체의 역사와 전통이 깃들어 있다. 문화는 긴 시간으로 볼 때 변화하는 것이지만 그 변화는 아주 더디게 이루어진다는 것을 알 수 있다.

셋째, 문화는 사람들의 사회적 삶 곳곳에 스며들어가 부지불식간에 행태상의 특유한 성향이나 속성들로 표출된다.

사람들의 행태상의 특징을 결정짓는 것은 그 사람의 고유의 개성이나 가치관, 그리고 선호체계이다. 사람마다 행태상의 특징이 다 다른 것은 사람마다 성격이 다르고 가치관이나 선호의 우선순위

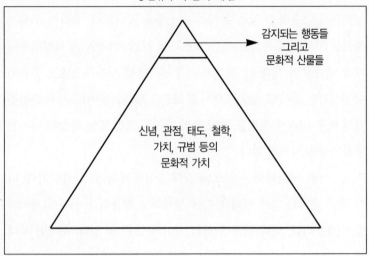

빙산유추의 문화 개념

출처 : Brook Peterson, *Cultural Intelligence*, p. 21.

가 다르기 때문이다. 그런데 같은 문화권에 살아가고 있는 사람들 사이에서는 이러한 성격이나 가치관 등을 공유하고 있는 측면이 있다. 앞서 문화를 집합적 현상으로 설명하고 있는 것은 바로 이러한 이유에서이다.

　　문화적 요소에는 밖으로 관찰 가능한 것과 내면으로 숨어들어가 있어 밖으로 나타나지 않는 것들이 있다. 행태상으로 표현되어 관찰 가능해지는 요소가 있는 반면, 특정의 행동을 작동시키는 심리적 잠복요인으로만 머무는 것이 있는 것이다. 부룩스 피터슨(Brooks Peterson)은 문화적 요소의 이러한 이원적 측면을 빙산에 비유하고 있다. 물 밖으로 나와 있어 쉽게 감지되거나 관찰될 수 있는 문화적 요소들이 있는 반면, 물 안에 잠겨 있어 좀처럼 쉽게 감지되기 어려운 문화적 요소들이 있다는 것이다.

　　음식이나 음악, 의상, 예술, 문학, 제스처, 얼굴표정, 언어 등이 빙산의 일각(tip-of-the-iceberg)에 해당하는 것이라면 신념이나 가치관, 일처리 방식, 사람에 대한 태도나 관계의 설정방식, 소통방식, 시간관념이나 변화에 대한 생각들은 빙산의 밑바닥(bottom-of-the-iceberg)에 속하는 것이라 할 수 있다. 문화의 많은 요소들은 밖으로 나타나기보다는 내면에 잠복되어 있는 것이고, 잠복되어 있는 요소들이 심리적 동인이 되어 밖으로 관찰 가능한 형태로 표출되는 것이라 할 수 있다.

2. 문화비교의 척도

국가별로 지역별로 사람들의 행태상의 차이가 발견된다. 같은 국가나 같은 문화권에 속한 사람들 사이에서도 작은 문화적 차이를 발견할 수 있다. 기업마다 그 구성원들이 공유하고 있으면서 다른 기업들의 경우와는 구분되는 행태상의 특질이 있다. 이러한 작은 문화적 차이는 그 조직의 역사적 발전 속에서 자연스럽게 전통으로 이루어진 것일 수도 있고, 창업주나 최고 경영층의 리더십 발휘 속에서 인위적으로 조성된 것일 수도 있다. 조직이나 집단에 따라서는 그 고유의 작은 문화의 특징들이 그것이 속해 있는 그 나라의 국민들이 일반적으로 공유하고 있는 문화적 특징들보다 우세하게 나타날 수도 있다. 진지한 고안과 의식적인 노력 속에서 내면에 잠복되어 있는 문화적 요소의 자연스러운 발현을 억제하고 사람들의 생각과 행동을 특정 방향으로 작동시켜 나가도록 할 수도 있다.

그러나 일반적으로는 조직마다의 작은 문화는 국가단위의 큰 문화에 종속되어 있다고 할 수 있다. 어느 한 기업의 기업문화는 그가 속한 국가의 구성원들이 공유하고 있는 문화적 요소들로부터 전적으로 자유로울 수 없다. 기업의 구성원들은 대부분 그 나라 구성원들로부터 충원되기 마련이기 때문이다. 대체적으로 보면 어느 기업이든지 그 구성원의 생각과 행태는 그 나라 국민의 평균적인 생각과 행태를 반영하고 있는 것이라고 말할 수 있으며, 이러한 의미에서 기업단위의 작은 문화는 국가단위의 큰 문화에 종속되어 있다고 말할 수 있을 것이다.

1) 문화비교의 척도

문화적 차이를 말할 때 흔히 한국 문화, 미국 문화 하는 것처럼 국가별 문화의 차이를 말하거나 혹은 동양 문화나 서양 문화, 아시아 문화 등으로 불리어지는 것처럼 지역별 혹은 권역별 문화의 차이를 말한다. 동서양 문화의 차이가 있고, 아시아권 문화가 유럽의 문화와 차이가 있는 것처럼 세계 속에서 지역별 혹은 권역별로 사람들의 생각과 행동방식에 차이가 있다. 그런가 하면 동양이나 아시아 같은 권역에 속한 국가들 사이에도 적지 않은 문화의 차이가 발견된다. 우리 한국 문화가 일본의 문화와 같지 않고 중국의 그것과도 적지 않은 차이가 있음을 알 수 있다.

글로벌화가 진행되어 온 지난 수십여 년 동안 많은 학자와 연구가들이 국가별 혹은 권역별 문화의 차이를 설명하기 위해 노력해 왔다. 글로벌화 시대는 국경선을 뛰어넘어 사람들과 상품들이 자유롭게 이동할 수 있음을 의미한다. 또한 어느 한 곳에서 생산된 지식이나 기술이 그곳에 머물러 있는 것이 아니라, 아주 쉽게 이곳저곳으로 국경선을 넘어 옮겨다니면서 이를 접하는 많은 사람들의 생각과 행동에 큰 영향을 미치고 있음을 의미한다.

글로벌화의 중요한 본질 가운데 하나는 비즈니스 활동의 글로벌화를 의미한다. 비즈니스 업계에서는 문화가 다른 사람들 사이의 접촉이 거의 일상화되어 있다. 글로벌 시대를 배경으로 국경선의 존재가치가 차츰 희석되어 가고 있지만 국가 간 문화의 차이를 이해하는 일은 갈수록 중요해지고 있다. 기업들은 앞다투어 해외의 비즈니스 파트너들을 찾아나서고 있으며, 해외에서 다양한 문화적 배경을 가진 우수한 인재들을 유치하기 위해 노력하고 있다. 성공적인 비즈니스를 위해서는 국가 간 문화의 차이를 이해하고 극복할 수 있어야 한다. 글로벌 시대에는 문화지수(cultural intelligence)가 비즈니스의 성패를 좌우하는 것이다.

글로벌화는 시장이나 경제에 영향을 미치는 제도와 공공정책의 국가 간 조화(harmonization) 혹은 수렴(convergence) 현상을 뜻하는 것이다. 글로벌화가 지향하는 궁극적 지점은 각국 시장규칙의 국제적 표준화이다. 시장규칙의 국제적 표준화를 통해서 기업이라는 선수들이 동등한 조건의 시합장에서 동일한 룰 아래서 경기를 하게 하자(leveling the playground)는 것이다. WTO, IMF, OECD, World Bank 등 세계시장의 글로벌화를 추진하는 국제기구들은 국경선 위에서 작동하는 통상규칙뿐 아니라 국경선 안에서(beyond the border) 작동하는 시장규칙의 국제적 조화, 더 나아가 국제적 표준화를 지향한다. 그것도 매우 빠른 시일 안에 이러한 시장규칙의 수렴이 이루어질 수 있도록 재촉해 나가고 있다. 그리고 각국 정부 역시 이들 국제기구의 외압에 의해서든지 혹은 자발적 선택에 의해서든지 실제로 이러한 방향으로의 변화를 진행시켜 나가고 있음을 알 수 있다.

이러한 글로벌화가 각국의 고유문화에 미치는 영향에 주목하는 학자들도 많이 있다. 학자들 사이에는 글로벌화의 영향으로 각국의 문화가 그 고유의 특성과 정체성을 잃어가고 있다고 주장하는 학자들이 있다. 그런가 하면 글로벌화의 힘이 각국 고유의 문화에까지 영향을 미쳐 큰 변화를 가져오고 있다고 믿을 만한 증거는 아직 발견되지 않는다고 주장하는 학자들도 있다. 글로벌화의 문화적 영향을 주장하는 논지들 가운데에는 '미국 대중문화의 세계화'까지 주장하는 논지들이 있기도 하다. 하지만 글로벌화를 배경으로 각국의 문화가 고유의 정체성을 상실해 나가고 있다는 주장보다는 각국 고유의 문화적 특징이 글로벌화의 물결 속에서 그렇게 쉽게 변화된다고 볼 수 없을 것이라는 주장이 더욱 설득력 있게 받아들여지고 있다.

젊은이들이 블루 진을 입고 맥도날드와 스타벅스 커피를 즐긴다고 해서, 미국의 허리우드 영화나 팝뮤직에 빠져든다고 해서 그들의 생각과 행태까지 크게 바뀌어 가고 있다고 단정지을 수는 없을 것이다. 옷차림이나 음식문화는 빙산의 윗면에 드러나 있는 문화의 일면일 뿐, 실제로 중요한 것은 빙산의 물 안에 감추어져 있는 문화적 요소들이다. 빙산의 일각에 해당하는 문화적 현상들은 한때 쉽게 모방하고 학습할 수 있는 것이지만 그것은 또 다시 변화하기 마련이다. 쉽게 모방한 것은 쉽게 잊혀지기도 하며, 오랜 세월 속에서 부지불식간에 몸으로 체득한 것들에 다시 자리를 내주기도 한다. 물 속에 감추어져 있는 문화적 요소들은 모방이나 어떤 외부 물결의 힘에 의해 쉽게 변화되지 않는 것이고, 이것이 각국의 진정한 문화적 정체성을 보여주는 것이다.

각국의 문화적 정체성, 즉 국가문화(national culture)의 특성을 설명하고 문화 간 차이를 설명하기 위해서는 각국의 문화를 비교할 수 있는 준거기준이나 척도가 마련되어야 한다. 그동안 문화의 차이를 설명하기 위해 노력해 온 연구자들은 저마다 이러한 기준이나 척도를 제시하고 있음을 알 수 있다. 어떤 연구자는 두세 개 정도의 아주 단순한 비교척도를 제시하고 있고, 넷이나 다섯 정도의 척도 혹은 그 이상의 다양한 기준과 척도를 제시하고 있는 연구자들도 있다.

비교의 관점에서 국가문화를 연구하기 시작한 것은 1950년대 잉켈스(Alex Inkeles)와 러빈슨(Daniel Levinson)이었다. 두 사람은 영어권 국가들을 대상으로 각국의 영문소설에 나타나고 있는 문화적 차이를 비교하고자 하였다. 그들이 사용한 비교의 준거는 첫째 권위에 대한 태도, 둘째 자아 개념—사회와 개인의 관계, 남녀 성별 차이—의 인식, 셋째 갈등처리 방식—감정표현이나 공격심리의 억제성향—등이었다.

홉스테드는 1980년 잉켈스와 러빈슨의 이러한 세 차원의 비교기준을 가지고 IBM의 세계 각국의 현지법인의 종업원들을 대상으로 실증적으로 비교분석을 시도한 바 있다. 이 때 홉스테드는 잉켈스 등의 세 차원을 보다 정교화하여 첫째 사회적 불평등에 대한 의식, 둘째 개인과 집단의 관계 인식, 셋째 남성-여성 구분에 대한 인식, 넷째 불확실성에 대한 태도 등으로 분류하였다. 홉스테드는 각각 네 유형의 비교 카테고리를 권력거리(power distance), 개인주의 대 집단주의(collectivism versus individualism), 여성성 대 남성성(femininity vs. masculinity), 불확실성 회피성(uncertainty avoidance)으로 명명하였다. 홉스테드는 이후 특히 동서양의 문화권에 따라 시간에 대한 태도—과거나 현재 혹은 미래에 대한 관념을 포함—가 크게 상이함에 주목하고, 장기적 안목과 단기적 안목(long-term versus short-term orientation)이라는 비

교 카테고리를 더하여 모두 다섯 유형의 비교척도를 제시하고 있다.[1]

2) 홉스테드의 문화비교를 위한 다섯 가지 척도

(1) 권력거리

어떤 사회에서든지 사람들 간의 힘의 관계나 불평등에 대한 인식이 다 다르다. 부하직원이 상사에 대해 갖는 태도가 다르고, 상사가 해주기를 바라는 역할기대도 다를 수 있다. 조직에서 상하 간 권력의 불평등을 자연스러운 현상으로 받아들일 수 있는가 하면, 서로에 대해 기본적으로는 평등하고 대등한 관계라고 인식할 수도 있다. 상사가 통제자로 군림하는 것을 당연한 것으로 받아들일 수도 있고, 친절한 조언자로 역할 해주기를 바랄 수도 있다.

홉스테드는 첫째, 부하직원이 상사를 두려워하는 편인가? 둘째, 상사가 가부장적으로 군림하는 편인가? 셋째, 상사와의 그러한 관계를 얼마나 좋아하는지 등을 척도로 각국에서의 권력과 불평등에 대한 사람들의 인식과 태도를 비교하고 있다. 홉스테드가 말하는 '권력거리' 개념은 조직이나 기관에서 부하직원들이 힘의 불평등 분배를 어느 정도로 기대하고 또 이를 어떻게 받아들이고 있는지를 나

1. Hofstede, Geert and Gert Jan Hofstede, *Culture and Organizations : Software of the Mind : Intercultural Cooperation and Its Importance for Survival*(The McGraw-Hill Companies, 2005) ; Hofstede, Geert and Gert Jan Hofstede, *Culture and Organizations : Software of the Mind : Intercultural Cooperation and Its Importance for Survival*(The McGraw-Hill Companies, 2005).

타낸다.[2] 홉스테드의 조사에 의하면 중남미나 아랍 국가들에서 권력 거리 지수(Power Distance Index)가 높은 편에 속하는 것으로 나타나고 있으며, 미국과 캐나다, 북유럽 국가들이 이 지수가 낮은 것으로 나타나고 있다. 한국과 일본은 중간 정도의 수준으로 조사되고 있다.

홉스테드에 의하면 권력거리가 큰 국가에서는 대부분 조직이나 집단에서 위계질서가 강조되고 권력 집중화의 정도가 강한 편이다. 조직 내에서 상하 간의 사회적 거리가 크고 상급자와 하급자 사이에 보상이나 대우의 편차가 심한 편이다. 하급자들은 상사로부터 구체적인 지시를 받아 일하기를 좋아하며, 상사들은 부하직원들에 대하여 공식적 규칙에 따라 감독권을 행사한다. 하지만 상급자와 하급자 사이에는 곧잘 정서적 측면에서의 사적인 인간관계가 형성되기도 하며, 부하직원들은 온정주의적 가부장과 같은 보스를 선호하는 경향이 있다.

반면 권력거리가 작은 문화권에서는 사람들이 조직 내의 위계질서에 대해 편의상 만들어진 수직적인 역할분담 체계일 뿐이라는 인식을 가지고 있으며 탈집권화를 선호한다. 조직 내 상급자와 하급자 간에는 업무영역을 떠나서는 서로 대등한 인간이라는 인식이 지배적이며, 보상이나 대우의 격차도 그리 크지 않은 편이다. 하급자는 상급자들로부터 조언자이나 협의자의 역할을 기대하며 상급자가 정보와 자원을 제공하는 민주적 리더이기를 원한다.

2. 위의 책, p. 46.

(2) 개인주의 대 집단주의

한 개인이 가족이나 회사 등 그가 속한 집단과 어떠한 관계를 가지고 있고, 각 개인이 속해 있는 집단에 대해 어떤 인식과 태도를 가지고 있는가 하는 점 역시 문화권에 따라 적지 않은 차이가 있다. 사람들은 내가 속한 집단의 한 구성원이라는 지위에서 나의 정체성을 느끼기도 하고, 소속 집단과는 무관하게 나 자신의 관점에서 확고한 자아관이 확립되어 있을 수도 있다. 집단에 대한 소속감이나 다른 구성원과의 강한 유대감을 형성하며 살아가는 사람들이 있는가 하면, 그저 자신의 판단과 생각대로 독자적으로 개인적 삶을 즐기며 살아가는 사람들이 있다. 어릴 때부터 '우리' 의식에 익히 길들여진 사람들이 있는가 하면, '나' 자신을 존중하며 자신의 권리를 떳떳이 주장하도록 학습된 사람들이 있다.

어떤 사람에게는 자신이 속한 회사는 밥벌이 수단 이상의 중대한 의미를 가지지만 어떤 사람들에게는 그저 경제생활을 위한 방편일 뿐이다. 전자의 사람은 소속 회사에 대한 충성심과 의존도가 강하지만, 후자의 사람들에게는 회사나 직무보다는 자신의 라이프스타일을 즐기는 것이 더욱 가치 있는 일이다. 전자 유형의 사람들이 많은 사회를 집단주의 사회라고 부르며, 후자 유형의 사람들이 많은 사회를 개인주의 사회라 부른다. 홉스테드는 개인주의냐 혹은 집단주의냐 하는 차원이 각국의 문화적 정체성을 파악할 수 있는 주요한 한 척도로 간주한다.

홉스테드는 사람들이 얼마나 개인적 삶을 즐기기 위한 시간을 원하는가? 직무수행 과정에서 얼마나 자유롭게 내 자신의 생각을 반영할 수 있는가? 직무완수는 개인의 성취감 문제인가 아니면 조직에 대한 기여로서 의미가 있는가? 개개인이 살아가는 데 회사와 일이 차지하는 중요성이 어느 정도이며, 내가 얼마나 회사에 의존되어 있다고 생각하는가 등의 설문에 대한 응답을 토대로 IBM 직원이 속해 있는 74개 국가의 문화를 개인주의 문화와 집단주의 문화를 구분하고 있다. 홉스테드의 조사에 의하면 미국이나 유럽 국가에서는 개인주의 성향이 아주 높고, 아시아나 중남미 문화권에서는 집단주의 성향이 매우 강한 것으로 나타나고 있다.[3]

집단주의 문화권 하에서는 개개인의 의견이 그가 속한 집단의 영향 하에 미리 결정되어 있는 경우가 많으며, 집단의 이익이 개인의 이익에 우선한다. 특히 집단주의 성향이 강한 문화권일수록 내재집단(in-groups)과 외재집단(out-groups)을 구분하는 경향이 있으며, 내재집단의 구성원들 사이에는 폐쇄적인 결속력과 배타적인 강한 유대감이 존재한다. 집단주의 문화권에서는 사람들 사이의 조화와 합의가 강조되며, 다른 사람과의 차이를 노골적으로 드러내기를 주저한다. 집단에 대한 높은 수준의 소속감이나 집단에 대한 충성심이 미덕으로 강요되는 경향이 있다.

반면 개인주의 문화권에서 각 개인은 자유롭게 자신의 생각을 형성할 수 있고, 자신의 생각을 당당하게 나와 생각이 다른 사람들에게 말할 수 있다. 다른 사람들과의 생각이나 입장의 차이를 직설적으로 말하는 것을 주저하지 않는다. 개인주의 문화권 아래서 사람들은 조직이나 집단의 이익에 앞서 개인의 이익을 보다 더 중요하게 생각하며, 집단에 의해 사생활이 침범당하는 것을 원하지 않는다. 이들 문

---

3. 위의 책, pp. 73-114.

화권에서는 조화와 합의보다는 각 개인의 자율성과 자아실현에 우선적 가치가 부여된다.

(3) 여성성 대 남성성

홉스테드에 의하면 남성과 여성의 차이나 사회적 역할에 대한 인식도 문화권에 따른 차이가 크다. 남성성 사회에서는 남성들이 여성들에 비해 자기 주장이 강하며, 남성성은 야성적이고 거칠게 행동하는 방식으로 표출되는 것으로 간주된다. 승진이나 출세, 물질적 성공 등에 매달리는 것이 남성의 매력이고 당연한 본분으로 기대된다. 남성성 사회에서 여성은 온건하고 부드러운 태도를 가져야 하며, 삶의 질적 측면을 중요시하는 존재들로 간주된다. 반면 여성성 사회에서는 남성과 여성이 다르지 않으며, 남성과 여성의 성별 차이가 없거나 무시된다. 남성과 여성 사이의 이러한 성별 차이나 역할기대의 차이에 대한 인식이 존재하지 않거나 미약한 편이다. 여성성 사회에서는 남성들도 여성들과 마찬가지로 온건하고, 부드러우며, 삶의 질을 추구한다.

홉스테드의 조사에 따르면 슬로바키아와 일본이 가장 전형적인 남성성 사회에 속하며 스웨덴과 노르웨이, 덴마크, 네덜란드 등 북유럽 국가들에서 가장 강한 여성성을 찾아볼 수 있다. 같은 아시아 문화권에서도 중국은 남성성이 강하지만 한국은 여성성이 강한 편으로 조사되고 있다. 유럽 국가들 가운데에도 오스트리아나 이탈리아, 독일 등이 남성성이 강한 사회이고 프랑스나 스페인, 포르투칼 등 라틴계 국가들은 여성성이 강한 편이다. 영국은 미국과 함께 중간 정도의 위치를 차지하고 있는 것으로 조사되고 있다.[4]

남성성 사회에서는 단호하고 공격적인 의사결정이 선호되며, 갈등해소는 강자가 승리하면서 해소되는 것이 자연스럽다고 받아들인다. 여성성 사회에서는 의사결정 과정에서 직관과 합의가 강조되고, 타협과 합의에 의해 갈등이 해소되어야 한다고 믿는다. 남성성 사회에서는 일하기 위해 산다고 생각하는 사람들이 많고, 여가나 삶의 질보다는 돈 버는 것이 우선이다. 여성성 사회에서는 사람들이 일하는 것은 살아가기 위한 방편일 뿐이고, 고소득보다는 여가와 삶의 질을 더욱 추구한다. 남성성 사회에서는 남성과 여성 사이의 직종별 역할이 뚜렷이 구분되며, 전문직에 종사하는 여성의 비율이 낮은 편이다. 반면 여성성 사회에서는 남성과 여성의 경력관리상의 구분이나 차이가 작은 편이고, 전문직에 종사하는 여성의 비율이 높은 편이다.

(4) 불확실성 회피성

개개인의 성격형에 따라 어떤 사람은 모험을 즐기며, 위험요인을 기꺼이 수용하고 감내하면서 이를 극복해 나가고자 한다. 반면 모험회피적인 사람도 있다. 어떤 사람은 아직 한 번도 경험해 보지 못한 새로운 것을 적극 도전해 보고자 하는가 하면, 어떤 사람은 새로운 것보다는 익히 알고 있는 친숙한 것들만을 선택한다. 나와 다른 요소들을 대해 이를 기꺼이 받아들이는 사람들이 있는 반면에 어떤 사람들은 나와 다른 것들에 대해 우선 배타적인 자세를 취한다. 이러한 차이는 불확실성에 대한 태도상의 차이에서 비롯된다고 할 수 있다. 일반적으로 사람들은 '애매하고 잘 알려지지 않은 상황'들을 회

---

4. 위의 책, pp. 115-162.

피하려는 성향이 있다. 다만 불확실성에 대해 얼마나 위협을 느끼고 이를 회피해 나가려고 하느냐 하는 정도는 사람에 따라 차이가 있다.

홉스테드에 의하면 문화권에 따라서 사람들이 갖는 불확실성에 대한 태도가 다 다르다. 어느 문화권에서는 사람들이 불확실성에 대해 유난히 큰 스트레스를 느끼며 고도의 긴장감을 갖는다. 이러한 사회일수록 사람들이 안정성과 예측가능성을 높게 평가하며, 상황에 따라 달리 해석되고 탄력적으로 적용될 수 있는 느슨한 규정보다는 매우 정교하고 구체적인 규칙들을 미리 마련해 두고자 한다. 이러한 문화권에서는 유연성이라든지 탄력성이라는 것은 미덕이 될 수 없다.

홉스테드는 사람들이 직무수행 과정에서 불확실성을 갖는 요소들에 대해 얼마나 긴장감을 느끼는가? 회사의 규정은 지켜져야만 하는가? 회사에 얼마나 장기근속하기를 원하는가? 하는 등의 설문조사를 통해 문화권에 따른 사람들의 불확실성에 대한 태도를 조사하고 있다. 홉스테드의 조사에 의하면 그리스나 프랑스, 포르투갈, 스페인 등 라틴 유럽 국가들, 칠레나 브라질 등 남미 국가들, 일본과 한국 등 일부 아시아 국가들에서 모험회피성이 두드러지게 나타난다. 같은 아시아 문화권이지만 싱가포르와 홍콩, 중국 등은 모험회피성 지수가 낮으며, 유럽 국가들 가운데에서는 스웨덴과 덴마크 등에서 모험회피성 지수가 낮다. 미국과 영국 사람들도 모험을 즐기는 편으로 조사되고 있다.[5]

낮은 수준의 모험회피성 지수를 보이는 문화권에서는 사람들이 불확실성을 삶의 일부로 자연스럽게 받아들이며 새로운 것, 나와 다른 것들에 대한 스트레스나 긴장도의 수준도 낮다. 필요 이상으로

---

5. 위의 책, pp. 163-205.

많고 세세한 규칙을 두는 것을 원치 않으며, 일반적 성격을 갖는 법규나 불문법이 존중된다. 법규라는 것은 존중되어야 하지만 필요에 따라 얼마든지 변경될 수 있다고 믿는 사람들이 많다.

높은 수준의 모험회피성 지수를 보이는 문화권에서는 불확실성을 맞서 싸워 나가거나 예방하는 것이 최선이라고 믿는다. 불확실성을 극복하기 위해서 혹은 불확실성을 회피해 나가기 위한 목적에서 가능한 한 세세하고 구체적인 규칙들이 미리 만들어 두어야 한다고 생각한다. 사람들의 불확실성에 대한 우려나 긴장도가 크고 친숙하지 않은 새로운 요소들, 나와 다른 요소들을 불편하게 생각하는 사람들이 많다. 사람의 잦은 교체나 규칙의 빈번한 변경을 원하지 않는 성향이 강하다고 할 수 있다.

(5) 장기적 안목 대 단기적 안목

시간에 대한 관념이나 태도도 사람에 따라 적지 않은 차이가 있다. 시간을 돈으로 생각해서 항상 시간을 의식하며 관리의 대상으로 생각하는 사람이 있는 반면, 시간이나 정해진 스케줄을 크게 의식하지 않으며 일을 재촉하거나 서두르는 것을 싫어하는 사람도 있다. 현재나 과거보다는 미래에 초점을 맞추어 미래에 주어질 보상에 더 큰 가치를 부여하는 사람이 있는가 하면, 미래에 귀속될 몫보다는 지금 현재의 만족을 추구하는 사람들이 있다. 홉스테드에 의하면 시간관념이나 시간에 대한 태도는 문화권에 따라서도 큰 차이가 있다.

홉스테드는 시간 개념에 대한 문화권의 차이를 사람들이 얼마나 장기적 안목을 가지고 선택하고 행동하는가에 초점을 맞추어 장기적 안목의 문화권과 단기적 안목의 문화권으로 분류하고 있다.

홉스테드의 조사에 의하면 중국과 일본, 한국 등 동아시아 문화권에서 아주 높은 수준의 장기안목 지수(Long-term Orientation Index)가 나타나고 있고, 반대로 미국과 영국, 캐나다, 호주, 뉴질랜드 등 영미 문화권에서는 낮은 수준의 장기안목 지수를 나타내고 있다. 가장 단기적 안목을 가지고 있는 사람들이 많은 국가로는 파키스탄과 나이지리아, 스페인, 필리핀 등인 것으로 조사되고 있다.[6]

장기적 안목의 문화권에서는 인내와 절제, 일관성 유지의 미덕이 강조되며, 지금보다는 미래에 돌아올 결과에 초점을 맞추어 선택하고 행동한다. 반면 단기적 안목의 문화권에서는 절제나 일관성의 미덕보다는 현재에 충실하고 지금 당장 만족할 만한 결과를 만들어내는 것이 중요하다. 장기적 안목의 문화권에서는 일이나 사람의 성패 여부는 긴 시간적 지평 속에서 평가된다. 단기적 안목의 문화권에서는 주어진, 그리고 제한된 시간대 내에 얼마나 만족할 만한 성과를 냈는지의 여부가 관건이 된다.

3. 문화가 협상에 미치는 영향

협상은 사람들이 머리를 이용하여 상대를 설득시키려는 두뇌게임이다. 협상게임은 어떤 의미에서 지극히 합리적이고 이성적인 전략적 상호작용이다. 협상의 한 당사자는 상대방이 선택한 수에 대해 골몰히 생각하여 가장 합리적인 방식으로 응수한다. 협상을 파국

---

6. 위의 책, pp. 207-238.

문화의 차이와 협상 스타일

협상요소들	당사자 반응의 범위	
협상목표	계약 ⟷	관계유지
기본 태도	승리공유	승리독식
사적 요소의 개입	비공식적	공식적
소통방식	직접적/직설적	간접적/우회적
시간 예민성	높음	낮음
감정개입	높음	낮음
합의형태	특정적	포괄적
합의방식	귀납적	연역적
협상팀 조직	강한 리더십	합의제
리스크 감수성향	높음	낮음

출처 : Salacuse(1998), "Ten Ways that Culture Affects Negotiating Style : Some Survey Results", *Negotiation Journal*, vol. 14, p. 223.

으로 몰아가거나, 아니면 모든 것을 쉽게 그냥 양보해 버리자고 작정하지 않은 한 협상 당사자들은 한 수 한 수 최선을 다한 합리적 선택을 주고 받는 것이다. 언뜻 생각한다면 이렇게 지극히 이성적인 방식으로 최선의 선택을 주고 받는 협상과정에서는 당사자들이 가장 모범적인 최선의 수만을 선택해 나갈 것이기 때문에 당사자의 습성이나 태도, 가치관 등과 같은 문화적 차이가 별로 반영될 여지가 없는 것으로 비쳐질 수도 있다. 하지만 실제 국제협상 사례들을 보면 협상대표의 문화적 배경의 차이가 그가 선택한 수나 협상전략 혹은 응수전략 등에 아주 큰 영향을 미치고 있다는 것을 알 수 있다.

문화는 협상에 어떠한 방식으로 영향을 미치는 것일까? 최근이 문제를 가장 포괄적 방식으로 연구분석하고 있는 대표적인 연구가로는 새러쿠즈(Jeswald W. Salacuse)를 들 수 있다. 새러쿠즈는 실제 협상과정에서 문화의 차이가 협상 당사자의 선택과 결정, 그리고 협상 당사자의 협상에 임하는 태도 등에 미치는 영향을 다음과 같은 10개 차원으로 범주화하여 설명하고 있다.[7]

1) 협상목표 : 계약서 작성인가? 관계의 시작인가?

서로 다른 문화권을 배경으로 하고 있는 협상 당사자는 협상의 목표가 무엇인가에 대해 서로 다른 인식을 가지고 있을 수 있다. 미국 기업이나 스페인의 협상 대표는 협상의 목표를 당사자들이 합의안에 서명하는 계약서의 작성을 완결로 본다. 하지만 인도나 중국의 협상 대표는 협상목표를 서명날인된 계약서 작성에 있는 것으로 보지 않고 협상 당사자들 사이에 새로운 관계가 착수되는 것으로 본다. 이들은 서명날인된 합의안도 중요하지만 합의안의 이면에 감추어져 있는 당사자 사이의 관계의 질이 협상의 에센스라는 인식을 가지고 있다.

아시아 문화권의 협상 대표들이 협상 테이블에 마주 앉아 구체적 사안 하나하나를 검토해 나가기 앞서 상대의 신상이나 배경에 대해 이것저것 관심을 가지고 물어보며 뜸을 들이고 협상 사안 자체보다는 주변적인 것처럼 보이는 것들에 대해 시간과 에너지를 쏟아붓는 이유도 이로부터 해명될 수 있을 것이다. 아시아 문화권의 협상 대표들은 협상 당사자들이 인간적으로 서로를 잘 아는 것이 좋은 비

---

7. J. W. Salacuse, *The Global Negotiator : Making, Managing and Mending Deals around the World in the Twenty-first Century*(New York : Palgrave Macmillan, 2003).

즈니스 관계의 근본바탕이 되어야 한다고 믿는다.

반면 미국 등 북미권 협상 당사자들은 협상 테이블에 앉자마자 구체적인 협상사안을 바로 다루기 시작하는 본론으로 직행하고자 한다. 북미 문화권의 협상자는 협상 상대가 신상에 관한 것, 사안에 직접적으로 무관한 것처럼 보이는 주변적인 것들에 대해 시간을 끌며 논의를 진전시켜 가는 것에 대해 대단히 거북해하는 경향이 있다. 이러한 경우 문화의 차이에 대한 이해가 없는 협상 대표라면 상대의 사인주의적 접근법(personal approach)에 대해 매우 곤혹스러워할 것이다.

따라서 협상을 준비하는 단계에서나 혹은 협상을 진행하는 단계에서는 테이블에 마주 앉을 상대가 협상목표를 어떻게 설정하고 나오느냐에 대해 주목해야 한다. 상대가 협상목표를 좋은 조건으로 거래성사를 타결짓는 데 두고 있는지, 아니면 장기적 안목에서 쌍방 간 좋은 관계 유지에 초점을 맞추고 있는지 알아챌 수 있어야 한다. 단기계약 체결을 목표로 하고 나온 상대에게 좋은 관계 정립에 공을 들이는 것은 시간낭비일 가능성이 크다. 거꾸로 장기관계 지속을 목표로 하는 상대에게 곧바로 쟁점사안 검토에 들어가려는 것은 차갑다거나 조급한 협상자라는 인식을 줄 가능성이 있다.

2) 협상태도 : 승리공유의 태도인가?
승리독식의 태도인가?

일반적으로 협상의 순항을 위해서는 협상 당사자들이 상대의 선의에 대해서는 선의로 응답하면서 매사에 맞서 대결하기보다는 기꺼이 협력하려는 자세를 견지하는 것이 바람직하다. 하지만 협상 당자자에 따라서는 곧잘 협력하려는 태도보다는 사사건건 맞서는 대결의 자세를 취하기도 한다. 협상에 임하는 이러한 기본 자세의 차이는 개개인의 성격형에 따라 다르기도 하지만 문화권에 따라서도 적지 않은 차이가 있음을 알 수 있다.

새러쿠즈의 설문에 대한 12개국 300여 응답자(경영층과 변호사, 대학원 학생 등) 가운데 일본의 응답자는 100% 모두 한결같이 협상을 두 당사자가 윈-윈(win-win)할 수 있는 거래과정으로 보고 있다. 중국 응답자의 81%가, 미국 응답자의 71% 역시 협상을 윈-윈의 거래과정으로 본다. 반면 스페인 응답자의 37%, 브라질 응답자의 44%만이 협상을 윈-윈게임으로 보고 있을 뿐이다. 기업인이라고 하더라도 스페인이나 브라질의 업계를 대표하고 있는 대다수의 응답자는 협상을 어느 한쪽만이 승리하고 다른 한쪽은 패배할 수밖에 없는 불가피한 투쟁과정으로 보고 있다. 협상을 윈-윈의 거래과정으로 보느냐 아니면 윈-루즈(win-lose)의 투쟁과정으로 보느냐 하는 것은 이처럼 문화권에 따라 적지 않은 차이가 있음을 알 수 있다.

협상을 윈-윈게임으로 생각하느냐 아니면 윈-루즈의 투쟁으로 생각하느냐 하는 것은 협상자의 협상에 임하는 기본 태도를 결정한다. 협상을 윈-윈게임으로 보는 협상자는 협상타결을 문제해결을 위한 공동의 노력과정으로 보고 협상과정 내내 기꺼이 협력하려는 자세를 보인다. 반면 윈-루즈의 투쟁으로 보는 협상자는 협상과정 내내 상대에 대해서 좀처럼 양보하려 하지 않는 완강한 대결의 자세를 견지하려 든다. 따라서 협상을 준비하는 단계에서나 협상 테이블에 마주 앉아서는 테이블 다른 끝에 있는 상대가 기꺼이 협력하려는 승리공유형인지, 끝까지 자신의 승리만을 위해 투쟁하는 승리독식형

인지를 간파할 수 있어야 한다.

3) 퍼스널 스타일 : 공식적? 비공식적?

문화는 협상자의 퍼스널 스타일에 크게 영향을 미친다. 여기서의 협상 스타일은 문자 그대로 협상자의 협상 테이블에서의 행동거지를 의미하는 것이다. 형식이나 격식, 절차적 요소 등을 중요시하느냐, 이런 요소들에 중요한 의미를 두지 않느냐 하는 것을 말한다. 문화권에 따라서는 협상이 사담 없이 공식적으로 정해진 절차에 따라 협상이 진행되기를 원하는 협상자들이 있다. 이러한 유형의 협상자들은 격식을 따지고 형식이나 모양새를 중요하게 여긴다. 일견 사소한 것으로 보이는 절차상의 문제에도 예민하게 반응한다.

이들은 협상이 진행되는 내내 가볍게 농담을 하거나 웃음으로 받아넘기는 등의 제스처를 거의 취하지 않는다. 일견 진지한 자세로 임하는 것처럼 보일 수도 있으나 이는 어디까지나 그의 성격이나 협상전술을 반영한다기보다는 그의 문화적 배경을 반영한 것이다. 새러쿠즈에 의하면 중국과 스페인, 멕시코의 협상 대표들이 대체로 이러한 유형에 속하는 경우가 많은 것으로 되어 있다. 이러한 문화권의 협상자는 상대에 대한 호칭도 공식적인 직함으로 부르기를 좋아하며, 협상 테이블을 같이 하고 있는 협상 상대에 대하여 별다른 개인적 관심을 나타내지도 않는다.

반면 미국 기업을 대표하는 협상자들은 협상장에서 협상 상대에 대해 다소 유연하고 여유 있는 자세를 취하는 광경을 쉽게 목격할 수 있다. 재킷을 벗자고 상대에게 제의한다든지 소매를 접어올리는 등의 행동을 서슴지 않고 행한다. 딱딱하지 않은 분위기를 연출하기 위해서라면 그것이 프라이버시에 관한 사안이 아닌 한, 가벼운 농담을 주고 받기를 원한다. 이러한 형식이나 격식으로부터 자유로운 협상 스타일이 상대와의 관계를 중요시하거나 상대와의 사적인 친분을 두텁게 하기 위한 것은 아니다.

여기서의 협상 스타일은 일 자체의 성사에 초점을 맞추느냐 아니면 상대와의 관계를 중요시하느냐 하는 것을 나타내는 앞서의 협상태도의 문제와는 구분될 필요가 있다. 많은 협상사례를 보면 대체적으로 처음에는 공식성의 수준이 높은 상태에서 협상이 시작되다가도 시간이 지나고 접촉 횟수가 많아지다 보면 차츰 격식이나 형식을 따지지 않게 되는 경우가 많다.

4) 의사소통 : 직설적? 우회적?

중국이나 일본, 한국 등 아시아 문화권 사람들은 다른 문화권 사람들로부터 흔히 사안에 대한 호오의 태도가 분명하지 않다거나 혹은 의사전달이 명료하지 않다는 평을 듣는다. 아시아 문화권의 큰 특징 가운데 하나는 의사소통 방식이 간접적이고 우회적이라는 점에 있다. 싫어도 싫다는 반응을 직접적으로 나태내지 않으며, 좀처럼 직설적으로 '아니오'라고 말하는 법이 없다. '아니오'라는 대답은 때로는 침묵이나 화제의 전환, 응답지연이나 응답연기 요청 등의 매우 우회적이고 간접적인 방식으로 나타내진다. 언어적 표현에 있어서도 은유나 비유, 완곡어법, 아주 광범위한 일반론적 진술 등이 즐겨 이용된다.

반면 미국이나 이스라엘 사람들은 사안에 대한 진술이나 질문에 대한 응답이 매우 구체적이고 직접적이다. 이들은 자신의 생각이나 좋고 싫음의 반응을 아주 명료하게 직설적으로 상대에게 곧바로 전달하는 것으로 유명하다. 이와 같은 문화권에 따른 소통방식의 차이는 곧잘 협상과정에서 새로운 차원의 갈등이나 마찰을 불러일으킬 수도 있다. 예컨대 특히 일본 사람들은 그 자리에서 '아니오'(no)라는 즉답을 회피하는 것으로 유명한데, 일본인들의 이러한 태도는 협상 상대로 하여금 여전히 자신의 제안이 일본측에 의해 고려되고 있다라는 인상을 주곤 한다. 반면 그 자리에서 직설적으로 전달되는 미국인들의 '아니오'라는 응답은 상대가 아시아 문화권의 협상자라면 이를 매우 공격적이고 도전적이라는 인상을 줄 수도 있다.

5) 시간 예민성 : 높고? 낮음?

문화권에 따라서 또 하나의 중요한 차이는 시간관 혹은 시간개념이라고 할 수 있는 것이다. 독일 사람들은 시간적으로 정확한 것으로 알려져 있는 반면 남미계 사람들은 대체적으로 습관적으로 늦게 움직이는 것처럼 보인다. 미국 기업 대표는 매우 빠른 일정과 시간표를 가지고 조속히 협상을 타결짓기를 원하지만 일본 기업들과의 협상은 매우 더디게 진전되어 나간다. 새러쿠즈의 설문조사 결과를 보면 인도나 독일, 프랑스 사람들이 시간 예민성이 높은 것으로 나타나고 있다. 불필요하게 협상시간을 끌지 않고 정해진 일정과 시간표에 따라 안건 하나하나를 조속히 처리해 나가기를 원한다.

반면 일본과 중국, 브라질 사람들은 시간에 대해 매우 느긋한 태도를 가지고 있는 것으로 드러나고 있다. 이들이 나서서 정해진 시한 내 협상타결을 서두르는 법이 좀처럼 없으며, 협상과정에서 시간에 별로 구애받지 않는 것처럼 보인다. 새러쿠즈의 설문조사에서는 브라질 사람들이 시간 예민성이 가장 낮은 수준인 것으로 나타나고 있다.

거래의 성사를 협상의 본질로 보며 시간은 곧 돈이라는 확고한 인식을 가지고 있는 미국인들에게는 협상을 서둘러 타결짓는 것이 최선이다. 따라서 미국인들은 요식절차를 최소화하고 곧바로 본건을 다루어 거래를 조속히 성사시키고 싶어한다. 반면 일본의 협상자들은 본건에 들어가기 앞서 협상 상대가 누구인지, 어떤 생각을 가진 사람인지 좀더 알아보기 위한 탐색전에 많은 시간을 할애한다. 이들은 협상의 본질을 새로운 관계의 정립이나 혹은 상대방과의 관계의 질을 높일 수 있는 기회로 생각하기 때문이다. 이러한 일본인들에게 일견 요식적인 것처럼 비쳐질 수 있는 절차를 단축해 가며 협상을 서둘러 종결시키려는 미국인들은 태도는 뭔가 감추려 든다는 오해를 불러일으킬 수 있다.

6) 감정개입 : 높음? 낮음?

개인에 따라서는 쉽게 흥분하며 쉽게 감격하고 눈물도 곧잘 흘리는 사람이 있는가 하면 좀처럼 슬프고 기쁜 내색을 하지 않는 사람들이 있다. 성격형에 따라 쉽게 자기 감정에 충실하고 감정표현에 익숙한 사람이 있고, 거꾸로 매사에 냉정하고 감정표출에 서툰 사람들도 있다. 사람들의 정서적 반응이나 감정표현 방식의 차이는 문화권에 따라서도 크게 다르다. 일반적으로 브라질이나 아르헨티나, 멕시코 등 중남미 지역의 사람들은 협상 테이블에서 좋고 언짢은 일이 있을 때마다 감정표현에 솔직한 것으로 잘 알려져 있다. 쉽게 놀라움이나 감동을 얼굴표정이나 몸동작으로 나타내는가 하면, 실망스러운 상황이 전개되면 쉽게 낙심하는 표정을 짓거나 감추려는 노력 없이 있는 그대로 섭섭함이나 분노감을 드러내기도 한다. 그 정도의 수준은 아니지만 스페인이나 미국 사람들도 감정표현에 솔직한 편에 속한다.

반면 독일이나 일본 사람들은 좀처럼 냉정함을 잃지 않는 것으로 유명하다. 아무리 상대에 의해서 실망스럽고 언짢은 상황이 전개된다고 하더라도 느끼는 그대로 싫고 짜증스러운 표정을 있는 그대로 솔직히 드러내지 않는다. 감정표출을 최대한 억제하고, 희로애락의 감정이 겉으로 드러나지 않게 표정을 관리하거나 몸동작을 조심스럽게 삼간다. 대체로 아시아 문화권에 속해 있는 사람들은 느끼는 그대로의 감정표현을 최대한 자제하거나 혹은 감정표현에 익숙지 않은 것으로 나타나고 있다. 하지만 같은 아시아권에 속해 있지만 중국 사람들은 감정표현에 비교적 솔직한 것으로 알려져 있다.

감정의 표현이나 억제는 협상과정에서 매우 중요한 전술적 요소가 된다. 마음 속에서 느끼는 호오의 감정을 있는 그대로 드러내는 것은 상대에게 나의 의중을 읽힐 수 있는 단서가 되므로 감정표현을 억지로 자제하는 경우가 있다. 경우에 따라서는 실제 느끼는 것 이상으로 과도하게 감정을 실은 말투와 동작을 연출함으로써 나에 대한 상대의 생각을 오도하려 들기도 한다. 전술적 측면에서 분노나 낙담, 실망감 등의 감정표현이 의도되기도 하지만 문화권에 따라서는 의도와는 무관하게 감정표현이 자연스럽게 이루어지고, 또 이러한 서로 간의 감정의 표현을 자연스럽게 받아들이기도 한다. 따라서 다른 협상 상대와의 협상을 준비하는 단계에서는 상대의 문화권이 느끼는 감정에 충실한 편인지, 혹은 감정을 잘 억제하는 것이 미덕으로 간주되는지에 대한 사전 이해가 필요하다. 그래야만 협상 테이블에서의 상대의 정서적 반응이 전술적인 차원의 것인지 아니면 자연스러운 감정의 발로인지를 알 수 있게 된다.

7) 합의의 형식 : 특정적? 일반적?

대부분의 협상은 쌍방 간 합의한 내용을 문서로 기술하는 합의서 작성으로 완결된다. 협상 당사자들은 쌍방이 합의한 내용을 문서로 작성하는 과정에서 문서에 어떠한 내용을 어떠한 방식으로 기술할 것인지에 대해 의견을 달리하는 수가 많다. 문구 하나하나가 어떻게 기술되느냐에 따라 해석이 크게 달라질 수 있고, 또 그런 만큼 이해관계가 첨예하게 맞부딪힐 수 있기 때문이다. 그렇기 때문에 합의서 작성단계에서는 문구 하나하나, 혹은 구절이나 문장 하나하나를 어떻게 표현할 것인가 하는 문제를 가지고 곧잘 또 다른 단계의 협상에 돌입하는 경우가 왕왕 있다. 거래금액이나 요율, 대금지급 방식 등을 합의서상에 작성하는 기업 간의 상업적 협상에서는 합의서 작성을 둘러싸고 민감한 신경전이 벌어질 가능성이 적으나, 국가 간의 분쟁해소 등 외교문제를 타결짓는 협상에서는 합의서 문안이 아주 중요한 사안으로 등장한다. 심지어는 주요 현안에 대해 대체적인 내용에 대해 합의가 이루어진 다음 합의서를 작성하는 과정에서 쌍방 간 이견의 차이가 너무 커서 최종 타결이 수포로 돌아가는 경우도 있다.

협상에서 합의서 작성은 쌍방이 향후에 무엇을 어떻게 하겠다는 내용을 기록에 남기는 일이다. 따라서 가능하면 발생할 수 있는 모든 상황을 염두에 두고 각각의 경우에 어떻게 할 것이라는 내용을 합의서에 특정화하는 것이 바람직하다. 실제 새러쿠즈의 설문조사에서도 문화권의 차이와 무관하게 전체 응답자의 78%가 구체적이고 세세한 규정을 담은 합의서를 선호하는 것으로 밝혀지고 있다.

세세한 규정의 합의서를 원하느냐 일반적 원칙의 합의서를 원하느냐 하는 문제는 협상력의 차이를 반영한 것일 수도 있다. 일반적으로 강자는 약자를 옭아맬 수 있는 세세한 규정을 원하지만, 약자는 불리한 상황에서 빠져나올 수 있는 여지를 남겨두는 느슨한 조항을 선호한다. 특정화된 규칙들의 조합으로서의 합의서를 보다 선호하느냐 아니면 일반적인 원칙의 포괄적 기술을 담은 합의서를 보다 선호하느냐 하는 것은 문화권에 따라 미묘한 차이가 있다.

예컨대 영국이나 미국의 협상 대표들은 향후 있을 수 있는 모든 경우를 상정하여 아주 구체적이고 자세한 내용을 합의서에 포함시키기를 원한다. 합의안의 문구내용도 가능한 한 명료하고 특정화된 표현을 사용하기를 원한다. 이렇게도 해석될 수 있고 저렇게도 해석될 수 있는 애매모호한 표현이나 두루뭉술한 표현보다는 누가 보아도 명확하게 일의적으로 해석될 수 있는 아주 구체적인 조항들을 포함시키고자 하며, 문구에 담길 어휘도 누가 보아도 해석이 명료한 것들을 선택하고자 한다.

반면 일본이나 중국, 인도 등의 협상 대표들은 재론의 여지가 없는 매우 구체적이고 특정화된 조항들을 하나하나씩 열거해 두는 합의안보다는 일반적인 원칙을 포괄적인 방식으로 기술해 두는 합의서를 더 선호한다. 협상이 타결된 이후 전개될 수 있는 모든 상황을 염두에 두고 미리 관련 조항을 일일이 다 열거해 둔다는 것은 불가능한 일이고, 나중에 얼마든지 미처 예상치 못한 상황의 변화가 있을 수 있기 때문에 그때그때 탄력적으로 적용될 수 있는 몇 가지 기본 원칙들이나 합의의 정신을 합의서에 포함시키는 것이 좋다고 믿는다.

8) 합의방식 : 귀납적? 연역적?

합의서의 형식과 긴밀하게 연관되어 있는 문제가 합의를 이루어 나가는 절차와 방식의 문제이다. 협상과정에서 협상타결을 위한 합의는 귀납적(bottom-up)인 방식으로 이루어질 수도 있고 연역적(top-down)인 방식으로 이루어질 수도 있다. 귀납적 방식은 구체적인 쟁점사안 하나하나에 대한 합의의 축적을 통해서 최종적으로 협상을 타결짓는 상향식 합의방식이다. 연역적 방식은 일반적이고 포괄적인 기본 원칙에 대한 합의를 먼저 이루어 놓고 합의된 일반적 원칙을 세세한 쟁점 하나하나에 적용시켜 가며 협상을 타결짓는 하향식 합의방식이다.

미국의 협상 대표들은 세세한 쟁점 하나하나에 대한 합의를 축적해 나가는 협상타결 방식을 선호한다. 미국 사람들에게 협상타결이란 세세한 협상목록 하나하나에 대한 합의를 진행시켜 나가는 과정이다. 따라서 크고 작은 협상 이슈들에 대해 하나씩 합의를 이루어 나가다 보면 이것이 쌓여서 전체적인 협상타결로 이어진다고 본다. 반면 프랑스나 인도의 협상 대표들은 큰 원칙에 대한 합의를 먼저 이루어 놓은 다음 큰 원칙에 대한 합의의 정신을 세세한 쟁점 하나하나에 적용시켜 가며 합의를 도출하는 타결방식을 선호하는 것으로 알려져 있다. 여기서는 합의된 큰 일반원칙이 세세한 쟁점들에 대한 협상타결을 쌓아갈 수 있는 골격이나 지침이 된다.

실제 협상과정에서는 연역적 접근법이냐 귀납적 접근법이냐 하는 차이는 이해관계가 크게 걸려 있는 사안을 먼저 다루느냐 아니면 쉽게 합의를 이루어갈 수 있는 작은 쟁점들을 먼저 다루느냐 하는 접근법의 차이로 나타나기도 한다. 상향식, 귀납적 접근법은 이해상충이 크지 않은 작은 쟁점들에 대한 합의를 축적해 가며 이해상충이 큰 빅 이슈는 협상의 후반부에 다루는 접근법을 말한다. 반면 하향식, 연역적 접근법은 쌍방 간 이해관계가 크게 걸려 있고, 또 그러한 만큼 이견의 차이가 매우 큰 이슈를 먼저 다루어 이에 대한 합의를 우선적으로 서두르는 방식이다. 이해관계의 상충이 큰 이슈에 대한 합의가 이루어진다면 세세한 쟁점사안에 대한 합의가 손쉽게 이루어질 수 있을 것이다. 하지만 이해상충이 크고 중대한 사안을 먼저 다루는 접근법은 쌍방 간 이견의 차이를 먼저 확인하는 것이 되기 때문에 협상을 초기부터 난항에 빠뜨리는 결과를 초래할 위험성이 있다.

9) 협상팀 조직 : 강한 리더십? 합의제?

협상은 어느 두 당사자 사이에서 단독으로 이루어지기도 하지만 쌍방이 협상팀을 만들어 집합적으로 진행되기도 한다. 실제 협상사례를 보면 기업 사이, 국가 간 공식성의 수준이 높은 협상일수록 이인 단독협상보다는 협상팀 간의 협상이 일반적임을 알 수 있다. 협상팀이 어떻게 조직화되고 가동되느냐 하는 것은 문화권에 따라 적지 않은 차이가 있다.

미국 기업은 일반적으로 CEO나 보스 개개인의 권한과 책임이 매우 강력한 조직문화를 가진 것으로 유명하다. CEO는 자신의 전적인 권한과 책임 아래 의사결정을 내리며, 명령통일의 원칙 하에 부하직원들을 통솔해 나간다. 의사결정 과정에서 부하직원의 의견을 수용하지만 최종 결정권한은 전적으로 보스에게 귀속되어 있으며, 결정에 대한 책임도 전적으로 보스가 진다. 보통의 미국 기업들에서는 팀 구성원 사이에 폭넓은 권한이 위임되고 책임을 나누어 가지며, 팀 내부의 결정이 합의제 형식으로 이루어지는 일은 매우 드물다. 미국 기업을 대표하는 협상팀의 조직과 운영도 마찬가지이다. 협상팀의 의사결정과 운영을 총지휘하는 강력한 리더십이 형성되어 있으며, 대개의 경우 협상팀의 공식적 대표가 이러한 강력한 리더십을 행사하는 주체가 된다.

반면 중국이나 일본, 인도의 협상팀은 언뜻 보아 누가 팀의 대표인지, 누가 팀 내부의 의사결정을 주도해 나가는 실권자인지 쉽게 구분할 수 없는 경우가 많다. 공식적인 대표가 있다고 하더라도 그 대표는 팀 내부의 의사결정 과정에서 강력한 리더십을 발휘하지는 않으며, 공식적인 대표 지위에 걸맞는 강력한 권한이나 책임을 가지고 있지 않은 경우가 많다. 일본이나 인도를 대표하는 협상팀은 그 내부의 의사결정 과정에서 전체 팀원 간의 상호 조율과 합의를 통해 대안을 결정해 나간다. 따라서 일본이나 인도를 대표하는 협상팀과의 협상과정은 그들 팀 내부의 의사결정 과정에 많은 시간이 소요될 수 있기 때문에 매우 더디게 진행되며, 협상타결에 이르기까지 보다 많은 우여곡절에 직면하게 된다.

10) 리스크 감수성향 : 높음? 낮음?

사람마다 불확실성에 대한 태도가 다르다. 어떤 사람은 리스크 요인을 기꺼이 떠안으며 보다 크고 원대한 목표를 추구하지만, 어떤 사람은 불확실한 미래에 투자하기보다는 눈앞에 있는 확실한 이익을 취하고자 한다. 불확실성에 대한 태도는 개인의 성격형에 따라 크게 다른 것으로 알려져 있다. 불확실성을 내포한 새로운 변화를 과감하게 수용하는 사람이 있는 반면, 익히 알려진 길이 아니면 선택을 주저하는 사람이 있다. 정보수집이나 분석에 완벽을 기한 후에도 행동에 나서는 것에 매우 신중한 편인 사람이 있는 반면, 웬만큼의 정보만을 가지고도 행동 대안을 마련하고 이의 실행에 과감히 착수하는 사람들이 있다. 리스크 감수형이냐 리스크 회피형이냐 하는 것은 개인의 성향에 따라 다르게 나타나기도 하지만 문화권에 따라서도 차이가 있다.

일본 사람들은 매사에 신중하고 조심스러우며, 특히 불확실성에 대해 극도의 회피적인 태도를 가진 것으로 유명하다. 새러쿠즈의 조사에 의하면 일본인 응답자의 18%만이 자신이 모험을 감수하는 편이라고 답변하고 있다. 같은 아시아 문화권이지만 중국인의 82%, 인도인의 89%가 모험을 감수하는 편인 것으로 조사되고 있는데, 이 수치가 미국이나 유럽 등지의 협상 대표들의 응답과 대등한 수준이라는 점을 감안한다면 일본인이 리스크에 대해 얼마나 보수적인지를 알게 해준다.

새러쿠즈 조사의 전체 응답자 가운데 70% 정도가 리스크 감수형으로 대답한 것에 비해 라틴계 국가를 대표하는 협상자들은 40-50% 정도만이 리스크를 감수하는 편이라고 답하고 있다. 브라질이나 멕시코, 스페인 등 라틴계 사람들이 일본인만큼 리스크에 보수적이지는 않지만 비교적 리스크 회피형에 속한다는 것을 알 수 있다. 일본인들처럼 리스크 회피형의 협상가들과 만나서 협상을 하는 경우에는 협상을 급하게 서두르지 않도록 해야 한다. 빠른 일정표를 가지고 급하게 일괄타결 방식의 협상타결을 추구하는 것은 피해야 한다. 협상을 서두르는 만큼 상대는 협상과정에 내포된 불확실성을 더욱 과대하게 평가하기 때문이다. 대신 이들과의 협상에서는 장기적인 안목에서 쌍방 간의 신뢰관계를 쌓아가는 데 더욱 신경을 써야 하며, 상대에게 새로운 제안을 내놓을 때에도 불확실성에 대한 상대의 우려를 덜어줄 수 있는 설명이 부가되는 것이 바람직하다.

4. 문화권에 따른 협상 스타일

통상적으로 세계를 문화권으로 분류할 때 크게 (1) 미국과 영국, 호주, 뉴질랜드, 남유럽과 동유럽 국가를 제외한 대부분의 유럽 국가들을 포함하는 영미/유럽 문화권, (2) 프랑스와 스페인, 그리스 등의 라틴 유럽/라틴 아메리카 문화권, (3) 동유럽/중동/아프리카 문화권, (4) 동아시아 국가들에서 가장 전형적으로 그 특징을 찾아볼 수 있는 아시아 문화권 등 4개의 지역별 문화권으로 대분류될 수 있다. 이렇게 대분류된 각각의 문화권 속에서도 국가별, 지역별로 적지 않은 차이가 있을 수 있다. 하지만 문화권에 따른 협상 스타일이라는

특징	영미/북중유럽	남부유럽/중남미	동유럽/중동/아프리카	아시아
관계	개인주의적 과업 중심 비위계적 단기적 안목 제한된 관계발전	집단주의적 관계 중심 위계적 중기적 안목 선택적 관계발전	집단주의적 관계 중심 위계적 장기적 안목 확대된 관계발전	집단주의적 관계 중심 위계적 장기적 안목 확대된 관계발전
행태와 전략	온건한 수준의 첫 제의와 양보 통합적 결과 (윈-윈 결과 선호) 직설적 토의 논리적/ 합리적 논변 연쇄적 선형적 과정 탈집중화된 의사결정	온건한 수준의 첫 제의와 제한된 양보 배분적 결과 (윈-루즈의 결과 선호) 간접적 토의 감정적 논변 비선형적 과정 집중화된 의사결정	높은 수준의 첫 제의와 탄력적 양보 배분적 결과 (윈-루즈의 결과 선호) 직/간접 토의 감정적/ 이상적 논변 비선형적 과정 집중화된 의사결정	제한된 첫 제의와 제한된 양보 통합적 결과 (윈-윈 결과 선호) 간접적 토의 논쟁회피 선형적 과정 집단적 의사결정
합의방식	합의문서 구체적·특정적 공시적/ 법적 문서	구두합의 혹은 합의문서 포괄적·함축적 비공식적 상징적 혹은 공식적/법적	구두합의 혹은 합의문서 포괄적·함축적 비공식적 상징적	합의문서 포괄적· 함축적 공식적/ 법적/ 상징적

관점에서 보자면 지역별로 발견되는 공통된 특징이 개별 문화권 속의 미세한 국가별 차이를 뛰어넘을 수 있을 것이다. 4개의 대분류된 문화권에 따른 협상 스타일의 차이는 앞의 표로 나타낼 수 있다.[8]

1) 사안 중심 혹은 관계 중심?

영어권 국가들과 중부 유럽, 북유럽 국가의 사람들은 협상과 정에서 협상자 사이의 관계보다는 협상 사안에 초점을 맞추어 협상을 풀어나가는 경향이 있다. 이들 문화권은 협상 당사자 간 관계의 발전을 추구해 나가는 일에 그렇게 적극적이지 않으며, 대신 사안별 협상 자체의 성사에 집중력을 발휘한다. 따라서 이들 문화권의 협상 대표들은 협상 테이블에 마주 앉자마자 단도직입적으로 본론에 들어가기를 원한다.

이들 영미/중유럽 문화권을 제외한 대부분의 문화권에서는 당사자 간 관계의 문제를 협상의 본질로 생각한다. 이들 문화권의 협상 대표들은 본건을 다루기에 앞서 우선 당사자들이 서로를 잘 알아야 하고, 그러기 위해서는 본안 협상에 들어가기 전에 서로를 탐색하기 위한 시간을 충분히 갖기를 원한다. 관계의 발전이라는 맥락에서 협상을 풀어나가는 문화권에서는 사안에 대한 전문적 지식 못지 않게 상대에 대한 지식과 정보를 수집하고자 한다. 무엇을 아느냐 하는 것보다 누구를 아느냐 하는 것이 더 중요하기 때문이다. 어느 사람에 대해 잘 안다는 것은 그 사람과 함께 다루어 나가는 사안 자체에 대해 아는 것 못지 않게 중요하다고 믿는다. 이러한 문화권에서는 면대면의 직접적 접촉이 이루어지기에 앞서서 협상 상대를 잘 아는 사람

---

8. Roger J. Volkema, *The Negotiation Tool Kit : How to Get Exactly What You Want in Any Business or Personal Situation* (New York : American Management Association, 1999). 이하의 내용과 그림은 이 책의 14장을 참고한 것이다.

을 통해서 상대에 대한 지식과 정보를 얻고자 노력한다.

이들은 협상타결이 쟁점에 대한 합의의 도출을 뛰어넘어 당사자 사이의 관계의 발전으로 연결되는 것이 바람직하다고 본다. 협상의 시작은 곧 관계의 지속을 의미하는 것이다. 관계를 중시하는 문화권에서는 협상을 타결과 함께 원상으로 되돌아가는 일회적 에피소드로 보지 않고 미래 지향의 지속적 교호작용이라는 맥락에서 접근한다. 따라서 관계 중시의 문화권에 속하는 사람들은 훨씬 긴 시간적 안목을 갖는다.

2) 협상행태와 전략선택의 차이는?

협상 대표들이 협상에 임하는 기본 자세도 문화권에 따른 차이가 있다. 영미/북중유럽 문화권의 협상 대표들은 언행이 직설적이고 직접적이다. 상대의 입장이나 반응에 대해 그렇게 크게 신경을 쓰지 않고 하고 싶은 이야기를 다 하는 편이다. 사전 수집된 사안에 대한 구체적인 자료를 바탕으로 합리적이고 논리적인 논변을 통해 자신의 입장을 설명하거나 상대를 설득한다. 감정에 호소한다든지 협상장 밖에서의 사적인 접촉을 통해서 일을 풀어나가는 경우는 아주 드물다. 이들은 대체로 협상을 줄 것은 주고 받을 것을 받아내는 양보의 교환과정으로 생각한다. 어느 일방이 승자가 되고 상대는 패자가 될 수밖에 없는 협상방식보다는 쌍방 모두 원-원할 수 있는 협상을 선호한다. 아시아 문화권의 협상 대표들 역시 원-원할 수 있는 접근법을 선호한다.

영미/북중유럽 문화권을 제외한 대부분의 문화권의 협상 대표들은 직설적 화법보다는 우회적이고 간접적인 화법을 즐겨 이용한다. 특히 한국과 일본 등 동아시아 문화권의 협상 대표들은 특히 직설적 토론을 회피하는 경향이 있다. 라틴 유럽이나 중남미 국가의 협상 대표들은 직설적이지는 않지만 웅변술이나 수사학적 표현을 즐겨 이용하는 경향이 있다. 이들 문화권의 협상 대표들은 수집된 그대로의 정보나 사실관계를 반영하는 객관적이고 합리적인 논변보다는 상대의 심금을 울릴 수 있는 감성적이고 사인주의적 접근법을 즐겨 활용한다. 양보안을 내놓을 때에도 어떤 합리적인 근거를 제시하기보다는 '얼굴을 보아' 개인적으로 특별히 물러선다는 식의 접근법을 취한다. 이들은 첫 제의안을 내놓을 때 이러한 특별한 양보의 분량을 미리 염두에 두고 아주 높은 수준의 목표를 제시한다. 좀처럼 양보를 미룬 채 버티기로 일관하다가 협상 후반부에 쌍방 간의 특별한 관계를 강조하며 다소 파격적인 양보안을 내놓기도 한다.

영미/북중유럽 문화권을 대표하는 협상 당사자들은 협상을 사안별로 순차적으로 쟁점을 타결해 나가는 일련의 연쇄적 과정으로 보는 경향이 있다. 아시아 문화권의 협상 대표들 역시 협상을 사안별로 합의를 축적해 나가는 단선적 과정으로 이해한다. 반면 라틴계 국가나 동유럽이나 중동지역의 협상 대표들은 협상과정에서 쟁점별 영역을 넘나들면서 그때그때의 상황에 따라 합의를 바꾸어 나갈 수 있는 복선적 과정으로 생각하는 경향이 있다.

3) 합의문서의 성격은?

영미/북중유럽 문화권에서는 협상타결은 곧 합의문서에 대한 서명날인의 완성을 의미한다. 그리고 이러한 합의문서는 일종의 계약과 같은 법적 구속력을 갖는다. 따라서 합의문서에 담길 내용은 가능하면 세세하고 구체적일수록 바람직하고, 문구상의 표현은 추후에 해석에 따라 달라지지 않도록 특정화되는 것을 선호한다. 협상타결 후 편의적인 재해석의 여지를 남겨두지 않아야 한다고 생각한다.

관계를 중시하는 문화권에서는 협상타결은 쌍방 간 새로운 관계의 정립을 의미한다. 설명날인된 합의서 자체가 중요한 것이 아니라 합의를 통해 이룩한 관계의 발전이 보다 더 중요한 의미를 갖는다는 것이다. 아시아권 국가의 협상 대표들이 구체적이고 명료한 규칙들보다는 일반적이고 포괄적인 일반원칙을 합의서에 담기를 원하는 이유는 협상타결의 본질을 세세한 거래조건에 대한 합의라기보다는 쌍방 간 새로운 관계의 정립 혹은 관계의 공고화라는 차원에서 접근하기 때문이다.

아시아 문화권의 사람들은 쌍방 간의 기본적인 신뢰관계나 합의의 정신이 중요한 것이지 세세한 규정 자체가 중요한 것이 아니라고 믿는 경향이 있다. 합의서 그 자체는 합의에 도달하고 새로운 관계가 정립되었다는 점을 공식화하는 일종의 상징물로서 인식한다. 따라서 그것이 반드시 세세하고 구체적일 필요는 없다. 세세한 규칙이 오히려 상황변화에 탄력적으로 대처하는 것을 방해할 수 있다고 보며, 추후에 재해석을 통해 조정될 수 있는 여지를 남겨두는 것이 바람직하다고 인식하는 것이다. 아시아 문화권의 협상 대표들은 신뢰관계가 정립되어 있기만 한다면 크고 작은 이견이나 해석의 차이는 언제든지 쉽게 해소될 수 있다고 믿는다.

색인

지은이 윤홍근

서울대학교 정치학과를 졸업하고 서울대학교 대학원에서 정치학 석사와 박사 학위를 받았다. 미국 인디애나 대학(Indiana University)과 Cal Poly 대학(California Polytechnic State University)의 방문학자로서 연구 활동을 수행한 바 있으며, 현재 서울과학기술대학교 행정학과 및 IT정책전문대학원 교수로 재직하고 있다.
정부-기업관계, 정부규제, 기업의 정치적 활동 등의 분야를 주로 연구하고 있으며, 주요 저서로는 『유비쿼터스 시대 기업의 로비전략』(2006), 『협상게임』(2010) 등이 있고, 2009년 노벨 경제학상을 수상한 Elinor Ostrom의 주저 *Governing the Commons*의 역서인 『공유의 비극을 넘어』(2010)를 번역했다.

지은이 박상현

한국외국어대학교를 졸업하고 동 지역연구대학원에서 석사, 미국 University of Tennessee(at Knoxville)에서 정치학 박사를 받았다.
극동문제연구소 책임연구원, 연세대학교 동서문제연구원 연구교수 등을 거쳐 현재 인하대학교 국제관계연구소 연구교수로 재직하고 있다.
전공분야는 협상론, 분쟁연구, 외교정책론 등이며, 주요 저서로는 『국제정치의 신패러다임』, 『갈등과 통합의 국제정치』 등의 공저서가 있다.

협상게임
-이론과 실행전략

발행일 1쇄 2010년 8월 20일
　　　　 3쇄 2016년 11월 30일
지은이 윤홍근 · 박상현
펴낸이 여국동
펴낸곳 도서출판 인간사랑
출판등록 1983. 1. 26. 제일 - 3호
주소 경기도 고양시 일산동구 백석로 108번길 60-5 2층
물류센타 경기도 고양시 일산동구 문원길 13-34(문봉동)
전화 031)901 - 8144(대표) | 031)907 - 2003(영업부)
팩스 031)905 - 5815
전자우편 igsr@naver.com
페이스북 http://www.facebook.com/igsrpub
블로그 http://blog.naver.com/igsr
인쇄 인성인쇄 **출력** 현대미디어 **종이** 세원지업사

ISBN 978 - 89 - 7418 - 010 - 2　93320